高等院校汽车专业"互联网+"创新规划教材
"十三五"江苏省高等学校重点教材（编号：2019-1-115）

汽车服务工程

主　编　贝绍轶　李国庆
副主编　万超一　张　焱

内容简介

本书从汽车工程和汽车服务角度出发，系统地论述了汽车服务工程的基本内容。全书共分12章，内容包括汽车服务系统、汽车金融服务、汽车营销服务、汽车售后服务、汽车检测维修服务、汽车美容改装和配件用品服务、汽车保险与事故车定损理赔服务、二手车服务、汽车报废回收再生服务、汽车物流服务、汽车延伸服务、新兴汽车服务，不仅涵盖了传统的汽车服务，而且包含了"智能交通信息服务""电动汽车充电服务""互联网+汽车服务"等新兴汽车服务内容。全书内容丰富全面，实用性强。

本书可作为高等学校汽车服务工程、车辆工程、交通运输、机械工程及相关专业的教材，也可供汽车服务行业从业人员和汽车爱好者阅读参考。

图书在版编目(CIP)数据

汽车服务工程 / 贝绍轶，李国庆主编. —北京：北京大学出版社，2023.1
高等院校汽车专业 "互联网+" 创新规划教材
ISBN 978-7-301-33154-5

Ⅰ. ①汽⋯　Ⅱ. ①贝⋯ ②李⋯　Ⅲ. ①汽车工业—销售管理—商业服务—高等学校—教材　Ⅳ. ①F407.471.5

中国版本图书馆 CIP 数据核字(2022)第 120691 号

书　　名	汽车服务工程 QICHE FUWU GONGCHENG
著作责任者	贝绍轶　李国庆　主编
责任编辑	童君鑫
数字编辑	蒙俞材
标准书号	ISBN 978-7-301-33154-5
出版发行	北京大学出版社
地　　址	北京市海淀区成府路 205 号　100871
网　　址	http://www.pup.cn　新浪微博：@北京大学出版社
电子信箱	pup_6@163.com
电　　话	邮购部 010-62752015　发行部 010-62750672　编辑部 010-62750667
印刷者	北京溢漾印刷有限公司
经销者	新华书店
	787 毫米×1092 毫米　16 开本　20.5 印张　485 千字 2023 年 1 月第 1 版　2023 年 1 月第 1 次印刷
定　　价	59.00 元

未经许可，不得以任何方式复制或抄袭本书之部分或全部内容。
版权所有，侵权必究
举报电话：010-62752024　电子信箱：fd@pup.pku.edu.cn
图书如有印装质量问题，请与出版部联系，电话：010-62756370

前　言

随着汽车制造业的迅速发展，我国汽车保有量迅速上升，截至 2021 年年底，我国机动车保有量达 3.95 亿辆，其中汽车为 3.02 亿辆；机动车驾驶人数量达 4.81 亿人，汽车驾驶人数量为 4.44 亿人。

统计数据显示，全国有 79 个城市的汽车保有量超过百万辆，35 个城市超过 200 万辆，其中北京、成都、重庆、上海、苏州、郑州、武汉、深圳、西安、东莞、天津、青岛、石家庄等 20 个城市超过 300 万辆，全国新能源汽车保有量达 784 万辆，占汽车总量的 2.60%。汽车制造业的发展，给汽车服务业带来了前所未有的活力，从全球来看，汽车服务业已经成为第三产业中最富活力的产业之一。汽车服务业被称为汽车后市场的黄金产业。

汽车服务业是围绕汽车这一载体为顾客、企业和社会创造服务价值的各类动态性服务活动的总称，是伴随汽车制造业成长壮大起来的高附加值产业，在整个汽车产业链中已成为不可或缺的一环，对开拓与控制汽车市场、打造汽车品牌，提高服务水平，提升竞争力有举足轻重的作用。汽车服务工程主要涉及汽车服务性工作，从工程化的角度系统地研究汽车服务。

为了满足社会对汽车服务业人才的迫切需求，编者根据多年从事汽车服务工程专业的教学经验编写了本书。

本书采用理论与实践相结合的方法，系统地论述了汽车服务的基本内容，主要涉及汽车服务系统、汽车金融服务、汽车营销服务、汽车售后服务、汽车检测维修服务、汽车美容改装和配件用品服务、汽车保险与事故车定损理赔服务、二手车服务、汽车报废回收再生服务、汽车物流服务、汽车延伸服务、新兴汽车服务，不仅涵盖了传统的汽车服务，而且包含了"智能交通信息服务""电动汽车充电服务""互联网＋汽车服务"等新兴汽车服务内容。

本书内容丰富全面，信息量大，内容翔实、通俗易懂、技术先进、实用性强，对我国汽车服务业的经营和管理具有一定的指导意义与参考价值。

本书由江苏理工学院贝绍轶、李国庆担任主编，万超一、张焱担任副主编。全书编写分工如下：第 1、5、8、9 章由李国庆编写，第 2、3、10、11 章由张焱编写，第 4、6、7、12 章由万超一编写，贝绍轶教授负责全书的统稿和定稿。

在本书的编写过程中，编者得到了大众奥迪汽车 4S 站、宝马 4S 站等企业技术与服务人员的大力支持；同时参考了部分企业内训材料和出版的图书资料，谨此表示衷心的感谢和崇高的敬意。

由于编者学识有限，书中难免有疏漏之处，恳请广大读者予以批评指正。

资源索引

编　者
2022 年 9 月

目 录

第1章 汽车服务系统 ………… 1
1.1 汽车服务系统工程 ………… 2
1.2 汽车服务工程的结构特点 …… 4
1.3 汽车服务体系评价与质量管理 …… 7
1.4 我国汽车服务业的发展 ……… 16
习题 ……………………………… 18

第2章 汽车金融服务 …………… 19
2.1 汽车金融 ……………………… 20
2.2 汽车金融产品、汽车金融公司的融资及盈利模式 …………… 25
2.3 汽车消费信贷与风险 ………… 29
2.4 汽车消费信贷操作实务 ……… 38
2.5 汽车金融服务发展对策 ……… 41
习题 ……………………………… 43

第3章 汽车营销服务 …………… 44
3.1 汽车营销概述 ………………… 46
3.2 汽车市场 ……………………… 49
3.3 汽车市场营销环境 …………… 54
3.4 汽车市场调研与预测 ………… 60
3.5 汽车市场购买行为分析 ……… 66
3.6 汽车市场的营销策略 ………… 76
3.7 汽车产品与定价策略 ………… 78
3.8 汽车产品的分销与促销策略 … 84
3.9 汽车电子商务与网络营销 …… 90
习题 ……………………………… 96

第4章 汽车售后服务 …………… 97
4.1 汽车售后服务概述 …………… 98
4.2 汽车售后服务的主要内容 …… 101
4.3 我国汽车售后服务的现状及发展对策 ………………………… 117
习题 ……………………………… 121

第5章 汽车检测维修服务 ……… 122
5.1 汽车检测与维修理论 ………… 123
5.2 汽车维修质量管理与评价 …… 127
5.3 汽车维修行业 ………………… 130
5.4 汽车维修行业管理与发展 …… 136
习题 ……………………………… 141

第6章 汽车美容改装和配件用品服务 …………………………… 142
6.1 汽车美容与装饰 ……………… 143
6.2 汽车改装 ……………………… 156
6.3 汽车配件与用品服务 ………… 161
习题 ……………………………… 171

第7章 汽车保险与事故车定损理赔服务 …………………………… 172
7.1 汽车保险 ……………………… 173
7.2 汽车事故理赔 ………………… 182
7.3 事故现场查勘 ………………… 184
7.4 事故车损伤鉴定与事故定损 … 192
习题 ……………………………… 201

第8章 二手车服务 ……………… 203
8.1 二手车概述 …………………… 204
8.2 二手车鉴定评估 ……………… 207
8.3 二手车交易 …………………… 221
习题 ……………………………… 227

第9章 汽车报废回收再生服务 … 228
9.1 汽车回收再生资源及利用 …… 229
9.2 报废汽车回收与拆解 ………… 232
9.3 报废汽车资源化与再制造 …… 247
习题 ……………………………… 251

第10章 汽车物流服务 ……………… 252

10.1 汽车物流概述 ……………… 253
10.2 汽车物流管理 ……………… 259
10.3 汽车企业销售物流 ………… 264
10.4 第三方物流 ………………… 267
习题 …………………………… 272

第11章 汽车延伸服务 ……………… 273

11.1 汽车租赁 …………………… 274
11.2 汽车文化 …………………… 280
11.3 汽车模型 …………………… 283
11.4 汽车运动 …………………… 285
11.5 汽车俱乐部 ………………… 290
11.6 汽车展览 …………………… 292
11.7 汽车救援 …………………… 295
习题 …………………………… 297

第12章 新兴汽车服务 ……………… 298

12.1 消费者相关的汽车法律服务 … 299
12.2 汽车资讯广告与汽车城市展厅服务 ……………………… 303
12.3 汽车智能交通信息服务 …… 306
12.4 电动汽车充电服务 ………… 311
12.5 "互联网+"汽车服务 ……… 317
习题 …………………………… 322

参考文献 …………………………… 323

第 1 章 汽车服务系统

知识要点	掌握程度	相关知识
汽车服务系统工程	了解汽车服务的概念； 掌握汽车服务系统工程的分类	汽车服务的概念；狭义汽车服务；广义汽车服务；汽车服务研究的内容；汽车服务工程的分类
汽车服务系统工程的结构特点	了解汽车服务系统的组织结构； 掌握汽车服务系统的特点	汽车服务系统的组织结构；汽车服务系统的特点
汽车服务体系评价与质量管理	了解汽车服务体系的评价指标； 熟悉服务质量的感知和评价原则； 掌握提高服务质量的措施	顾客满意度；顾客满意内容；服务质量的感知内容；服务质量评价原则；提高服务质量措施
我国汽车服务业的发展	了解国内汽车服务市场现状； 熟悉国内汽车服务体系的发展趋势	国内汽车服务市场现状；国内汽车服务体系发展趋势

服务通常是指服务提供者通过提供必要的手段和方法，满足接受服务的对象需求的"过程"，即服务是一个过程。在这个过程中，服务的供应方运用任意必要的手段和方法，满足接受服务的对象的需求。从全球来看，汽车服务业已成为第三产业中最富活力的产业之一。据统计，全球汽车业60%～70%的利润是从服务中产生的，服务已成为汽车价值链上一块最大的"奶酪"。汽车服务业之所以被称为一个系统，是因为它是一个由相互作用和相互依赖的很多不同层次的产业组成的有机整体。

1.1 汽车服务系统工程

1.1.1 汽车服务与汽车服务系统工程

1. 汽车服务

提起汽车服务，人们往往会联想到汽车的售后服务，尤其是汽车的维修技术服务。其实汽车服务不仅仅是指售后服务和维修技术服务，它涵盖内容十分广泛，概括起来有狭义和广义之分。

狭义的汽车服务是指汽车从新车出厂进入销售流通领域开始，直至其使用寿命终止后报废回收各个环节涉及的全部技术和非技术的各类服务和支持性服务。例如，汽车分销流通、物流配送、售后服务、维修检测、美容装饰、配件经营、智能交通、回收解体、金融保险、汽车租赁、旧车交易、驾驶培训、信息资讯、广告会展、交易服务、停车服务、故障救援、汽车运动、汽车文化及汽车俱乐部经营等。

广义的汽车服务可延伸到汽车生产领域的各种相关服务。例如，原材料供应、工厂保洁、产品外包装设备、新产品的试验测试、产品质量认证及新产品研发前的市场调研等，甚至可延伸至使用环节（如汽车运输服务、汽车租赁服务等）。

汽车服务工程中的技术性服务属于机械电子工程范畴，而非技术性服务属于管理工程范畴，同时还延伸至金融学的范畴。

由于汽车服务的各项内容是相互联系的，因此组成了一个有机的工程系统。由于汽车服务企业所涉及的工作都是服务性的工作，因此它属于第三产业。

本书分析的汽车服务专指狭义的汽车服务。

2. 汽车服务系统工程及其主要研究内容

"系统"是由相互作用和相互依赖的若干组成部分结合的具有特定功能的有机整体。这个有机整体既可以是自然的，也可以是人为的，有一定的物理边界或概念边界来与周围环境区别。例如汽车工业就是人为的，它是一个概念边界的系统。

我国著名科学家钱学森教授指出："系统工程是组织管理系统的规划、研究、设计、制造、试验和使用的科学方法，是一种对所有系统都有普遍意义的科学方法。总之，系统工程是一门组织管理技术。"其表述了三层含义：一是系统工程属于工程技术范畴，主要是组织管理的技术；二是系统工程是研究工程活动全过程的工程技术；三是这种技术具有普遍的适用性。由此可见，系统工程是一门工程技术，它是直接服务于改造客观世界的社会实践的技术。具体地说，它是组织管理的技术，是一大类工程技术的总称。系统工程可以解决物理系统（一般指工程系统）的最优控制、最优设计和最优管理问题，也可以解决事理系统（一般指社会经济系统）的规划、计划、预测、分析和评价问题。应用系统工程有两个平行过程：一个是工程技术过程，另一个是实现工程技术过程的管理过程。实际上，系统工程是应用系统观念、数学方法、计算机技术与其他科学技术相互渗透、交叉综合形成的一大门类的工程技术。

汽车服务系统工程是系统工程在汽车服务领域中的具体应用，可以认为是系统工程的一门分支学科。其研究目的是从系统工程观点出发，综合运用汽车工程、维修工程、交通工程、信息工程、金融工程和管理工程等多种学科的基本理论，对汽车服务系统进行优化设计、优化控制和优化管理，最终实现最佳的汽车服务系统。所以，汽车服务系统工程也是一门多种学科相互渗透、综合形成的交叉学科。另外，汽车服务系统工程兼有"软"科学与"硬"科学结合的特点，它不仅注意"硬"科学的研究，更注意"软"科学的研究。所谓"软"科学研究，是指信息搜集、资料综合、技术经济分析与预测和战略目标与发展方针的研究。它涉及自然科学和社会科学的诸多领域，是一种多学科、跨专业、跨部门的综合性研究。

汽车服务系统工程的主要研究内容包括以下四部分。
（1）研究汽车服务系统的结构与特点。
（2）分析汽车服务系统的构成要素或子系统。
（3）用辩证唯物主义的科学观点论述汽车服务系统的优化控制。
（4）探讨汽车服务系统的管理问题。

1.1.2　汽车服务系统工程的分类

汽车服务系统工程的分类方式很多，常见的有以下几种。

1. 按照服务的技术密集程度分类

汽车服务系统工程可以分为技术型服务和非技术型服务。技术型服务包括汽车企业的售后服务、汽车维修检测与养护服务、智能交通服务、汽车故障救援服务等。其他服务为非技术型服务。

2. 按照服务的资金密集程度分类

汽车服务系统工程可以分为金融类服务和非金融类服务。金融类服务包括汽车消费信贷服务、汽车租赁服务和汽车保险服务等。其他服务为非金融类服务。

3. 按照服务的知识密集程度分类

汽车服务系统工程可以分为知识密集型服务和劳务密集型服务。知识密集型服务包括售后服务、维修检测服务、智能交通服务、信息咨询服务、汽车广告服务和汽车文化服务等。劳务密集型服务包括汽车物流服务、废旧汽车的回收与解体服务、汽车驾驶培训服务、汽车会展服务、场地使用服务和代办各种服务手续的代理服务等。其他服务则是介于知识密集型服务和劳务密集型服务之间的服务。

4. 按照服务的作业特性分类

汽车服务系统工程可以分为生产作业型服务、交易经营型服务和实体经营型服务。生产作业型服务包括汽车物流服务、售后服务、维修检测服务、美容装饰服务、废旧汽车的回收与解体服务、汽车故障救援服务等。交易经营型服务包括汽车企业及其经销商的新车销售服务、二手车交易服务、汽车配件营销与精品销售服务等。其他服务为实体经营型服务。

5. 按照服务的载体特性分类

汽车服务系统工程可以分为物质载体型服务和非物质载体型服务。物质载体型服务是通过一定的物质载体（实物商品或设备设施）实现的服务，如上述技术型服务、金融类服务、知识密集型服务、生产作业型服务、交易经营型服务等。非物质载体型服务没有明确的服务物质载体，如汽车信贷服务、保险服务、汽车信息咨询服务、汽车俱乐部等。

6. 按照服务内容的特征分类

汽车服务系统工程可分为销售服务、维修服务、使用服务和延伸服务。

（1）销售服务，包括新车销售服务、二手车销售服务、交易服务等。

（2）维修服务，包括汽车配件供应服务、汽车维修服务、汽车检测服务、汽车故障救援服务等。

（3）使用服务，包括汽车维护及美容装饰服务、汽车驾驶培训服务、智能交通服务、汽车保险服务、汽车信息服务、汽车资讯服务、汽车租赁服务、废旧汽车的回收与解体服务等。

（4）延伸服务，包括汽车信贷服务、汽车法律服务、汽车文化服务等。

1.2　汽车服务工程的结构特点

1.2.1　汽车服务系统的组织结构

从整体来看，汽车服务系统包括汽车从"生"到"死"，对用户服务的全过程。按照功能，汽车服务系统可以划分为5个子系统：汽车销售服务系统、汽车使用服务系统、汽车设施服务系统、汽车专业服务系统和汽车延伸服务系统，其结构如图1-1所示。这5个子系统相互促进、相互依存、相互制约。

1. 汽车销售服务系统

汽车销售服务就是围绕顾客选购汽车并最终成交的服务。如今汽车销售模式主要有专卖店模式、汽车超市模式与大卖场模式。

专卖店模式是以生产厂为主，实行专卖制度。它是市场营销理念进步的一个产物。目前国际上较流行和通用的模式是4S店模式。

汽车超市集中销售多种品牌、多款车辆。它可一次为顾客提供多种选择，保证了品牌专卖店优势，又比其成本低。同时可以现场为顾客提供选购、贷款、保险、办证、上牌照等全方位服务，可使顾客一次办完全部手续，方便顾客。

汽车大卖场是指在某个地段或区域，汇集大批不同类型的汽车专卖店。它既具有汽车

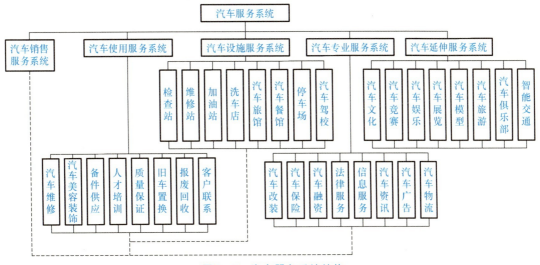

图1-1 汽车服务系统结构

超市品牌集中、车型齐全的优点，同时具有专卖店环境幽雅、服务管理规范等长处。目前，全国各大城市都有汽车专卖店聚集比较集中的地段与区域。

2. 汽车使用服务系统

世界上许多大的汽车企业都意识到，将汽车销售出去并不意味着销售工作的结束，而只是占领市场的开始。汽车销售后，汽车服务就转入使用服务系统。汽车使用服务系统包括汽车维修、汽车美容装饰、备件供应、人才培训、质量保证、旧车置换、报废回收、客户联系等内容。顾客购买汽车的目的是让汽车更好地为他们服务，发挥汽车的最大效益。对汽车制造企业来说，协同汽车服务企业搞好汽车使用服务系统，是获得用户满意并保住市场、开拓市场的关键所在。因此，世界上各大汽车制造企业都以极大的热情，投入巨大的物力与精力，做好汽车服务。

3. 汽车设施服务系统

随着汽车保有量的不断增大，对加油、维修、洗车、途中住宿、用餐、停车、学习驾驶的各种需求与日俱增。一些汽车服务设施便应运而生，久而久之，就逐渐形成了一些具有相当规模的行业，成为整个汽车服务系统中不可缺少的一部分。因此，汽车设施服务是指依靠某些基础设施直接为车主进行的服务。

汽车设施服务业为社会提供了许多就业机会，成为第三产业的重要组成部分。在我国，随着汽车的日益普及，汽车设施服务业将会有很大的发展前途，该行业投资少、见效快，是一种新的投资方向。

4. 汽车专业服务系统

汽车专业服务是指一些关联部门专门为汽车用户提供的一系列特色服务，包括金融业、保险业、资讯业、广告业、传媒业、物流业等。其中，金融业提供的汽车金融服务是汽车服务价值链中的重要环节。

从国外实践看，汽车金融服务通常指汽车销售过程中对消费者或经销商提供的融资及其他金融服务，包括对经销商的库存融资和对消费者的消费信贷或融资租赁等。汽车金融服务机构的优势是以汽车金融服务为核心业务，业务范围非常广泛，在专业产品和服务方面具有经验和良好条件。汽车金融服务的首要任务并不是利润，而是促进母公司汽车产品的销售。目前我国经济已进入买方市场阶段，包括汽车业在内的新的经济增长点的形成，必须着力于培育新的市场需求。大力推动我国汽车金融服务业的发展，无论是对推动汽车业的发展，还是对扩大内需的宏观经济，都具有十分重要的意义。

5. 汽车延伸服务系统

汽车延伸服务是指一些相关产业围绕汽车间接提供的各种服务。汽车延伸服务系统可细分为汽车文化、汽车竞赛、汽车娱乐、汽车模型、汽车旅游、汽车会展、智能交通、汽车俱乐部等多个二级子系统，而且这些二级子系统又包含多个单元，如汽车贴纸、汽车摄影、汽车邮票、汽车模特等。

汽车会展经济是汽车工业经济的重要组成部分。它最直接地体现着各个汽车企业科技发展的特征和衍生力。每次汽车会展都会掀起一股强大的汽车科技信息热浪。各个汽车企业都把汽车会展当作充分展示其科技实力的最佳平台。汽车会展经济来势猛、规模大、见效快、利润丰厚。曾经有人专门研究并得出结论：汽车会展面积达到3000平方米，主办者就可收支平衡。北京国际汽车展览会、上海国际汽车展览会展场面积远远超过这个"临界点"，达到数万平方米，摊位寸土寸金，门票销售火爆，主办者的收益之高是可想而知的。与此同时，汽车会展业牵涉铁路、公路、航空的客运货运和人力搬运，以及旅游、住宿、餐饮、印刷、广告等20多个行业，这些相关行业从中获益匪浅。发展汽车会展经济不会对环境产生污染，且对整个城市经济发展具有巨大的带动和促进作用。因此，汽车会展经济被称为都市经济的促进器。然而就目前情况来看，作为现代服务产业的主导产业之一，会展还尚未为汽车生产企业及相关企业提供足够优质的服务，与发达国家相比还有一定的差距。这无疑制约着我国汽车会展业的健康持续发展。

1.2.2　汽车服务系统的特点

汽车服务系统的特点主要表现在以下几个方面。

1. 服务因人而异，目标难以确定

系统都具有目的性，履行特定的功能，实现既定目标。对汽车服务系统来说，服务质量和水平与服务提供者、服务接受者、时间等因素有关，它的目标是最大限度地使服务接受者感到满意。当然100%满意是不可能的，因为"满意"是个笼统的概念，它因人而异，没有绝对的、统一的标准。

2. 关系复杂，多种专业交叉

汽车服务系统包含了5个子系统，涉及金融、广告、维修、旅游、会展、物流、餐饮等多个行业，各个子系统又分属于不同部门或行业，关系极为复杂。因此要达到系统整体最优，必须要求各子系统同心协力、相互配合。每个子系统综合协调非常重要，否则系统的整体优势发挥不出来。例如四位一体的4S专卖店营销体系在我国就遭遇到这种尴尬。

随着汽车销售利润日渐降低，4S专卖店的主要利润应来自维护和修理。在一个成熟的汽车市场获利过程中，维修服务获利是汽车获利的主要部分。在欧美的4S专卖店中，维修利润可高达80%。但从中国目前的情况看，维修服务却还没有真正获利，这是由于4S专卖店配件价格太高，消费者在汽车保修期满后，一般都会选择便宜的维修厂，很少会回到4S专卖店修理。4S专卖店难以真正做到"四位一体"，这说明了汽车服务系统的关系复杂性。

3. 层次太多，系统结构庞杂

一个系统，特别是一个复杂系统，常常可分成若干个层次，每个层次由若干个子系统依一定的结构组成。汽车服务系统具有复杂的层次结构，如汽车使用服务系统包含汽车维修、汽车美容装饰、备件供应、人才培训、质量保证、旧车置换、报废回收、客户联系等多个二级子系统。而二级子系统又可以细分，如汽车维修包含汽车维护和汽车修理，汽车维护又分成日常维护、一级维护和二级维护三个级别；汽车修理可分为整车大修、总成大修、汽车小修和零件修理。由于在不同的层次结构中存在不同的运作模式，因此对这种结构复杂的汽车服务系统进行控制和管理是非常困难的。

4. 系统适应性差，受环境影响很大

环境是存在于系统以外的事物（物质、能量、信息）的总称，也可以说系统的所有外部事物就是环境。系统必须适应外部环境的变化，能够经常与外部环境保持最佳适应状态的系统是理想的系统。

汽车使用服务系统由于层次多、系统结构复杂，因此受外界影响大，一旦某个子系统受到影响，整个服务系统都将受牵连。

5. 系统关联度大，关系不顺，管理较难

汽车服务业在组织结构上尚未形成一个有机的整体，分属不同部门的汽车服务产业相互间关系不顺，不好协调，这对系统管理造成较大的困难。

例如，汽车旅游属于延伸服务，可如今我国缺乏汽车宿营地的水、电等基础设施建设；拖挂式房车因为车身太长，现行法律不允许其上路行驶。由此可见，汽车旅游延伸服务与宿营地设施服务，相关法律专业服务之间不协调、不配套，影响到汽车旅游服务的发展，这就是如今汽车服务系统作为有机整体难以完善的症结所在。

1.3 汽车服务体系评价与质量管理

1.3.1 汽车服务体系评价指标

汽车产业的发展水平是衡量一个国家工业化水平、经济实力和科技创新能力的重要标志，随着我国汽车工业的快速发展和汽车市场由卖方市场向买方市场的转变，汽车市场的竞争已由单纯的价格竞争转变为更深层次的服务竞争。汽车服务也必须从以提供简单服务为中心转向以满足顾客需求为中心。对于从事汽车服务的企业来说，服务质量是顾客对服务的期望值与服务实际感受的对比关系，同时也是汽车服务业生存的生命线。汽车服务业存在的价值和全部意义在于能够向顾客提供满意的服务，能够使顾客乘兴而来、满意而归;满意的顾客是企业的无价之宝,是企业在激烈的市场竞争中抵御风浪的中流砥柱。不断地满足顾客的需求,是企业发展的动力。

提高服务质量是汽车服务业赢得竞争并盈利的必要手段。对服务质量的评估应该在服务提供的过程中进行,服务完成后应对顾客意见进行反馈。服务期望是顾客评价服务质量的前提:如果服务质量超过期望值,则服务质量会被认为是十分优秀;如果服务质量与期望值差不多,则服务质量会被认为是令人满意的;如果服务质量没有达到期望值,则服务质量会被认为是不可接受的。如此看来,服务期望与实际服务质量的对比关系,即顾客满意度,是评价服务质量的标准。顾客满意度的概念是美国一位消费心理学家于1986年借助 CS(Customer Satisfaction)这个词来界定消费者在商品消费过程中需求满足的状态而提出,从而使得 CS 由一个生活概念演变为一个科学概念。企业界在该定义的基础上对 CS 的内涵进行了扩展,把它从一种界定指标发展成一套营销战略(CS 战略),直接指导企业的营销甚至经营活动。

顾客期望主要有以下几种:基本型期望、期望型期望和兴奋型期望。这三种期望的满足与否直接导致顾客不同的满意效果,并且相对于满足不同期望层次的服务,未达到、满足和超过顾客期望的程度与导致的顾客满意度之间的关系会呈现出不同的规律。根据以上顾客要求、顾客期望和顾客满意度的概念综合提出顾客要求、顾客期望与顾客满意度之间的关系可以分为三个层次,见表1-1所示。

表1-1 顾客要求、顾客期望与顾客满意度之间的关系

层次	顾客要求	顾客期望	顾客满意度
第一层	隐含的、必须履行的要求	隐性期望	得到不会特别满意,得不到会不满意
第二层	明示的要求	显性期望	得到后满意
第三层	额外的要求	模糊期望	得到后高度满意

第一层次:顾客要求是隐含的、必须履行的,对应的顾客期望是隐性期望,也称基本期望。这类产品或服务无论是对顾客还是对组织来说都是最基本的,顾客认为这类产品或服务是组织理所应当提供的,也是顾客理所应当得到的,不需要去明确表达这些期望。若顾客得到这类产品或服务,也无动于衷,并不会感到特别满意;但若没有得到,就会十分恼怒。

第二层次:顾客要求是明示的,对应的顾客期望是显性期望。顾客明确知道自己需要什么样的产品或服务,并能够表达和想象出来,而且认为企业应该清楚他们的期望,并能够满足他们。如果这个层次的顾客要求和期望得到了满足,顾客会认可企业的产品或服务,达到满意。顾客这类期望的高低与顾客消费支出档次的高低相关联,因此显性期望也称价格关联期望。顾客支出得越多,其期望越高。显性期望代表了在市场调查中顾客所谈论的期望,体现了顾客的选择。例如,乘坐飞机可购买的机票种类有经济舱和商务舱。当顾客购买了商务舱时,自然要求得到更好的服务,他的价格关联期望可能是座位舒适、活动空间大、提前登机、飞机上供应的饮料品种较多等。

第三层次:顾客要求是期望得到的额外收获和满足的要求。对应的顾客期望是模糊期望,顾客隐约希望得到这些产品或服务,但这些产品或服务是什么样的,自己又说不清或想象不出来。他们并不指望企业能够识别出自己的期望并提供这些产品或服务。正因如

此，即使企业没有满足顾客的这种期望，也不会影响他们对产品或服务质量的感知，然而，一旦他们得到这些产品或服务，就会喜出望外，高度满意。满足了顾客第三层次的要求实际上就是超出了顾客的期望，顾客会高度满意并成为企业的忠诚客户。例如，汽车在加油站加完油后，加油站提供免费为顾客洗车的服务，顾客会有超出期望的满足。但是当大多数加油站都这样做时，这种服务的功效会被降低，甚至只能起到满足顾客基本期望的作用。这样有可能会导致加油站一旦不提供这种服务，顾客就会索取服务甚至感到不满。这说明顾客的期望是不断变化的，所以企业应当不断调整产品或服务提供内容（功能）、方式，以超越顾客的期望。顾客期望的形成受自身要求与价值、同行业的服务水准、企业的宣传承诺及亲身体验等多种因素影响。其中，企业的产品定价、广告宣传、服务承诺及由此而形成的企业形象和口碑是企业可控制的因素，企业在宣传时不能任意夸大。顾客自身要求与价值、同行业的服务水平则是企业无法控制的因素，企业只有通过练内功，抓服务细节，才能不断满足顾客的要求。要想让顾客成为忠诚顾客，不仅要满足顾客要求，还要超出顾客期望，才能使顾客高度满意。

为了让顾客满意，应注重了解顾客要求与顾客期望。采用适宜的调查方法主动地、准确地把握顾客的要求与期望，并识别出顾客要求和期望的三个层次方面的内容，确保企业在设计开发、生产或服务提供过程中第一层次的要求和期望（即顾客隐含的、必须履行的要求，也就是顾客的基本期望）能够得到落实，才不会导致顾客不满。

顾客的需求是千差万别的，我们能否满足顾客的所有需求呢？在顾客的期望中，有些是企业可以满足的——现实期望，有些是企业根本做不到的——非现实期望。曾经有一位汽车服务公司的老总诉苦说："汽车服务太辛苦了，内部管理还比较容易，但顾客太难伺候了，什么样的顾客都有。有位车主提出要求，到贵厂来修车，希望能免掉工时费。当时我想工时费免掉，若能从配件中赚一点材料管理费也是可以考虑的，我正要回答，这位车主又要求配件自己买。我感到又可气又可笑。"这种期望是顾客的非现实期望，是不可能实现的期望。在顾客期望中也有一些是企业过高或模糊的宣传和承诺造成的，这样会导致顾客期望值过高。一旦这种超出实际的期望值不能兑现，其结果是顾客对产品或服务质量不满意，使企业失去顾客的信赖。所以，适当管理顾客过高的预期，将顾客期望控制在一个相对较低的水平，企业的营销活动余地就会大一些，可以更容易达到或超过顾客期望。

使顾客获得额外收获，即超出顾客期望的服务，会使顾客高度满意，是提高顾客忠诚度的重要手段。但顾客熟知某种产品或服务后，其对企业的满意程度会下降。久而久之，顾客对这种产品或服务提供的期望将会转化成基本期望。要永远做到让顾客满意，企业就要不断创新，经常给顾客一些惊喜或不断设计推出能够超出顾客期望的新产品（包括产品功能的改进）、新服务。因此，企业应有引导顾客消费的超前意识，永远地超出顾客的期望，永久地留住顾客。

一般地讲，顾客满意包括以下五个方面的内容。

① 理念满意，是指企业经营理念带给顾客的满足状态。
② 行为满意，是指企业全部的运行状态带给顾客的满足状态。
③ 视听满意，是指企业可视性和可听性外在形象带给企业内外顾客的满足状态。
④ 产品满意，是指企业产品带给顾客的满足状态。
⑤ 服务满意，是指企业服务带给顾客的满足状态。

从顾客满意理念来分析，顾客满意度战略是顾客对企业的理念满意、行为满意和视听满意三方面因素协调运用并全方位促使顾客满意的整合结果。这三个方面不仅有紧密的关联性,而且有很强的层次性,从而形成一个有序的、功能耦合的顾客满意系统结构,是一项十分复杂的系统工程,其价值取向是以顾客为中心。如上所述,顾客可以指企业内部成员,包括企业的员工和股东;也可以指企业外部顾客,包括购买和可能购买本企业的产品或得到本企业服务的个人或团体。

顾客满意度需要由企业的每一位员工,包括董事会与各个职能部门共同来推行,共同树立为顾客(服务外部顾客与内部顾客)服务的思想。企业通常可以通过外部机构培训、组织内部讨论、领导人推介来导入顾客满意意识,促使企业员工了解并认识什么是顾客满意,以及顾客满意的作用与推行顾客满意度管理的意义,从而在企业员工心目中有效地树立"以顾客为中心"的管理理念。

1.3.2　汽车服务系统质量管理

服务质量是创造顾客满意和顾客忠诚的重要因素之一,直接关系着企业持续盈利的能力,因此是汽车服务企业日常经营管理中不容忽视的一项重要内容。

1. 服务质量的构成要素

西方学者普遍认为,顾客感知服务质量包括两个基本的构成要素,即技术质量和功能质量。

技术质量又称结果质量,是指顾客在服务过程结束后的"所得"。例如,顾客到汽车销售服务企业排除了汽车的故障、对汽车进行了保养等。由于技术质量涉及的是技术方面的有形内容,因此顾客容易感知且评价比较客观。技术质量只是顾客感知服务质量的一部分而不是全部。

服务质量的另外一个组成部分称为服务过程的功能质量,在服务营销中,也称过程质量。功能质量与服务接触中的关键时刻紧密相关。功能质量说明服务提供者是如何工作的,涉及服务人员的仪表仪态、服务态度、服务方法、服务程序、服务行为方式等。相比而言,功能质量更具有无形的特点,一般不能用客观标准来衡量,因此难以作出客观的评价,顾客的主观感受在功能质量评价中占据主导地位。

与制造业不同的是,在服务业中,服务提供者无法躲到品牌或分销商的背后,在多数情况下,顾客都能感知到企业形象、企业的资源及企业的运营方式。企业形象(而不是品牌形象)对服务企业来说是最重要的,它可以从许多方面影响顾客感知服务质量的形成。如果在顾客的心目中企业是优秀的,也就是说企业形象良好,那么即使企业的服务出现了一些微小的失误,顾客也会予以原谅。但如果失误频频发生,企业的形象将遭到损害。进一步说,如果企业的形象很糟,那么服务失误对顾客感知服务质量的影响就会很大。在服务质量形成过程中,我们可以将企业形象视为形成服务质量的"过滤器"。

服务质量的构成要素包括"接受什么服务""怎样接受服务""在何处接受服务"三个要素。在服务质量管理模型中,服务过程包含服务过程所处的环境,二者之间存在逻辑上的关联,我们可以将"在何处接受服务"视为"怎样接受服务"的一个组成部分,所以它对功能质量肯定有影响。例如,汽车销售服务企业的客户洽谈区及休息区的简陋装修肯定会对顾客感知服务过程产生影响。

2. 服务质量的感知

由于服务交易过程具有不同于产品交易的顾客参与性和生产与消费的不可分离性，服务质量的形成必须经顾客认可，被顾客所识别和感知，因此服务质量的感知在服务质量的形成过程中具有举足轻重的意义。这主要体现在以下几个方面。

① 服务质量是顾客的感知对象。
② 服务质量既要有客观标准加以制约和衡量，又要按顾客主观认知加以衡量和检验。
③ 顾客对服务质量的认知取决于他们的预期与实际所感受到的服务水平的对比。
④ 顾客对服务质量的评价不仅要考虑服务的结果，而且涉及服务的过程。

由于顾客对服务质量判断的形成是一个感知过程，因此服务质量有预期服务质量与感知服务质量之别。

预期服务质量即顾客对服务企业提供服务的预期标准。预期服务质量是影响顾客对整体服务质量的感知的重要前提。如果预期质量过高，不切实际，则即使从某种客观意义上说顾客所接受的服务水平是很高的，顾客仍然会认为企业的服务质量较低。预期质量受四个因素影响：市场沟通、企业形象、顾客口碑和顾客需求。

感知服务质量是顾客对服务企业提供服务实际感知的水平。如果顾客对服务的感知水平符合或高于其预期水平，则顾客获得的满意度最高，从而认为企业具有较高的服务质量；反之，则会认为企业的服务质量较低。顾客形成期望质量和判断实际感受质量的高低一般有其自身标准，美国学者白瑞及巴拉苏罗门、西斯姆等人将这些标准概括为10个方面：有形表现、可靠性、反应性、胜任能力、礼貌、信誉、安全感、方便、对外交流和理解顾客。

3. 服务质量的衡量

质量界流传这样一句话："你能衡量的，才是你能管理的；你无法衡量它，就无法管理、控制它。"服务质量的准确评估不仅可以为经营者提供有关顾客的信息，使经营者作出正确决策，而且能够激励服务提供者不断改进服务质量。

(1) 服务质量衡量遵循的原则

① 过程评价与结果评价相结合原则。

由于服务具有的无形性、不可分离性及顾客参与的特点，因此顾客对服务质量的评价不仅取决于顾客对服务结果（技术性质量）的评价，也取决于对服务过程（功能性质量）的评价。所以，服务质量评价应将过程评价和结果评价结合起来，全面揭示影响顾客满意的服务质量问题。

② 事前评价与事后评价相结合原则。

服务质量的形成取决于期望和体验的对比，所以把事前评价（期望）和事后评价（消费体验）结合起来，才能正确反映顾客满意的形成过程，找到提高服务质量的途径。

③ 定性评价与定量评价相结合原则。

评价定量化有助于提高评价的科学性和可比性，但是服务与服务质量的特点决定了服务质量评价不可能完全定量化。而且，有些顾客满意信息无法用定量指标来反映，必须把定量指标和定性指标结合起来，才能全面反映服务质量方面的信息。

④ 主观评价与客观评价相结合原则。

顾客对服务质量的评价本身是个主观概念，反映顾客对产品和服务满足其需求的程度的主观评价。目前，服务质量评价的一个趋势是将顾客满意这个主观指标尽可能地客观化、定量化，从中找到一定的规律，促进服务质量改进。但是，无论怎样努力，顾客满意指标的主观性质都是无法改变的，我们能做的只是尽量调和主观评价和客观评价的关系，使之能客观反映顾客的要求，且易于操作，易于反映到服务设计和服务改进中。

⑤ 全面评价和局部评价相结合。

企业需要全面了解顾客对产品和服务的满意评价，有时只需了解顾客对产品和服务的某些方面的意见。例如，推出新产品前的全面调查或简单的顾客满意反馈表；也可能是时间或成本方面的考虑，时间和成本任何时候都是企业活动应考虑的因素。

(2) 服务过程衡量

服务过程衡量是指对员工在服务传递过程中所执行的服务质量标准的衡量。因为企业的服务质量标准具体明确（如话务员必须在几秒钟内接听电话），所以服务过程衡量比较简单。企业可通过跟踪系统、雇员调查或神秘购物（调查者假扮顾客经历服务过程）等方式来评价和衡量服务过程。在进行服务过程衡量时，应注意以下两点。

① 企业必须将服务过程衡量的结果与员工的激励方式相结合，否则衡量系统就失去存在的意义。也正因为这种结合必然会对员工有重大影响，所以企业在设计衡量系统时必须寻求公司高层和被衡量员工的支持。

② 企业在设计衡量系统时，必须防止出现过程标准的次级化。通俗地讲，标准的次级化就是员工倾向于按企业选定的衡量尺度行事，而把衡量这些事情的真正理由抛在脑后。例如，许多企业都规定员工应对顾客微笑，然而大多数顾客都认为这种服务过于机械化，不够亲切自然，使得服务质量没有变好反而变差。

1.3.3 提高服务质量的措施

如何使顾客满意是一个永不过时的话题。现在大多数企业已经认识到顾客满意的重要性，并着手实施顾客满意度调研，以探究企业目前的顾客满意状况，希望找出企业目前在顾客满意方面存在的问题，提升本企业的顾客满意水平。

1. 确立理念

(1) 拥有什么样的顾客取决于企业自身

如果顾客总是显得苛刻刁钻，如果他们总是问题不断，则企业领导者和员工需要自我反省，或许有人争辩说那是由于顾客本身有问题——好的顾客必定不会如此吹毛求疵。但是，这实际上并非顾客的错，因为市场营销策略的组合往往是与上门的顾客相对称的。潜在顾客不上门，根源在于市场营销策略的组合对他们来说不合适。

(2) 产品和服务应永远超前于顾客预期

产品和服务要超前于顾客对它们的预期要求。一方面，应把产品与服务标准提高到顾客预期之上，使顾客不仅仅是满意，而且是由衷地高兴；另一方面，要在顾客预期之前就引入新的服务形式，积极主动为顾客服务，不仅向顾客提供他们想要的东西，而且提供连他们自己都没有意识到会喜欢的东西。

(3) 鼓励顾客抱怨，并为顾客提供反馈信息的机会

产品与服务的提供者应建立信息反馈机制，并千方百计为顾客提供信息反馈的渠道。企业通过信息反馈机制：可以解决顾客如何与生产商、销售商进行交流，以及顾客通过什

么途径获取产品及服务信息的问题；可以解决企业内部管理低效、信息传递失真等问题；可以及时了解顾客对企业满意的程度及对企业的意见；可以利用这种沟通的方式掌握顾客的相关信息，形成顾客数据库，以针对其特点更好地开展业务。这样就形成一个企业与顾客互动的过程，对提高顾客满意水平、促进企业的发展与进步具有重要意义。

企业还应积极鼓励顾客抱怨，没有抱怨并不意味着质量没有问题；也许顾客只是懒得说，或许是没有抱怨的渠道；更糟糕的可能是顾客已完全对企业失去了信心。因此，要注意倾听顾客的抱怨，在处理顾客抱怨的过程中，尽量从顾客处了解：为什么产品不能满足顾客的需要，顾客想要什么样的产品。如果能够得到这些信息，就意味着向理解顾客的需要和期望迈进了一步。同时，如果处理得当，还可以发展与顾客的关系。曾经抱怨的顾客，在企业为其解决问题而做出努力后，有可能转变为一个满意甚至忠诚的顾客。

2. 提高顾客让渡价值

顾客让渡价值是顾客与企业交往过程中，顾客从企业获得的总价值与顾客支付的总成本差值。顾客在购买产品或服务后的满意度，取决于与顾客的期望值相关联的供应品的功效，可以说，满意水平是可感知效果和期望值之间的函数。要提高顾客的满意水平，应从提高产品与服务的可感知效果入手。顾客让渡价值在某种意义上等价于可感知效果。因此，顾客在选购商品或服务时，往往从价值与成本两个方面考虑，从中选出价值最高、成本最低，即顾客让渡价值最大的产品或服务，作为优先选购的对象。因此，提高顾客让渡价值是提高顾客满意水平的主要手段。

（1）提高服务价值

产品需要定位，服务同样如此。当顾客被放大的广告信息淹没时，服务定位的宗旨是如何使消费者比较容易识别本企业的服务产品。定位是一项战略性营销工具，企业可以借此确定自身的市场机会，并且当竞争情况发生变化时，企业能够实行相应的措施。定位可以不经计划而自发地随时间而形成，也可以经规划纳入营销战略体系，针对目标市场进行。它的目的是在顾客心目中创造出有别于竞争者的差异化优势。

在从注重数量向注重质量转变的消费时代，顾客越来越要求企业提供细致、周到和充满人情味的服务，要求购买与消费的高度满足。因此，高品质的、全方位的服务理所当然地成为企业赢得优势的重要因素。

（2）提高人员价值

人员价值是指企业员工的经营思想、知识水平、业务能力、工作效益与质量、经营作风、应变能力等所产生的价值。企业员工直接决定着企业为顾客提供的产品与服务的质量，决定着顾客购买总价值。企业员工的技能、顾客导向和服务精神对顾客理解企业、购买产品或服务是相当关键的。企业每位员工的态度、精神面貌、服务等都代表着企业的形象，直接或间接地影响"顾客满意"。

"顾客满意"很大程度上受到一线员工的影响。顾客随时都有可能通过面对面或者电话接触对企业工作人员提供的服务进行评价。这些一线员工与顾客的真实接触点包含了影响顾客满意度的绝大部分因素。可以说，与顾客的真实接触瞬间是"顾客满意"实现的关键。

（3）提高形象价值

良好的企业形象具有财务价值、市场价值和人力资源价值，因此必须做好企业形象管理。

① 要做好企业形象管理，应当认识到，企业所为和所不为的每一件事都会对它的形象产生直接影响。目前有很多企业领导者认为企业形象就是企业标识系统。事实上，虽然企业标识系统（包括名字、命名体系、象征符号和企业标志色彩）的设计异常重要，但它仅仅是企业的一个映像。企业的本质和个性才是企业形象的重点。顾客选择伙伴建立关系时，重视的是质量和本质，而不是华而不实的表面符号。因此，必须创建鲜明的企业个性与企业文化，依靠实际行动而不是浮艳的文字来展现与竞争对手的差异。

② 企业形象通过维修质量水平、品牌特征和服务交付三个要素表现出来。运用这三个要素营建并保持坚实的顾客关系，关键是在同所有与企业有关的人员的交往过程中表现出一致性。企业行为模式的不一致会直接带给顾客对企业形象负面的感受。

③ 做好企业形象管理，还需妥善处理危机事件，维护企业形象。良好的企业形象其实是一件脆弱的"物品"，容易损坏，且一旦损坏就很难修复。任何企业都难以做到尽善尽美，总会出现这样那样的问题。如果产品质量或服务出现了差错，而企业管理者和员工没有处理好这些问题，就会对企业形象产生不良影响。更糟的是，若被媒体公开，无论孰是孰非、最终结论如何，都有可能对企业形象产生无法弥补的损害。这些损害往往并非来自问题本身，而来自管理者和员工处理事件的方式。

因此，在危及企业形象的事件发生时，一定要妥善处理，尽量缩小影响，以维护企业形象。

(4) 降低各种成本

这里所指的成本包括货币成本、时间成本、精力成本与体力成本。

低价高质的产品是赢得顾客的最基本手段。要想赢得市场，必须严格控制货币成本，对本企业产品或服务的各个环节进行成本控制，设身处地以顾客的角度来看待成本的高低和价格的可接受度。

通过各种有效渠道发布产品信息，减少顾客搜集信息的时间，通过网络把顾客需求反馈给企业后，可以在最短的时间内得到企业的答复。尽量缩短维修周期，减少配件材料缺货现象，大大减少顾客的时间成本，提高顾客所获得的让渡价值，还可对定点维修单位提供上门接送车服务，以减少顾客的时间成本。

建立广泛分布的快修网点，使顾客可以就近报修，为顾客提供"一条龙"服务，最大限度地减少需要顾客完成的工作，减少顾客精力成本与体力成本。例如，目前兴起的汽车维修"一站式服务"，提供汽车维修、美容、装饰等服务，让顾客感觉钱花得值。

3. 制定服务策略

服务满意就是要求整个服务过程都要使顾客满意，即售前咨询服务、售中支持服务和售后增值服务都要使顾客满意。

(1) 售前咨询服务

售前咨询服务的目的是提高顾客的信赖度，增加成交机会。售前咨询服务对汽车经销商有以下要求。

① 建立能被外界接受的服务制度。

② 服务制度要尽可能地量化。

③ 建立服务技术标准，提供服务人员的系统专业化培训。

④ 内部要建立专业的顾客服务机构，给顾客一个高效的沟通渠道。

⑤ 提供个性化的购车咨询顾问，其内容包括各种车型的性能比较，顾客适合的车型，购车在哪里能得到较好的服务，购车需要注意的问题，购车过程中容易出现的问题。及时告诉顾客各种汽车的相关信息、各种促销和试乘试驾信息，不仅能够得到顾客，还能得到顾客的心，形成良好的口碑，帮助企业开发大量的潜在顾客。

（2）售中支持服务

售中支持服务的目的是解决顾客在购买过程中所有需要解决的问题，增大附加和超额购买的可能性。售中支持服务对汽车经销商有以下要求。

① 及时回复顾客要求，力求成交，解答顾客问题，满足特殊需求。

② 顾客疑难问题要迅速转给相应部门。

③ 顾客要求的上门服务项目要及时派人。

④ 提供方便快捷的"一站式"服务，银行、保险公司、车管所现场办公，实现从选车、信贷、保险、上牌的"一站式"服务，极大地方便顾客购车，从而解决顾客在购车过程中面临的一系列问题。

（3）售后增值服务

以用户为中心，以服务为宗旨，以满意为标准，来建立一套完善的售后服务体系和一支专业化、规范化、标准化的售后服务队伍，不断提高售后服务标准，并且要迅速处理质量投诉。退换或修理不良产品，真正实现"以顾客满意为中心"的营销理念。具体来讲，汽车企业、经销商或特约维修站需要做到以下四个方面工作。

① 提高售后服务质量。经销商及特约维修站可以采用专业系统培训、引进、社会合作等多种方式，保证汽车售后服务人员的专业化，强化售后服务人员的服务意识，从而提高汽车维修保养质量和售后服务人员的服务水平。

② 提高售后服务标准。汽车企业每年要对顾客进行1～2次的调查以弄清楚顾客的期望；对特约维修站进行现场评估，寻找改善服务的措施，不断提高售后服务标准；制定《汽车特约维修单位服务管理标准》，贯彻先进的服务理念，改善服务场地设施环境；通过建立一套科学、系统、规范的服务流程，大幅度提高顾客满意度。

③ 完善售后服务网络体系。汽车企业需要建立以经销商售后服务中心为骨干、特约维修站为基础、快修点为补充的多层次高品质的售后服务网络体系；增加授权售后服务中心的数量和特约维修站的数量；尽可能地覆盖全国所有用户区域，真正为用户解决后顾之忧。

④ 引入汽车售后服务管理系统。汽车售后服务管理系统是具有专门针对汽车售后服务流程的管理软件，功能模块包括预约电话登记、预约受理、救援业务受理、保险理赔受理、顾客建议、顾客咨询、顾客信息反馈、顾客主档案、顾客附属档案、顾客生日提示、单据查询与打印、月报表、旬报表等综合报表统计，并提供一系列优质服务，还可将所有单据导出，大大提高服务效率和质量。

4. 引进顾客关系管理系统

汽车行业的竞争正逐步实现从以"产品为中心"模式向以"顾客为中心"模式的转移。因此，可以说汽车企业引进顾客关系管理系统是当务之急。建立顾客关系管理系统，可以帮助汽车企业解决以下问题。

汽车服务工程

① 通过统一和共享顾客信息来整合现有的销售渠道，获得更为精细的管理销售成本并提高规模销售的成功率。

② 能够细分目标市场和顾客群（如私人购买者、单位购买者、出租车公司等），掌握个性化的市场需求，满足多种顾客的不同需要，实现汽车销售的一对一营销。

③ 可以根据顾客自身特点，提供个性化的售后服务；通过建立统一的顾客服务资料，使得所有的服务站点都共享一套完整的顾客信息，帮助形成完善的售后服务标准，提高顾客满意度。

④ 可以通过实现统一的信息处理平台，形成整车销售、配件销售、售后服务、信息反馈"四位一体"的营销服务体系。

⑤ 可以了解顾客对销售过程的感受，得到来自最终顾客的评价和建议，调整和改进市场销售策略。

⑥ 可以从顾客处得到最希望看到的设计变动信息，加快更新换代的决策速度；也可以帮助汽车企业了解到什么问题是安全驾驶最需要解决的，并持续改进。

1.4　我国汽车服务业的发展

随着我国汽车保有量的快速增长，汽车服务市场的规模也在逐年扩大，借鉴国外成熟汽车服务市场的发展经验，连锁化、品牌化和专业化已经成为未来我国汽车服务市场的发展趋势。汽车服务市场也会像零售、家电、服装、餐饮等行业一样，从碎片化的单个市场走向连锁的集团作战。同时，反垄断和互联网或将给连锁企业带来新的机遇。

1. 我国汽车服务市场的现状

我国汽车服务业开展了很多具体的服务项目，这些服务项目比较全面，可以说是与国外等量齐观。但是，我国汽车服务业确实还存在很多问题，与发达国家相比，还存在相当大的差距。这些问题和差距主要有以下四个方面。

（1）服务企业规模小，难以形成规模效应

欧美国家服务企业以连锁经营为主，由于规模较大，管理规范，经验丰富，可以降低配件成本和运营成本，提高效率。我国以4S店和个体经营为主，较之连锁经营，没有规模优势，4S店模式运营成本高，配件价格高。

（2）服务理念相对落后、管理方式陈旧且服务效率较低

观念的落后就是最大的落后。目前我国汽车服务行业中"以人为本，用户至上"的服务理念还仅仅停留在口头上，没能够深入服务企业的管理者和广大员工心中；在服务工作中反映出一些企业只重视自身利益，缺乏对汽车消费者的消费心理和服务要求的研究，加之企业管理方式陈旧，服务效率低下，使企业的服务质量改进缓慢。

（3）综合素质不高

综合素质不高主要体现在以下四个方面：第一，服务企业的技术素质不高；第二，汽车服务业从业人员的素质不高；第三，缺乏高素质的专业人员；第四，服务企业经营管理者的素质不高，缺乏能够驾驭服务市场走势的领导者，缺乏独立开展汽车服务业务和开发服务市场的能力。

（4）制度法规不完善，市场秩序有待加强

由于我国针对汽车服务的立法还不完善，没有建立健全法制保障体系，因此缺乏完善的有效法制手段来规范市场行为。

由于存在上述差距，因此我国汽车服务业在行业总体上表现出效率和效益还存在很大的上升空间，行业积累能力和自我发展能力还可以进一步提高。因此，我们应吸取国外的先进经验，并根据我国的实际情况建立和完善适合我国国情的汽车服务业，尽快缩小与发达国家在汽车服务业上的差距。

2. 我国汽车服务体系的发展趋势

我国当前的汽车后市场显然是一种低层次的、粗放型的市场。这也是每一个成熟市场体发展必然经历的阶段，我们能做的就是在有关政府主管部门和行业机构的组织和领导下尽快建立一种体制更完善、运营更合理、竞争更公平、服务更周到、又极具竞争实力的汽车综合服务体系。

（1）"四位一体"和"连锁经营"模式将成为未来我国汽车后市场服务发展模式的主流

"四位一体"即目前在我国汽车市场上盛行的"4S"模式。这种模式源于欧洲，它具有信息的专业性、连续性及规范性，能够适应汽车后市场的发展。"连锁经营"整合了各个品牌汽车的资源，打破纵向垄断，在价格、服务透明的基础上，满足汽车后市场发展的需求，解决顾客的问题。这两种模式都有各自的优点，能够促进中国后汽车市场的发展。

互联网汽车服务业发展研究

（2）品牌化经营将是汽车服务的重心

当今社会是一个品牌化的社会，汽车品牌化，汽车售后服务也会走上品牌化的道路。品牌化的前提是对产品进行品牌定位，帮助企业树立品牌形象，有助于品牌传播。未来汽车服务业发展的趋势是让顾客满意。雄厚的技术力量、专业化的工具设备、完善的服务体系是打造品牌的基础。知名企业壳牌喜力便是一个最好的例证。

中国的一些有先见之明的汽车后市场企业正在培育自己的品牌。例如，"爱车邦"，源于国际汽车服务先进理念，致力于整合中国汽车后服务行业，向中国汽车顾客提供高质优价的一站式连锁汽车服务。

（3）汽车服务向规范化、市场化发展

随着经济全球化的发展，越来越多的投资企业进入汽车服务市场。近几年，风险投资（VC）、私募股权投资（PE）通过投资上市公司，大举进入汽车服务市场，2010年，联拓集团在美国纽交所上市，成为我国首家上市的汽车销售服务企业。以成本换市场将是行业发展的常见现象。

汽车服务行业除了依靠市场外，还需要政府的介入。企业并不能完全自律，政府需要制定相应的法律法规来规范市场。政府需要对修竣汽车的尾气排放进行监督，要接受消费者的诉讼，审核汽车服务企业的经营资质等。

（4）电子信息高技术化将伴随汽车后市场服务

当今社会是一个科技主导的社会，汽车是科技发展的标志。随着汽车制造技术的发展，其智能化水平不断提高，高科技已经渗透到汽车行业。随之而来的是汽车服务越来越复杂，大批高科技设备应用于汽车服务行业，计算机诊断系统将会全方位检测汽车。汽

故障检测诊断的网络化趋势将十分明显，网上查询资料、网上解答维修难题等汽车维修的网上技术应用将迅速发展。

（5）"互联网＋汽车服务"模式迅速崛起

随着"互联网＋"时代的来临，汽车生产制造及后端的服务行业都面临着大变革。汽车服务行业将成为创新最活跃、空间最大的新经济增长点，也是创业的爆发点。站在"互联网＋"的风口，汽车后市场服务也掀起了一波"互联网＋"的模式。目前已经实现了车险、汽车养护、上门保养等增值业务，一键集成车主服务，"互联网＋"汽车服务必将成为汽车后市场耀眼的营销平台。

1. 什么是狭义的汽车服务和广义的汽车服务？
2. 简述汽车服务系统工程的主要研究内容。
3. 简述汽车服务系统的特点。
4. 简述服务质量的构成要素。
5. 提高服务质量的措施包含哪些内容？

第 2 章 汽车金融服务

知识要点	掌握程度	相关知识
汽车金融	了解汽车金融的定义； 了解汽车金融服务的作用； 熟悉汽车金融服务提供方； 熟悉我国汽车金融的发展历程； 掌握汽车金融服务的特点	汽车金融的定义；汽车金融服务的提供方：商业银行、汽车金融公司、信托公司、保险公司；汽车金融服务的特点及作用；我国汽车金融的四个发展阶段
汽车金融产品、汽车金融公司的融资与盈利模式	了解汽车金融公司的融资； 掌握汽车金融产品的定义和特点； 掌握汽车金融公司融资的盈利模式	汽车金融产品的定义和特点；国内外汽车金融公司的融资；汽车金融公司的主要盈利模式
汽车消费信贷与风险	了解汽车消费信贷的定义； 了解汽车消费信贷的发展过程； 熟悉汽车消费信贷的类型； 掌握汽车消费信贷的风险与防范控制	汽车消费信贷的定义和类型；我国汽车消费信贷的发展过程；汽车消费信贷的主要风险与防范控制
汽车消费信贷操作实务	了解以银行为主体的汽车消费信贷； 了解以经销商为主体的汽车消费信贷； 熟悉以汽车金融公司为主体的汽车消费信贷	不同主体的汽车消费信贷的主要业务流程
汽车金融服务发展对策	了解汽车金融服务发展的主要对策	汽车金融服务相关法律法规；汽车金融公司业务范围主要新增六项业务；保险公司参股汽车金融公司

汽车金融服务是指在汽车销售、使用过程中，由汽车金融服务机构向消费者或经销商提供的融资及其他金融服务。经过近百年的发展，汽车金融服务在国外已成为位居房地产金融之后的第二大个人金融服务项目，是一项规模大、发展成熟的产业，每年的平均增长率为3%左右。

2.1 汽车金融

2.1.1 汽车金融的定义

汽车金融是指以商业银行、汽车金融公司、信托公司、保险公司等为经营主体，为消费者、汽车生产企业和汽车经销商提供金融服务的市场经营活动。

汽车金融服务的提供方主要有商业银行、汽车金融公司、信托公司、保险公司等。

1. 商业银行

商业银行作为汽车金融服务体系的重要组成部分，在汽车金融领域扮演着重要的角色，主要表现如下：一是直接参与汽车信贷业务，为汽车购买者或者汽车企业、经销商提供融资服务；二是为其他金融服务提供方提供资金上的支持。例如，信托公司在自身资金周转不利的情况下可以向商业银行申请资金拆借。虽然随着汽车金融公司、信托公司等其他服务提供方的不断发展与进步，商业银行在汽车金融服务领域的地位有所下降，但是由商业银行提供的汽车金融服务仍是目前我国金融服务的主要形式。

2. 汽车金融公司

汽车金融公司是办理汽车金融业务的企业，通常隶属于汽车销售的母公司，它向母公司经销商和下属零售商的库存产品提供贷款服务，并允许经销商向汽车购买者提供多种选择的贷款或租赁业务。由于这种设立汽车金融公司的方式具有运作成熟、能有效控制风险、整合资源能力较强等特点，因此已经成为一种有效推动母公司销售和提供一系列全方位服务的手段。汽车金融公司不断发展，日趋成熟完善。目前全世界三个最具典型的汽车金融公司分别是通用汽车金融服务公司、大众金融服务公司、戴姆勒金融服务公司。

3. 信托公司

信托公司作为金融中介的资金来源，主要经营私人储蓄存款和定期存款，其资金利用主要在于长期信贷，汽车金融服务是其从事的主要业务之一。但是近年来，信托公司的资金组合不断趋向分散化，它们与商业银行的区别在不断缩小。与此同时，信托公司开始大力拓展新的业务领域，并采用许多措施来提高其竞争力，如信托公司大量持有或设立专业的汽车金融服务机构等专业附属机构。

4. 保险公司

保险公司不仅是进行风险管理的专业商业机构，而且是为汽车购买者或汽车生产企业等提供金融服务的机构，因此保险公司在汽车金融服务领域是比较重要的参与主体。

2.1.2 汽车金融服务的特点

1. 由专业化的公司经营

汽车金融服务的业务范围十分广泛，不仅包括为汽车消费者提供消费信贷、租赁融资、维修融资、保险、结算等服务，还包括为汽车生产企业提供维护销售体系、整合销售策略、提供市场信息等服务，为汽车经销商提供库存融资，营运资金融资，设备（购买、维护资金）融资，财务咨询、培训等服务，覆盖汽车产品的售前、售中、售后的全过程。在这些过程中，都需要专业化的服务，如商业银行在进行产品咨询、签订购买新车或二手车合同、办理登记手续、零部件供应、维修保养、保修、索赔、新车抵押、二手车处理等业务时，会因为不熟悉业务而增大完成这些业务的难度。

2. 汽车金融需要风险管理

汽车金融服务机构在进行相关业务时可能会遇到一些影响进度的风险，主要包括信用风险、市场风险、操作风险、流动性风险，其中信用风险是最主要的。信用风险是指由于客户无信用行为（违约行为）造成损失的风险。这主要取决于无信用行为（违约行为）出现的概率、无信用行为（违约行为）发生时尚未还清贷款余额的多少及出现违约行为时可减少损失的担保。对于这种情况，国外汽车金融机构一方面通过自身和汽车生产、经销商、消费者之间的密切联系来搜集整理与消费者有关的各种信息，从而建立信用数据库；另一方面通过支付一定的费用向个人信用登记服务公司查询获得消费者的信用情况。而在国内，近年来汽车金融的风险管理不断加强，以银行为主的个人征信记录正逐渐地推广和利用。

3. 汽车金融的融资结构和融资形式多样化

汽车金融服务对资金的需求比较大，因此对融资的依赖性比较强。对一家公司来说，其融资结构不仅决定着公司的管理结构，还通过公司的资本成本来影响公司的市场价值。正是融资结构的重要性，促使许多汽车金融服务机构采用比较多样化的融资形式。除了股票和公司债券外，信贷资产证券化已经成为汽车金融服务机构的主流融资形式之一，它把具有未来现金收入但缺乏流动性的汽车信贷资产，按一定的标准进行结构性重组，再设计出具有不同现金流和风险特征的证券，最后出售给具有不同投资偏好的投资者（或公司）。

4. 汽车服务业金融产品需要不断地开发与创新

汽车服务业金融产品是以汽车的价值为基础，根据不同群体的消费需求设计出的金融工具或金融服务的总称。在产品开发方面，汽车金融公司往往会针对消费者各种个性化需求，开发出各种各样的汽车金融产品，如融资租赁、购车储蓄、投资构成等；在产品创新方面，不同的金融机构和汽车生产企业、经销商往往会联合起来，共同推出具有差异性的产品。例如汽车金融公司和保险公司联合推出创新的车险品种，商业银行和汽车金融公司联合提供服务并形成相互合作和竞争的状态。

5. 汽车金融服务需要规模化经营

经济学上的规模经济是指随着供给规模的不断扩大，单位供给成本不断下降。这一点在汽车金融服务中的表现尤为突出，其原因如下。

① 汽车消费的市场空间很大，并且是持续的需求。以美国为例，2018年美国的汽车消费人群的年龄段是18～70岁，人均消费汽车4.6辆，用于汽车消费的直接支出接近总支出的5%，这无疑给汽车金融服务业提供了规模经济的发展空间。

② 汽车属于典型的个体消费，相关的金融服务是零售金融。零售金融的一个显著特点，就是单笔业务的固定交易成本随客户规模的扩大显著下降：规模越大，固定成本越低。

③ 零售金融的效率特别依赖标准化的服务，包括标准化的信用评估与风险管理，提供标准化的金融产品等。例如，美国的福特汽车信贷公司将一套标准化的信用评估模型安装在每家经销商的计算机中，其70%的授信都是由计算机自动核准的，大大提高了公司营运效率，节约了成本。对福特汽车信贷公司而言，随着客户规模的不断扩大，它要做的只是不断修改这个授信模型，而不是增加信贷评估人员，如此一来，其交易成本就能大大降低。当然，授信标准化肯定会增加固定成本，但随着客户数量的不断增大，其交易成本将逐渐下降。因此，只有客户规模足够大，才值得开发专门的信用评估与风险管理系统。规模经济与汽车金融服务的专业化之间是相互促进的关系。

2.1.3　汽车金融服务的作用

1. 汽车金融对宏观经济的作用

（1）调节我国国民经济运行中的供需不平衡矛盾

在市场经济条件下，汽车金融在经济运行中起着十分重要的作用。与其他消费信用相同，汽车金融也被用于刺激消费和固定资产加速折旧、调节经济运行中供需不平衡矛盾、保持经济平稳运行。

（2）推动我国汽车产业的发展，产生巨大的投资乘数效应

汽车金融专门服务于汽车消费，是有特殊指向性的新兴行业，其对国民经济的拉动作用必须依附于所服务产业的功能释放与发挥。由于汽车产业具有中间投入比重大、价值转移比重大、投资量大、规模经济要求高、与国民经济的很多部门联系密切等特点，因此其发展既依赖于很多产业部门，又对国民经济的发展具有很大的带动作用。而汽车金融对我国国民经济的巨大带动作用就是通过汽车产业对相关产业的带动作用体现出来的。

（3）对制造业和其他部门产生带动作用

汽车产业对其他产业有较高的依赖性，能对其他产业产生"高价值转移性"。正是由于汽车产业具有这种价值转移的特性，汽车金融才能通过为其流通、消费甚至特殊情况下的生产提供金融支持的办法，疏通汽车产业的上下游通道，避免产品的积压和库存，缩短周转时间，提高资金使用效率和利润水平，较大幅度地带动相关产业的发展，使汽车产业的"高价值转移性"得以顺利实现。

（4）带动第三产业的发展

国民经济中的第三产业和作为第二产业的汽车产业的"高度关联性"体现在两个方面。一是在汽车产品的最终价值分配中，第三产业占有较高的比重。在发达国家，平均购买一辆汽车，其价格总额中约40%要支付给金融、保险、法律咨询、科研设计和广告公司等与汽车相关的各种服务业，约30%支付给材料、机械等其他与汽车产业有关的制造业。二是汽车产业的预投入对第三产业的预投入有较大的带动作用，后者占前者的比重为

30%～80%。也就是说，汽车产业的一定投入，可以导致主要相关服务业增加30%～80%的投入。这里的主要相关服务业包括批发和零售贸易、储运、实业和商业服务，社会和个人服务等。

(5) 促进劳动力就业

汽车金融惠及的相关部门一般具有很强的直接就业安置能力，如汽车修理业、运输业、销售部门、管理部门、研究咨询及汽车使用部门等，基本都属于劳动密集型行业，具有较强的就业吸纳能力。此外，通过推动汽车制造业发展，还能创造间接就业机会。

2. 汽车金融对微观经济的作用

(1) 对汽车生产企业而言，汽车金融是实现生产和销售资金分离的主要途径

汽车生产企业要实现生产和销售资金的分离，必须有汽车金融。没有汽车金融，生产资金将被固定于经销商的库存和客户的应收账款之中，导致销售数量越大，生产资金越枯竭。有了汽车金融，就会大大改善汽车生产企业和经销商的资金运用状况，提高资金使用效率。

(2) 对经销商而言，汽车金融是现代汽车销售体系中一个不可缺少的组成部分

汽车金融可以对汽车经销商起到提供存货融资、营运资金融资、设备融资的作用。只有借助汽车金融，才能实现批发资金和零售资金的分离。批发资金是经销商用于库存周转的短期资金。零售资金是经销商用于客户融资的中长期资金。对经销商的库存融资和对客户的消费信贷，可以促进汽车销售过程中批发资金和零售资金的分离，从而便于进行资金管理和风险控制，提高资金收益率。同时，汽车金融还有利于汽车生产企业和汽车销售企业开辟多种融资渠道，如商业信用、金融授信，即通过汽车金融公司向社会筹集资金用于汽车金融。

(3) 对消费者而言，汽车金融是汽车消费的理想方式

汽车金融不仅能解决消费者支付能力不足的问题，还能降低消费者资金运用的机会成本。对于消费者它可以提供消费信贷、租赁融资、维修融资、保险等业务。高折旧率是汽车消费的一个重要特点，如果以全款购车，不仅要承担投资回报率低于存款利率的损失，而且要承担高折旧率的损失。

2.1.4 我国汽车金融的发展历程

我国汽车金融虽然起步晚，落后于国外发达国家半个多世纪，但基于我国经济快速增长大环境下汽车工业的迅猛发展，以及可以借鉴国外成熟的模式，汽车金融行业发展迅速且较为规范。我国汽车金融业历经了以下四个阶段的发展历程。

1. 萌芽阶段

从1995年上汽集团推出汽车信贷业务开始，到1996年中国人民银行紧急叫停汽车信贷业务为我国汽车金融的萌芽阶段。在这个阶段，汽车金融还停留在单纯的购车贷款阶段，方式主要是以中国工商银行、中国农业银行、中国建设银行、中国银行四大银行为主体发放贷款。汽车价格与国民工资收入相比仍是比较高的，所以市场需求有限。此外，此时国内汽车金融业界相关经验少，没有相关法律法规的指导，市场隐患非常大。之所以没有大规模暴露问题，是因为在这一阶段汽车信贷业务并未被消费者广泛接受。此时，我国国民对信用消费的理解还处于初级阶段。1996年，中国人民银行紧急叫停汽车金融相关

业务，汽车金融业发展停滞。这一阶段中，汽车生产企业是市场的主要推动者，商业银行是金融主体，消费者认识度与参与度低。

2. 高速发展阶段

1998—2003年是我国汽车金融业快速发展的五年。经过两年的研究，中国人民银行于1998年出台《汽车消费贷款管理办法》(试点办法)，我国重启汽车消费贷款。1999年2月，中国人民银行印发《关于开展个人消费信贷的指导意见》，放开了其他中资股份制商业银行进入汽车金融的限制。这一系列鼓励汽车信贷消费的政策，使得各商业银行与保险公司纷纷加入汽车金融领域，推出自己的汽车金融产品。与此同时，随着居民可支配收入的持续增加，消费者生活水平逐步改善，越来越多的人希望购置汽车，从而刺激了汽车市场的繁荣。经济的繁荣带动着消费者观念的转变，越来越多的消费者选择通过信贷方式购买汽车，汽车金融市场越加繁荣，刺激着竞争的加剧。汽车消费贷款的首付比重持续下降，贷款期限不断延长，这些更加刺激了汽车金融的发展。2001—2003年，汽车消费贷款余额年平均增长148%，消费贷款总额占贷款余额的比重依次为6.2%、10.8%和11.7%。截至2003年6月底，我国汽车消费市场个人信贷业务总额达到1800亿元，占消费贷款余额的11.7%，五分之二的新车来自贷款购车。在上述因素的合力作用下，汽车消费信贷总量在此后几年呈现了爆发式的增长。这个阶段，汽车信贷不断发展，市场由商业银行垄断变为汽车生产企业与商业银行竞争。一方面，这种竞争使得市场发展不规范，畸形增长；另一方面，彼时我国的汽车金融仍处于初级的汽车消费信贷阶段。

3. 萧条阶段

井喷时期的风险隐患在2003年年底开始爆发。当时我国的征信体系尚不完善，为了抢占市场，商业银行纷纷下调首付比重、延长还款期限，使得很多没有还款能力的人也能申请汽车贷款，加入贷款购车的行列。但由于银行缺乏有效的审计能力，骗贷、拖贷的情况频频发生，各银行呆账、坏账比重不断上升。随后，保险公司率先从汽车信贷市场中撤出，汽车金融的发展由盛及衰。2003年10月3日，中国银行保险监督管理委员会（以下简称中国银保监会）正式颁布了《汽车金融公司管理办法》，为国内汽车金融市场的规范化运营提供了保障。2004年年初，国家商业银行汽车贷款业务整体收缩，我国汽车金融业发展进入低谷阶段。同一时间，中国人民银行和中国银保监会开始加强管理汽车信贷业务，收缩业务量，有目标和针对性的管理不正当竞争。

4. 规范发展阶段

从2004年8月至今，中国的汽车金融实现了规范化、全面化的发展，进入了规范发展阶段。上海通用汽车金融有限责任公司于2004年8月在上海正式挂牌成立，标志着我国汽车金融领域不再以商业银行为主导，同时不再以汽车消费信贷为单一的金融业务。自那时起，我国汽车金融业从业主体开始丰富，也推出了更多的业务品种，进入多元化发展时代。中国人民银行、中国银保监会等汽车金融监管相关部门，利用批准国外大型跨国汽车企业在华设立专业的汽车金融服务公司的契机，使我国的汽车金融市场与世界接轨，向着规范、有序、高效的方向发展。新版《汽车金融公司管理办法》经2007年12月27日中国银保监会第64次主席会议通过，2008年1月24日中国银保监会令（2008年第1号）公布，自公布之日起施行。这期间，德国的大众汽车金融服务股份有限公司率先在中国开办了大众汽车金融（中国）有限公司。此后，如丰田汽车金融（中国）有限公司、通用汽车金融服务公司等国外大型汽车金融公司先后在中国设立了分公司。这些有着几十年汽车金融业从业经验的企业，推动着中国汽车金融业的规范发展，也带领着汽车金融行业对商业银行的绝对地位发起挑战。

2.2 汽车金融产品、汽车金融公司的融资及盈利模式

2.2.1 汽车金融产品

1. 汽车金融产品的定义

汽车金融产品，泛指以汽车交易及消费使用为目的，以融通资金所进行的金融结构（数量、期限、成本等）、金融策略设计及相应的法律契约安排，来解决现实中汽车金融服务所面临的各种问题。汽车金融产品是立足市场的供需状况，以商品标的物汽车的价值为基础，以服务为手段，以金融运作为主体，以不同群体的消费需求为对象所设计、开发出的系列化的可交易金融工具、金融服务及各种金融策略。

具体的金融产品包括以下三个类型。

（1）围绕价格最优化方面的汽车金融产品

这类汽车金融产品是指以减少汽车消费者购车成本，以成功进行汽车销售为目的，以汽车销售价格为重点的汽车金融产品，实际上是通过适当合理的金融设计、金融策划，使汽车营销的价格在销售各方面能够承受的范围内最优化，如"规模团购式汽车金融产品"等。

（2）围绕规避销售政策和制度开发的汽车金融产品

这类汽车金融产品是为消除政策、制度等社会管理因素对消费者消费能力、消费方式的限制而设计开发的产品，以释放消费者未来购买力、以培养消费者新的消费方式为重点，如"投资理财式汽车金融产品"等。

（3）围绕汽车消费过程中所必需的服务环节的便利性、经济性和保障性开发的汽车金融产品

这类汽车金融产品有融资租赁、汽车保险、购车储蓄、汽车消费信用卡等。

2. 汽车金融产品的特点

汽车金融产品的特点由作为一般使用商品的汽车和作为汽车金融服务的契约关系两大因素来决定，具体如下。

（1）汽车金融产品的复合性

汽车金融产品的复合性是指汽车金融产品是以作为交易标的物的汽车为存在及作价基础，结合了金融体系的资金融通、资本运作功能而形成的交易契约，兼有实物产品和虚拟产品的成分。汽车金融产品是有形产品和无形产品的复合。因此，汽车金融产品的特性和优点既有消费者可观摩的一面（汽车产品），也有无法向消费者展示的一面（金融服务），顾客的购买行为是以汽车产品的使用价值和汽车金融公司的社会信誉及金融服务的质量特

点为基础来实施的。

(2) 汽车金融产品的精密性

汽车金融产品要求在产品的设计（包括价格、交易结构、盈利模式、现金风险管理等）方面考虑得很周全，要应用金融工程和数理统计有关原理进行分析与计算。与股票、债券、银行存款等大众化的金融产品相比，汽车金融产品是一种较为复杂的金融商品。对于投资者来说，只要知道存款本金和利息率，股票的买入价和卖出价，债券的票面价格和利息率，就很容易计算出其收益率。在这里，交易的主动权在投资者手中而不是在银行、债券公司。而汽车金融产品牵涉信贷金额的额度、缴纳方式、责任、利率等一系列复杂问题，由于涉及未来收益向现阶段消费的转移问题，其中的不确定性使汽车金融产品的价值很难明确计算。

(3) 汽车金融产品的风险性

汽车金融产品的风险性主要是指汽车金融产品的价格受到来自汽车生产企业和金融市场的双重影响比较大，其价格变数较多。另外，消费者的个性化要求，使汽车金融产品越来越具有可变性。汽车金融产品的样本差很小，购买者在大范围的统计和调查中具有很大的相似性。样本差的参数可以选择平均收入、年龄、教育层次等，在社会地位、家庭收入、消费习性、职业定位上具有同构性。这样一方面使汽车金融产品的开发销售指向具有同一性，节约了开发销售成本；另一方面在汽车金融产品的风险控制上增加了难度，使其风险方差增大。

(4) 汽车金融服务的延续性

这是汽车金融产品所独有的特点，因为消费者在购买汽车金融产品后，随着汽车的使用，其他服务才能得以延续完成。

(5) 汽车金融产品合同条款相对稳定性与复杂性

由于汽车金融产品的条款具有法律政策的背景，利率、期限和现金数量等依据一定的通用公式和平均大数原理得出，因此具有相对稳定性。而其专业性的特点决定了其具有复杂性的特点。

(6) 费率的固定性与微差异性

汽车金融产品一方面有一些费率（如利息、时间、首付款额等）相对稳定，各公司之间变化不大，具有一定的固定性；另一方面有一些附加费部分（如汽车金融公司由于营业开支的各种费用），受各公司规模、经营管理水平、资金运作水平等多方面的影响，存在差异性。

(7) 汽车金融产品的时效性

汽车金融产品一旦成功销售，一般都有数年时间，其时效性根据国家、地区的不同而不同。

(8) 汽车金融产品的选择性

汽车金融公司并不是随意将汽车金融产品销售给任何一个愿意购买者，而是要对购买者进行风险选择，以避免风险，因此其销售具有选择性。

2.2.2 汽车金融公司的融资

1. 国内汽车金融公司的融资

国内汽车金融公司融资的方式比较单一。根据《汽车金融公司管理办法》（中国银行保险监督管理委员会令 2008 年第 1 号）的有关规定，国内汽车金融公司的资金主要通过以下方式筹集。

① 吸收境内股东 3 个月以上期限的定期存款。[第 19 条第（一）款]

② 转让和出售汽车贷款业务。经批准，发行金融债券。[第 19 条第（三）款]

③ 向金融机构借款和同业拆借。但银行拆借资金只能同业借款，不能进入利率较低的同业拆借市场。[第 19 条第（四）（五）款]

在这几个渠道中向金融机构借款是最主要的融资渠道。由于汽车企业、非银行金融机构等股东的现金流往往并不充足，因此来自股东单位的低成本、长期资金支持有限；同时由于无发达的应收账款转让市场和专门的机构，因此应收账款转让这一融资方式目前在国内基本不可行；由于汽车金融公司贷放出去的是中长期资金，因此短期的、利率偏高的同业拆借资金难以解决其长期资金运用问题。目前向银行申请借款仍是国内汽车金融公司的主要融资方式。

2. 国际汽车金融公司的融资

国际汽车金融公司的外源融资主要有四种方式：一是普通股份融资；二是债务融资，包括直接从资本市场上发行各种债券融资和向商业银行贷款融资；三是优先股融资；四是发行可转换债券融资。

随着汽车金融服务机构扩大到集团化规模经营，追求利润的动力和竞争压力驱使其不断扩大规模，仅通过内源融资或外源融资难以满足其资金需求，加之金融市场高度发达，金融衍生产品极大丰富，故而汽车金融公司走上了内源融资和外源融资相结合、资本积聚和资本集中相结合的融资道路，最有代表性的是大规模的汽车金融服务信贷资产证券化。

汽车金融服务信贷资产证券化就是将具有未来现金收益但缺乏流动性的资产，按一定标准进行结构性重组，然后将其通过证券发行方式出售给资本市场的投资者。现在仅有四分之一的汽车贷款仍由信贷机构提供，其余四分之三则靠发行债券来提供。

2.2.3 汽车金融公司的融资的盈利模式

1. 盈利模式的定义

盈利模式是指在主营业务中，将资金、人才、技术、品牌、外部资源等要素有机地整合在一起，通过单独和系列的战略控制手段来形成长期稳定的利润增长点。

汽车金融服务的盈利模式由两部分组成：一是盈利模式的利润链，即盈利模式获取利润的组成因素，是用于衡量盈利模式利润来源的重要参数；二是通过利润链的贯穿与连接，将能够带来利润的企业资源组合在一起的具体方式（狭义上的盈利模式）。利润链通过与特定的企业资源方式相结合，并渗透到具体的业务中，形成利润来源与途径。两者相互结合、相互作用，共同形成一个完整的盈利模式。

2. 汽车金融公司的盈利模式

汽车金融公司的主要盈利模式分为基本盈利模式和增值盈利模式两种。基本盈利模式是指传统的以汽车销售为主，兼顾维护修理、保险代理的盈利模式；增值盈利模式是指在基本盈利模式之上附加了金融资本运作所构成的盈利模式。

（1）基本盈利模式

基本盈利模式包括以下几种。

① 信贷息差利润模式。这种模式以汽车信贷利息的借贷差作为汽车金融公司的利润。汽车金融公司除自有资本金外，还会从其他金融机构和金融市场融入大部分资金。这中间借贷利息差额就是汽车金融公司的利润来源，即汽车金融公司使用自有资本金、盈余资金从事汽车个人信贷和汽车经销商信贷获取的利息、收入，还有将通过其他金融机构获得的资金用于汽车信贷取得的利息、收入。上述两项收入在扣除成本费用后即汽车金融公司的信贷息差利润。

② 维护修理利润模式。随着汽车销售市场的发展和汽车销售商对利润的追求，特别是欧美发达国家汽车销售特许专营服务模式的影响，作为汽车售后服务重要组成部分的汽车维护修理业务被纳入汽车金融服务的整个流程。汽车金融公司和大部分汽车经销商把维护修理作为一个重要的业务流程和利润来源，维护修理利润模式也以其较高的利润回报，开始出现在汽车金融服务的盈利模式中并日渐占据重要地位。

③ 保险代理利润模式。在汽车金融服务业务中，可以通过代理保险公司的车险业务赢得较大的利润。由于汽车金融公司具有为顾客提供保险融资，与顾客有售车及售后服务的频繁接触机会，容易与顾客建立起密切的联系等特点，因此保险公司能够与其合作，由其代理部分或者全部汽车保险产品的销售工作。保险公司对汽车金融公司的回报是允许其在所销售的保险收入中提成。

(2) 增值盈利模式

增值盈利模式包括以下几种。

① 融资汽车租赁式增值盈利模式。消费者可以向汽车金融机构申请汽车融资租赁，租赁到期后，可以选择继续拥有或换新车，平时的汽车维护修理也由提供租赁方负责；消费者可以获得汽车金融公司发放的专门信用卡，累计消费到一定额度后，可以优惠买车，或者获得与汽车有关的旅游小额信贷支持。汽车金融公司还会提出全套汽车维护修理方案，以帮助顾客得到价格合理的及时维修服务，维修费用可以设计在分期付款中，充分体现了人性化的关怀。

融资汽车租赁是一种买卖与租赁相结合的汽车融资方式，其实质是转移了与租赁汽车所有权有关的全部风险和报酬的租赁，所有权最终可能转移，也可能不转移。

② 购车理财式增值盈利模式。购车理财模式是以汽车消费为目的而进行的专业性投资理财服务模式。许多汽车金融公司以各种方式直接或者间接参与发起设立一些专业性的基金或者私募基金，例如以一些品牌汽车俱乐部的名义，通过吸收本俱乐部成员，为他们进行委托理财，用理财的收益去偿还汽车金融公司的购车本息。这种方式在让顾客直接参与汽车金融公司投资管理活动、享受专家理财带来的高收益好处的同时，也将面临一定的投资风险。

购车理财模式是购车与理财相结合的方法。在购车理财模式中有两个资金单位：一个是购车资金单位，用于支付购车的前期费用，包括首付款等；另一个是理财资金单位，由汽车金融公司的投资专家或委托信誉卓著的投资公司进行运作，现代化的投资组合方式使其运作更趋向专业化和科学化。理财资金单位的收益流回汽车金融公司，用于偿还汽车消费者融资贷款的本息，省去了客户的定期偿还行为。当然，客户在享有全部投资收益的同时，也承担相应投资风险。

③ 汽车文化营销增值盈利模式。汽车文化的内涵对消费者的影响力度，在一定程度上要比汽车生产企业研发新车型的力度大得多。汽车文化会影响人们的生活方式，从而使

很多生活形态多元化，最终影响人们的消费行为。汽车文化营销通过文化理念的设计创造来提升产品及服务的附加值，契合了消费者消费的个体性、情感性、感觉型性格等精神层面，成为汽车金融服务的一项重要内容。

汽车文化营销的核心是树立品牌文化，即在品牌设计、品牌实施策略和产品服务中形成有助于品牌识别的文化个性。品牌的文化内涵正逐步成为消费者购买汽车的决定性因素之一。因此汽车金融服务努力创造出一种能令具有相似背景的顾客产生共鸣的汽车文化氛围，使消费者对某款汽车产品的认同以认同它的文化为前提。

2.3 汽车消费信贷与风险

2.3.1 汽车消费信贷

消费信贷是零售商及金融机构等贷款提供者向消费者发放的、主要用于购买最终商品和服务的贷款，是一种以刺激消费、扩大商品销售、加速商品周转为目的，用未来收入做担保、以特定商品为对象的信贷行为。

汽车消费信贷即购买汽车的消费信贷。在我国，它是指金融机构向申请购买汽车的消费者发放人民币担保贷款，再由购买汽车的消费者分期向金融机构归还贷款本息的一种消费信贷业务。

汽车消费信贷是消费者贷款消费的形式之一。与其他贷款的目的不同，消费信贷是银行金融机构及国家金融监管部门认可的非银行金融机构向消费者发放的主要用于购买最终有形商品的贷款，是一种以刺激消费、扩大商品销售为目的，以特定商品为贷款标的的信贷行为。汽车消费信贷是用于购买汽车的消费信贷，不能挪作他用。

2.3.2 汽车消费信贷的类型与发展过程

1. 汽车消费信贷的类型

我国的汽车消费信贷有以下两种形式。

（1）汽车消费担保贷款

① 汽车消费担保贷款的定义。

汽车消费担保贷款是商业银行与汽车经销商向购买汽车的借款人发放的用于消费购买汽车所支付购车款的人民币担保贷款。担保贷款的操作是由银行与汽车经销商向购车人一次性支付购车所需的资金（即提供担保贷款），并联合保险机构和公证机构为购车者提供保险和公证。借款人一旦无法按时偿还借款，就由约定的第三方偿还贷款或将抵押、质押的物品处理的收入偿还贷款。

② 汽车消费担保贷款的种类。

汽车消费担保贷款中最常用的担保方式包括以下四种。

a. 汽车抵押贷款。

汽车抵押贷款是购买汽车的借款人以其所有抵押物（一般限定为房产）作为获得贷款的条件。贷款人（债权人）与抵押人（债务人）签订抵押合同后，双方必须依照有关法律规定办理抵押物登记。抵押合同自抵押物登记之日起生效，到借款人还清全部汽车贷款本息时终止。借款人不得转移对该抵押物财产的占有。抵押权设定后，所有能够证明抵押物权限的证明文件（原件）及抵押物的保险单证（正本）等，均由贷款人保管并承担保管责任。当债务人不履行债务时，债权人有权按照法律规定对该抵押财产进行折价或者拍卖、变卖，获得的价款优先用于还贷。

b. 汽车按揭贷款。

如果购买汽车的借款人被允许用所购的汽车作抵押，以这种方式作为担保的贷款就是按揭贷款。借款人在购买汽车时按规定支付不少于20%的首付款后，银行将借款人所购汽车的产权转给银行，作为还款的保证，然后由银行为其垫付其余的购车款项。在还清所贷购车款之前，该汽车的所有权作为债务担保抵押给贷款银行，在还清全部按揭的本息后，银行将该汽车的所有权转回给借款人。

以所购的汽车作抵押申请贷款对消费者来说是最方便的方式，既不需要另找抵押物，手续也不是太烦琐。

c. 汽车质押贷款。

汽车质押贷款是银行允许购车借款者（债务人）以本人或第三人的动产作为质押物发放的贷款。

动产质押是指购车借款者（债务人）将本人的动产移交贷款银行，暂时归银行占有，以该移交的动产作为购车贷款的债权担保。当债务人不履行债务时，贷款银行有权依法对该抵押动产进行折价或者拍卖、变卖，获得的价款优先用于还贷。可以作为汽车质押贷款的动产有银行存单、国库券、金融债券、国家重点建设债券、汇票、本票、支票、提单、股份、股票、商标权、专利权等。

d. 第三方担保贷款。

汽车消费的第三方担保贷款是指经销商以其自身较高的商业信誉，为合格的汽车消费贷款申请人提供第三方全程担保，银行对在特约经销商处购买汽车的借款人提供的贷款。对借款人未按合同约定偿还的贷款本息加收利息，对于恶性拖欠还款或已无还款能力的，经销商将承担第三方担保责任，同时依据与购车人之间的协议收回汽车。

从以上四种担保贷款的物品价值和变现能力来看，存单质押、房地产抵押、所购汽车抵押、第三方担保对贷款的保障作用是逐步减小的。其主要原因如下：①存单质押因为手续简便、变现能力强而受到银行的欢迎，但拥有大额存单或虽有存单却愿意质押的借款人不多；②房地产不易贬值，比较受银行的欢迎，但办理房地产抵押手续比较烦琐；③第三方担保对贷款的保障较差；④以所购的汽车作抵押，对普通老百姓来说是最现实也是最方便的一种方式，但是对于一些流动性比较大的客户银行难以管理，一般不采用这种方式。

（2）汽车消费分期付款

分期付款是分期偿还本金和利息的贷款。分期付款在信贷契约中的三个重要内容为首期支付款、契约期限、利息与费用。分期偿还汽车消费贷款的期限通常为2～5年。大多数这种贷款都是具有担保的。

① 汽车消费分期付款的性质。

汽车消费分期付款是购车借款者在支付了一定比例的首付款后，由经销商为其垫付余款，借款人按月分期偿还所垫付余款的本金和利息。这种方式大多采用担保形式，以保证分期付款资金的安全。我国汽车销售市场推出的分期付款实际是一种销售方式，是由汽车生产企业或经销商提供给借款者的一种变相的融资方式,对于经销商来说,它是一种促销手段。

② 银行消费贷款与分期付款的区别。

银行消费贷款与分期付款的性质不一样。银行消费贷款是银行向申请购车的借款者发放的担保贷款,而分期付款则是一种促销方式。

③ 分期付款的类型。

在我国,汽车分期付款的信用方式有两种:第一种是汽车经销商以自己的资产直接向购车的消费者提供分期付款的方式,这样风险由汽车企业或经销商承担;第二种是由银行通过向汽车经销商提供贷款,经销商间接地向购车的消费者提供分期付款,这样风险由银行和经销商双方共同负担。

2. 汽车消费信贷的发展过程

从总体上看,中国汽车消费信贷起步较晚,并且由于种种原因,汽车消费信贷业务发展也一波三折。从1993年到2020年期间,中国汽车信贷市场经历了从萌芽、启动到发展、高潮,然后跌落甚至停滞,再启动至成熟的发展周期。具体划分起来,大致可分为以下六个阶段。

(1) 起步阶段(1993年—1998年)

中国北方兵工汽车贸易公司于1993年第一次提出汽车分期付款概念,首开中国汽车消费信贷之先河。当时汽车消费信贷服务包括两种:一种是由经销商自筹资金,由经销商向消费者提供分期付款服务;另一种是汽车生产企业提供汽车,经销商向消费者提供分期付款服务,然后向汽车生产企业还贷。这两种方式对汽车生产企业和汽车经销商的资金实力要求较高,单靠自身业务发展难以持续。在此情况下,一些汽车生产企业便借鉴欧美发达国家的经验,与部分商业银行联手,试探性地推出汽车消费信贷业务。其中的典型代表如下:第一,1996年一汽集团与中国建设银行合作推出面向捷达轿车的汽车消费贷款和经销商库存贷款,并下达了8.15亿元的汽车消费贷款指标;第二,1996年上汽集团与中国工商银行合作推出针对桑塔纳轿车的个人购车抵押贷款业务,并下达了4亿元的个人购车抵押贷款指标。由于汽车生产企业和商业银行都没有开办消费信贷的经验,再加上社会信用体系缺失、风险防控手段不足,贷款风险逐渐显露,最后于1996年9月被中国人民银行叫停。这一阶段的主要特点如下:汽车消费信贷的推动者是汽车生产企业;由于当时居民收入还不高、缺乏提前消费意识等,借贷消费还没有被大家所接受,商业银行对如何开展汽车消费信贷也没有经验,只是初步探索。

汽车消费贷款管理办法(试点办法)

关于开展个人消费信贷的指导意见

(2) 稳步发展阶段(1999年—2002年)

1997年的东南亚金融危机给中国经济发展带来了很大困难。为扩大内需,拉动经济增长,借鉴发达国家经验,国家决定启动消费信贷以促进居民消费。根据中国人民银行1998年出台的《汽车消费贷款管理办法》和1999年出台的《关于开展个人消费信贷的指导意见》,以中国工商银行为代表的国有商业银行开始试点开办汽车消费信贷业务。在国家的大力引导下,国人对汽车的认识也有很大改观,富裕起来的一部分群体开始购买汽车,特别是在北京、上海、广州等大城市,私人购车已较为普遍。在汽车消费快速增长的背景下,汽车车辆保险市场也迅速扩大,为抢占这部分市场份额,保险公司适时推出了汽车消费信贷履约保证保险（也称车贷险），保险公司借此捆绑销售车辆保险。保险公司的参与得到了商业银行的极大认可。银保商三方合作，有力推动了汽车消费信贷的高速发展。这一阶段的主要特点如下：汽车消费信贷在整个汽车销售总量中所占的比重（即渗透率）大幅提高，2002年迅速飙升到15%，与1999年相比增长15倍；中国工商银行、中国农业银行、中国银行、中国建设银行这四大国有商业银行是汽车消费信贷的经营主体；保险公司在整个汽车信贷市场拓展中发挥了重要支撑作用，有力地推动了汽车消费信贷市场发展。

（3）高速发展阶段（2003年）

汽车贷款管理办法

随着汽车消费信贷业务的深入推进，市场规模快速扩大，汽车信贷市场也开始进入竞争阶段。在汽车经销商和保险公司的助推下，商业银行的经营理念发生重要变化，由原先的谨慎参与、强调信贷资金安全，转变为追求信贷规模的快速增长、抢占市场份额。商业银行之间、保险公司之间、汽车经销商之间的竞争日趋激烈。由于各商业银行对汽车消费信贷的借款人审查、首付比例、担保方式等不断放松，再加上当年发生的"非典"事件为能提供独立私密空间的家用轿车创造了很好的营销噱头，因此有力地推进了汽车消费信贷业务的发展。在这一阶段，一些商业银行为竞争市场份额，积极开展业务创新，推出了"直客模式"的汽车消费信贷，即直接面向消费客户开展汽车消费信贷业务。在这一阶段，中国汽车消费信贷取得了前所未有的快速发展，汽车消费信贷的渗透率继续攀升，到2003年上半年时达到了历史峰值——20%，比2002年提高了5%。2003年12月底，国内各家银行车贷余额为1839亿元。

（4）萎缩低迷阶段（2004年—2006年）

2004年开始的全国治理超限、超载活动，使得大量货运车贷款的还款能力受到严重影响，最终形成不良贷款。始于2003年下半年的宏观调控，直接导致货币信贷政策收紧，一些违法汽车经销商开始弄虚作假，骗取银行贷款。由于汽车生产企业大幅降价销售，如2004年12月，汽车价格与2003年同期相比下降5.8%，其中客车价格下降5.2%，轿车价格下降9.6%，再加上中国个人征信体系的不健全，部分借款人理性违约，形成不良贷款，并在一些地区（如北京、上海等）集中爆发。截至2004年上半年，中国金融机构汽车消费信贷余额为1833亿元，而呆、坏账就占到近1000亿元，坏账率达40%左右；在上海，坏账率甚至高达50%以上。

不良贷款的出现，使得作为担保机构存在的保险公司压力剧增。为保护保险公司的利益，银保监会于2004年暂停了汽车消费信贷履约保证保险。部分保险公司也以银行贷款审查把关不严为由停止履行保证保险，使得汽车消费信贷不良率大幅攀升。与此相对应，银行发放汽车消费信贷开始趋于谨慎，将工作着力点放在了不良贷款催收，汽车消费信贷发放额大幅下降，进入低迷状态。部分商业银行甚至暂停办理汽车消费信贷业务。

为继续推动汽车消费信贷健康持续发展，中国人民银行和银保监会于2004年联合出台了《汽车贷款管理办法》，对汽车消费信贷业务进行了严格规范。以中国工商银行为代表的商业银行开始探索"间客式"的汽车消费信贷模式，重新确定贷款操作模式。从2004年开始，银保监会先后批准上汽通用汽车金融有限责任公司、大众汽车金融（中国）有限公司、丰田汽车金融（中国）有限公司、福特汽车信贷有限责任公司等外资汽车金融公司在华设立机构并开展业务，这也标志着中国汽车消费信贷进入一个新的发展阶段，汽车消费信贷的经营管理逐步规范，参与主体更加多元化，市场竞争更加充分。

(5) 有序发展阶段（2007 年—2015 年）

随着汽车消费市场的活跃，商业银行在经历一段时间的沉寂后，又开始积极探索汽车消费信贷业务。中国银行总行在总部成立专门团队负责推动汽车消费信贷业务发展。中信银行借鉴西班牙银行的经验，组建了个人汽车金融中心。交通银行通过在若干汽车产业大省成立汽车金融中心，大力拓展汽车金融业务。广发银行一方面加大与汽车经销商的合作，另一方面积极推出专项的汽车金融服务品牌"汽贸通"，增强市场影响力。以工、农、中、建为代表的大型商业银行对汽车消费信贷发展总体持谨慎、平稳的态度。

(6) 成熟阶段（2016 年—今）

随着中国成为全球最大的汽车市场，更多汽车厂商参与到汽车金融业务中，加速推动汽车金融市场的发展，汽车消费信贷业务也进入成熟阶段。金融机构直接参与开发、设计不同类型的金融服务产品并通过这类产品为汽车产品销售商搭建了一条资金融通渠道，以此更好地满足汽车经销过程中的资金需求；实现消费信贷与各类汽车产品之间的融合，推动汽车行业和金融行业之间的互动发展。汽车金融公司作为业务主体，积极配合汽车生产企业、经销商开展促销，通过丰富贷款产品、流程数字化转型、降低贷款门槛、减轻购车者负担等方式带动汽车销售。

中国银行业协会发布的《中国汽车金融公司行业发展报告（2019 年度）》显示，2019 年，全国 25 家汽车金融公司资产规模达人民币 9063.71 亿元，同比增长 8.03%。汽车金融公司零售贷款车辆为 664.6 万辆，占 2019 年我国汽车销量的 25.8%；经销商批发贷款车辆 419.8 万辆，占 2019 年汽车销量的 16.3%。中国银行业协会发布的《中国汽车金融公司行业发展报告（2020 年度）》显示，2020 年，汽车金融公司零售贷款车辆 678.07 万辆，占 2020 年我国汽车销量的 26.79%；经销商批发贷款车辆 428.39 万辆，占 2020 年我国汽车产量的 16.98%。截至 2020 年年底，我国汽车金融公司零售贷款余额为人民币 7820.16 亿元，同比增长 8.71%；库存批发贷款余额为 1046.52 亿元，同比略降 3.15%。

2.3.3 汽车消费信贷的风险与风险防范控制

1. 汽车消费信贷的风险

自汽车消费信贷开办之初，金融机构就非常重视风险管理工作，但终究因缺乏经验，在汽车消费信贷开办的早期形成了较大风险，并最终导致了金融机构汽车消费信贷业务的萎缩。所以，全面分析汽车消费信贷的风险状况及成因，对指导今后汽车消费信贷发展具有重要指导意义。

汽车消费信贷的风险主要包括以下几个方面。

(1) 消费者道德及收入波动风险

在汽车消费信贷中，消费者不愿履行合约按时还款不外乎两种情况：一种情况是道德问题，其购车动机就是通过车贷向金融机构套取现金，如通过利用假身份证明、假收入证明，购得汽车后立即将汽车进行转卖或通过其他方式处理套取现金，同时借款人也失踪，最终达到逃避债务的目的；另一种情况是由于借款人收入的波动造成自身还款能力的变化，这类消费者并非故意拖欠贷款不还，只是外界因素导致收入锐减，而无法偿还车贷。

(2) 金融机构自身管理风险

个人消费信贷业务根据金融机构的国际惯例，其贷款管理采用批量管理的方法，原则上不对逐笔业务进行个案的跟踪管理，但是国际金融机构的操作管理是基于完善的社会个人征信体系的。而在我国，由于尚未建立完善的个人征信体系，因此贷款人的信用信息资料分散在各个业务部门，而且相当一部分资料尚未实现资源共享，再加上汽车贷款业务的审批通常仅凭购车人身份证明、个人收入证明等比较原始的申请材料进行判断和决策，而这些证明的真实性又无明确的途径进行验证。同时对个人的信用调查基本上依赖于借款人自报及个人征信记录，借款人的资产负债状况、社会活动及表现，有无违法记录等也缺乏正常程序和渠道进行了解，导致金融机构和客户之间的信息不对称，在车贷审批中就缺少可依赖的依据。

（3）"间客模式"下的风险

"间客模式"是指汽车消费贷款以经销商为主体，由经销商负责为购车者办理贷款手续，经销商以自身资产为客户承担连带责任保证，并代金融机构收缴贷款本息。汽车经销商与金融机构合作，由经销商向消费者提供贷款购车第三方担保的服务，经销商在金融机构存一笔保证金，如消费者不还款，则从中扣除。这种操作模式风险巨大。一是经销商所能提供的担保有限，对于一些大的经销商，其担保金额动辄几亿元，有的甚至十几亿元，远大于其在金融机构的担保存款，同时金融机构无法对经销商的固定资产和流动资金进行实时监控，一旦有风险，要么经销商的资产根本无法提供足额的赔偿，要么经销商早已经有效转移了资产；二是个别经销商制造虚假购车合同骗贷，达到一定数额后，将资金转移，公司突然清盘不干，在这种情况下，金融机构根本无法进行及时的风险防范处置，金融机构将会遭受重大的损失。

（4）市场风险

市场风险主要是指贷款利率波动导致的风险损失。汽车消费信贷作为资产业务，容易受贷款利率波动影响。较为典型的是，如果发放的是固定利率贷款，则一旦进入利率上行期，金融机构就会承受很大的利差缩小压力或存贷利率倒置风险。

（5）流动性风险

汽车消费信贷的流动性风险是指金融机构发放中长期汽车消费信贷和短期存款所产生的"期限错配"风险。一般而言，汽车消费信贷的贷款期限主要为3～5年，而目前金融机构所吸收的存款主要为短期存款，如1年以内。随着汽车消费信贷业务量的增大，这种"期限错配"导致的流动性风险就会开始显现，如果操作不到位，则很可能形成较大风险。

（6）经销商欺诈风险

对于汽车消费信贷的"间客模式"而言，银行将消费者的资信调查、办理贷款等手续交给经销商，而当经销商没有认真执行这项任务，或者与违法分子勾结，或者伪造虚假购车合同，骗取银行的汽车消费信贷时，就会使得商业银行在进行汽车消费信贷业务时遭遇风险。

（7）购车消费者的违约风险

目前，国内个人信用体系尚未建立，尽管有汽车履约作为保证保险降低银行的信用风险，但是个人信用风险的评估和控制仍然不能忽视。同时由于汽车降价风潮造成抵押品的价值下降，而当贷款者使用汽车几年后，不还贷款而将旧车还给银行，这也会给银行带来风险。

2. 汽车消费信贷的风险防范控制

（1）商业银行的风险控制措施

目前我国汽车金融业务范围较窄，一般还仅限于汽车消费贷款。我国商业银行对个人汽车消费贷款实行"部分自筹、有效担保、专款专用、按期偿还"的原则。出于降低汽车信贷风险的需要，商业银行对汽车消费贷款采取了以下手段。

① 规定该贷款只能用于购买由贷款人确认的经销商销售的指定品牌汽车，不得挪作他用。

② 规定贷款人、借款人、汽车经销商、保险人和担保人应在同一城市，贷款不得异地发放。

③ 规定贷款额度最高不得超过购车款的 80%。如果以质押方式担保，或银行、保险公司提供连带责任保证，贷款最高不得超过购车款的 80%；以所购车辆或其他财产抵押方式担保的，贷款最高不得超过购车款的 70%；以第三方（银行、保险公司除外）保证方式担保的，贷款最高不得超过购车款的 60%。

④ 规定贷款期限一般定为 3 年或 3 年以内，最长不超过 5 年（含 5 年）。贷款利率按照中国人民银行规定的同期利率执行，遇法定利率调整，利率不分段；贷款期限在 1 年以上的，遇法定利率调整，于下年初开始。

⑤ 要求借款人必须具有完全行为能力，具有稳定的职业和偿还贷款本息的能力、信用良好。

⑥ 规定每月承担的月供额不能超过家庭可支配收入总额的 60%。

⑦ 必须提供贷款银行认可的资产作为抵、质押，或有足够代偿能力的第三人作为偿还贷款本息并承担连带责任的保证人。

⑧ 要求汽车经销商为购车人提供贷款保证，并与银行签订一系列合同，如个人消费信贷保证合同、委托付款授权书。除此以外，借款人还必须提供银行需要审核的一些材料，如户口本、房屋居住证等以供审核。

银行收到借款人申请及符合要求的材料后，按规定对借款人和保证人的资信情况、偿还能力、材料的真实性进行审查，并在审查后决定是否予以贷款。这些风险管理措施的实施，可以有效地降低银行经营汽车信贷业务的风险。

（2）汽车金融公司的风险控制措施

以借款人向汽车金融公司申请贷款为节点，将汽车金融公司的汽车消费信贷分为汽车消费贷款前、汽车消费贷款中和汽车消费贷款后三个环节，并对每个环节的风险点提出相应的控制措施。

① 汽车消费贷款前的风险防范措施。

汽车消费贷款前指的是汽车金融公司在审查借款人资信情况和还款能力以前发生的一切事项，具体包括汽车金融公司的营销产品种类、汽车金融公司选定的合作商及借款人提交的申请材料等。

a. 分类制定汽车消费信贷产品。

汽车金融公司要对不同的汽车类型进行风险评级，根据贷款投向，确定不同的汽车消费信贷风险防范制度。汽车金融公司要根据贷款车辆的用途将汽车消费贷款分为家用轿车、出租运营、客运汽车、货运汽车等。一般情况下，家用轿车是贷款的主体，其不良率较低，而货运汽车的不良率较高。因此，汽车金融公司可以针对不同用途的汽车制定出相应的贷款产品。汽车金融公司可将家用轿车作为业务的主体，适当放松对家用轿车的风险管控。而针对货运汽车要严加控制其风险，可采取提高首付比例等措施。其他类型的汽车，也要根据所占市场比率和不良贷款率，提供相应的贷款产品。

b. 加强对合作汽车经销商的监督。

我国汽车金融公司大多采用"间客模式"的贷款模式，决定了汽车经销商在汽车消费信贷业务中的重要地位。借款人首先会到汽车经销商处选购意向车辆，然后向汽车经销商处的销售顾问表达贷款意愿，由销售顾问向借款人推荐汽车金融公司，若借款人表示同意，那么汽车经销商将和借款人签订合同，并由汽车经销商负责审查汽车消费贷款所需的申请材料，最终上传到汽车金融公司内部进行受理。在这个过程中，汽车经销商是第一个审查借款人资信和还款能力者，那么汽车金融公司与汽车经销商的合作就显得尤为重要。

首先，建立"合作共赢"的合作模式。汽车金融公司和汽车经销商要做好利益共分。选择良好的合作伙伴是汽车金融公司在汽车消费信贷业务领域成功的一半。这些合作伙伴务必具有长期合作的意图，并且合作伙伴要有雄厚的资源和良好的经营信用。同时，汽车金融公司在获得汽车消费信贷利润时要和汽车经销商共同分享，二者才能长期合作，如丰田金融就将贷款额的4.5%返利给合作的汽车经销商。进一步，汽车金融公司和汽车经销商在合作初期签订合同时，要明确彼此的权利与义务。汽车经销商务必要做好风险共担的准备。汽车经销商在审查借款人资信时要站在汽车金融公司的角度，严格审查借款人的资信和还款能力，切不可因汽车销量形成坏账损害汽车金融公司的利益。

其次，要建立严格的监督机制。对于合作的汽车经销商要设立严格的监督机制。我国的汽车金融公司应该对每一个合作的汽车经销商所提交的汽车消费贷款进行归类，构建不良贷款率、申请材料真实率、审批通过率等各项能够反映汽车经销商信用的指标，通过这些指标对合作的汽车经销商进行评定，从而对汽车经销商的合作进行优胜劣汰，确保汽车金融公司和汽车经销商的合作质量。

c. 寻找合适的资金提供机构。

由于汽车金融公司大多数是汽车生产企业设立的分支机构，因此其资金来源不仅来源于母公司，还来源于其他金融机构（如商业银行等）的信贷。而从其他金融机构贷款的利率将是汽车金融公司面临的重要风险。如果汽车金融公司和商业银行建立合作的初期合同约定的是固定利率，那么基本利率变化不影响汽车金融公司的利润；如果合作初期合同约定的是浮动利率，那么利率浮动带来的损失完全由汽车金融公司承担。因为汽车金融需要大量资金，属于银行的大客户，所以汽车金融公司应该与合作的商业银行进行贷款利率谈判，在一定的时期内签订固定利率合同，并且固定利率要在基础利率的基础上下降20%～30%，这样才能减小汽车金融公司因利率波动带来的风险。

d. 简化汽车贷款申请手续。

由于商业银行拥有较强的资金支持和广泛的群众信任度等先天优势，因此汽车金融公司要发展，就必须提高自身的竞争力。因此，汽车金融公司应加强汽车信贷的专业性并提高贷款审批的效率。汽车金融公司既要提高工作效率又要控制风险，那么在有限的时间内就必须留出足够的时间用于信贷审批，同时要缩减贷款申请阶段的时间，这就要求合作的汽车经销商的工作人员必须准确地向借款人提出所需材料，并快速地提交申请材料。为了防止忙中出错，汽车金融公司应该简化汽车贷款申请手续。由此，汽车金融公司的汽车消费贷款经过快速的申请、细致的审查，在有效控制风险的情况下汽车金融公司提高自身竞争力。

② 汽车消费贷款中的风险防范措施。

汽车消费贷款中指的是汽车金融公司正在审查借款人资信情况和还款能力，然后确定贷款方案的过程。

a. 构建全面的风险评定模型。

汽车金融公司应该积极构建全面的风险评定模型,以便增强对借款人的风险识别能力。全面的风险评定模型包括汽车贷款风险评估模型、借款人的资信评分模型等。

首先,汽车金融公司应该根据汽车消费信贷申请人的个人信息,同时结合中国人民银行的个人征信系统和商业银行的个人信用评级等,利用资信评分模型,对借款人的信用进行评分。然后,根据借款人的评分及借款人的相关信息,利用风险评估模型对借款人的还款能力进行分析,并评出风险等级。最后,汽车金融公司根据内部审批制度决定是否对借款人进行放款。通过以上的风险评价模型,可以全面有效地对借款人资信和贷款方案进行评定。

b. 加强信贷评审部工作人员的培训教育。

汽车金融公司汽车消费信贷业务的核心部门是信贷评审部,因此信贷评审部工作人员的业务水平关系到整个汽车金融公司的安危。如果信贷评审部的工作人员拥有较高的工作效率、较好的工作质量及较强的职业素养,能够有效地识别风险,则可使汽车金融公司合理地规避风险。因此,汽车金融公司要高度重视信贷评审部工作人员的培训教育。

首先,要对工作人员进行操作规范教育。信贷评审工作必须要按照公司的规章制度对审批案件进行严谨细致的审查,绝不可马虎大意随意评定。其次,要进行思想意识教育。汽车金融公司要对工作人员进行风险防范意识教育,要强调所从事工作的重要性和风险性。最后,要实行惩罚机制。对于违规操作的员工要坚决进行教育,采取优胜劣汰的方式,增强信贷评审人员的综合素质。

另外,每个员工要不断加强自身学习。部门要不定期地进行考试,对员工的业务能力水平进行考验。除此之外,还要加强内部员工之间的经验交流。信贷评审部门应该针对内部员工定期举行讨论交流会,这样能够很快提高每个员工的风险控制能力。

c. 构建相互制约的工作规范。

严密的工作流程和相互制约的员工权责能够防止汽车金融公司内部员工相互串通,从而避免给汽车金融公司带来不良贷款。汽车金融公司的贷款审批主要有三类岗位,即借款人信息真实性的核查岗、借款人汽车贷款的审核岗以及汽车金融公司发放贷款岗,为了防止内部员工违规操作,汽车金融公司应该将以上三类岗位进行严格分离。同时,不应固定贷款审批人员的工作范畴,随机分配能够有效降低汽车消费贷款的操作风险。

③ 汽车消费贷款后的风险防范措施。

汽车消费贷款后指的是汽车金融公司对借款人发放贷款后直至借款人还清贷款的过程。

a. 建立有效的跟踪及催收系统。

汽车金融公司建立有效的跟踪及催收系统能够及时收回可能形成的不良贷款,减少汽车金融公司的坏账损失。根据发达国家的汽车消费信贷的发展经验,汽车金融公司应该设立专门的贷后管理部门,对汽车贷款客户的还款情况进行科学归类并全程跟踪,及时提醒客户还款时间及还款金额等。

对逾期未缴款的借款人,汽车金融公司应该根据逾期时间和逾期金额等情况采取相应的催收措施。如果逾期时间较短,汽车金融公司的贷后管理人员可采取短信提醒、电话提醒等方式;如果屡次提醒无果,可以采取上门催收等方式;如果情形十分恶劣,可以提起诉讼并向国家车辆管理部门寻求帮助。

b. 建立借款人诚信档案。

汽车金融公司的贷后管理部门应该在借款人完成汽车消费信贷后,对借款人进行分类、归纳总结，以便汽车消费评审部门将其作为风险评级的参考。贷后管理部门应将借款人分为优良客户、中等客户和不良客户。优良客户指借款人能够如期还款，未有任何逾期情况的客户；中等客户指借款人有过逾期，但在汽车金融公司的催缴下迅速还款的客户；不良客户指使得汽车金融公司形成坏账的客户。将分类后的客户进行信息归类，如根据贷款车辆用途、借款人学历、地区等特征进行分类总结，以供贷款审批部门对日后的借款人贷款风险进行较为准确的评定。

一切风险紧缩政策的制定都源于对风险的规避，而内部控制的加强及工作人员素质的全面提高才是一个公司增加利润的关键点，因此应更多地重视在内部控制及人员管理上加强风险控制措施。

2.4 汽车消费信贷操作实务

2.4.1 以银行为主体的汽车消费信贷

由于目前许多保险公司停止办理带有为贷款人担保性质的履约保险，因此现在银行办理较多的是抵押加保证的贷款，即借款人将其固定资产或车辆抵押，并找一个银行认可的担保人（公务员、医生、金融员工等）进行担保。

汽车消费信贷业务可以归纳为信贷申请、资信调查与评估、信贷审查与审批、签订信贷合同、发放贷款等步骤。主要业务流程可概括为以下四个阶段。

1. 汽车信贷申请阶段

申请信贷的购车者通过与银行的资信评估部门接触，了解汽车消费信贷的一些相关事宜，如贷款人的条件、贷款额度、贷款期限等；在确定需要申请信用贷款后，需按照要求填写有关表格并提供有关资料。银行的资信评估部门对贷款人进行立项，对其资信进行初步审核，决定是否接受申请，对于不符合要求的贷款人及时进行回复。这一阶段是银行筛选服务对象的第一关，主要集中在对贷款申请人文字材料的分析。通过这一阶段的筛选，将一些风险很高的贷款申请人剥离出去，一方面提高了整体运营效率，另一方面大大降低了风险。

2. 汽车信贷申请的审批阶段

对于符合汽车信用贷款的申请人，银行通过实地考察、采集资料，对贷款申请人进行资信评估和分析，然后将评估结果交信贷审查批准部门进行审查与审批。对于不符合汽车信贷条件的申请人予以回复；对于符合汽车信贷条件的申请人，银行发出同意申请汽车信贷的意向书，并启动贷款审批程序。这一阶段是银行筛选服务对象的第二关，主要集中在银行资信评估部门对贷款申请人的实地考察和资信评估，作为汽车信贷审批的重要依据。通过这一阶段的筛选，银行能够挑选出符合风险控制规定的贷款申请人，并提供汽车消费信贷。

3. 汽车信贷监控阶段

银行正式发放汽车信贷后，风险监控部门需要通过定期及不定期的检查以得到贷款人的财务情况和偿付能力，评价其是否具有偿付能力，追踪贷款人资信变化情况，监测预警系统，及时发现风险并采取措施进行控制。

4. 违约处理阶段

风险监控部门一旦发现预警信号，应立即通知资产管理部门，并通过紧急止损措施，收回抵押资产等，银行的法律部门则负责各项法律事务，保证公司利益。

以银行为主体的汽车消费信贷具体业务办理流程如图 2-1 所示。

① 咨询、选定车型，签订购车合同。购车者首先了解汽车消费信贷的一些相关事宜，然后选中满意的车型，与经销商谈好价格等，签订购车合同。

② 提出购车贷款申请。购车者签订购车合同后，填写汽车消费贷款申请书、资信情况调查表，并连同个人情况的相关证明一并提交贷款银行。

③ 银行进行贷前调查和审核。对于符合汽车消费条件的购车者，银行会及时通知购车者填写各种表格。

④ 审核合格，银行批准贷款。

⑤ 签订借款合同等，办理手续。通知购车者签订借款合同、担保合同、抵押合同，并办理抵押登记和保险等手续。

⑥ 银行发放贷款。由银行直接划转到汽车经销商的指定账户中。

⑦ 提车，按期还款。购车者将首付款交给汽车经销商，并凭存折和银行开具的提车单办理提车手续；按照借款合同的约定偿还贷款本息。

⑧ 还清贷款。还清贷款后在一定的期限内去相关部门办理抵押登记注销手续。

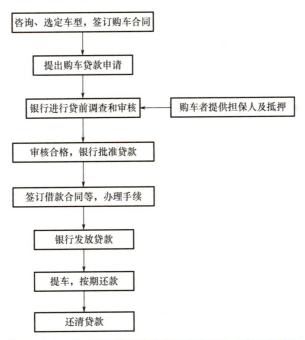

图 2-1　以银行为主体的汽车消费信贷具体业务办理流程

2.4.2　以汽车经销商为主体的汽车消费信贷

以汽车经销商为主体的汽车消费信贷的业务流程如下。

① 购车者（贷款申请人）先到汽车经销商处选购汽车，提交有关贷款申请资料，并由汽车经销商代其向银行提出贷款申请。

② 以汽车经销商为主体对购车者实施信贷资格审查和信贷风险管理，银行根据汽车经销商对购车者的审查意见，经调查审批同意后，签订借款合同、担保合同，发放贷款给购车者，并由保险公司提供汽车信贷信用保险或保证保险。

③ 汽车经销商负责办理公证、保险等手续，实现"一站式"服务。

该模式下，汽车消费信贷业务的市场宣传、业务咨询、资信调查、客户评估、风险管理、坏账处理等大部分业务环节均由汽车经销商来承担。贷款要素也基本遵从汽车经销商所依靠的银行制定的贷款期限、利率及贷款额度的规定，但是汽车经销商可以在一定的范围内，针对贷款申请人的条件来灵活确定这些因素。

实际购车时，购车者需出具自己和担保人的身份证、户口本复印件、收入证明（加盖公章）、居住证明（即个人住房的房本）等。购车者备齐这些文件后，就到汽车经销商处挑选车辆，交纳首付款。首付款的额度视所选购车型和汽车生产企业的规定而确定，然后银行告诉购车者每月（年）应付的本息。交完首付款3~5个工作日以后，由汽车经销商派人带领购车者到税务部门缴纳汽车的购置税（国家规定汽车销售部门不得代收汽车购置税）。在办理完上述手续后，购车者提车、领取牌照，完成购车过程。以汽车经销商为主体的汽车消费信贷的具体业务办理流程如图2-2所示。

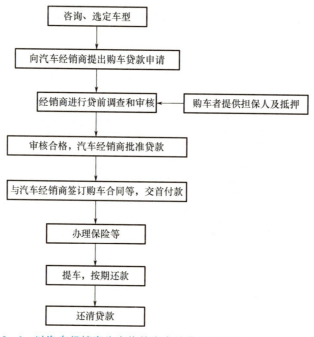

图2-2 以汽车经销商为主体的汽车消费信贷的具体业务办理流程

2.4.3 以汽车金融公司为主体的汽车消费信贷

以汽车金融公司为主体的汽车消费信贷的具体业务办理流程如图2-3所示。

① 购车者在汽车经销商处选定车型，填写贷款申请。

② 汽车经销商将购车者的贷款资料通过网络传给汽车金融公司。
③ 汽车金融公司通过网络向信用调查机构调取购车者的信用资料，进行信用评估。
④ 汽车金融公司通知汽车经销商贷款核准情况，并授权汽车经销商同购车者签订贷款合同。
⑤ 汽车金融公司收到汽车经销商的合同文件后，付款给汽车经销商。
⑥ 汽车经销商向政府的汽车管理部门登记上牌。汽车金融公司为车辆的抵押权人，并显示在汽车管理部门出具给购车者的车辆所有权证明书上。
⑦ 汽车经销商交车给购车者。
⑧ 购车者按合同内容分期付款给汽车金融公司。
⑨ 汽车金融公司将购车者的付款状况信息提供给信用调查机构。

在实际贷款业务的操作中还会涉及更多的相关部门，诸如办理保险和担保手续、二手车的价值评估、售后服务等一系列问题，但是这些都不需要购车者自己去办理，而是由汽车金融公司依靠其在各个部门的关系来为购车者办理。

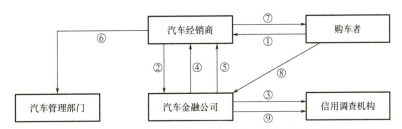

图 2-3 以汽车金融公司为主体的汽车消费信贷的具体业务办理流程

2.5 汽车金融服务发展对策

近几年，中国汽车金融服务业在经营理念、产品设计、服务水平及市场开拓等方面取得了很大的发展，但在汽车消费信贷信用评估及风险管理体系建设上，仍存在很大问题，汽车信贷市场需要的是专业的汽车信贷服务商。他们的责任是直接面对客户，承担起风险管理主体的角色，并与银行保持更加密切的合作关系。为了控制汽车金融服务业的风险，解决上述汽车信贷风险管理中存在的共性问题，信贷机构（汽车金融公司、商业银行、汽车经销商）应从外部和内部两方面采取切实措施，互相配合，以建立适合我国国情的汽车信贷风险管理体系，加快推进汽车金融服务业的发展。具体来说，可以采取以下措施。

汽车金融公司管理办法

1. 加快征信体制建设

消费者和汽车金融服务机构间的信息不对称，很容易滋生逆向选择和道德风险问题。要解决汽车消费信贷过程中存在的安全隐患，使汽车金融得到更好的发展，必须加快建设完善的个人征信体系。建设个人征信体系是一项系统工程，涉及相关法律法规建设、专业人才培养、信用征集和管理等多方

汽车金融公司管理办法实施细则

面内容。有关部门应借鉴国内外经验,加强信用立法、规范个人征信行业运作模式;设立专门的信用评估机构对每位公民进行信用评估并建立资信档案,记录该公民的所有信用记录以供贷款者参考;此外,应建立并有效运行个人失信惩罚机制,为开展汽车消费信贷业务提供一个良好的法制环境和信用环境,同时为建设良好的信用社会奠定基础。

2. **完善汽车金融服务相关法律法规**

我国至今已制定的行业法规中,中国银保监会于2003年出台的《汽车金融公司管理办法》和《汽车金融公司管理办法实施细则》,并在2008年将其合并为新的《汽车金融公司管理办法》。新《汽车金融公司管理办法》主要是拓宽汽车金融公司业务融资渠道和业务范围,以及加强风险控制。汽车金融公司业务范围主要增加了以下六项新业务。

① 接受汽车经销商采购车辆贷款保证金和承租人汽车租赁保证金。
② 经批准,发行金融债券。
③ 从事同业拆借业务。
④ 提供汽车融资租赁业务(售后回租业务除外)。
⑤ 办理租赁汽车残值变卖及处理业务。
⑥ 经批准,从事与汽车金融业务相关的金融机构股权投资业务。

在资金来源方面,吸收存款的范围由原来的"接受境内股东单位3个月以上期限的存款"拓宽为"接受境外股东及其所在集团在华全资子公司和境内股东3个月(含)以上定期存款",并可接受汽车经销商采购车辆贷款保证金和承租人汽车租赁保证金、发行金融债券、充实同业拆借和向金融机构借款等。

与此同时,新《汽车金融公司管理办法》对汽车金融公司的运营资本提出了更高的要求,并且依旧不允许汽车金融公司设立分支机构的规定束缚汽车金融公司的发展。总体来说,新《汽车金融公司管理办法》的这些改进对汽车金融公司的发展提供了制度保障,后面要做的是贯彻实施。

此外,必须健全二手车流通市场,解决金融机构处理风险贷款时的旧车处置问题。对贷款车辆的抵押登记和管理应给予政策支持。目前各金融主体都将借款人借款所购车辆作为抵押物,一旦借款人无力偿还或有能力偿还却拒不偿还时,均通过协商或通过法律诉讼手段处置抵押车辆。但由于我国公共交通的车辆管理部门对车辆管理和登记系统尚未实现全国联网,逃债人一旦将抵押车辆处置到异地,债权人很难查询车辆所在地更无法处置抵押车辆,因此国家应加快车辆管理信息系统建设,实现全国车辆联网查询和信息共享功能,以防范和处理汽车消费信贷风险。

3. **发挥保险公司在汽车金融服务业消费信贷风险管理中的作用**

(1) 保险公司参股汽车金融公司

汽车保险的基本原理是将汽车风险的发生视为小概率事件,基于大数定理,根据风险发生的概率、保额损失率、保险的期限、管理费用等因素来确定保险费率。汽车保险能够安全操作的重要保证就是形成足够大的保险基金,只有这样,当风险发生时保险公司才可以有足够的资金进行支付。而汽车保险基金的形成,客观上要求保险公司拥有足够规模的汽车险保户;反之,拥有足够多的汽车险保户是制定合理汽车保险费率,降低平均管理费用,认真履行理赔业务的保证。

综上分析,保险公司客观上要求将汽车保险业务规模化。汽车金融公司天然拥有同一品牌的客户群，具有一定规模性的特点，这是开展汽车保险的基本条件。汽车生产企业建立自己的汽车金融公司，首先要考虑汽车销售是否能达到一定规模。产量小或规模较小的汽车生产企业完全可以委托独立性质的金融公司或机构来开展汽车信贷等金融业务。而规模大的汽车生产企业的市场占有率相对要高，客户集中，倾向于成立自身主导的汽车金融公司。因此，汽车金融公司的客户相对稳定、具有一定规模性的特点，为汽车金融公司进一步开展保险业务奠定了基础。

保险公司参股汽车金融公司，与汽车金融公司建立长期的合作关系，并将其风险管理的优势与汽车金融公司的先入优势结合起来，这样保险公司可以利用自己对风险管理的丰富经验对汽车信贷风险做出可行性分析并对其进行管理，并且通过汽车金融公司的先入优势，以最快的速度抢占客户群体，提高自身收益。汽车金融公司可以降低风险管理的成本，并且加强风险管理，从而使双方达到双赢的目的。

（2）开展汽车消费贷款保证保险

汽车消费贷款保证保险，即汽车消费贷款履约责任保险，是指汽车消费贷款的购车者投保，保险公司承保，以购车者的履约责任为保险标的，约定投保人在保险事故发生时，以贷款人为索赔权人的保险。

2009年6月5日，中国银保监会发布《促进汽车消费贷款保证保险业务稳步发展的通知》，要求各财险公司要高度重视发展车贷险业务，在风险可控的前提下，积极稳妥发展汽车消费贷款，保证保险业务，积极拓宽业务渠道，探索与汽车生产企业、银行等各方合作的新模式，开发适合市场需求的汽车消费贷款保证保险产品。

1. 简述汽车金融和消费信贷的定义。
2. 简述以银行为主体的汽车消费信贷的流程。
3. 简述以汽车经销商为主体的汽车消费信贷的流程。
4. 简述以汽车金融公司为主体的汽车消费信贷流程。
5. 汽车金融公司的融资方式有哪些？
6. 汽车金融公司的盈利模式有哪些？
7. 汽车金融公司的发展对策有哪些？

第 3 章
汽车营销服务

知识要点	掌握程度	相关知识
汽车营销概述	了解汽车营销的定义； 了解汽车营销的功能； 了解汽车营销的意义； 熟悉我国汽车营销的发展历程	汽车营销的定义；汽车营销的四项基本功能；汽车营销的意义；我国汽车营销的发展历程
汽车市场	了解国内和国际汽车市场的发展过程； 掌握汽车市场的定义	汽车市场的定义；国内汽车市场的发展过程；国际汽车市场的发展过程
汽车市场营销环境	了解汽车市场营销环境的定义； 掌握汽车市场营销微观环境的定义及包含因素； 掌握汽车市场营销宏观环境的定义及包含因素	汽车市场营销环境的定义；汽车市场营销微观环境的定义及包含因素；汽车市场营销宏观环境的定义及包含因素
汽车市场调研与预测	了解汽车市场调研的定义与功能； 了解汽车市场调研的意义与类型； 熟悉汽车市场调研的步骤及调研数据的搜集方法； 了解汽车市场预测的定义与分类； 熟悉汽车市场预测的内容与步骤	汽车市场调研的定义；汽车市场调研的功能；汽车市场调研的意义；汽车市场调研的类型；汽车市场调研的步骤；调研数据的搜集方法；汽车市场预测的定义；汽车市场预测的分类；汽车市场预测的内容；汽车市场预测的步骤
汽车市场购买行为分析	了解汽车市场的主要特点； 掌握影响汽车个人消费者购买行为的因素； 了解个人消费者的购买行为模式； 掌握影响集团组织消费者购买行为的因素； 了解集团组织消费者的购买行为模式	汽车市场的主要特点；影响汽车个人消费者购买行为的因素；个人消费者的购买行为模式；影响集团组织消费者购买行为的因素；集团组织消费者的购买行为模式
汽车市场的营销策略	了解汽车目标市场的定义； 熟悉汽车目标市场的营销策略	汽车目标市场的定义；汽车目标市场的营销策略
汽车产品与定价策略	掌握汽车产品策略与汽车定价策略	汽车产品策略的定义；汽车产品策略的分类；汽车定价策略的定义

续表

知识要点	掌握程度	相关知识
汽车产品的分销与促销策略	了解汽车产品分销策略的定义； 掌握汽车分销渠道中的中间商的类别； 了解我国汽车分销体制； 了解汽车产品的促销策略	分销渠道的定义；汽车分销渠道中的中间商的类别；我国汽车分销体制；汽车产品的促销策略
汽车电子商务与网络营销	了解汽车电子商务的定义； 熟悉汽车网络营销的定义	汽车电子商务的定义；汽车网络营销的定义

汽车营销服务是汽车企业依据市场运行的规律而计划和组织的一系列活动，以满足市场的需求为目的。汽车营销服务的内容围绕消费者的需求展开，实时跟踪消费者的需求变化，采用多种方法或策略，最大限度地满足消费者的需求。本章介绍影响消费者需求的重要因素及企业采取的对应策略，包括汽车市场及营销环境、汽车市场调研与预测、汽车市场购买行为分析、汽车市场的营销策略、汽车产品与定价策略、汽车产品的分销与促销策略、汽车电子商务与网络营销等。

3.1　汽车营销概述

3.1.1　汽车营销的定义

汽车市场营销，就是将市场营销的概念运用到汽车的营销中，是汽车企业为了实现企业经营目标，通过计划、组织、指挥与控制等管理职能而进行的一系列活动，以更好地满足市场需求。其基本内涵包括：一是研究市场需求，即研究顾客的需求特点和类型；二是估计需求量；三是开展一系列更好地满足市场需求的整体营销活动。

3.1.2　汽车市场营销的功能

汽车市场营销作为汽车企业一种活动，有如下四项基本功能。

1. 发现和了解消费者的需求

现代市场营销观念强调市场营销应以消费者为中心，汽车企业也只有通过满足消费者的需求，才可能实现企业的目标。因此，发现和了解消费者的需求是市场营销的首要功能。

2. 指导企业经营战略决策

企业经营战略决策正确是企业成败的关键，企业要谋得生存和发展，很重要的一点就在于做好经营战略决策。企业通过市场营销活动，分析市场营销外部环境的动向，了解消费者的需求和欲望，研究竞争者的现状和发展趋势，结合自身的资源条件，指导企业在产品、定价、分销、促销和服务等方面作出相应的、科学的有效决策。

3. 稳定现有市场和开拓新市场

企业可以通过市场营销活动对消费者的现在需求和潜在需求进行调查、了解与分析，保持和稳定现有市场，充分把握和捕捉市场机会，积极开发新产品，建立更有效的分销渠道及采用更多的促销形式，开拓新市场，增加销售额。

4. 最大限度满足消费者的需求

满足消费者的需求与欲望是企业市场营销的出发点和中心，也是市场营销的基本功能。企业通过市场营销活动，从消费者的需求出发，并根据不同目标市场的顾客，采取不同的市场营销策略，合理地组织企业的人力、财力、物力等资源，为消费者提供适销对路的产品，搞好销售后的各种服务，让消费者获得最大程度的满意。

3.1.3　汽车市场营销的意义

汽车市场营销作为汽车企业的一种活动，对企业生产经营具有非常重要的意义。

1. 开展汽车市场营销是市场经济的要求

在市场经济条件下，生存的规则是通过竞争实现优胜劣汰。汽车企业如果不能顺应环境的变化，只会造车而不会卖车，只会生产而不会经营，必然会受到市场的惩罚，而且最终也造不好车，无法获得发展的能力。运用现代市场营销理念来指导汽车生产与销售，是汽车企业在市场竞争中获胜的唯一法宝。

2. 汽车市场营销是促进企业发展的主要动力

在各汽车企业的技术和成本日益接近的形势下，汽车市场营销的功能决定了只有营销才能最大限度地满足消费者的需要，才能保持和稳定现有市场，使企业抓住市场机会，开拓新市场，提高经济效益。所以，汽车市场营销是促进汽车企业发展的主要动力，是汽车企业竞争制胜的最好途径。

3. 汽车市场营销是我国汽车企业走向世界的需要

首先，面对我国汽车市场进一步的对外开放，汽车企业开展市场营销是其与国际汽车市场接轨的必然选择。更重要的是，我国汽车企业要想在世界汽车工业中占有一席之地，除努力提高汽车开发和制造技术外，还应不断通过汽车市场营销的方法和成功的实践来达到跻身世界汽车工业前列之目的。我国汽车企业近几年的营销实践已经证实了这一点。

3.1.4　汽车营销的发展历程

分析全球营销和全球汽车营销过去几年的发展，可以发现，无论是从营销实践还是营销理论看，营销与汽车营销都已经经过四个发展阶段，目前正在向第五阶段发展。因此，从营销理论进步与发展的历史角度，营销理论基本上可以分为五代。而中国汽车产业几十年的发展，也在一定程度上再现了全球汽车产业发展前几个阶段的特征。

1. 第一代汽车营销——以产品为导向，是以产品创新为核心工具的营销阶段

早期的汽车产业的一个突出特征，就是产品相对短缺，供不应求，消费者没有选择。谁能够批量生产消费者购买得起的汽车，消费者就购买谁的产品。

在1992年之前，中国的汽车产业也处于这个阶段。由于产品非常有限，只有桑塔纳一个车型，尽管在这一阶段的后期引进了奥迪100，但从总体上看，产品数量有限，供不应求。有限的产品通过国家设立的物资贸易公司计划分配给各个地区，各个地区的用户必须到控办（全称为"控制社会集团购买力办公室"）审批指标才能购买。汽车公司只负责按照国家计划把产品生产出来，再由国家根据需要的程度分配汽车。各省市的汽贸公司只负责履行一个交车手续。

在当时供不应求的背景下，营销理论研究的对象，就是如何分配有限的汽车资源，如何解决顾客排队的问题，如何根据汽车数量确定最低服务水平的维修网点。因此，这个阶段的营销理论，从本质上看，其实是渠道与配送体系的理论。

2. 第二代汽车营销——依靠多个营销手段创新为核心工具的营销阶段

产品短缺使得早期参与竞争的企业获得了巨大利润，这促使现有汽车企业扩大生产，新企业也积极进入汽车产业，于是竞争出现了。尽管这个阶段竞争水平很低，但是汽车企业已经不得不开始进行多方面的营销创新。营销实践与理论开始进入第二阶段。

这个营销阶段的突出特征，就是依靠产品种类与价格的汽车企业为了赢得市场，开始使用多个销售手段销售产品。例如，进行网络营销，进行广告宣传与品牌塑造，创新销售渠道等。汽车营销进入多个营销手段创新时代，这个阶段的代表是通用汽车。

1992年—1999年，中国汽车营销表现出了第二代营销理论的很多特征。1993年之后，中国汽车市场处于相对疲软状态，合资引进的车型在初期并没有被消费者充分接受，捷达轿车等遇到了前所未有的困难。在这种背景之下，汽车企业开始尝试营销创新。因为产品和价格主要由外资企业确定，所以能够进行营销创新的领域主要是品牌宣传和渠道建设。为了解决市场的困难，捷达开发了一系列以强化品牌消费者价值为核心、以展示品牌消费者价值的重大事件为支点、以关注消费者利益为出发点的品牌塑造体系，开始积极地塑造品牌。1997年—1998年，捷达推出了一系列的品牌公关创新活动，逐步改变了捷达在市场上的被动局面。两年之后，捷达轿车在广东、深圳的出租车市场占有率从1996年年初的5%提升到80%，取得了突破性的增长。捷达推广的另一系列活动，就是针对家庭轿车市场展开赛车宣传。由于捷达是第一家系统地应用赛车进行沟通与宣传的企业，并且组建了中国可以参加世界汽联的比赛车队，在以后4年中举办的国内7次大赛活动当中，捷达6次获得冠军，因此奠定了经济耐用赛车式汽车的口碑，为其发展奠定了基础。富康随后也采取了类似的公关新闻宣传活动来推广自己的汽车产品。这个阶段品牌营销的突出特征，就是以展示品牌的重大事件为核心，进行覆盖式重点宣传，同时配套其他沟通与宣传活动。

这个阶段，中国的汽车营销尽管有所创新，但是并没有达到成熟的阶段。由于合资企业与中国汽车制造技术的限制，战略品牌营销的手段并没有跟上，因此该阶段汽车营销主要是单一营销功能（即宣传因素）的创新。

3. 第三代汽车营销——以4P整合营销功能为核心工具的营销阶段

20世纪60年代，美国汽车营销进入营销发展的第三阶段，即整合营销阶段。1962年，美国营销专家第一次提出了4P理论，将单一营销功能效率的研究提升到了整合的发展阶段，形成了更加系统的4P专业化工具。这个理论的核心观点是，一个产品的销售，不是取决于单一营销功能的创新，而是取决于4P（即产品、价格、渠道、沟通）的系统努力，企业产品要销售出去，必须保证4P都达到一个优势并且在整体上一致的水平。

从1999年开始，中国汽车营销的体系也进入第三代营销，即以4P理论为核心的阶段。这个阶段，由于跨国汽车公司大量进入中国市场，为跨国公司提供服务的营销服务机构（如广告、公关公司）也涌入中国市场，带来了它们多年来采用的以整合营销理论为核心的一些办法，使得4P理论指导下的汽车品牌推广手段，逐渐取代了第二代单一品牌宣传的做法。在实践中，由于产品主要由跨国公司提供，价格也主要由跨国公司根据市场确定，因此，中国汽车营销主要是两大内容。第一是宣传，这一领域的技术很大程度上沿袭了美国汽车20世纪60年代开始普遍应用的整合营销沟通体系，其特征就是在产品与价格确定的背景下，大量地投入广告，铺天盖地地宣传，建立 4S 店统一形象的服务体系，结果，汽车新兴品牌迅速崛起，同时，单辆汽车的营销费用的价格不断上升。1995 年—1999 年，每辆捷达轿车的品牌促销费用只有 500 元，但是在 1999 年—2002 年，全国平均单辆捷达轿车的促销费用上升到 1800～2000 元的水平。整合营销理论占据了汽车产业的主流，基于 4P 理论的整合营销品牌宣传模式，成为汽车生产企业的主要工具。而在汽车零售产业中，由于汽车井喷带来的暴利，使这一战略能够在汽车零售市场顺利推行。自 2000 年开始，4S 店的建设流行，中国汽车营销渠道正式进入以汽车生产企业为主导的 4S 店时代。

4. 第四代汽车营销——以考特勒营销需求管理理论为核心工具的营销阶段

20 世纪 70 年代，全球经济遭遇中东石油危机，油价暴涨，导致 4P 理论指导下的大型汽车生产企业出现了营销危机，也暴露了营销理论的局限性，营销理论进入了第四个发展阶段。

第四代营销要求多方位、全角度地接触消费者，对消费者的需求进行系统管理。第四代营销需求管理理念的出现，带动了全球汽车营销业的革命。丰田公司按照这个标准，开展了"一县一店"的工作，要求各店员工对市场需求进行准确管理。大量丰田员工深入消费者家庭，访问消费者，了解消费者的汽车购买需求，帮助消费者分析丰田汽车是不是能够满足其基本要求。而对于现时没有购车行为的消费者，也要求对其需求进行管理和控制，从而有效地进行需求分析和挖掘。通过这些行动，丰田汽车逐步控制了日本的汽车市场，实现了长期保持 40% 市场占有率的目标。这一模式的成功，引领全球整个汽车产业进入了典型的第四代营销理论的阶段。

5. 第五代营销——处于萌芽与发展阶段的价值战略营销

第五代营销目前处于萌芽与发展状态，但是它已经明显表现出不同于以往营销的特点，那就是高度强调消费者的利益和价值，要求汽车生产企业想方设法，在成本和费用能够支持的前提下，尽可能实现消费者价值最大化。

3.2 汽车市场

3.2.1 汽车市场的定义

从狭义的角度，汽车市场指大型汽车交易市场。汽车市场具有规模大、汽车品牌多、交易额大等特点，可分为汽车城、汽车大道、区域性汽车交易市场、全国性汽车连锁市场。

1. 汽车城

汽车城集众多的汽车经销商和汽车品牌于同一场地，形成了集中的多样化的交易场所。汽车城具有汽车品种丰富多样、购车方便、选择范围广、服务便捷、管理规范的特点，是集咨询、选车、贷款、保险、上牌、售后服务于一体的汽车营销新模式。

2. 汽车大道

汽车大道是在方便顾客进入的快速路两侧，建立若干个品牌的三位一体或四位一体的专卖店，在独立自主经营的基础上形成的汽车专卖店集群。汽车大道集汽车交易、服务、信息、文化等多功能于一体，具有规模大、环境美、效益好、交易额大等特点，是目前最先进的汽车营销模式，体现了汽车营销由单一专卖店向集约化、趋同化方向发展的趋势。

3. 区域性汽车交易市场

区域性汽车交易市场一般由地区的工商局主办，不但吸收当地主要汽车经销商参加，而且吸收外地汽车经销商参加，集中起来经营展销，形成规模优势。区域性汽车交易市场方便顾客选车、买车，也有助于汽车经销商提供售后服务。

区域性汽车交易市场的特点如下。

① 大市场格局。有面积较大的存车广场存放各种各样待售车辆；汽车品种规格多样，便于选择；各营销单位集中展销并办理业务。

② 具有完善的售后服务机构。交易市场里提供代办工商验证，发放临时牌照、移动证，上保险、交养路费，甚至可以提供加油、洗车、接送车等服务。

③ 收费低廉。一般免费存放展销车辆，每成交一辆汽车，由买卖双方交纳原有管理费的1%～5%。

4. 全国性汽车连销市场

全国性汽车连销市场是以汽车主要产地、集散地建立的批发市场为龙头，带动周边汽车零售市场，以市场价格机制为纽带形成的网络市场。组建全国性汽车连销市场是为了促进横向经济联合和协作，并向纵深层次发展，以加速开发短线资源，实现保供促销，提高企业经济效益和管理水平，促进汽车工业和汽车市场健康发展。全国性汽车连销市场面向各类用户，为拓宽汽车销售渠道，促进购车联网服务创造条件，从而推动汽车商品流通现代化。这种市场主要是由汽车流通企业在平等自愿的基础上形成的联合，必要时也吸收国内外有影响的汽车生产企业参加，把不同经营规模、不同地区的汽车市场联合起来，开展联购联销、联购分销及分购联销业务，逐步与国际汽车市场接轨。在经营过程中，通过各单位参股投资建立产销联营企业，通过合同与汽车企业建立代销关系；建立信息中心，提供信息服务；组建调度中心，协同供销业务和融资；发行汽车报刊，进行宣传和交流。产销联营企业由各参加单位的法人代表组成理事会，推选常务理事及理事长，建立完善的内部组织结构。

从广义的角度，汽车市场泛指包含汽车交易的所有要素的一个集合，它是一个虚拟的空间。

3.2.2 国内汽车市场

1. 我国汽车市场的形成和发展

从20世纪50年代以来，我国汽车市场的形成和发展可分为以下两个阶段。

第一阶段，改革开放之前的25年。在这一阶段，汽车市场处于封闭状态，规模较小，增长缓慢。具体而言，这个阶段汽车市场销售的产品单一，销售对象主要为中型载货汽车，基本上由单位以公款消费。截至1978年，汽车市场总销售量约为17万辆，平均每年仅销售6000辆。

第二阶段，改革开放以后。这一阶段汽车市场发生了天翻地覆的变化。我国汽车市场在产品结构方面出现了几次大的变动，直接影响了汽车行业的格局。

20世纪70年代末到80年代初，汽车购买执行的是统购统分的指令性计划。汽车产品主要以载货汽车为主，占总产量的64%，占总保有量的80%以上。其中，中型载货汽车所占比重约为90%。

1982—1986年，我国农业发展进入了中华人民共和国成立以来的黄金时期，为经济稳定发展奠定了坚实的基础。随着经济的发展，长期以来被抑制的汽车需求迅速释放，形成了供不应求的卖方市场，使汽车产量大幅度上升。但是这个阶段的汽车产品仍然以载货汽车为主，其在汽车产量中所占比重仍保持在60%左右。其中，中型货车在载货汽车中所占比重为90%，不能满足汽车市场的多元化需求，"缺重少轻，轿车几乎空白"的局面凸显，致使汽车进口量大幅度增加，进口汽车品种主要集中于轿车、轻型车和面包车。1985年，我国共进口汽车35万辆。

1987—1990年，为了解决"缺重少轻，轿车几乎空白"的问题，国家加大了对汽车工业的投资规模，出现了乘用车增长幅度大于商用车，轻、微型车的增长幅度大于中、重型车的趋势，并最终在20世纪90年代使汽车工业的结构布局发生了质的变化。1996年，乘用车的产销量首次超越商用车，轿车和客车的产销量都占行业的25%，在汽车工业中具有举足轻重的地位，并成为行业中的增长点。

进入20世纪90年代，轻、微型载货汽车的市场占有份额已超过中、重型载货汽车，市场也远较中、重型载货汽车活跃，中型载货货车在汽车行业占"霸主"地位的时代已经成为过去，其衰落的趋势一直延续下去。

进入21世纪，随着中国加入WTO，外国汽车企业加大对中国的投资，使得国内汽车的产量飞速增长。同时，随着国内经济发展水平的提高，汽车需求量迅速增长。2021年中国汽车工业总体运行平稳，全年汽车产销量分别完成2608.2万辆和2627.5万辆，连续13年蝉联全球第一。中国汽车行业积极推进转型升级，推动行业高质量发展。同时，中国汽车工业面临较大压力，主要经济效益指标增速趋缓，增幅回落。2021年受新冠肺炎疫情影响，中国汽车产销量比上年同期分别增长3.4%和3.8%。目前，乘用车是我国汽车产品的主体，乘用车总产量已达汽车总产量的82.1%。

2. 我国汽车市场现状

我国汽车工业自1953年开始起步以来，经过几十年的迅猛发展，实现了跨越式发展，汽车工业规模不断扩大。我国现已成为汽车生产大国，被国际制造商组织列为世界十大汽车生产国之一。纵观世界经济强国，其汽车工业产值占本国国民经济总值的比例均在10%以上。

从我国汽车工业占国内生产总值的比重来看，汽车工业在国民经济中占有非常重要的地位，而且地位逐渐升高。据统计，截至2021年，我国共有833家汽车整车生产企业，主要分布在长三角、珠三角和环渤海地区，其中山东、江苏、辽宁的企业最多；其次是广东、浙江、湖北等地。实际上，我国大规模的汽车整车生产企业主要分布在上海、北京、广东、天津、安徽、浙江、吉林、辽宁、山东等地区。例如，上海的上汽通用、上汽大众，北京的北京现代、北汽福田，天津的一汽丰田、一汽夏利，广东的广汽本田、广汽丰田，安徽的奇瑞，河南的宇通，浙江的吉利，吉林的一汽大众、一汽集团等。除此之外，我国汽车市场还具有以下几个特点。

(1) 经济型轿车占据主体地位

尽管我国汽车产销都呈现一种良好的发展势头，取得了一定的成绩，但值得注意的是，近几年的热销车型还是集中在经济型轿车，受消费者购买力相对稳定的限制，中高档轿车的受关注程度虽有所增加，但不会立即成为汽车市场的主导车型。据统计，全国汽车交易市场中近70%（甚至更大比重）的人群在关注价位在25万元以下的车型。

(2) 国产车较进口车优势明显

国产车在汽车市场中占有绝对优势，这种优势将会维持相当长的一段时间。从几个城市的汽车交易市场提供的销售数据分析，排名前十位的全部为国产车。由此可见，国产车在消费者心目中还是占有绝对的优势，这是生产企业研究市场战略及市场策略时需要考虑的重要问题。

(3) 新车型上市活跃汽车市场

随着新车型的不断涌现，消费者的选择余地扩大。一些汽车品牌为了拓展中国市场，设计出专门针对中国消费者的车型，从而吸引我国消费者的购买兴趣。一些汽车品牌将原来未出口至中国的车型引入国内合资企业进行生产，一方面扩大了汽车的产量，另一方面降低了汽车的销售价格，提高了该车型在国内汽车市场的竞争能力。

(4) 不正当竞争阻碍汽车市场的发展

部分汽车生产企业采取"打价格战"的方式赢得市场，导致市场中很多品牌纷纷进行不同程度的价格下调。价格竞争可以是竞争中的一种手段，但是恶性盲目的价格战不利于我国汽车市场健康成熟地发展。

另外，品牌的代理权竞争激烈，且其中存在严重的问题。有的汽车经销商不惜一切代价争取品牌代理权，建立品牌专卖店。专卖店建设出现盲目性，看似有了专卖店就有了资源，有了资源就有了效益，但实际上与恶性降价是一个性质的问题。目前，盲目扩建品牌专卖店的严重性已经显现，一些品牌专卖店甚至已经出现效益恶化的情况。

(5) 汽车信贷消费市场还不完善

汽车工业发达国家的汽车消费信贷业务已经非常普及。截至2020年，在全球汽车市场，约70%的汽车是通过贷款方式销售的。美国和西欧的一些经济发达国家，贷款买车的比重高达85%，而我国这一比重还不到40%。当前，我国汽车品牌金融公司占信贷市场的48%、银行直接与4S店合作占信贷市场的5%、担保公司与银行合作占信贷市场的47%，这一方面使得消费者在选择汽车信贷的途径上有了更多的对比。但另一方面，由于这几类经营模式都是在小范围内展现各自的优势，对整体的汽车信贷市场没有起到实质性的推动作用，因而没有引起消费者对汽车信贷的广泛关注。在控制好风险的前提条件下，提升汽车信贷在汽车销售环节中的作用，是促进汽车市场发展的关键。

(6) 自主开发能力薄弱

我国汽车产品总体水平与汽车工业发达国家相比存在很大差距。靠引进技术发展起来的轿车工业由于缺乏开发能力，其弊病已经日趋明显，即产品不能完全适应我国的使用条件；国产化过程长、成本高，到产品实现大批量生产时，产品性能与国际水平相比又已落后。可以说，目前我国国内生产的轿车车型，尚不能满足市场多层次的需求，特别是不能满足今后国内消费者的个性化要求。开发能力薄弱直接影响我国汽车工业的健康和持续发展，已成为制约汽车工业发展的最大障碍。

（7）民资和外资增资我国汽车市场

尽管近年来我国汽车销量增长放缓，但是我国各大汽车生产企业仍在不断扩大产能，外商们也纷纷增资我国汽车市场。世界汽车产业一致看好我国汽车市场的前景，纷纷从各自的全球战略角度出发，在对我国汽车市场进行战略布局的基础上，积极地、加速地实施有效的进入和竞争策略。

3.2.3　国际汽车市场

目前，我国已成为世界最大的汽车生产国和消费市场，同时汽车及零部件出口也呈现快速发展态势，2001—2021年出口额年均增长近45%，已成为我国汽车产业的重要组成部分和转变外贸增长方式的重要载体。

根据市场发展水平的不同，国际汽车市场通常分为两大类：发达国家（地区）市场和发展中国家（地区）市场。

1. 发达国家（地区）市场

目前国际上主要的发达国家（地区）市场包括：北美市场（美国、加拿大），欧洲联盟（欧盟）市场，部分亚太市场（主要有日本、韩国、澳大利亚、新西兰），这类市场有如下几个特点。

① 市场容量普遍较大，如美国市场号称"汽车轮子上的国家"，多年来一直是世界上最大的汽车市场，尽管近年来遭遇了经济衰退的影响，但2017年汽车销售量仍达到1723万辆；2018年为1730万辆；2019年美国汽车销量为1710万辆，相比2018年下滑了1.2%，但仍然超过除中国外的其他国家；受经济因素影响，2021年美国汽车产量降至1495万辆。

② 市场管理和运作比较严格规范，法律及法规体系健全透明。这些国家基本上都依据相关法律的授权，由政府部门对汽车产品实施法制化管理。

③ 汽车产品的准入技术要求相应较高。这些市场都对汽车产品建立了十分完善、技术水平较高的汽车产品技术法规体系，以及汽车产品的市场准入认证批准制度，包括对汽车产品的型式批准和自我认证制度。随着汽车产业和贸易的全球化，各地区的汽车技术法规和认证批准制度的相互借鉴和协调不断加强，联合国世界车辆法规协调论坛（UN/WP29）成为主要的协调场所。

④ 除了汽车技术法规外，新车碰撞测试等汽车评价体系对市场也有很大的影响。

⑤ 遵守国际经济贸易的惯例和相关规则。

⑥ 许多国家和地区已形成比较完善的共同体市场，这一点对汽车企业进行国际市场和贸易的工作非常重要。共同体市场意味着在这个共同体内，所有的国家必须遵循共同的法律法规和制度规则，企业进入这样的共同体市场就比较便利，只要经过一次准入认证和批准就可以进入该共同体内所有国家的市场。最为典型、国际影响最为

深远的市场共同体为欧盟。北美的美国和加拿大尽管制定实施各自的汽车技术法规体系，但两者在技术内容上几乎相同，在对汽车产品的准入管理制度上都实施自我认证制度，再加上《北美自由贸易协定》的相关规定，美国和加拿大也成为一个共同体市场。获得两者任一方的准入资格，进入另一方的市场就很便利。澳大利亚与新西兰也是类似情况。日本和韩国由于是以出口为导向的国家，情况比较特殊，因此未与其他国家和地区形成共同体市场。

⑦ 市场运作规范和制度对其他国家和地区，尤其是发展中国家和地区有非常大的影响力，如北美市场由于《北美自由贸易协议》的签署和实施，墨西哥也基本上被纳入北美市场。欧盟市场则对国际上其他广大的市场产生十分深远的影响，许多发展中国家参照欧盟体制对汽车产品建立市场准入管理制度，如伊朗、以色列、约旦等国。泰国也对轿车、轻型载货汽车（皮卡）、摩托车按照欧盟的制度建立完整的整车形式批准制度。此外，国际上其他绝大部分市场都遵循欧盟汽车排放法规发展轨迹，即欧Ⅰ～欧Ⅵ。

2. 发展中国家（地区）市场

发展中国家和地区市场主要包括：拉美市场（包括中美洲和南美洲市场）；日本、韩国以外的亚洲市场，该市场又进一步细分为东南亚、南亚（印度）、中东（GCC）、以色列、西亚（伊朗、土耳其）和中亚（哈萨克斯坦）市场；南非、北非（阿尔及利亚、埃及）及其他非洲国家市场；欧盟以外的其他欧洲国家市场（包括俄罗斯、乌克兰、格鲁吉亚、塞尔维亚、克罗地亚等中东欧国家）。

对于这类市场，可以说不同的国家（地区），其市场有不同的特点，具体如下。

① 市场管理和运作不够规范、透明，不能严格遵守国际经济贸易的惯例和相关规则。例如，我国企业以往在做一些发展中国家的市场时，对方对我国产品根本没有拿出自身的汽车技术法规或其他的准入要求，而是拿出全套的欧盟标准，要求我国汽车产品必须达到这些要求。这样做有两种可能性：一是该国根本就还没有建立自身的汽车技术法规体系；二是该国对我国进口产品没有按照WTO中的国民待遇原则，对我国产品与其本国产品在市场准入上区别对待。

② 某些国家的汽车市场受政治环境的影响较大。例如西亚的伊朗市场，伊朗与美国一直处于严重的敌对状态，美国对伊朗进行经济制裁，阻止伊朗加入WTO。伊朗同样也通过法令禁止美国的产品和服务进口到伊朗，因此在该市场就很难看到美国的汽车新车产品。又例如拉美的委内瑞拉与以美国为首的西方国家对立和交恶，使得在该国投资的跨国汽车公司，尤其是美国的汽车公司（福特和通用），一直不敢加大投资扩张汽车产业。

3.3 汽车市场营销环境

3.3.1 汽车市场营销环境的定义

所谓汽车市场营销环境，是指对汽车企业的营销活动产生重要影响的全部因素。按照这些因素对企业营销活动影响的不同，汽车市场营销环境可以分为市场营销微观环境和市场营销宏观环境。

汽车市场营销环境的构成如图3-1所示。

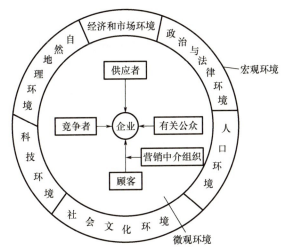

图3-1 汽车市场营销环境的构成

3.3.2 汽车市场营销的微观环境

微观环境是指与企业关系密切、能够影响企业服务顾客能力的各种因素，包括企业自身、供应商、销售渠道、顾客、竞争对手和公众等。这些因素建立在整个价值传递系统运行效率的基础之上，构成了企业的价值传递系统——营销部门的业绩。

1. 汽车企业自身

企业内部环境是指企业的类型、组织模式、组织机构、经济实力、经营实力及企业文化等因素。企业的组织机构即企业职能分配、部门设置及各部门之间的关系，是企业内部环境最重要的因素。

（1）企业的经济实力

经济实力是支撑企业市场营销成功的物质基础，它往往以企业规模、生产能力和市场占有率等指标表现出来，为企业的生存和发展提供一片或大或小的空间。企业的经济实力对汽车市场营销的影响主要表现在企业的营销能力和企业的竞争能力。近年来，汽车产业盛行集中、兼并、重组和联盟之风。市场主导者和市场挑战者（即大型汽车企业）越来越强；市场跟随者和市场补充者（即中小型汽车企业）越来越少，销声匿迹者也时有发生。取而代之的是年产汽车超百万辆的巨型汽车集团。世界上每年生产的新车，有将近90%来源于这些集团的生产线，它们垄断了80%的汽车市场；它们一方面努力实现汽车生产全球化；另一方面在拥有强大国内生产基地的基础上，大力拓展汽车销售国际化。

（2）企业的经营能力

经营能力是支撑企业市场营销成功的精神基础，它往往以企业效益、产品销量和销售增长率等指标表现出来。世界各大汽车企业的经营者们，无一不是资本或资产运营的高手。他们或者通过控股来取得其他汽车企业的所有权，或者通过参股来取得其他汽车公司

中华人民共和国公司法

的经营权。总之，都是通过对其可支配资本或资产的经营，来求得经济效益的最大化。在我国，这种资本或资产经营的理论和实践都还处在相对滞后的阶段，影响了企业经济实力与经营能力的协调发展。

（3）企业文化

企业文化是指作为独立经济实体的企业以在长期的生产经营过程中逐步生成和发育起来的企业哲学及企业精神为指导、为核心的共同价值准则、行为规范、道德规范、生活信念和企业的风俗、习惯、传统等，以及在此基础上生成和强化起来的共同的经营指导思想、经营意识等。许多企业良好的经营业绩都表明，谁拥有文化优势，谁就可以获得更大的竞争优势、效益优势和发展优势。所以说企业文化对企业的市场营销有着重要影响，企业应当重视文化建设。

中华人民共和国合伙企业法

2. 企业营销渠道

企业营销渠道主要包括生产供应者和营销中介。

（1）生产供应者

生产供应者是指向企业提供生产经营所需资源（如设备、能源、原材料和配套件等）的组织或个人。生产供应者的供应能力包括供应成本和供应的及时性，这是营销部门需要关注的。这些因素短期会影响企业的销售额，长期将影响顾客的满意度。我国有很多汽车企业对其生产供应者采取"货比三家"的政策，既与生产供应者保持大体稳定的配套协作关系，又让生产供应者之间形成适度的竞争，从而使本企业的汽车产品达到质量和成本的相对统一。实践表明，这种做法对企业的生产经营活动具有较好的效果。

（2）营销中介

营销中介是指协助汽车企业从事市场营销的组织或个人，包括中间商、实体分配公司、营销服务机构和财务中间机构等。中间商能帮助汽车企业找到顾客或把产品销售出去。实体分配公司能帮助企业在原产地至目的地之间存储和移送商品。企业必须综合考虑成本、运输方式、速度及安全性等因素，从而决定运输和存储商品的最佳方式。营销服务机构包括市场调查公司、广告公司、传媒机构、营销咨询机构，它们帮助汽车企业正确地定位和促销产品。由于这些营销服务机构在资质、服务及价格方面变化较大，因此汽车企业在做选择时必须认真研究。

中华人民共和国反垄断法

3. 竞争者

任何企业的市场营销活动都要受到其竞争者的挑战，这是市场营销的又一重要微观环境。现代市场营销理论认为，竞争者有各种类型，企业应针对不同类型的竞争者分别采取不同的竞争策略。

4. 顾客

顾客是企业产品销售的对象，是企业赖以生存和发展的"衣食父母"。企业市场营销的起点和终点都是满足顾客的需要，汽车企业必须充分研究各种汽车用户的需要及其变化。一般来说，顾客市场可分为五类：消费者市场、企业市场、经销商市场、政府市场和国际市场。消费者市场由个人和家

中华人民共和国反不正当竞争法

庭组成，他们仅为自身消费而购买商品和服务。企业市场购买商品和服务是为了深加工或在生产过程中使用。经销商市场购买产品和服务是为了转卖，以获取利润。政府市场由政府机构组成，购买产品和服务用以服务公众，或作为救济物资发放。国际市场由其他国家的购买者组成。由于以上市场都有各自的特点，因此销售人员需要对其进行仔细分析。

5. 社会公众

社会公众是指对企业的营销活动有实际的潜在利害关系和影响的一切团体和个人，一般包括融资机构、新闻媒介、政府机关、协会、社团组织及一般群众等。社会公众对企业市场营销的活动规范、对企业及其产品的信念等有实质性影响。例如，金融机构影响一个企业获得资金的能力，新闻媒体对消费者具有导向作用，政府机关决定有关政策的动态，一般公众的态度影响消费者对企业产品的信念等。现代市场营销理论要求企业采取有效措施与重要公众保持良好关系，树立良好企业形象。为此，企业应适时开展正确的公共关系活动。

3.3.3 汽车市场营销的宏观环境

宏观环境对市场营销来说十分重要。宏观环境下的市场需求是企业发展的基本条件，宏观环境的状况及其变化对汽车企业有着重大的影响。企业只有对宏观环境进行透彻的研究分析，才可能找出市场机遇，规避风险，否则将陷入十分被动的盲目局面。

1. 政治环境

市场营销的政治环境是指外部政治形势和状况给企业市场营销带来的或可能带来的影响。在国内市场上，政府通过改革经济体制和制定经济政策的方式制约管理汽车的生产和经营。由于我国实行的是社会主义市场经济体制，虽然经济关系市场化、企业行为自主化、宏观调控间接化和经营管理法制化，但政府还是可以通过财政、金融、税务、价格等方面的政策及法规来规范企业的经营行为。在意识形态方面主要是通过对汽车市场营销组合的影响表现出来，如汽车的结构、造型、品牌、商标、销售服务、定价、分销，特别是促销策略等，都会最终影响消费者的价值判断和购买选择。另外，国情、民情、民俗和民风等也会影响消费者的兴趣和爱好，形成不同的消费需求和消费时尚。在国际市场上，随着经济全球化和国际经济一体化，各国政府、不同意识形态，以及政党、政局、政策的变化，也会直接或者间接地影响汽车的市场营销。

中华人民共和国产品质量法

中华人民共和国广告法

2. 法律环境

市场营销的法律环境是指对企业市场营销产生重要影响的各项法律之和。法律是一种强制性的影响力，它与法令、规则、规章和条例一起构成法规，并以国家机器作保证。此外，产品的技术法规、技术标准及商业惯例等，也是市场营销法律环境的重要组成部分。政府对企业营销活动实行法律干预主要体现在三个方面。一是对企业营销活动的促进与限制。例如《中华人民共和国公司法》《中华人民共和国个人独资企业法》和《中华人民共和国合伙企业法》等法律，有利于企业健全经营机制和加强对整体营销活动的控制；《中华人

中华人民共和国环境保护法

民共和国反垄断法》《中华人民共和国反不正当竞争法》等法律，其目的主要在于监督和指导企业行为，保护企业间的公平竞争。二是对消费者的保护。例如我国先后制定了《中华人民共和国产品质量法》《中华人民共和国消费者权益保护法》《中华人民共和国广告法》等法律，其主要目的是维护消费者利益，制止企业非法牟利。三是对社会利益的维护。例如《中华人民共和国环境保护法》《中华人民共和国环境噪声污染防治法》等法律，主要用来维护生态平衡，保护公众利益。无论法律的具体类型如何，都会对企业的市场营销活动构成某种约束。

3. 经济环境

市场营销的经济环境是指企业营销活动所面临的外部社会经济条件，其运行状况和发展趋势会直接或间接地对企业营销活动产生影响。经济环境对汽车市场营销影响较大的因素主要有国民经济的发展水平、国民收入水平、消费者储蓄、消费者信贷及消费者支出模式等几个方面。

我国国民经济的发展水平已经越过了耐用消费品与生产资料的生产阶段，正迈步走在出口制成品的生产阶段，汽车消费已经成为大众消费的主要目标。

国民收入水平对汽车市场营销的影响主要表现在汽车的拥有程度、汽车的更新速度、车型的选择及购车的付款方式等。

消费者储蓄从动态的观点来看，是一种潜在的、未来的购买力，是现代家庭的"流动资产"，它们大多可以随时转化为现实的购买力。

消费者信贷是指消费者以个人信用为保证先取得商品的使用权，然后分期归还贷款的商品购买行为。

消费者支出模式是指消费者收入变动与需求结构变动之间的关系，其变化状况主要受恩格尔定律的支配。注意研究消费者支出模式的变动走势，对于汽车市场营销来说，不仅有助于企业规避未来的风险，而且有助于企业制定适当的发展战略。

4. 自然环境与汽车使用环境

自然环境是指影响社会生产的自然因素，主要包括自然资源和生态环境。自然环境对汽车企业市场营销的影响主要表现在两个方面。一是由于汽车生产和使用需要消耗大量的自然资源，导致自然资源总的变化趋势是日益短缺。因此，自然资源的减少将对汽车企业的市场营销活动构成一个长期的约束条件。二是汽车的大量使用会产生环境污染，导致生态与人类生存环境日趋恶化。因此，生态环境的恶化对汽车性能和产品开发都提出了更高的要求。为了适应自然环境的变化，汽车企业应采取的主要对策包括：发展新型材料，提高原材料的综合利用率，积极开发新型动力和新能源汽车，加强对汽车节能技术和改进排放新技术的研究。

汽车使用环境是指汽车使用的各种客观因素，一般包括自然气候、地理、车用燃油、公路交通、城市道路交通等因素。

自然气候对汽车使用时的冷却、润滑、起动、充气效率、制动等性能及对汽车机件的正常工作和使用寿命产生直接影响。

地理因素主要包括一个地区的地形地貌、山川河流等自然地理因素和交通运输结构等经济地理因素，它直接关系到企业目标市场及其规模和需求特点。

例如，华东地区是我国经济发达地区，轿车的需求量很大；对于华北地区、西北地区和青藏高原地区来说，东风集团生产的东风货车具有不可动摇的地位。因此，汽车企业在市场营销的过程中，应向目标市场推出适合当地气候特点和地理因素的汽车，并做好相应的技术服务，方便用户科学地使用本企业的产品，及时解除用户的使用困难。

车用燃油包括汽油和柴油两种成品油。它对汽车企业营销活动的影响，主要表现在世界石油资源不断减少将对传统燃油汽车的发展产生制约作用，进而影响到汽油车和柴油车的比例、汽车的产品结构等。汽车企业应善于洞察这一因素的变化，并及时采取相应的营销策略。

公路交通是指一个国家或地区公路运输的作用，各等级公路的里程及比例，公路质量，公路交通量及紧张程度，公路网布局，主要附属设施（如停车场、维修网、加油站及公路沿线附属设施等因素）的现状及其变化。经过60多年的建设，我国公路交通条件已极大改善，公路里程大幅度增加，公路等级大幅度提高，路面状况大大改善，公路网密度日趋合理。因而，我国汽车企业将面临更好的汽车使用环境。

城市道路交通是汽车（尤其是轿车）使用环境的又一重要因素，它包括城市的道路面积占城市面积的比重、城市交通体系及结构、道路质量、道路交通流量、立体交通、车均道路密度，以及车辆使用附属设施等因素的现状及变化。由于我国城市的布局刚性较大，城市布局形态一经形成，改造和调整的困难很大；加之人们对交通工具选择的变化，引发了对汽车需求的增加，使我国城市道路交通的发展面临巨大的压力，因此城市道路交通对汽车市场营销的约束作用就更为明显。

5. 人口环境

人口环境是指汽车市场营销所面临的人口数量和人口结构。从市场营销的角度看，人口数量意味着消费数量，即市场容量和市场潜量；而人口结构，如年龄、性别、职业、地位、文化程度、经济收入等，显然意味着不同的消费选择和消费结构。一般来说，人口环境对汽车市场营销的影响主要表现在以下两个方面。一是消费者的年龄结构。传统观念认为，汽车只是中年人的"大玩具"，但汽车企业为了扩大市场容量，汽车生产企业必须将目标市场向前和向后延伸。向前延伸是指生产出符合青年消费者需求的汽车，占领青年消费者市场；向后延伸是指生产出符合老年消费者需求的汽车，占领老年消费者市场。二是消费者的性别结构。随着职业女性的增加和经济地位的提高及其自立、自主意识的增强，已经有越来越多的女性成为现实的或者潜在的汽车消费者。当然，家庭结构也是影响汽车市场营销的重要因素。

6. 文化环境

文化环境是指一个国家、地区或民族的传统文化（如风俗习惯、伦理道德观念、价值取向等），包括核心文化和亚文化。核心文化是指人们持久不变的核心信仰和价值观，具有世代相传并由社会机构（如学校、教会、社团等组织）予以强化和不易改变等特点。亚文化是指按民族、经济、年龄、职业、性别、地理和受教育程度等因素划分的特定群体所具有的文化现象，根植于核心文化，但比核心文化容易改变。一般来说，文化环境对汽车市场营销的主要影响表现在以下三个方面。一是影响人们对汽车的态度。例如，许多国家将汽车看作代步的工具，而美国则把汽车视为须臾不可离开的伴侣，促使美国成为汽车生产大国。我国的汽车文化正在兴起。二是影响人们对汽车的选择。不同的文化环境，人们对汽车的理解不同。在发达国家，作为代步工具的汽车被称为"乘用车"，作为运载工具的汽车被称为"商用车"。但是，在中国人眼里，作为代步工具的汽车就成了"轿车"，把汽车与身份和权势密切联系起来。三是影响汽车的消费方式。消费方式是消费者价值观念的直观反映，不同的价值观念，往往有各自相适应的消费方式。在我国经济发达地区和西欧国家，现在流行着"共享汽车"的时尚，即汽车共用、费用共担。此外，文化环境影响汽车的消费时尚，如在发达国家正流行着一股"复古风"。除此以外，亚文化群也对汽车的市场营销产生重要影响。在同一个国家或地区，因受民族、种族、民俗、民风、宗教、地域、职业和地位等多种因素的影响，人们的价值观念和消费习惯表现出多样性的特征。企业只有既了解大文化群的特点，又了解亚文化群的特点，才能真正做到了解市场需求。

7. 科技环境

科技环境是指一个国家或地区整体科技水平的现状及变化。科学与技术的发展对一个国家的经济发展具有非常重要的作用，科技环境对市场营销的影响也是深刻的。首先，科技进步促进了综合实力的增强，国民购买能力的提高给企业带来了更多的营销机会。其次，科学技术在汽车生产中的应用，改善了产品的性能，降低了产品的成本，使得汽车产品的市场竞争能力提高。而今，世界各大汽车企业为了满足日益明显的差异需求，汽车生产的柔性多品种乃至大批量定制现象日益明显，这些都是现代组装自动化、柔性加工、计算机网络技术发展和应用的结果。另外，科技进步促进了汽车企业市场营销手段的现代化，引发了市场营销手段和营销方式的变革，极大地提高了汽车企业的市场营销能力。企业市场营销信息系统的建立，提高了汽车企业把握市场变化的能力。现代设计技术、测试技术及试验技术，加快了汽车新产品开发的步伐。现代通信技术、办公自动化技术，提高了企业市场营销的工作效率。

3.4 汽车市场调研与预测

3.4.1 汽车市场调研

1. 汽车市场调研的定义

汽车市场调研是指运用科学的手段与方法，有计划、有目的、系统地对与企业市场营销活动相关的市场情报进行搜集、整理和研究分析，并提供各种市场调查数据资料和各种市场分析研究报告，为企业市场预测和经营决策提供依据的活动。

2. 汽车市场调研的功能

市场调研具有三种功能：描述、诊断和预测。描述功能是指搜集并陈述事实。例如，汽车行业的历史及销售趋势是什么样的？消费者对某产品及其广告的态度如何？诊断功能是指解释信息或活动。例如，调价对销售会产生什么影响？预测功能是指对事物进行预先的推测或测定。例如，如何把握持续变化的市场及其发展趋势？企业如何更好地利用有可能出现的市场机会？

3. 汽车市场调研的意义

(1) 有助于更好地吸收国内外先进经验和最新技术，改进企业的生产技术，提高企业的管理水平。

当今世界，科技发展迅速，新发明、新创造、新技术和新产品日新月异，层出不穷。这种技术的进步自然会在商品市场上以产品的形式反映出来。通过市场调查，可以及时了解市场经济动态和科技信息的资料信息，为企业提供最新的市场情报和技术生产情报，以便更好地学习和吸取同行业的先进经验和最新技术，改进企业的生产技术，提高人员的技术水平，提高企业的管理水平，从而提高产品的质量，加速产品的更新换代，增强产品和企业的竞争力，保障企业的生存和发展。

（2）为企业管理部门和有关负责人提供决策依据

任何一个企业都只有在对市场情况有了实际了解的情况下，才能有针对性地制定市场营销策略和企业经营发展策略。在企业管理部门和有关人员要针对某些问题进行决策（如进行产品策略、价格策略、分销策略、广告和促销策略的制定）时，通常要了解的情况和考虑的问题是多方面的，主要有：本企业的汽车产品在什么市场上销售较好，有发展潜力；在哪个具体的市场上预期可销售数量是多少；如何才能扩大企业产品的销售量；如何掌握产品的销售价格；如何制定产品价格，才能保证在销售和利润两方面都增加；怎样组织产品推销，销售费用又将是多少；等等。这些问题都只有通过具体的市场调查，才可以得到具体的答案，而且只有通过市场调查得来的具体答案才能作为企业决策的依据。否则，就会形成盲目和脱离实际的决策，而盲目往往意味着失败和损失。

（3）有助于增强企业的竞争力和生存能力

现代化社会大生产的发展和技术水平的进步，使得商品市场的竞争日益激烈，市场情况在不断地发生变化。而促使市场发生变化的原因，不外乎产品、价格、分销、广告、推销等市场因素和有关政治、经济、文化、地理条件等市场环境因素。这两种因素往往又是相互联系和相互影响的，并且在不断地发生变化。因此，企业要适应这种变化，就只有通过广泛的市场调查，及时了解各种市场因素和市场环境因素的变化，才能有针对性地采取措施，通过对市场因素（如价格、产品结构、广告等）的调整，去应对市场竞争。对于企业来说，及时了解市场变化情况，并适时适当地采取应变措施是企业能取胜的关键。

4．汽车市场调研的类型

根据研究的问题、目的、性质和形式的不同，汽车市场调研一般分为如下四种类型。

（1）探测性调研

探测性调研用于探询企业所要研究的问题的一般性质。研究者在研究之初对要研究的问题或范围还不很清楚，不能确定到底要研究什么问题。这时就需要应用探测性研究去发现问题、形成假设。至于问题的解决，则有待进一步的研究。

（2）描述性调研

描述性调研是通过详细的调查和分析，对市场营销活动的某个方面进行客观的描述。大多数市场营销调研都属于描述性调研。例如，对汽车市场潜力和市场占有率，轿车的消费群结构，汽车竞争企业的状况的描述。在描述性调研中，可以发现其中的关联因素，但是，此时我们并不能说明两个变量哪个是因、哪个是果。与探测性调研相比，描述性调研的目的更加明确，研究的问题更加具体。

（3）因果关系调研

因果关系调研的目的是找出关联现象或变量之间的因果关系。描述性调研可以说明某些现象或变量之间的相互关联，但要说明某个变量是否引起或决定着其他变量的变化，就要用到因果关系调研。因果关系调研的目的就是寻找足够的证据来验证这一假设。

（4）预测性调研

市场营销所面临的最大的问题就是市场需求的预测问题，这是企业制订市场营销方案和市场营销决策的基础和前提。预测性调研就是企业为了推断和测量市场的未来变化而进行的研究，它对企业的生存与发展具有重要的意义。

5. 汽车市场调研的步骤

有效的市场营销调研过程一般分为准备、实施和总结三大阶段。

（1）准备阶段

为保证调研工作有计划、顺利地进行，在准备阶段应对相关工作人员进行必要的培训，尽最大可能估计调查过程中可能出现的各种状况并安排应对措施。

① 确定市场调研目标。

市场调研的第一步就是分析基本情况，确定市场调研目标。企业在不同时期所面临和需要解决的问题是千差万别的，因此每次具体调研活动不可能面面俱到，只能对企业经营活动的部分内容进行调研。只有确定了调研的目标和基本指导思想，实际的调研活动才会更有针对性，调研效果才会达到最佳状态。调研目标和指导思想通常由企业营销主管部门提出，由主管领导批准实施。

② 成立调研小组及制订调研计划。

市场调研的第二步是成立调研小组，对市场调研所要达到的目标进行全方位、全过程的计划或策划，制订市场调研计划任务书。一份好的调研计划任务书应既能够准确地反映市场调研主题的要求，又能指导市场调研活动有计划、有效率地进行。调研计划任务书通常应包括市场调研主题介绍、市场调研提纲的拟定、调研小组的介绍、市场调研对象的选择、调研方法和形式的选择、调研时间进度表和调研经费预算等内容。

③ 拟定调研问题及设计调查表格。

市场调研的最终目标是通过设置的多个问题体现的，调研表格是调研的基本形式和工具。调研表格题目选择合适与否直接关系到调研目标是否能达到，同时拟定调研问题的水平也能反映出调查小组整体的工作水平和最终的调研结果水平，因此拟定好调研题目十分重要。对调查表格或问卷的设计需满足以下几点要求。

a. 尽量减轻被调查者的负担，调查目录和问题的设计需具有代表性，没有与调查目标关系不大的问题，不应有需要让被调查者反复思考、计算或需要查找资料才能回答的问题。

b. 调查题目不应具有诱导性，否则会使被调查者思路受到问题设计者的限制和引导，从而造成调查工作失真，不具有普遍性特征。

c. 问题的设计应与被调查者的身份和知识水平相适应，如对专家可使用专业术语，对一般人员语言应通俗易懂。

d. 调查表格和题目的设计应具有简单明了、方便填写和易于统计等特点。

（2）调研工作的实施阶段

① 组织实施调研，搜集市场资料。

通过充分的准备工作以后，市场调研活动就进入了实施阶段，即搜集市场资料。搜集市场资料是整个调研工作中最复杂，工作量最大，耗费人力、物力最多的环节，是决定最终调研质量和调研结果的关键。

② 整理分析调查资料。

通过实际调查，调研人员可以获得各种资料和信息，包括统计数据、问卷调查、二手资料及其他信息资料等。由于这些原始调查资料具有分散性强、个性化强等特点，因此不能直接提供市场调研目标所需信息，必须经过必要的筛选、整理和分析，总结出几种具有代表性的观点和意见，从而为撰写调研报告和最终做出正确的市场营销决策做准备。

（3）调研工作的总结阶段

总结调研工作并提出调研报告是调研活动的最后环节，是整个市场调研工作最终结果的集中体现。一份好的市场调研报告应满足主题突出、结构合理、文字流畅、选材适当、重点突出和整洁清楚等基本要求。

6. 调研数据的收集方法

调研的数据分为原始数据与二手资料。原始数据是通过调查人员现场调查得到的与所要调研主题密切相关的第一手数据。二手资料是指相对于原始资料而言的企业内、外部现成的数据资料。这部分数据资料是与某一特定的市场调研主题具有一定关联性的"大众"信息，通过对二手数据资料的总结分析，市场调研人员可以从中获取有关调研主题的背景信息，从而对后续调研工作起到一定引导作用，并可达到节省时间、人力、物力和财力的目的。

（1）原始数据的搜集

对调研原始数据的搜集可采用如下几种方法。

① 观察法。

观察法在市场调研过程中的应用比较广泛。它是由调查人员通过直接观察人们的行为进行实地记录的一种单向调查方法，如顾客反应观察法、行为记录法、点数观察法、比较观察法等。观察法的客观性较好，但往往只注意事物的表面现象，容易忽略内在因果关系。

② 询问法。

询问法是一种双向调查法，可以是口头询问与书面询问，也可以是普通询问与专家询问；可以是逐个询问单个调查对象，也可以是借助座谈会形式，同时对多个调查对象进行询问；总之，询问方式多种多样。书面调查成本低，一次调查面广，还可以用计算机等先进手段迅速处理，是国外常用方法之一。询问时应注意采用多项选择法、自由回答法、顺序排列法、程度评定法等。设计问卷要注意语气自然、温和，有礼貌，而且简单易答，不占用时间，以免令人望而生畏，拒绝回答。

③ 实验法。

实验法是指将选定的刺激措施引入被控制的环境中，进而系统地改变刺激程度，以测定顾客的行为反应。

（2）二手资料的搜集

① 搜集的二手资料应具有真实性、及时性、同质性、完整性、经济性和针对性。

② 要搜集的二手资料的功能。

a. 提供大量行业或企业市场发展背景的资料。

b. 为市场调研主题的提出、分析和解决提供依据。

c. 为正式调研提供一定帮助。

③ 二手资料的搜集途径。

a. 企业内部资料。

企业内部资料的主要来源是日常企业对各种渠道搜集和汇总得来的各类与企业经营有关的信息。随着数据库技术的逐步完善，企业营销数据库的建立完成了客户信息管理、计算机硬件及具备响应管理操作素质人员的有机结合，为快速、高效地提供企业内部数据资料提供了良好的信息平台。

b. 企业外部资料。

企业外部资料的来源相对于企业内部资料更丰富多样化。市场调研人员可以从以下几个渠道获得。

一是社会机构资料来源，具体如下。

第一，政府信息部门。政府信息部门是专门搜集和整理各种国民经济综合信息的部门，它们定期发布有关国家或地区国民经济的统计报告，如人口总数及其结构、国内生产总值及其增长等，可以为市场调研人员了解特定地区的消费需求情况提供非常重要的市场信息。

第二，图书馆。图书馆是市场调研人员不可忽视的文案资料的重要来源。尤其是国家或地区性的大型综合性图书馆，是市场调研人员必须光顾的地方。

第三，行业协会。行业协会往往拥有关于特定行业比较权威的综合信息。一般的行业协会都自办行业内部刊物，定期地公布业内信息及各类业内数据报告，资料相对全面、准确、细致，对市场调研人员了解业内基本概况及结构具有重要的参考价值。

第四，商会。商会是一个相对独立的非营利性的商业研究机构。商会拥有各类有价值的市场信息资料，如会员公司名单、当地市场的贸易习惯和贸易方式、当地的贸易条件和贸易规则等。

第五，业内其他企业。无论是文案调研还是实地调研，业内其他企业是各类公司都不可忽视的市场信息源。市场调研人员可以采用各种手段向有关公司索取市场资料，诸如商品目录、价格表、经销商名录、公司年度报告及公众公司的财务报告，有时也可以向产品的买主或用户索取。

二是文献资料来源，具体如下。

第一，文献目录。对市场调研人员来说，二手资料搜集过程中的最大障碍之一就是寻找二手资料的来源，而解决这个问题的一个重要途径就是查找各种文献目录，它能够为调研人员提供各类资料来源的线索。

第二，工商企业名录。这类名录可以向市场调研人员提供特定地区生产经营特定产品的主要公司、竞争者及其贸易伙伴的公司名称和详细的联络地址。工商企业名录一般有两种：一种是地区性名录，它介绍一个特定区域内所有企业的名称、经营范围和详细地址；另一种是行业名录，它按行业或产品类别、范围来介绍企业的名称和地址。

第三，各类报纸、杂志、刊物、广播电台、电视台。各大社会公众媒体也是二手资料的重要信息来源。尤其是一些院校刊物，经常刊登大专院校中专家的科学研究成果。

第四，综合性工具书。掌握足够多的工具书和参考书（如各类辞海、百科全书、经营指南、词典等），对专职的市场调研人员也是十分必要的。

第五，网上资料。随着信息技术的不断进步，网络已经成为现代社会经济发展中一个必不可少的组成部分，互联网使得市场调研人员在世界的任何一个角落都能够实时地搜索到世界范围内的各类数据。

3.4.2 汽车市场预测

一般意义上的预测是对某一事物未来发展趋势的研究。所谓汽车市场预测，是在对汽车市场调研的基础上，运用科学的手段与方法，对影响市场营销的各种因素进行研究，通过逻辑推理，对未来一定时期内的汽车市场需求情况及发展趋势进行推断，为汽车企业营销决策提供科学依据。汽车企业通过市场预测，对汽车市场的变化趋势进行揭示和描述，不仅可以为汽车企业的自身经营提供依据，还可以在经营中克服盲目性，增强竞争能力、应变能力，达到预期的经营目标。

1. 汽车市场预测的类型

（1）按预测范围划分

按预测范围不同，汽车市场预测可以分为宏观市场预测和微观市场预测。宏观市场预测是对国民经济发展趋势的预测，如汽车市场的总供给和总需求、国民收入、物价水平等。微观市场预测是指在一定的国民经济宏观环境下，对影响汽车企业生产经营的各种微观因素进行研究和预测。

（2）按预测期限划分

按预测期限不同，汽车市场预测可以分为长期市场预测、中期市场预测和短期市场预测。长期市场预测的预测期限为 5 年以上，一般是对汽车市场的发展趋势进行推断，预测误差较大。中期市场预测期限在 1 年以上 5 年以下，用于制订企业中期发展规划。短期市场预测期限为 1 年以下，用于确定汽车企业短期任务及制订具体实施方案。

（3）按预测方法划分

按预测方法不同，汽车市场预测可以分为定性预测、定量预测和综合预测。定性预测法又称直观判断法，是市场预测中经常使用的方法。定性预测主要依靠预测人员所掌握的信息、经验和综合判断能力，预测市场未来的状况和发展趋势。定性预测法可分为专家会议法、德尔菲法、销售人员意见汇集法和顾客需求意向调查法。定量预测是利用比较完备的历史资料，运用数学模型和计量方法，来预测未来的市场需求。它基本上分为两类：一类是时间序列模式，另一类是因果关系模式。在汽车市场预测中，常常是这些预测方法联合使用（即综合预测），以提高预测的准确性和可靠性。

2. 汽车市场预测的内容

汽车市场预测的内容按照预测的层次的不同可以分成以下三个类别。

（1）汽车环境预测

环境预测也称宏观预测或经济预测，它是指通过对各种环境因素（如国家财政开支、进出口贸易、通货膨胀、失业状况、企业投资及消费者支出等因素）的分析，对国民总收入和有关的总量指标进行的预测。汽车环境预测是汽车市场潜量预测与企业潜量预测、汽车市场预测和企业预测的基础。

（2）汽车市场潜量预测与企业潜量预测

汽车市场潜量预测和企业潜量预测是汽车市场需求预测的重要内容。汽车市场潜量是从行业的角度考虑某一汽车产品的市场需求的极限值，企业潜量则是从企业角度考虑某一汽车产品在市场上所占的最大市场份额。汽车市场潜量预测和企业潜量预测是企业制订营销决策的前提，也是进行汽车市场预测和企业销售预测的基础。

（3）汽车市场预测与企业预测

汽车市场预测是在一定营销环境和一定营销力量下，对某产品的市场需求水平的估计。企业预测则是在一定的环境和一定的营销方案下，对企业预期的销售水平的估计。企业预测不是企业制定营销决策的基础或前提，相反地，它是一个受企业营销方案影响的因素。

3. 汽车市场预测的步骤

对汽车市场预测的要求包括准确性、可靠性、系统性和整体性四个方面。汽车市场预测必须按一定的步骤进行。为了达到上述要求，汽车市场预测过程一般分为准备、实施和总结三大阶段共六个环节。

（1）预测工作的准备阶段

为保证预测工作有计划、顺利地进行，准备阶段主要有以下两个环节。

① 提出问题和设想。汽车企业在生产经营过程中会遇到许多问题，也会在新车型开发和市场开发等问题上有一些设想，这些均可以作为预测的问题和设想。

② 明确预测目标。预测的目标不同，则预测的项目、内容、应该搜集的资料及用于预测的方法也不同。明确预测目标就是确定预测要解决的问题，并在此基础上拟订预测项目，制订预测计划，确保预测顺利实施。

（2）预测工作的实施阶段

实施阶段主要是搜集整理资料，即通过各种调查手段搜集、整理、筛选、分析与主题有关的各种资料信息。这些资料信息可能是汽车行业及有关行业的统计资料，也可能是国内外有关汽车工业的经济情报和反映汽车市场动态的资料等。

（3）预测工作的总结阶段

总结阶段主要是建立预测模型，分析评价预测结果，并写出预测总结报告。

① 建立预测模型。企业在获得有关数据资料的基础上，利用专业知识，依据有关的汽车市场理论、预测目标、预测要求及实际情况，选择适当的预测方法，分析各变量之间的关系，确定有关参数，进而建立起反映客观规律的预测模型。

② 分析评价预测结果。通过预测模型得出的预测结果往往与实际情况不完全符合，因此，必须对预测结果进行分析评价，有时要找出产生较大差异的原因。

③ 写出预测总结报告。在写预测总结报告之前，经常要修正预测模型和预测结果，以便在进行计算机模拟分析时预测结果更准确和有代表性。预测总结报告应概括主要预测活动过程，包括预测目标、预测对象、主要数据资料、预测方法，以及预测模型的建立、有关因素的分析结论及预测结果的修正和评价等。同时，对于有待实现的预测结果，在预测总结报告中还应提出有关措施建议。

3.5 汽车市场购买行为分析

3.5.1 汽车市场的主要特点

1. 汽车产品的特点

汽车本身是一种有形商品，但其使用特点明显不同于一般生产资料和消费资料等有形商品。汽车在使用上的特殊性体现在以下方面。

（1）汽车既是一种生产资料，又是一种消费资料

从使用角度看，汽车产品的用途大致有两种：作为生产资料使用和作为消费资料使用。如各类生产企业利用自己拥有的汽车进行原材料及产成品的运输等，由于这类运输活动构成企业生产活动的一部分，因此汽车属于一种生产资料；国民经济基础建设单位、公共工程建设单位等集团组织，也将汽车作为其必不可少的装备使用，汽车也是其生产资料的一部分。可以说，绝大部分载货汽车、专用汽车、特种汽车和一部分客车及轿车（出租车）均是作为生产资料使用的。而作为生活耐用消费品，汽车（家用轿车）目前已进入普通家庭，用于私人代步、旅游度假、休闲、商务等需要，满足消费者个人需求，因此，汽车又属于消费资料。

（2）汽车是一种特殊商品

汽车作为一种特殊商品，还是一种身份的象征。例如，奔驰的尊贵、宝马的时尚、劳斯莱斯的威严，无不透露出汽车作为身份的象征。

2. 汽车产品的用户类型

由于汽车产品的特点，汽车消费者也有着明显的特征，呈现出不同的消费类型。依据消费者在购买模式或者购买行为上的特点，汽车消费类型通常可以分为以下几种类型。

（1）个人消费者

个人消费者是将汽车作为个人或家庭消费使用，用来解决个人交通出行问题，他们构成汽车的个人消费市场。目前这一市场是我国汽车市场增长最快的一个细分市场，其重要性已经引起各个汽车生产企业的广泛关注。

（2）集团消费者

集团消费者是将汽车作为集团消费性物品使用，用以维持集团事业的运转。这一市场是我国汽车市场比较重要的一个细分市场，其重要性不仅表现在具有一定的需求规模，还常常对全社会的汽车消费起着示范性作用。政府机关、学校、企业等组织构成了汽车的集团消费市场。

（3）运输经营者

运输经营者是将汽车作为生产资料使用，满足生产、经营需要的组织和个人，他们构成汽车的生产经营者市场。这类用户主要包括具有运输机械的各类企业单位、将汽车作为必要装备的各种建设单位，各种专业的汽车运输单位和个人等。目前，这一市场在我国汽车市场上占有重要地位。

（4）其他直接或间接消费者

其他直接或间接消费者是指以上用户以外的各种汽车消费群体，例如汽车经销商。

3.5.2 影响汽车个人消费者购买行为的因素

汽车个人消费者的消费心理和消费行为决定了其消费市场的特点。对个人消费者的消费心理和消费行为进行研究，对汽车企业生产和销售具有一定的借鉴意义。

1. 汽车个人消费需求的基本特点

汽车个人消费者需求具有以下特点。

（1）需求的多样性

由于个人消费者在年龄、性别、教育水平、职业、社会地位、家庭结构、生活习惯、

收入和文化观念等方面的差异，形成不同的消费需要，从而使个人消费者的购买需求表现出多样性或多层次性。

（2）需求的诱导性

汽车是高档耐用消费品，与普通消费品的最大区别之一就是它的专业性与复杂性。对于大多数消费者来说，购买汽车不是一件容易的事，因为涉及许多的专业知识，而消费者对汽车知识的缺乏导致他们易受外界因素（如消费环境、社会习俗、广告宣传等）的诱导而产生购买行为。

（3）需求的可替代性

消费者在购买汽车时往往会面临多种选择，如品牌、价位、性能的不同等。如何在众多汽车品牌中选择适合自己的汽车，消费者要根据自身需要在不同品牌之间进行选择。只有对消费者真正有吸引力的品牌，消费者才会选择。

（4）需求的可伸缩性

汽车产品的特殊性，使消费者对汽车产品的需求有较强的价格弹性。价格的变动会对个人购买行为产生重大影响，尤其是家用轿车，当价格下跌时，消费者有可能提前购买；当价格上涨时，消费者有可能推迟购买而持币观望。这时需求会被抑制或被转化成其他需求。

（5）需求的发展性

消费者对汽车最初的功能需求仅仅是代步或用于突显其身份。随着社会的发展，消费模式、消费结构、消费观念和消费者的需求都随之变化，要求汽车既能满足基本代步，又能满足操控、舒适、娱乐性方面的需求。

（6）需求的广泛性

一方面，个人汽车消费与个人经济实力关系密切，不同经济实力的消费者对汽车产品价位、性能、配置的需求呈现多样性；另一方面，同一配置、价位的汽车产品在各个地区都有销售，因此相对应的需求具有一定的广泛性。

2. 影响个人消费者购买行为的主要因素

（1）政治经济因素

在改革开放以前，我国既没有适合购买私人小汽车的消费者群体，也没有足够可供选择的汽车产品，消费者很难产生购买私家车的动机。改革开放以后，特别是中国加入WTO以后，汽车消费才真正发展起来。同时，在政策方面，一些政策性收费对汽车个人消费影响很大，如购置税、车船税、保险费、年审费、过路费等。而目前北京、广州等城市已实施的汽车限购政策，也对个人汽车消费产生了很大影响，也相应地影响了汽车生产企业和汽车经销商。

根据网络相关调查，汽车价格因素直接影响消费者，七成左右的家庭表示其购买决定将视轿车的价格走势而定。降价会对这部分家庭出现两种结果：第一类人看到价格走低，会尽早购买；而第二类人看到价格有所松动，会持币观望，总希望能降到最低点再购买。上述调查反映的虽然是价格问题，但深层次反映的是在汽车个体购买行为中消费者的购买能力，即消费者的收入水平。

（2）价格因素

消费者的购买力不仅取决于消费者的收入水平，而且取决于消费品的价格水平，即价格的高低。在收入水平既定的情况下，汽车产品的价格直接影响消费者的购买水平。因此，价格水平就成为影响消费者需求的又一重要因素。价格对需求的影响总的表现为价格上升，需求减少，价格降低，需求增加。但对不同的产品其影响幅度存在很大差别，这是人们对不同消费品价格变动反应的灵敏程度不同，即存在着不同的需求价格弹性。需求价格弹性简称"需求弹性"，是指商品的需求量对价格变化反应的灵敏程度。需求弹性通常用弹性系数表示，弹性系数是指商品需求量变化的百分比与价格变动百分比之间的比值。

（3）文化因素

文化是指人类从生活实践中建立起来的文学、艺术、教育、科学等的总和，包括民族传统、宗教信仰、风俗习惯、审美观念和价值观念等，影响个人购买小汽车的文化因素主要包括民族传统、审美观念和价值观念。

① 社会文化。

影响消费者购买行为的文化因素是指所形成的共同的价值观、信仰、道德、风俗习惯，具有不同文化层次的人有着不同的价值观念、审美观点、生活标准和行为准则，因而文化是造成消费者购买行为差异的深层原因。一个国家的大文化包括若干个亚文化群，如民族亚文化群、宗教亚文化群、种族亚文化群、地理亚文化群等。这些不同的亚文化群形成了不同的风俗习惯和道德观念，也对消费者的购买行为产生直接或间接的影响。就汽车消费者购买行为而言，亚文化的影响更为直接和重要，有时甚至是根深蒂固的。

② 社会阶层。

社会阶层是指由于收入水平、教育程度等方面的差异较小，在社会生活中会形成兴趣爱好、生活需求、价值取向相似或相近的群体或集团，他们在一定的社会经济结构下处于相同的经济地位。而不同社会阶层的消费者由于在职业、收入、教育等方面存在明显差异，因此即使购买同一类型的产品，由于其趣味、偏好和动机的不同，也会有不同的购买行为。研究消费者的社会阶层对购买行为的影响，对进行市场细分和制定有针对性的市场策略具有指导作用。

③ 审美观念和价值观念。

不同的消费者有不同的审美观。审美观不是一成不变的，往往受社会舆论、社会观念等多种因素的影响，并制约着消费者的欲望和需求的取向。例如，我国汽车消费者一般认为美国车宽敞舒适，德国车精密、操控感强，日本车和韩国车配置丰富、各方面均衡。在二十世纪八九十年代，中国人对两厢车有着严重的排斥心理，认为三厢车才是真正的轿车，且两厢车在追尾碰撞时不安全，而现在两厢车大行其道。在现阶段的中国车市，各种类型的车在私车消费领域都有拥护者，说明消费者对汽车的审美观念是不一致的，也很容易发生变化。这就要求汽车生产企业必须花费更多的精力用于市场调研，从而推出适合不同消费群的车型。

④ 民族传统。

中国人一向在消费上表现为重积累、重计划等，在选择商品时追求实惠和耐用，这是丰田等日系汽车如今在市场上销售量大的原因。但中国同时也是一个快速发展的国家，许多青年在文化思想上与西方国家差异日渐缩小，在消费行为上表现为注重当前消费，购买时不太讲实用而讲究时尚等。

（4）社会因素

汽车个人消费市场的购买行为也经常受到一系列社会因素的影响，如家庭、相关群体、社会角色与地位等。

① 家庭。

家庭是社会基本的消费单位，目前大部分汽车的消费行为是以家庭为单位进行的。家庭对消费者购买行为的影响主要表现在：一是每个家庭成员对购买决策都产生或多或少的影响；二是在家庭生命周期的不同阶段有不同的需求差别；三是家庭对消费者购买行为的影响方式具有特殊性，具有很大作用。

② 相关群体。

相关群体是影响消费者购买行为并与之相互作用的群体。一是主要群体，即相对稳定地在一起工作、学习、生活的人形成的群体，如同一家企业、商店、机关、学校等单位工作的同事，同一个部队的战友，同住一个居民区的邻居等。二是次要群体，即有共同的业务要求但接触较少的群体，如各种专业协会、学会、联谊会等。三是具有共同志趣的群体，如"自驾游"的爱好者，某个电影明星、体育明星的崇拜者和追随者等。相关群体对汽车产品个人购买行为的影响表现在：一是它向人们展示了不同的消费行为和生活方式，因而使群体成员改变原来的购买行为或者产生新的购买行为；二是它能引起人们的仿效欲望，从而改变消费者的购买态度和引起对这些产品价值观念的变化；三是它促使人们的购买行为趋于某种"一致性"，从而影响消费者对产品的品种及品牌的选择。在缺乏客观标准的情况下，个人的消费选择往往以群体的标准为依据。

③ 社会角色与地位。

由于人们社会活动的内容日益多样化，因此每个人在不同时间和不同空间里扮演着不同的社会角色。在扮演不同角色时，每个人对自己有不同的要求，从而形成了不同的购买特点和习惯。因此，了解和认识每个人所扮演的社会角色，就可以进一步了解其购买行为。

（5）个人因素

个人因素主要包括消费者的年龄、性别、职业、经济情况、生活方式、家庭、个性及自我意念等。个人因素不仅会影响消费者是否购买轿车，还会影响消费者购买何种轿车。对于汽车生产企业或汽车经销商来说，必须在深入分析个人因素对消费者影响的基础上，制定并实施营销策略。

① 年龄与家庭。

目前汽车消费者结构呈现年轻化、女性化的特征，90后将成为购车的重要人群，不同细分市场女性购车者比例显著提高。从家庭角度考察，其生命周期的不同阶段也影响消费选择。例如，新婚夫妇愿意购买五座及以下的车，而二胎家庭考虑到要带两个小孩及老人出行，更愿意购买七座汽车。

② 生活方式。

人们追求的生活方式不同，对汽车的喜好和追求也不同。个人生活方式会影响私人购车的行为，对私人汽车细分市场影响很大。

③ 个性与自我概念。

消费者的独特个性使其在可支配收入允许的情况下会优先购买与自己个性相符合的汽车产品，汽车生产企业在考虑细分市场时必须重视消费者的个性及因此形成的消费潮流，致力于打造一个个性品牌和产品。自我概念则主要描述了消费者购买产品所实际追求的东西，也就是说在购买汽车产品时，消费者可能是追求缩短时空，可能是追求气派和社会认可，也可能是追求自由的感觉。

④ 性别、职业和经济条件。

性别对个人汽车消费的影响总体较小，主要影响的是一些细分市场。而职业一方面决定了个人是否需要购买小汽车及需要购买何种小汽车，另一方面较大地影响了家庭的经济收入。如果家庭的经济收入比较稳定且未来的收入预期比较理想，对购车行为就会有比较积极的推动作用。

(6) 心理因素

在社会因素、文化因素和个人因素的共同作用下，消费者会认识到自己是否有购买小汽车的需要，而需要会促使其心理产生购买汽车的"动机"。消费者购买某种产品可能是出于多种需要与动机，产品、服务与需要之间并不存在一一对应的关系。购买动机虽源于需要，但商品的效用才是形成购买动机的根本条件：如果商品没有效用或效用不大，即使具备购买能力，消费者也不会对该商品产生强烈的购买动机；反之，如果效用很大，即使购买能力不足，消费者可能筹措资金也要购买。

就汽车功效而言，不同车型、不同品种的汽车具有不同的功效。但相同汽车对不同的购买者和不同用途来说，其功效也是不同的。而购买汽车的人，也是根据其在社会上所处的地位和需要来选择不同的车型和品牌。普通消费者购买汽车是为了满足代步的需要，因此通常选择经济型汽车；而社会地位和经济收入较高的消费者购买汽车的目的除了满足代步需要外，更要体现其身份和地位，因此常选择豪华型的轿车；而对出租车经营者来说，汽车的功效在于能够获取经济效益，这种经济效益是指在汽车使用期内，在扣除成本和税费之后的纯收益，收益越大则功效越大；对于商务活动的需要而言，汽车的功效不仅在于作为代步工具，且应体现企业形象，因此中高档轿车的功效就比低档轿车大。

3.5.3 个人消费者的购买行为模式

消费者购买行为是指消费者为获取效用、处置消费物品或服务所采取的各种行动，包括先期决定这些行动的决策过程。在现代市场经济条件下，企业研究消费者购买行为时着眼于与消费者建立和发展长期的交换关系，并借此来扩大自己所占的市场份额。

1. 汽车消费者购买决策的角色划分

不同的汽车消费者在汽车购买决策中担任的角色不同，对这个问题的分析实质上是对汽车个人消费市场购买行为与组织的分析。在汽车个人消费市场中，消费者的购买行为虽然是以一个家庭为单位，但参与购买决策的通常并非一个家庭的全体成员，许多时候是一个家庭的某个成员或某几个成员，而且由几个家庭成员组成的购买决策层，其各自扮演的角色也是有区别的。

人们在一项购买决策过程中可能充当以下角色：①发起者，首先提出购买建议的人；②影响者，其看法和建议对最终决策具有直接或间接影响的人；③决策者，对购买决策的某个方面（包括是否购买、何时购买、购买何种车型、何处购买、如何购买等）做出最后决定的人；④购买者，实际购买的人；⑤使用者，实际使用的人。

了解每一位购买者在购买决策中扮演的角色，并针对其角色地位与特性，采取有针对性的营销策略，就能较好地实现营销目标。汽车生产企业及其市场营销人员应首先分析和确认消费者在购买汽车产品的决策中可能扮演的角色，然后开展相应的产品设计和广告促销等活动。汽车生产企业可以构思和设计出符合使用者需求的有特色的产品，如具有较强

通过性的越野车、具有较高舒适性的轿车、具有较强载货能力的载货汽车等。并在购买发起者容易接触的媒体上进行广告宣传，向购买决策者提供本企业汽车产品的质量、价格、性能、购买地点等信息，吸引消费者购买本企业的汽车产品。

2. 汽车消费者的购买决策过程

汽车是一种高价耐用的消费品，其购买行为较为复杂，消费者一般会依次经历确认需要、搜集信息、选择判断、购买决策、购后感受五个阶段，但并不意味着所有的消费者都必须经历每个阶段。例如，有的消费者对汽车工业、汽车产品的情况很了解，其购车过程经历的阶段就少；有的对汽车产品一无所知，要经历的阶段就多。

(1) 确认需要

汽车消费者的需要一是源于内部刺激，如为了上下班方便，需要汽车作为代步工具，或是经常出游，或是出于想要从事汽车营运的需要；二是源于外部刺激，如电视广告等消费者自身以外的环境因素，或是受到周边购车者的影响等。消费者的大部分需要是在外部刺激的影响下产生的，即使是代步等内部刺激引发的需要也往往要在外部刺激的影响下才会引发购买汽车的强烈需求。因此，汽车企业应有意识地安排一些诱因，如广告、新车展会等，激发消费者对本企业汽车产品的需要。

(2) 搜集信息

只有在消费者的需求十分强烈且可用于满足需求的产品能方便购买时，消费者才会购买以满足需求。但大多数情况下，消费者在产生需求后并不立即购买，而是首先寻找有关产品的信息。购买汽车是一种较为复杂的购买行为，要搜集的信息很多，消费者传统的信息来源包括个人来源、商业来源、公共来源和经验来源，其中商业来源是主要的信息来源。但随着互联网逐渐成为消费者了解汽车的主要渠道，消费者在这个自由开放的平台上了解各种观点和掺杂融合的信息，传统媒体也经常从互联网上获取信息。汽车企业应了解和掌握消费者的信息来源，并对不同来源的重要性予以评价，在此基础上，设计有效的传播途径，使企业与目标消费者更好地进行沟通。

(3) 选择评价

消费者在搜集到所需的信息后，不同的消费者对这些信息使用的评价方法和评价标准差别较大，但总体来说，消费者购买汽车产品是为了从该产品上寻求特定的功效，而汽车产品的属性对消费者来说就是产品功效，因此，他们往往会把汽车产品看成一些特定属性的组合，并根据自己的偏好对这些属性给予不同的权重，然后在心中对不同品牌的汽车产品进行打分和排序。消费者从众多可供选择的品牌中，通过一定的评价方法对各种品牌进行评价，从而形成对它们的态度和对某种品牌的偏好。

(4) 购买决策

当消费者作出购买决策后才会产生实际的购买行为。在评价阶段，消费者经过对可供选择的汽车产品及品牌的分析比较，初步形成了购买意向，但消费者的购买决策，还会受其他因素的影响。一是他人的态度，他人的态度对消费者购买决策的影响程度，取决于他人反对态度的强度和消费者遵从他人愿望的程度，消费者的购买意图会因他人的态度而增强或减弱，如家庭成员的反对，周围同事对汽车档次的评价等；二是意外情况，消费者购买意向的形成，总是与预期收入、预期价格和期望从产品中得到的好处等因素密切相关。但是当他欲采取购买行动时，发生了一些意外的情况，诸如因失业而减少收入，因产品涨价而无力购买,或者有其他更需要购买的东西等,这一切都将会使他改变或放弃原有的购买意图,但第二种因素比第一种因素出现的概率要小。

(5) 购后感受

消费者在购买汽车产品后,往往会通过自己的使用感受与他人的评价,对其购买选择进行检验,把他的体验与购买前的期望进行比较,进而产生一定的购后感受,如满意、一般或不满意等。如果消费者感到满意,很可能在今后会再次购买该品牌的汽车,并向其他人宣传该品牌汽车的优点;如果消费者感到不满意,则会通过各种行为来减少不平衡的感受。

以上购买决策过程表明,购买过程在实施实际购买行为之前就已经开始,并且要延伸到购买之后的很长一段时间才会结束。因此,企业营销人员不能单纯注意购买环节本身。研究和了解消费者的需要及购买过程是市场营销成功的基础,市场营销人员通过了解购买者如何经历引起需要、寻找信息、评价行为、决定购买和买后行为的全过程,就可以获得许多有助于满足消费者需要的有用线索,通过了解购买过程的各种参与者及其对购买行为的影响,就可以为目标市场设计有效的市场营销策划。

3.5.4 影响集团组织消费者购买行为的因素

1. 汽车集团组织消费者购买行为的特点

在某些方面,集团组织消费者与消费者市场具有相似性。然而,集团组织消费者在市场结构与需求、购买单位性质、决策类型与决策过程及其他各方面,又与消费者有着明显差异。与消费者市场相比,集团组织消费者市场有以下特征。

(1) 客户数量少,销量大,地理分布集中

集团组织消费者一般是购买汽车产品的企业,相对来说数量较少,但需求量较大。每次总是批量采购,尤其是汽车运输公司、出租车公司等企业。在我国,这类用户往往主要集中在经济发达地区,其所在地域的相对集中有助于降低销售成本。

(2) 大多属于衍生需求,缺乏弹性

集团组织消费者对汽车产品的需求,归根结底是从消费者对消费品的需求引申而来的,如汽车运输企业购买汽车,往往是因为运输市场发展的需要。当消费者的运输需求增加时,会导致汽车购买量的增加,反之,汽车的购买量就会减少。因为这一市场的需求大多属于衍生需求,所以对汽车产品的需求不会因汽车产品价格的变化而发生较大的变化,尤其是在短期内,这种需求的价格弹性就更小。

(3) 供购双方关系密切

集团组织消费者人数较少,但购买数量相对较大,对供应商来说更重要。所以供需双方关系比较密切,购买者总是希望供应商能按照自己的要求提供产品,而供应方则会想方设法地接近并搞好与购买方的关系,如为用户提供一定的优惠条件或产品维修等方面的服务,包括根据集团组织的特定需要定制产品,甚至改变常规的营销操作方法和程序来激发购买者的购买欲望。同时还要注重与这些大客户建立持久的合作与伙伴关系。

(4) 购买人员专业化

汽车作为工业品,一般由具有汽车专业技术知识和在采购、交易谈判方面有一定能力的人员负责采购工作。他们对所要购买汽车的性能、质量、规格以及技术细节上的要求都较了解。此外,他们在专业方法的运用和谈判技巧方面都较老练。这要求供应方必须为他们的产品

提供大量的技术资料和特殊服务。企业采购工作较复杂，参与决策的人员比消费者市场多，决策过程更规范，通常由若干技术专家和最高管理层组成的采购团队或招标小组负责采购工作。

（5）汽车产业市场的波动性较强

集团组织消费者对汽车用品和劳务的需求与个人消费者相比更容易发生变化。在如今市场经济条件下，集团用户的消费者需求少量增加即可能导致集团用户对汽车的需求大大增加。这种必然性，西方经济学者称为加速理论。

（6）租赁方式

集团组织消费者也可通过租赁方式取得汽车产品。某些汽车产品单价高，通常用户需要较多资金才能购买，因此，企业有时采取租赁方式，如某些单价很高的特种汽车和专用汽车等，用户使用频率不高，租赁方式可以解决用户的资金困难问题。在买卖双方协议下，买方先通过租赁取得汽车产品的使用权，在使用过程中逐渐积累资金，然后决定是否留购该汽车，或是在租赁期间定期、足额缴纳一定的租金，租赁期满时，该汽车还于承租方。

2. 汽车集团组织消费者购买行为的影响因素

（1）环境因素

影响集团组织消费者购买行为的环境因素主要是社会、政治和经济环境，如经济发展速度、国家的产业政策等。在影响集团用户购买行为的诸多因素中，主要因素是经济环境。生产资料购买者在采购过程中通常会受到当前经济状况和预期经济状况的严重影响，当经济不景气或前景不明朗时，生产者就会缩减投资、减少采购量。此外，生产资料购买者也受科技、政治和竞争发展的影响。因此，汽车营销者要密切注意环境因素的影响，力争将问题变成机遇。

（2）组织因素

每个企业的采购部门都会有自己的目标、政策、工作程序和组织结构。汽车供应者应了解购买者企业内部的采购部门在该企业里处于什么地位，是一般的参谋部门还是专业职能部门；它们的购买决策权是集中决定还是分散决定；在决定购买的过程中，哪些人参与最后的决策等。如果企业采购目标分散，采购程序简单，那么采购人员在购买活动中的主动性就强；反之，如果企业采购目标集中，采购决策权也高度集中，采购程序复杂，那么采购人员在购买活动中的制约因素就多，主动性就弱。通常产业用户因需求量大、购买行为稳定成为汽车工业企业争取的主要目标客户，特别是对于以生产重型车和小型车的企业来说，争取到产业用户，实际上就等于争取到了大部分市场用户。因此，汽车生产企业需要着重对产业用户进行研究，以提高营销效果。

（3）人际关系

产业采购通常由许多人员进行，他们处于不同地位，具有不同职权，在购买过程中会用不同的标准和观念来选择和评价购买决策。因此，相关营销人员必须了解人际关系对采购行为的影响，正确地应用和处理人际关系。

（4）国民因素和传统习惯因素

在汽车消费市场，个人因素仍然起到很大作用。对于汽车的品牌、价格、造型等，个人因素占据主导地位。如我国公务车市场，黑色一直是公务用车的首选颜色，以致奥迪在公务车市场上从来不会出现除黑色外的第二种颜色；在韩国公务车市场，首选是本国产的汽车，这与其民族特征有关；而在欧美公务车市场，更多关注的是车本身的性能和售后服务等，而非原产地。

3.5.5　集团组织消费者的购买行为模式

1. 集团组织消费者购买行为类型

集团组织消费者的购买行为复杂程度较高，其类型可分为直接重购、修正重购和新购。

（1）直接重购

所谓直接重购是指采购部门根据过去的一贯性需要，按原有订货目录和供应关系所进行的重复购买。在这种类型的购买行为中，集团组织消费者的采购人员作出购买决策的依据是过去的经验，是基于对以往供应商的满意程度。由于这种购买行为所涉及的供应商购买对象、购买方式等均为往常惯例，不需要作出太多新的采购决策，因此属于一种简单的购买行为。直接重购的优点是便于供应商保持产品和服务的质量，并可简化购销手续、节省购买者时间、稳定供应关系。

（2）修正重购

所谓修正重购是指用户为取得更好的采购效果而修正采购方案，改变产品规格、型号、价格等条件，包括增加或调控决策人数或更换新的供应商。这种购买类型的采购行为比直接重购复杂，涉及更多的购买决策人员和决策项目。修正重购有助于刺激原供应商改进产品和服务质量，还给新供应商提供了竞争机会，有助于为用户降低采购成本。对于这种购买类型，原有的供应者要清醒地认识到面临的挑战，积极改进产品规格和服务质量，降低成本，以保持现有的客户，而新的供应商要抓住机遇，积极开拓，争取更多的业务。

（3）新购

所谓新购是指购买者对其所需的产品和服务进行的第一次购买行为。这是所有购买情形中最为复杂的一种，因为它通常要涉及多方面的采购决策。新购时购买者面对的采购金额和风险越大，采购决策的参与者就会越多，制定采购决策所需的信息就越多，决策所花费的时间也就越长。但对于所有的市场供应商来说都是一个很好的机遇，可以充分利用购买者新购的机会，努力开辟市场。供应商将尽力接近对购买决策有影响的重要人物，向他们提供各种相关信息的帮助，促使用户减少顾虑和疑问，以赢得信任。对于大型的新购业务机会，许多供应商都要派出自己的推销团队，大公司还往往设立专门机构来负责对新购用户的推销。目前一些党政机关采用招标采购的方式，使得供应商要不断地改进产品设计和服务，为此，一些汽车企业专门开发公务用车以在竞争中获得优势。

2. 集团组织消费者的购买过程

集团组织消费者购买汽车产品，是为了维持其生产、经营活动的正常进行，其购买过程包括：产生需求→确定需求对象的特点和数目→寻求并选择供应商→签订供应合同→检查、评估履约情况。

（1）产生需求

集团组织消费者购买汽车产品的种类取决于生产经营和单位正常运营的需要。其需求的产生是为解决某个问题而提出新的采购需求，如企业规模扩大、员工增加而需要增加汽车，也可能是因为技术的进步和新产品的出现而引发新的需求。

（2）确定需求对象的特点和数量

产生需求后，采购者要拟出一份需求说明书，说明所需汽车的特点，并根据生产经营规模的需要决定需求数量。简单或重复的采购由采购人员直接决定，而复杂的采购须由企业内部的使用者和工程技术人员共同决定。企业的采购组织确定需求以后，要指定专家小组，对所需品种进行价值分析，作出详细的技术说明，他们将对汽车产品的可用性、耐用性、价格和其他应有的属性按重要性排序，如汽车运输公司要开辟一条新的运输线路，在购车前就必须确定购买哪一种类型的汽车，该车需具备什么特点才能满足生产经营的需要以及要使这条线路正常运转需要多少辆汽车。

（3）寻求并选择供应商

由于集团组织消费者购买数量大，需求相对稳定，不可能随时购买，加之市场上同类产品生产厂家众多。因此，一般情况下都要寻求并选择供应商，以保证集团组织消费者的需求。在寻求供应商时，采购者往往通过查询汽车产品目录，进行互联网搜索或打电话给其他公司以获取汽车产品的信息。可见，供应商的任务就是在重要的工商企业名录或互联网、汽车产品目录中占有一席之地，并在市场上塑造良好的商业信誉。营销人员要注意各购买者寻找供应商的过程，并想办法将本公司纳入采购者之列。对于供应商的选择，购买者往往会考察供应商各方面的属性，其首选的主要条件包括交货速度、产品质量、产品价格、企业信誉、产品品种、技术能力和生产设备、维修服务质量、付款结算方式、财务状况、地理位置等。在对上述诸因素进行全面考察和评估的基础上选择其中最优者为合作对象。集团组织消费者在最后确定供应商之前，往往要和供应商面谈以争取更优惠的条件。对于汽车产品来说，购买者在评估时更加注重供应商销售业绩方面的表现。

（4）签订供应合同

集团组织消费者在确定供应商之后，通常要签订供应合同。这是因为集团组织消费者对购买汽车产品的质量规格、供应时间、供应量等都有明确的要求，加之需求量大，涉及的价值高，集团组织消费者需要以合同的形式将双方的关系确定下来，以保证企业的生产经营需要，防止对企业利益造成损害。

（5）检查、评估履约情况

集团组织消费者在购买汽车产品后，都会及时向使用者了解其对产品的评价，考查供应商的履约情况，对产品及供应商的服务水平进行评价，并根据了解和考查的结果，决定今后是否继续采购该供应商的产品。为此，供应商在产品销售出去以后，要加强追踪调查和售后服务，以赢得采购者的信任，保持长久的供求关系。对于购买汽车产品用于社会服务或作为生产工具的产业用户来说，其购买行为一般需要经过上述 5 个阶段，而对于购买汽车产品进行再生产的集团用户（如汽车生产企业、改装企业等）来说，并非每次购买过程都需要经过这 5 个阶段，可能直接购买或修正再购买。

3.6 汽车市场的营销策略

3.6.1 汽车目标市场

1. 汽车目标市场的定义

汽车目标市场是指企业决定要进入的市场部分，即企业拟投其所好，为之服务的顾客群。

企业的整个营销活动都是围绕其目标市场进行的,因此正确地选择目标市场,明确企业的具体服务对象,关系着企业任务和目标的落实,是企业制定营销策略的首要内容和基本出发点。

2. 目标市场的选择

企业选择目标市场,是在市场细分的基础上进行的,通过分析细分市场需求满足的程度,发现尚未得到满足的需求,而企业自身也有满足需求的条件,即可选定为目标市场。正确地选择目标市场,是企业制定营销策略的首要内容和基本出发点,是决定目标营销成功的关键环节。

企业在选择目标市场时,一般要把握以下几条原则。

(1) 该市场存在尚未满足的需求

存在潜在的需求,是企业选择目标市场的首要条件。没有潜在的或尚未满足的需求就没有开发的必要。

(2) 该市场有一定的购买力

只有具有一定的购买力,才能成为现实的市场。对企业要提供的产品或服务,该目标市场应该具有足够的现实或潜在购买力。

(3) 该市场未被竞争者完全控制

这实际上是指在选择目标市场时,要对各细分市场的竞争状况进行认真的分析,应尽量选择竞争者数量较少或竞争者实力较弱,参与竞争比较容易的细分市场作为目标市场。

(4) 企业有能力经营的市场

企业选择的目标市场,除应具备上述三个外部条件外,更重要的是,只有当企业的人力、物力、财力及产品开发能力、市场开发能力和经营管理能力等内部条件同时具备时,才能将该细分市场作为企业的目标市场。

3.6.2 汽车目标市场的营销策略

在选择目标市场之后,企业还要确定目标市场营销策略,即企业针对选定的目标市场确定有效地开展市场营销活动的基本方针。企业确定目标市场的方式不同,选择的目标市场范围不同,其营销策略也就不同。可供企业选择的目标市场营销策略主要有以下几种。

1. 无差异性营销策略

如果各个细分市场之间对某种产品的需求共性大于个性,则企业可忽略不计各种细分市场之间的差异。实行无差异性市场营销策略,是企业把整体市场看成一个大的目标市场,不进行细分,只向市场推出单一的标准化产品,并以统一的营销方式进行销售。例如,某汽车企业生产载货汽车,以一种车型、一种颜色行销于全国,无论企业或机关单位、城市或农村都不例外。一般来说,这种策略适用于有着广泛需求、能够大量生产和销售的产品。

2. 差异性营销策略

差异性营销策略是企业面对异质市场时可以选择的一种目标市场营销策略。实行差异性目标市场策略的企业,通常把整体市场划分为若干细分市场,从中选择多个乃至全部细分市场作为自己的目标市场,并针对不同细分市场的特点,分别设计不同的市场营销组合,如提供不同的产品、制订不同的营销计划、开展有针对性的营销活动,以满足不同消费者的需求。

3. 集中性市场策略

集中性市场策略也称密集性市场策略,是指企业把力量集中在一个或少数几个细分市场上,实行专业化生产和销售。这种策略与前两种策略有较大的不同,它不面向产品的整体市场,也不是把力量分散地使用于若干个细分市场,而是集中力量进入一个细分市场或是对该细分市场进一步细分后同时进入其中几个更小的市场部分,并为目标市场开发一种理想的产品,实行高度专业化的生产和营销,集中力量为之服务。实行这种策略的企业,希望的不是在产品的整体市场或较多的细分市场上拥有较小的份额,而是力求在一个较小或少数几个更小的细分市场上取得较高甚至支配地位的市场占有率和竞争优势。

3.7 汽车产品与定价策略

3.7.1 汽车产品策略

企业的市场营销活动是以满足市场需求为目的,而市场需求的满足只能通过提供某种品牌的产品或相应的服务来实现。因此,产品是企业市场营销组合中的一个重要因素,企业必须针对目标市场的需要,重视产品开发和产品决策,及时用新产品代替衰落的老产品,以更好地满足市场需要,取得更好的经济效益。

汽车产品策略主要分为以下几个方面。

1. 汽车产品组合策略

(1) 扩大汽车产品组合策略

扩大汽车产品组合策略是指企业在生产设备、技术力量所允许的范围内,扩大汽车产品组合的宽度,加深汽车产品组合的深度,以及加强汽车产品组合的相关性。扩大汽车产品组合可以充分利用企业的各项资源,在更大的市场领域中发挥作用,满足更广泛的消费者的不同需要和爱好,同时可降低生产成本,减少投资风险。但是,扩大汽车产品组合往往会分散企业的资源,增大管理困难,有时会使边际成本增加,甚至由于新产品的质量、性能等问题,而影响企业原有产品的信誉。

(2) 缩减汽车产品组合策略

缩减汽车产品组合策略是指企业根据市场变化及自身的实际情况,适当减少一部分产品项目。该策略有缩减汽车产品组合宽度、深度和相关性三种情况。在以下情况下,企业应考虑适当减少产品项目:一是已进入衰落期的亏损的产品项目;二是当无力兼顾现有产品项目时,放弃无发展前途的产品项目;三是当出现市场疲软时,删减一部分次要的产品项目。采取缩减产品组合策略有以下好处。

① 可集中精力对留存汽车产品改进设计、提高质量、降低成本,从而增强竞争力。

② 使脱销情况减少至最低程度。

③ 使企业的促销目标集中，效果更佳。

（3）延伸汽车产品线的组合策略

延伸汽车产品线的组合策略是指针对产品的档次，在原有档次的基础上，向上、向下或双向延伸。

2. 形式产品策略

（1）质量水平策略

汽车质量水平不宜定得过低或过高。过低不能形成竞争力，过高又将导致生产成本太高。产品质量水平策略就是根据目标市场的需求水平、竞争产品的质量水平以及企业的产品定位战略等情况综合加以确定，将企业产品的质量水平确定在一个适当的水平上。例如，如果企业的质量定位是创名牌、保名牌，希望持久地保持较高的市场占有率和投资收益率，则企业就要把产品质量视为公司的命脉，珍惜自己的品牌形象，宁可牺牲眼前利益，也要确保质量始终优良。如德国奔驰汽车长期享誉全球，原因就在于其"经久耐用""名贵优质"。

（2）产品特色与外形设计策略

产品特色是指产品功能之外的附加功能，它是一个产品区别于其竞争产品的有效方法，也是市场竞争的有效武器。企业可根据目标用户的需要来设计产品的特色，有些特色还可供购买者选择。如丰田汽车公司就是通过增加一些额外功能，适当提高产品价格，从而获得了经营上的成功。

企业要了解用户对各种特色的感受价值（为购买某种特色，用户愿意接受的价格），研究增加各种特色的成本，要对各种特色的利润心中有数，优先增加利润多的特色，从而实现企业经济效益与社会效益的统一。

（3）品牌设计策略

一个优秀的品牌依赖于品牌名称与商标的精心设计。一个优秀品牌的设计策略，应遵循以下原则。

① 品牌设计选题要恰当。

在进行品牌设计时，可供选择的题材很多，除符合企业本身的意愿外，应同时兼顾其他的设计原则，因此选题是综合考虑品牌设计原则的过程。

② 品牌设计符合当地的法律及风俗。

品牌设计必须严格遵守法律的有关规定。维护国家、民族、国际组织的尊严；维护社会和消费者的利益；维护生产同类产品企业平等竞争的权利；维护品牌专用权人的合法权利。在国际营销时，还要注意品牌在使用地名、人名、数字、图案等方面的法律限制，以及目标国家的禁忌。如我国禁止使用领袖姓名、国旗、国徽等文字或图案做商标，否则不予注册登记。由于世界各国的历史文化传统不同，语言文字不同，风俗习惯不同，价值观念不同，审美情趣不同，对于一个品牌的认知和联想也有很大差异。所以，品牌名称和标志要特别注意各地区、各民族的风俗习惯、心理特征和思维模式，力避某些隐喻及不妥之处。

③ 品牌设计要新颖。

一项调查结果显示，人们每天遇到与产品有关的信息达一千多种。怎样引导消费者从所接触的众多繁杂的信息中把注意力集中到本企业的品牌上来，这就要求商标设计有特色。平庸无奇的品牌不但无法吸引消费者注意，而且会给人一种产品一般化的感觉。只有独特别致、新颖美观、感染力强的品牌设计，才能吸引人们的注意力和让人留下深刻的印象，增强广告宣传的效果。

④ 品牌设计便于信息传播。

它是指企业能够借用品牌向消费者传递有关产品、企业特点的信息。其中包括直接传递信息，如"北京吉普"汽车明确表现了它的产地，"名爵"汽车暗示了汽车的高贵品质。

⑤ 品牌设计易识别。

品牌标记应容易记忆、辨认、过目难忘。为此，商标应采用流行的色彩、明快的线条、精炼的文字、形象的图案，使商标的整体结构形象化、艺术化、通俗化，让消费者迅速地留下深刻的记忆。易读，就是品牌名的发音顺口顺耳，能朗朗上口。另外，根据我国的文化传统，品牌名的读音还要力求简短，最好是1～3个音节，以便易于记忆与宣传。

(4) 品牌防御策略

品牌防御是防止他人的侵权行为以避免企业的声誉、利润受损，可采用以下对策。

① 及时注册商标。品牌标记经注册成为商标后可得到法律保护，有效地防止竞争者抢注、仿制本企业的商标，未经许可使用本企业的商标或销售带有本企业商标的产品。出口产品应在目标国家及时注册商标。在有效期满后应及时申请续展注册。

② 同一产品中注册多个商标。例如，"两面针"牙膏同时注册"两面针""针两面""面两针""两针面"等多个商标，从而堵住可能被仿冒的漏洞。

③ 使用防伪标识。采用不同形式的防伪标识，可为保持商标专用权起到积极作用。

④ 品牌并存。我国企业与外国企业合资时，采用品牌并存的办法来防止被"洋品牌"淹没的风险，即在合资企业的不同产品上分别使用我国和外国的品牌，或使用组合品牌。例如，一汽奥迪、东风日产、上海大众等。

3.7.2 汽车定价策略

汽车价格是汽车市场营销中的一个非常重要的因素，它在很大程度上决定着市场营销组合的其他因素。价格的变化直接影响着汽车市场的接受程度、消费者的购买行为和汽车生产企业盈利目标的实现。因此，汽车的定价策略是汽车市场竞争的重要手段，它既要有利于促进销售、获取利润、补偿成本，又要考虑消费者对价格的接受能力，从而使汽车定价具有买卖双方双向决策的特征。所以，汽车价格是活跃的，它对汽车市场变化作出灵活的反应，并以汽车消费者是否愿意接受为出发点。

1. 汽车价格的构成

汽车价值决定汽车价格，汽车价格是汽车价值的货币表现。在价格形态上的汽车价值转化为汽车价格构成的四个要素：汽车生产成本、汽车流通费用、国家税金和汽车企业利润。

汽车生产成本是汽车价值的重要组成部分，也是制定汽车价格的重要依据。汽车流通费用是发生在从汽车生产企业向最终消费者移动过程各个环节之中的，并与汽车移动的时间、距离有关，因此它是正确制定同种汽车差价的基础。国家税金是汽车价格的构成因素，国家通过法令规定汽车的税率，并进行征收。税率直接影响着汽车的价格。汽车企业利润是汽车生产者和汽车经销者为社会创造和占有的价值的表现形态，它是汽车价格的构成因素，是企业扩大再生产的重要资金来源。

2. 影响汽车价格的主要因素

现实汽车市场营销中，影响产品定价的因素很多，有企业内部因素，也有企业外部因素；既有主观因素，也有客观因素，这些因素主要包括产品成本、市场需求和市场竞争。企业在定价时必须首先对以上诸因素进行充分分析，认识各因素与汽车产品价格之间的关系，然后根据实际情况选择合适的定价策略。

（1）产品成本

汽车价格组成中最复杂又最具有下降潜力的就是成本。成本的构成很复杂，不同企业的情况也千差万别，汽车价格是成本的具体体现，成本高则汽车价格自然就高。影响汽车成本的因素主要如下。

① 生产规模对成本的影响。随着企业规模的不断扩大，发挥生产设备潜能，降低产品成本是很多汽车企业追求的方向。反之，当生产潜能发挥殆尽，产量继续扩大时，势必要增加新的固定投资，或使得企业管理成本增加，从而导致产品的平均总成本上升，这种现象称为规模不经济。所以综合这两种情况可知，单纯地从产品的平均总成本与生产规模的关系看，企业现有的生产能力得到完全利用是最理想的情况，此时产品成本最低。这种使单位产品成本最低、收益最大的生产规模称为经济规模。

② 产品品种对成本的影响。单一品种的大量生产，对获得较低的生产成本是非常有利的。但这种生产方式难以满足市场对多品种的需要，它会减少企业的营销机会，导致营销的机会成本增加。这表明，过少的产品品种可能使得企业生产成本降低，却不能弥补开销机会损失的增加，最终使得产品的平均成本上升。

同时，如果产品品种过多，虽然可提高企业在市场上的适应能力，减少企业的营销机会损失，但随着品种的增加，每个品种的产量势必下降，而零部件的相关性降低，生产设施的通用性则会下降，引起产品生产成本的增加，最终使得产品的平均成本上升。所以，为实现现代化的"大批量定制"生产方式，充分满足广大顾客的个性需求，企业必须做好品种数量与成本的平衡。

③ 产品质量对成本的影响。质量费用是为保证和提高产品质量而支出的一切费用及因未达到质量标准而产生的一切损失费用之和。它主要包括以下几个方面。

a. 外部质量损失费用，即无偿修理费用、退货和折价费用、用户损失费用。

b. 质量评价费用，即产品试验，质量检查费用。

c. 内部质量损失费用，即废品损失、修理费用。

d. 质量预防费用，即质量、工艺、管理保证和培训费用。

如果仅仅强调降低某种质量费用，则效果不一定理想，如降低质量损失费用，质量预防费用就会增加。综合平衡以上四种质量费用，以总质量成本最低者为最优。

④ 产品生命周期对成本的影响。产品生命周期的四个阶段对汽车产品的成本有不同的影响。在介绍期，由于资金大量投入，生产能力还未完全形成，生产成本很高；在成长期，由于生产增长较快，成本开始下降，并在一定阶段达到保本水平；在成熟期，成本进一步降低，达到最低点；在衰退期，生产趋于下降，成本重新上升。

⑤ 成本结构对产品成本的影响。汽车产品的成本结构明显具有技术构成比例高、协作配套和原材料采购比例高、劳动消耗比例高等特点。对于工业化发达国家，较高的劳动

生产率有利于降低汽车生产成本,但较高的劳动力成本抵消了这一优势;而经济落后国家的情况正好相反,由于技术水平低,劳动生产率不高,因此尽管劳动力成本低,但汽车生产总成本并不一定低。而对于位居发展中国家前列或中等发达国家,由于其工业化程度、劳动生产率、人员技术素质都较高,劳动力成本也相对低,汽车产品综合成本低,这些国家已成为世界各汽车公司转移汽车生产的理想地点。

(2) 市场需求

在市场经济中,产品的价格由买卖双方的相互作用来决定,所以决定价格的基本因素有两个,即供给与需求。若供大于求,则价格会下降;若供小于求,则价格会上升,这是市场供求规律。所以,供求关系必然会成为影响价格形成的重要因素,它是制定产品价格的一个重要前提。它们之间又存在着如下关系。

① 价格与供给的关系。供给是指在一定时间内,生产者在一定价格条件下愿意并可能出售的产品。当价格上涨时,会刺激生产者增大供给量;价格下跌时,又会引起供给量减小。所以,供给一般随着价格的升降而增减,即价格与供给之间存在着正相关的关系。

② 价格与需求的关系。需求是指消费者在一定价格条件下对某些商品的需要。当价格上涨时,会引起需求量的减小;当价格下跌时,又会导致需求量的增大。可见,需求一般随着价格的上升而减少,随着价格的下跌而增加,即价格与需求之间存在着负相关的关系。

③ 供求关系与均衡价格。供求双方总是相互联系在一起的。当市场价格偏高时,需求量将会下降,生产者则会因价格上升而增大供给量,市场上将会出现供过于求的状况,从而造成出售者之间竞争加剧,结果迫使市场价格下降。但当市场价格偏低时,需求量将会增大,生产者则会由于价格下降而减小供给量,市场上又会出现供不应求的状况,从而造成购买者之间的竞争加剧,结果又必然会导致价格上升。上述两种作用的结果,必然会使供给曲线与需求曲线相互作用在一个交点上,这个交点就是供给与需求相等时的点,称为均衡点,处于均衡点上的价格就称为均衡价格。但供求的这种平衡只是相对的、有条件的,不平衡则是绝对的、经常的。

(3) 市场竞争

市场竞争也是影响价格制定的重要因素。根据竞争的程度不同,企业定价策略会有所不同。按照市场竞争程度,可以分为完全竞争、不完全竞争与完全垄断三种情况。

① 完全竞争。所谓完全竞争也称自由竞争,它是一种理想化的极端情况。在完全竞争条件下,买者和卖者都大量存在,产品都是同质的,不存在质量与功能上的差异,企业自由地选择产品生产,买卖双方能充分地获得市场信息。在这种情况下,无论是买方还是卖方都不能对产品价格施加影响,只能在市场既定价格下从事交易和生产。

② 不完全竞争。它介于完全竞争与完全垄断之间,是现实中存在的典型的市场竞争状况,其中包括完全寡头垄断、差别寡头垄断和垄断性竞争。不完全竞争情况下,最少有两个以上买者或卖者,少数买者或卖者对价格和交易数量起着较大作用,买卖各方获得的市场信息是不充分的,它们的活动受到一定的限制,而且它们提供的同类商品有差异。因此,它们之间存在着一定程度的竞争。在不完全竞争情况下,企业的定价策略有比较大的回旋余地,既要考虑竞争对象的价格策略,也要考虑本企业定价策略对竞争态势的影响。

③ 完全垄断。它是完全竞争的反面,是指一种商品的供应完全由独家控制,形成独

占市场。在完全垄断情况下,交易的数量与价格由垄断者单方面决定。完全垄断在现实中很少见。

企业的价格策略受到竞争状况的影响。完全竞争与完全垄断是竞争的两个极端,中间状况是不完全竞争。在不完全竞争情况下,竞争的强度对企业的价格策略有重要影响。所以,企业首先要了解竞争的强度。竞争的强度主要取决于产品生产技术的难易程度,是否有专利保护,供求形势及具体的竞争格局。其次,要了解竞争对手的价格策略,以及竞争对手的实力。最后还要了解和分析本企业在竞争中的地位。

3. 产品的定价策略

产品的定价策略主要包括以下几种。

(1) 撇脂定价策略

新产品上市之初,将新产品价格定得较高,在短期内获取厚利,尽快收回投资,这种定价策略就像从牛奶中撇取其中所含的奶油一样,取其精华,所以称为"撇脂定价"策略。一般来说,对于全新产品、受专利保护的产品、需求的价格弹性弱的产品、流行产品和未来市场形势难以预测的产品等,可以采用撇脂定价策略。

(2) 渗透定价策略

这是与撇脂定价相反的一种定价策略,即在新产品上市之初将价格定得较低,吸引大量的购买者,扩大市场占有率。利用渗透定价策略的前提条件如下。

① 新产品的需求价格弹性较强。

② 新产品存在着规模经济效益。

③ 新产品潜在需求量大。

(3) 适中定价策略

适中定价策略既不是利用价格来获取高额利润,也不是通过低价占领市场。适中定价策略旨在尽量降低价格在营销手段中的地位,重视其他在产品市场上更有力或更有成效的手段。当不存在适合撇脂定价策略或渗透定价策略的环境时,企业一般采取适中定价策略。

(4) 心理定价策略

① 数字定价策略。数字定价策略就是利用数字的独特意义,对汽车的价格进行某些调整,从而激发消费者的购买欲望,包括整数定价、尾数定价。

② 声望定价策略。这是根据产品在消费者心中的声望、信任度和社会地位来确定价格的一种定价策略。声望定价可以满足某些消费者的特殊欲望,如地位、身份、财富、名望和自我形象等,还可以通过高价格显示产品的高贵品质。

③ 招徕定价策略。招徕定价策略是指企业将某几种商品的价格定得非常低或者非常高,在引起消费者的好奇心理和观望行为之后,将顾客吸引过来,以带动其他商品销售的定价策略。

(5) 折扣定价策略

折扣定价是指对基本价格作出一定的让步,直接或间接降低价格,以争取顾客,扩大销量。其中,直接折扣的形式有数量折扣、现金折扣、功能折扣、季节折扣,间接折扣的形式有回扣和津贴。

① 数量折扣。数量折扣是指根据购买数量给予不同的折扣,购买数量越多,折扣

越大。其目的是鼓励大量购买，或集中向本企业购买。数量折扣包括累计数量折扣和一次性数量折扣两种形式。累计数量折扣规定顾客在一定时间内，购买商品若达到一定数量或金额，则按其总量给予一定折扣，其目的是鼓励顾客经常向本企业购买，成为可信赖的长期客户。一次性数量折扣规定一次购买某种产品达到一定数量或购买多种产品达到一定金额，则给予折扣优惠，其目的是鼓励顾客大批量购买，促进产品多销、快销。

② 现金折扣。现金折扣是对在规定的时间内提前付款或用现金付款者所给予的一种价格折扣，其目的是鼓励顾客尽早付款，加速资金周转，降低销售费用，减少财务风险。采用现金折扣一般要考虑三个因素：折扣比例、给予折扣的时间限制、付清全部货款的期限。

现金折扣的前提是商品的销售方式为赊销或分期付款，因此，有些企业采用附加风险费用、管理费用的方式，以避免可能发生的经营风险。同时，为了扩大销售，分期付款条件下，顾客支付的货款总额不宜高于现款交易价太多，否则就起不到"折扣"促销的效果。

③ 功能折扣。功能折扣也称贸易折扣，是指制造商给中间商的折扣。由于中间商在产品分销过程中所处的环节不同，因此承担的功能、责任和风险也不同，企业据此给予不同的折扣。对生产性用户的价格折扣也属于一种功能折扣。功能折扣的比例主要考虑中间商在分销渠道中的地位、对生产企业产品销售的重要性、购买批量、完成的促销功能、承担的风险、服务水平、履行的商业责任，以及产品在分销中所经历的层次和在市场上的最终售价等。功能折扣的结果是形成购销差价和批零差价。

④ 季节折扣。有些商品的生产是连续的，而其消费具有明显的季节性。为了调节供需矛盾，这些商品的生产企业便采用季节折扣的方式，对在淡季购买商品的顾客给予一定的优惠，使企业的生产和销售在一年四季能保持相对稳定。季节折扣比例的确定，应考虑成本、储存费用、基价和资金利息等因素。季节折扣有利于减少库存，加速商品流通，迅速收回资金，促进企业均衡生产，充分发挥生产潜力和销售潜力，避免因季节需求变化而带来市场风险。

⑤ 回扣和津贴。回扣是间接折扣的一种形式，它是指购买者按价格目录将货款全部付给销售者以后，销售者再按一定比例将货款的一部分返还给购买者。津贴是企业为特殊目的，对特殊顾客以特定形式所给予的价格补贴或其他补贴。

上述各种折扣价格策略增强了企业定价的灵活性，对提高企业收益和利润具有重要作用。但在使用折扣定价策略时，必须注意国家的法律限制，保证对所有顾客使用同一标准。

3.8　汽车产品的分销与促销策略

3.8.1　汽车产品的分销策略

1. 分销渠道的定义

分销渠道是指产品或服务从生产者向用户转移过程中所经过的一切取得所有权（或协

助所有权转移）的商业组织和个人，即产品由生产者到用户的流通过程中所经过的各个环节连接起来形成的通道。分销渠道对产品从生产者转移至用户所必须完成的工作加以组织，其目的在于消除产品或服务与使用消费之间的分离。

分销渠道的起点是生产者，终点是用户，中间环节包括商人中间商（他们取得所有权）和代理中间商（他们协助所有权转移）。分销渠道按有无中间环节和中间环节的数量，即按渠道长度，可分为以下四种基本类型（图3-2）：①直接渠道（一型），即生产企业直接把产品卖给消费者，又称零层渠道，直接渠道的具体形式有推销员上门推销、厂家设立自销机构、通过订货会或展销会等形式与消费者直接签约、供货；②一层渠道（二型），生产企业与消费者之间只通过一层中间环节（如零售商）；③二层渠道（三型）。生产企业与消费者之间经过两层中间环节（如批发商、零售商）；④多层渠道（四型）。生产企业与消费者之间经过多层中间环节，如产品由生产企业通过代理商卖给批发商，然后卖给零售商。

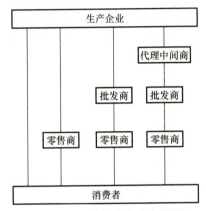

图3-2 分销渠道的基本类型

以上四种分销渠道，也可概括为直接渠道（一型）和间接渠道（后三种）两种类型。直接渠道是没有中间商的渠道，间接渠道是存在中间商的渠道（一般地，间接渠道是更加广泛和常见的渠道）。渠道的中间环节越多，则渠道越长；反之，则越短。所以即使生产者与用户在地理位置上相距千里，直接渠道也是最短的渠道。地理位置的远近与渠道的长短是两个不同范畴的概念。

渠道类型除了可以按渠道长度划分外，还可以按宽度划分。每个层次同类中间商数量即是渠道的宽度，数量越多，渠道越宽；反之，则越窄。换言之，渠道宽度就是指产品流向用户的通道数量。因此，独家分销是最窄的渠道。

企业对渠道类型（长度和宽度）的选择和利用没有绝对的、固定的模式，一般应根据具体情况决策。但总体上，汽车产品比较适合"短而宽"的渠道类型，即所谓"扁平型"渠道，特别是专用汽车的渠道更短。专用功能越强，分销渠道就越短，有的汽车车型和品种甚至就是直接渠道。汽车产品的这种渠道特征是由其产品特点、市场特点等因素决定的。

2. 汽车分销渠道中的中间商

汽车分销渠道中的中间商是指介于汽车生产者与消费者之间，参与汽车交易业务，促使汽车交易实现的具有法人资格的经济组织和个人。

(1) 总经销商

总经销商是受汽车生产企业的委托，从事汽车总经销业务并拥有汽车所有权的中间商。它的特点是拥有产品的所有权和经营权，能够独立自主地开展产品购销活动，独立核算、自负盈亏，一般都有一定的营业场所和经营设施，有独立购买产品的流动资金，有承担产品经营风险的能力。

总代理商同样是受汽车生产企业的委托，从事汽车总代理销售业务，但是不拥有汽车所有权。它的特点是本身不发生独立的购销行为，对产品不具有所有权，不承担市场风险，但具有广泛的社会关系，而且信息比较灵通。

(2) 批发商（或地区分销商）

汽车批发商按实现汽车批量转销的特征，可分为独立批发商、委托代理商和地区分销商。

在由汽车生产企业、总经销商、批发商、经销商、运输商和消费者组成的汽车销售渠道中，批发商处于传统的、由汽车生产企业年度目标和销售任务的要求推动的推动式销售及以市场为导向的、由消费需求拉动的拉动式销售之间的过渡位置。同时，批发商可有效协调管理总经销商与经销商、消费者之间连续的物流、信息流和资金流，建立总经销商和经销商、消费者之间紧密的合作伙伴关系，从而提高市场竞争能力。

批发商的销售对象是除了最终消费者以外的任何购买者，每次销售量较大，销售额较高，批发商地区分布一般集中在全国性经济中心和地方性经济中心。汽车批发商具有销售管理、售后支持、市场营销、储运分流、资金结算与管理、经销商培训、经销商评估以及信息系统的功能。

(3) 经销商（或特许经销商）

① 汽车特许经销商的条件。汽车特许经销商指的是由汽车总经销商或者汽车生产企业作为特许授予人（简称特许人），按照汽车特许经营合同的要求，以及约束条件授予经营销售某种特定品牌汽车产品的汽车经销商，汽车特许经销商应具备以下条件。

a. 独立的企业法人，能够自负盈亏进行汽车营销活动，有一定的汽车营销经验及良好的汽车营销业绩。

b. 能够拿出足够的资金来开设统一标识的特许经营店面，并且具备汽车市场营销所需的周转资金。

c. 能够达到特许人所要求的特许经销商硬件及软件标准。

② 汽车特许经销商的优势。

a. 可以享受特许人的汽车品牌及该品牌带来的商誉，使其在汽车市场营销活动过程中能够拥有良好的企业形象，给消费者以亲切和信任感。

b. 可以借助特许人的商号、技术和服务等，提高竞争实力，避免"单枪匹马"进入激烈的市场时面临高风险。

c. 可以加入特许经营的统一运营体系，即统一的服务设施、统一的企业识别系统、统一的服务标准，使其分享由采购分销规模化、技术发展规模化、广告宣传规模化等所带来的规模效益。可以从特许人处得到业务指导、人员培训、信息、资金等方面的支持和服务。

③ 汽车特许经销商的权利。

a. 特许经营权。有权利使用特许人统一制作的标记、商标、司标和标牌；有权利在特许经营系统的统一招牌下经营；有权利获得特许人的经营秘诀，以加入包括统一进货、统一促销、统一的市场营销策略的统一运作；有权利依照特许人的统一运作系统分享利益；有权利按特许人的规定取得优惠政策，对特许人经销的新产品享有优先权。

b. 地区专营权。有权利要求特许人在一定特许区域内给予专营权，避免在同一地区内各加盟店之间相互竞争。

c. 取得特许人帮助权。有权利得到特许人的技术指导援助、经营指导援助及其他相关服务。

（4）汽车特许经销商的义务

① 必须维护特许人的商标形象。

② 在参加特许经营系统统一运营时，只能销售特许人的合同产品；只能将合同产品销售给直接消费者，不能批发；必须按特许人要求的价格出售；必须从特许人处得到合同产品；不能跨越特许区域销售；不能自行转让特许经营权。

③ 应当履行与特许经营业务相关的事项：随时和特许人保持联系，接受特许人的指导及监督；按特许人的要求，购入特许人的商品；积极配合特许人的统一促销工作；负责店面装潢的保持和定期维修。应当承担加盟金、年金、加盟店包装费等相关费用。

3. 我国汽车的分销体制

企业与市场的联系是通过企业的营销体系来实现的，在当今世界汽车市场激烈竞争的格局下，各大汽车公司都建立了自己强大的营销体系。各大汽车公司的营销体系有不同的管理模式和特点，经过数十年的发展，已逐渐成熟并形成了许多共有的特性，奠定了当代汽车营销体制的基本模式。

（1）我国汽车分销渠道的类型

汽车的销售体制有产销结合、产销合一和产销分离三种，这三种体制各有优势，生产厂家根据不同的实际情况和发展阶段，选择不同的体制。

① 产销结合体制。产销结合体制的特点是汽车公司的营销部门和各地的销售办事处只是销售管理部门，不直接从事产品销售，主要职能是为公司制订生产计划提供市场依据，制订公司的销售计划，管理和指导经销商的销售活动，进行商务培训、广告促销、市场调研、市场预测和市场开发等，而直接从事汽车销售的是大量的经销商。

② 产销合一体制。产销合一体制是生产商全权控制的直销系统，直接控制本国及他国市场的销售组织工作，汽车生产企业通常运用产销合一的体制，依靠这种体制与销售通路成功地打入了国际汽车市场。

③ 产销分离体制。产销分离的营销体制是生产商仅仅负责生产，而销售由厂商委托的分工体制。国内一汽大众公司除了直接向某些特殊购买者直供少部分产品外，大部分产品的销售由一汽大众销售有限责任公司全权代理。

（2）我国汽车分销渠道的现状

① 分销渠道缺乏效率和稳定性。我国汽车企业传统的分销渠道模式是"厂家→总经销商→二级批发商→一级批发商→零售商→消费者"的经典层级分销模式，这种呈金字塔式的分销模式渠道长，容易削弱企业对渠道的控制能力。各分销商都是一个独立的经济实体，他们为了追求自身利益的最大化，有时会牺牲厂家和分销系统的整体利益。随着销售额的不断增长，企业对渠道的控制难度进一步加大，多层级的渠道结构降低了效率，无法

形成有利的竞争价格,而信息反馈的严重滞后又造成政策不能及时到位和资源浪费。在我国,无论是营销渠道理论、渠道体系、渠道规模还是专业化程度,都缺乏一定的整体性,专业化的渠道企业在发展过程中缺乏一定的稳定性,渠道企业自身没有明确的职能定位和一体化发展的理念。

② 企业与分销商力量不均衡。在我国,企业过分依赖经销商的现象十分普遍。经销商由于拥有巨大的资源和市场,有助于提高产品的销量,其良好的分销能力为企业所看重。现代的企业竞争归根结底就是分销渠道的竞争。但随着分销商力量的不断增强,有可能通过压低采购价格等方式降低企业利润率。

③ 渠道冲突严重。渠道冲突是指企业在同一市场建立了两条或两条以上的渠道而产生的冲突,其本质是几种分销渠道在同一个市场内争夺同一客户群而产生的利益冲突,主要包括经销商与制造商之间的冲突,体现在双方的权利和义务上,集中表现在价格政策、销售条件、地域区分和促销过程上,制造商存在因赊销货物给经销商产生拖欠货款的风险。还包括经销商之间的冲突,其主要表现就是经销商不规范操作。

3.8.2 汽车产品的促销策略

1. 促销与促销组合策略的定义

所谓促销是指企业营销部门通过一定的方式,将企业的产品信息及购买途径传递给目标用户,从而激发用户的购买兴趣,强化购买欲望,甚至创造需求,进而促进企业产品销售的一系列活动。促销的实质是传播与沟通信息,其目的是促进销售、提高企业的市场占有率及增加企业的收益。

为了沟通市场信息,企业可以采取两种方式:一是单向沟通,或者由"卖方→买方"的沟通,如广告、陈列、说明书、宣传报道等;或者由"买方→卖方"的沟通,如用户意见书评议等。二是双向沟通,如上门推销、现场销售等即买卖双方相互沟通信息和意见的形式。

现代市场营销将各种促销方式归纳为四种基本类型,即广告、人员推销、营业推广和公共关系。这四种方式的运用搭配称为促销组合。促销组合策略就是对这四种促销方式组合搭配和运用方法的决策。

对汽车市场营销而言,促销手段还应包括一种重要的促销方式——销售技术服务(核心是质量保修,是营业推广促销手段在机电等高档耐用商品促销的发展和延伸)。可以说,在现代汽车市场上,没有销售技术服务,尤其是没有售后服务,企业就没有市场;服务不能满足用户要求,企业也将失去市场。所以,汽车产品的促销组合即以上四种方式和技术服务的组合与搭配,相应的决策即汽车产品的促销组合策略。

2. 促销与促销组合策略的作用

促销活动对企业的生产经营意义重大,是企业市场营销的重要内容。促销的作用不仅对不知名的产品和新产品意义深远,对名牌产品也同样重要,那种"酒好不怕巷子深"的营销观念已经越来越不能适应现代市场竞争。在现代社会中,促销活动至少有以下重要作用。

(1) 提供商业信息

通过促销宣传,可以使用户知道企业生产经营什么产品、有什么特点、到什么地方购买、购买的条件是什么等，从而引起顾客注意，激发并强化购买欲望，为实现和扩大销售做好舆论准备。

（2）突出产品特点，提高竞争能力

促销活动通过宣传企业的产品特点，提高产品和企业为知名度，加深顾客的了解和喜爱，增强信任感，也就提高了企业和产品的竞争力。

（3）强化企业的形象，巩固市场地位

恰当的促销活动可以树立良好的企业形象和商品形象，能使顾客对企业及其产品产生好感，从而培养和提高用户的忠诚度，形成稳定的用户群可以不断地巩固和扩大市场占有率。

（4）刺激需求，影响用户的购买倾向，开拓市场

这种作用对企业新产品推向市场的效果更为明显一些。企业通过促销活动诱导需求，有利于新产品打入市场和建立声誉。促销也有利于开发潜在需求，为企业持久地发掘市场需求提供了可能性。总之，促销的作用就是花钱买市场。但企业在进行促销组合决策时，应有针对性地搭配好各种促销方式，兼顾促销效果与促销成本的统一。

3. **汽车产品基本促销方式**

不同的促销方式有不同的效果，它是企业进行促销组合决策所必须考虑的因素。

汽车产品常见的促销方式有以下几种。

（1）人员推销

人员推销即企业通过派出推销人员与一个或多个可能购买者交谈、介绍和宣传产品，以增加产品销售额的一系列活动。

（2）广告

广告是通过报纸、杂志、广播、电视、广告牌等广告传播媒体形式向目标顾客传递信息。采用广告宣传可以使广大客户对企业的产品、商标、服务等加强认识，并产生好感。其特点是可以更为广泛（如推销员到达不了的地方）地宣传企业及其商品，传递信息。

（3）营业推广

营业推广由一系列短期诱导性、强刺激性的战术促销方式组成。它一般只作为人员推销和广告的补充方式，其刺激性很强，吸引力很大，包括赠送样品、赠券、奖券、展览、陈列、折扣、津贴等，它可以鼓励现有顾客大量、重复购买，并争取潜在顾客，还可以鼓励中间商大量销售。与人员推销和广告相比，营业推广不能连续进行，只是一些短期性、临时性的能使顾客迅速产生购买行为的措施。

（4）公共关系

使公众理解企业的经营活动符合公众利益，并有计划地加强与公众的联系，建立和谐的关系，树立企业信誉的一系列活动即属于公共关系。其特点是不以短期促销效果为目标，通过公共关系使公众对企业及其产品产生好感，并树立良好的企业形象。它与广告的传播媒体有些类似，但是以不同于广告的形式出现的，因而能取得比广告更长远的效果。如报告文学、电视剧、支持社会公益活动等公共关系手段的效果就很好。企业运用公共关系不仅能促销，还能为企业的生产经营创造更为和谐的营销环境。

（5）销售技术服务（质量保修）

汽车产品本身在技术、结构和使用方面具有如下特点。

汽车服务工程

① 汽车产品价值高，又是由上万个零件组成的复杂机器，不同的汽车产品具有不同的结构形式，也具有不同的汽车性能。

② 不同品种的汽车有着不同的使用条件，不同的使用条件对汽车的合理使用有着十分明显的影响。

③ 汽车在使用过程中需要经常维护与调整，维修时又常常需要专用设备（如检测设备）。这些工作的专业性很强，而一般顾客缺乏汽车的结构知识、使用知识、维修检测技能及相关设备条件。

④ 买卖交割手续复杂（如办牌照等）等。因而企业在销售汽车产品时，向用户介绍本企业汽车产品特征、提供有关技术说明、培训用户掌握合理使用知识、提供销售过程中的一条龙服务，以及为质量保修提供配件和维修服务等，对促进汽车销售影响很大。这些售前、售中和售后服务工作统称销售技术服务。其主要特点是专业性强，是顾客购车考虑的首要因素之一。所以，优质的销售技术服务对促进销售、增强企业竞争能力效果十分明显。

3.9　汽车电子商务与网络营销

3.9.1　汽车电子商务

1. 电子商务的定义

电子商务（Electronic Commerce）是在开放的网络环境下，基于浏览器、服务器应用方式，实现消费者的网上购物、商户之间的网上交易和在线电子支付的一种新型的商业运营模式。

2. 电子商务的起源

电子商务是伴随着计算机和网络技术的发展和普及应运而生的。进入 20 世纪，随着信息技术的发展，商务活动的数量和范围都发生了很大的变化，尤其是 20 世纪 90 年代以来，信息高速公路的兴建，促生了以服务业为主导地位的全球性经济。信息作为一种资源的重要性和战略性正日益显现，谁拥有信息谁就拥有财富。作为战略性资源的信息正在变得越来越重要，日益被各行各业所重视。为了抓住机遇，求得生存和发展，企业延续已久的运行方式必须随着时代和技术的发展而改变。电子商务就是企业借助计算机和通信技术的融合，以及互联网的普及、应用和发展，不断采用电子方式去开发市场、采购商品与提供服务的活动。这一活动使得商务处理方式有了很大的改变。人们正在充分利用蕴藏于互联网商务市场中的巨大潜力，由此一系列崭新的商务解决方案应运而生。电子商务作为商贸领域中一种先进的交易方式，已经风靡全球并对该领域中的传统观念和行为方式产生着巨大的冲击和影响。

3. 电子商务在汽车销售业中的特点

（1）信息流通更加方便透明

电子商务在汽车销售中的应用，能够深入产品的广告宣传、销售和定购和企业直接对话等中间环节中，方便消费者了解产品及相关信息；通过网络，方便公司对其消费者的需求情况的了解，并根据消费者需求，及时提供消费者所需汽车，极大地方便了汽车企业和消费者之间的联系和交流。

（2）成就了汽车销售企业在营销方式上的新突破

当前，汽车同质化的现象越发明显，同等的配置，相似的外形，相似的企业信息，让消费者感到无所适从。最近，从价格信任危机，到评比信任危机，再到碰撞信任危机，汽车业的信任危机有愈演愈烈的趋势。但是在各个汽车企业为汽车利润摊薄、营销成本上升、信息传播同质化导致消费者反感的同时，电子商务的应用为汽车销售行业带来了曙光。

（3）有效树立公司的产品和企业形象，降低企业运作成本

利用网络信息传递量大、传输方便的特点，把本公司概况和经营产品的特点及服务承诺等放到公司站点上，及时更新并向外界发布，使潜在顾客对公司及所经营的产品也有一个直观的第一印象或立体的视觉冲击，便于在顾客心中进行产品和企业形象的建立和宣传。另外，直接在网上进行交易，能降低传统贸易过程中的单据等多种费用。

（4）提高工作效率，增加企业竞争优势

电子商务使得信息能够以最快的速度接收、处理和传输，构建了与顾客沟通的高效率平台。另外，信息化的程度越高，竞争力越强，企业通过电子商务，可以用最快的速度获得更多的信息资料，从而在竞争中赢得优势。

（5）提供更有成效的售后服务

利用因特网提供售后服务，可以在公司已有的站点上登出售后服务介绍、客户意见反馈栏、产品介绍、技术支持等信息，时时关注顾客购买产品后的情况及顾客对产品或服务的满意程度，并及时作出回应。不仅可以省钱、节省大量的劳动力支出，还可增加顾客对公司的信任感和满意度，提升安全感。除此之外，也便于公司用更多的时间来处理更为复杂的问题，搞好与客户间的关系。

4. 汽车电子商务的基本功能

汽车行业的电子商务解决方案，除了具备企业形象及产品信息的宣传功能外，还必须实现以下基本功能。

① 灵活的商品目录管理功能。作为零售商，在商品目录管理系统上，能够创建包括任何厂商、任何商品类别、任意数量的自建商品目录。这些目录里的商品信息的任何更改，都可以实时反映在系统中。而对于供应商来说，不仅可以通过建立包含了任意商品类别的公开商品目录向零售商发布产品信息，而且可以创建只供指定零售商查看的商品目录。在这些目录中，甚至可以提供特殊的优惠而不用担心被其他供应商或者未被指定的零售商看到。

② 网上洽谈功能。当零售商发现一个感兴趣的商品，或者供应商寻找到零售商发布的采购目录后，网上洽谈功能可以帮助零售商、供应商进行实时交流，而且所有的洽谈记录都将存放到数据库中，以备查询。

③ 订单管理功能。根据用户的实际需要，运用该功能可自动将发生在供应商、零售商之间的订单草稿以及洽谈形成的采购意向集合到一起，并且组合成一个订单发送给供应商。另外，对于经常交易的双方来说，由于相互之间比较信任，也可以不经过任何洽谈就

直接发送订单。这样就极大地提高了采购、供应的效率。

④ 基于角色的权限和个性化页面功能。规定各种角色之间的权限和安全的继承性，如一个系统管理员的账号可以创建和管理销售、采购经理的账号；而销售、采购经理的账号可以创建许多属于他领导的业务员，这些业务员的权限也各不相同。同时，基于这些用户定制并提供的个性化功能，对于不同角色，其操作是不同的，同一个角色，不同账号之间的内容也可以完全不同。

5. **中国汽车电子商务的发展趋势**

利用电子商务改造和提升传统的汽车产业势在必行。电子商务代表了先进生产力的发展方向，与传统汽车产业组织和运作模式相比具有无可比拟的优势。凭借传统资源优势，依托电子网络技术，整合、改造自身的业务与管理，是传统汽车工业走向网络经济的必由之路。

从整个行业来看，汽车电子商务的应用将在以下两个方面展开。

（1）汽车营销体系电子商务将迅速发展

电子商务是利用电子手段进行的商务活动，是商务活动的电子化、网络化和自动化。它不但指互联网上的交易，而且指所有利用电子信息技术来解决问题、降低成本、增加价值和创造商机的商务活动。其电子网络系统在满足顾客需求与欲望、降低交易成本、减少交易环节、便利沟通方面，有着传统营销渠道无可比拟的优势。

汽车电子商务将通过顾客"拉动"式的供应链，使企业更及时、更全面地掌握顾客的需求，根据顾客的定制进行生产，这样不但可以为顾客提供及时的个性化的服务，从而大大提高顾客的满意度，还可以减少库存甚至实现零库存，降低库存成本。传统汽车营销方式存在的诸多问题都可以通过电子商务予以解决，通过开展电子商务可以降低常规营运费用，大大提高企业内部信息资源共享利用率。因此，汽车营销体系电子商务将得到优先发展。

（2）B2B电子商务应用势在必行

B2B（Business-to-Business）电子商务的应用将给汽车产业链上企业（包括制造商、供应商、经销商、物流运营商等）在缩短需求响应时间、减小需求预测偏差、提高送货准确性和改善客户服务、降低存货水平、缩短订货提前期、节约交易成本、降低采购成本、促进供应商管理、缩短生产周期、提高顾客满意度等方面带来全新的变化。如零部件供应商可以通过网络及时了解到整车制造商的零部件需求情况，及时准确地供货。

B2B电子商务可以迅速缩短产业供应链，并改善供应关系。世界汽车巨头纷纷拓展B2B电子商务。中国汽车企业也在追赶世界汽车业的步伐，在电子商务领域开始了积极探索，国内一些骨干企业已经宣布挺进电子商务领域。同时，第三方电子商务平台将发挥作用，这种行业B2B电子商务的发展，可使企业产生规模收益递增效应，整合行业上下游资源，将给整车制造商、零部件供应商乃至整个汽车行业带来深远的影响。可以说，B2B电子商务的应用势在必行。其主要体现在以下几个方面。

① 企业资源的集成主要体现在企业内部数字化设计、制造与管理的互联互通；企业与供应商、经销商和服务商的信息集成和业务集成。目前，制造业发展正在从重点关注产品设计制造向产品全生命周期管理发展，从进行企业内部业务集成向跨地区、跨企业、跨国界的全球业务的集成发展。

② 供应链的协同化。协同是制造业在全球制造背景下发展的必然趋势，协同化使汽车企业在国际化协作和资源配置的环境中，实现产业的协同和企业间的协同，使企业能够优化配置全球制造资源。

③ 电子商务服务的专业化。专业的第三方电子商务服务，是汽车行业电子商务的一个重要发展方向，其应用对象涵盖整个汽车行业企业。以公共的第三方电子商务服务平台为基础，采用一对多的服务方式，提供汽车行业电子商务的应用服务，实现企业间的信息和业务集成，将彻底改变传统的商务应用和实施模式。中小企业及产业集群将广泛利用公共服务平台应用信息化技术，公共服务平台也将朝着由提供信息、资源服务转向提供专业技术服务的方向发展，以支持企业间业务过程协作和企业内核心业务为服务内容，从而提升行业的整体电子商务应用水平。

3.9.2 汽车网络营销

1. 网络营销的定义

网络营销是通过网络来宣传自己的企业，推广自己的产品或服务。

2. 网络营销的特点

网络营销可以使从生产者到消费者的价值交换更便利、更充分、更有效率。它的独特之处就在于利用网络强大的通信能力和电子商务系统，面对特殊的网上市场环境，与传统销售的对比见表3-1。

表3-1 网络营销与传统销售的对比

对比面	网络营销	传统营销
与消费者沟通	直接掌握消费者需要，可以跟踪访问消费者在网站中的行为，判断他们真正想要的和他们愿意付钱购买的汽车型号等，提高服务质量。网络上的促销是一对一的、理性的、消费者主导的、非强迫性的、循序渐进式的，信息反馈迅速并可做追踪调查	间接的，需通过经销商等多个环节，与消费者直接沟通，只能通过每年的消费者研讨会，信息反馈慢且难以追踪调查
消费者来源	无地域限制，能把服务延伸至其销售网点尚未能覆盖的地方	受地域限制
营销渠道	借助互联网络对不同传播方式的营销活动进行统一设计规划和协调实施，以统一的传播资讯向消费者传达信息	在不同传播方式的营销活动中的不一致性产生消极影响
异地资源的利用	协调公司在世界各地的分支机构进行设计和制造。分散在世界各地的工程师可以随时调出任何一种零件在计算机屏幕上观察、研究和修改。可进行远程管理和质量控制，及时调节生产	难以同时间与世界各地的分支机构进行商讨和协调；工程师在了解技术和产品时可能会花费比较多的资金在路费或传输费用上
时间特点	营运成本低，公司的产品或服务能24小时及时提供	服务的提供受时间的限制

续表

对比面	网络营销	传统营销
销售成本	节省销售商大量储存空间和费用，降低销售成本，加快资金流动	对经销商而言，为了应对消费者的不定期需求，有比较多的存货，增加了成本；对汽车公司来说，与经销商联系，销售成本增加
销售方式	网络营销用户可以在网上根据自己的喜好直接选择订购产品，支付货款	产品发布会、现场展示厅和上门推销等形式，有时虽耗费大量的人力、物力和财力，但不一定能得到满意的效果

3. 网络营销的作用

（1）对经销商而言，信息技术的广泛应用和电子商务的发展可以为汽车企业降低采购、营销成本，减少库存、拓展销售渠道、加强品牌宣传、提高服务效率提供可能，是汽车企业增强实力、融入经济全球化格局的必由之路。利用网络不仅能展示产品，使产品具有"导购功能"，更主要的是达到宣传自我、获取相关信息、进行信息沟通和信息反馈的目的，如图3-3所示。

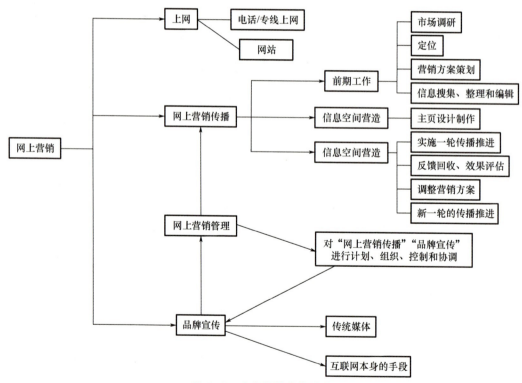

图3-3 企业网络营销流程

（2）对多数消费者而言，由于他们中的大多数对汽车知识并不真正了解，而汽车作为高档商品，消费者不可能仅凭感性认识就做出购车决定，他们必须通过网络这个窗口，了解汽车行情、市场变化情况及时尚车型、款式、配置及价格等,当然一般消费者最后还会选择亲自到现场看车、验车、试车、讨价还价、办理相关手续。汽车网络销售流程如图3-4所示。

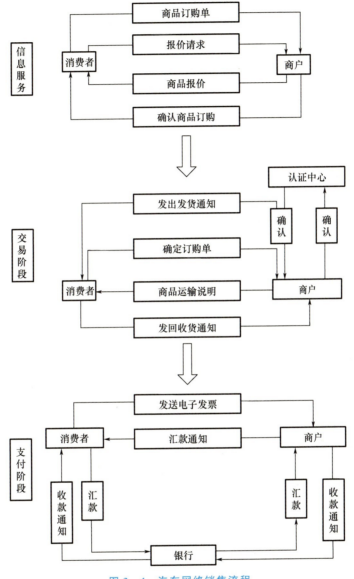

图3-4 汽车网络销售流程

通常,互联网上的电子商务配送过程可以分为三个阶段:信息服务、交易和支付。主要交易类型有企业与个人的交易(B2C方式)和企业之间的交易(B2B方式)两种。参与电子商务的实体有四类:消费者(个人消费者或企业集团),商户(包括销售商,经销商、储运商),银行(包括发卡行、收单行)及认证中心。

对于收到货物后的支付方式,商户提供个性化服务,由顾客选择,可以是电子信用卡与电子银行储蓄卡、电子货币、电子支票和电子现金,也可以是传统的汇款方式。

整个汽车交易过程中,一切按部就班地进行。由于采用了先进的网络技术和计算机技术，因此整个公司的业务流程都是透明的；客户订购的汽车流程作业信息都记录在公司的主机上，顾客可以通过发送邮件或在公司的网页上查询其订购的汽车物流配送实况。

1. 我国汽车市场有哪些特点？
2. 汽车市场营销微观环境和宏观环境分别是哪些？两者之间的区别是什么？
3. 市场调研的定义是什么？市场调研的意义是什么？
4. 市场调研的过程中，数据的获得方法有哪些？它们分别有什么优缺点？
5. 市场预测过程中，定量预测与定性预测的区别是什么？
6. 汽车产品策略与定价策略分别有哪些？
7. 电子商务的定义是什么？汽车销售业中的电子商务有何特点？
8. 汽车网络营销与传统销售模式相比有哪些特点？
9. 汽车销售渠道的中间商有哪几类？分别具有哪些特点？

第 4 章
汽车售后服务

知识要点	掌握程度	相关知识
汽车售后服务概述	了解汽车售后服务的定义与作用； 熟悉国内外汽车售后服务的模式； 掌握汽车售后服务的特点	汽车售后服务的定义；汽车售后服务的特点及作用；国内外汽车售后服务的模式
汽车售后服务的主要内容	掌握汽车售后服务的主要内容； 了解技术培训的内容和地位； 了解质量保修、配件供应的定义和内容； 掌握汽车产品质量保修工作流程、产品质量信息处理流程和配件供应流程； 掌握配件仓储作业的要求； 了解配件仓储中心的主要任务； 掌握配件营销现代化管理的内容； 掌握配件定价的主要方案和原则； 了解汽车产品召回的主要法律法规； 掌握我国缺陷汽车产品召回的程序； 了解汽车召回和三包的异同； 掌握售后服务网络网点的布局的基本原则； 掌握建立服务站必须具备的条件； 掌握汽车维修服务的流程； 掌握客户服务档案必须包含的信息	汽车售后服务的主要内容；技术培训；质量保修；汽车产品质量保修工作流程；产品质量信息处理流程；配件供应；配件仓储作业；配件仓储中心；配件营销现代化管理；配件定价；汽车产品召回；汽车三包；售后服务网络网点；服务站；汽车维修服务流程；客户服务档案
我国汽车售后服务的现状及发展对策	了解国内汽车售后服务的问题和发展对策	国内汽车售后服务的问题和发展对策

汽车售后服务是汽车流通领域的一个重要环节，生产商可以由此与客户建立的密切关系、树立企业的形象、提高产品的信誉、扩大产品的影响、培养客户的忠诚度。我国汽车工业的迅速崛起将会给以汽车为主体的售后服务业带来广阔的发展前景和利润空间，我国庞大的消费市场则为其发展提供了前提条件。截至2021年年底，我国汽车千人保有量已达约186辆。从目前汽车市场的销售情况来看，整个汽车行业中，汽车产品销售的主要获利重点并不是来自整车销售，已从前期的销售转移到了后期维护，即售后服务。在一个成熟的汽车市场中，除去汽车整车利润后，汽车的销售利润约占整个汽车业利润的20%，零部件供应利润约占20%，而约60%的利润是从售后服务中产生的。汽车售后服务既可以对产品销售、市场推广、品牌影响及信誉起到有力的支持和促进作用，又可以使产品滞销、品牌信誉下降，甚至可以使品牌威信扫地。其优劣直接关系到汽车产品的市场销售业绩，成为制造商在激烈的市场竞争中获胜的关键。

4.1　汽车售后服务概述

4.1.1　汽车售后服务的作用

汽车售后服务是指汽车作为商品销售出去以后，由制造商、销售商、维修商、配件商等服务商为客户及其拥有的汽车提供的全过程、全方位服务。

汽车售后服务的作用主要有以下几点。

1. 保证产品功能的正常发挥

企业为用户提供及时、周到、可靠的服务，以保证汽车产品的正常使用、可靠运行，最大限度地发挥汽车的使用价值。

2. 为用户解除后顾之忧

在用户的汽车产品出现故障时，为用户恢复汽车的性能，或接受用户的索赔，或执行汽车召回制度，从而起到安抚用户，为用户解除后顾之忧的作用，进而使用户满意。

3. 信息反馈的作用

售后服务的网络建设，不仅可以使企业掌握用户的信息资料，还可以广泛收集用户意见和市场需求信息，准确及时地反馈这些信息，为企业及时作出正确的决策提供依据。

4. 提高企业市场竞争力

用户在购买产品时，总希望能给他们带来整体性的满足，不仅包括实体物质产品，而且包括满意的服务。优质的售后服务可以继产品性能、质量、价格之后，提升用户对产品的好感，让用户对产品产生方便感、安全感以及偏爱心理。这种好的感受又会影响更多的人，提升产品的口碑，从而提高企业的声誉，赢得更多的用户，增强企业的竞争能力。同时，还可以让用户体验到被重视、被尊重的感觉，给他们以心理上的优越感，因而售后服务也是协调消费者心理平衡的一个重要过程。如果服务没有做好，消费者损失的不仅是金钱，还包括时间和情感，但最终损失最多的仍将是企业的信誉。

5. 可以为企业树立良好的形象

售后服务是汽车企业伸向市场的触角，它直接面向消费者，通过良好的售后服务工作，企业可以将其统一的形象设计准确而有力地展现给用户，从而在用户中建立良好的形象，为企业获得美名。

6. 企业增加收入的一个途径

除在一定的保证期限内为用户提供免费服务外，其他相关服务以及为用户提供大量的零配件和总成件，也可以增加企业的收入。在整个汽车产业链中，汽车产品的主要收益并不是来自整车销售，而是来自售后服务。据专家分析，我国企业出售整车及零配件只占企业利润的40%，还有60%的利润涵盖在售后服务中。有人正是从这个角度出发提出了汽车售后服务商业化的倡议。

4.1.2 汽车售后服务的特点

因为汽车售后服务需要贴近消费者，所以汽车售后服务往往服务点众多、遍布广泛，且内部分工细致、服务类型多样。汽车售后服务业经过一段较长时间的发展，已经逐步形成了其独特特点。

1. 持续性较强，利润空间大

在汽车行业的利润构成比例中，汽车售后服务业已逐渐超越了汽车制造业，成为汽车产业利润的主要来源。这除了与消费者对汽车售后服务需求急剧增加关系密切以外，还由于汽车销售往往在固定的供应点被消费者购买，具有一次性特点，而汽车售后服务在消费过程中一直持续不断，在不同时间和不同地点被消费者重复使用与购买，可贸易性较强。随着汽车保有量的增加、汽车售后服务概念的深入，汽车售后服务在人们的生活中已越来越普及，而汽车售后服务具有可以被消费者重复使用和购买的持续性特点，使汽车服务业可以重复多次从消费者处获取利润，保证了汽车售后服务业拥有较可观和持续的市场利润。

2. 既是产业链的终端，又与始端

汽车售后服务业一般处于汽车产业链的终端，作为连接汽车生产者与使用者的纽带，在信息沟通上具有一定的优势，它在保证汽车服务提供者从生产者处获得利润反馈的同时，又可以向消费者索要一定的服务费用，从而维持汽车售后服务业的价格标准。

3. 涉及行业范围广泛，产业链比较复杂

汽车这一产品的特殊性，决定了其消费也不同于其他商品。消费者购买汽车以后，需要定期加油、维修、保养、保险以及缴纳各种费用。鉴于汽车消费的这个特点，汽车售后服务涉及的行业范围相当广泛，如金融服务机构、维修机构、保险机构等，其产业链也比其他产业更复杂。所以，只有涉及的各个行业共同努力、密切协作，才能把售后服务工作做到位，为消费者提供满意的服务。

4. 服务分工逐渐细化

由于消费者需求越来越趋于个性化和多样化，因此目前汽车售后服务已不仅仅局限于汽车维修，而是一个拥有汽车配件供应、维修保养、清洁与美容、保险、信息咨询等多种服务功能的服务综合体。消费者需求逐渐细化，使得汽车售后服务的分工也逐渐细化。比如，消费者最普遍的需求是清洁汽车，因此，出现了大量的追求服务速度的汽车清洗店。此外，还有汽车维修店对汽车进行维修；汽车养护店对汽车进行美容保养，延长汽车的使用寿命；汽车改装店则根据消费者的特殊喜好对汽车进行改装。

5. 汽车售后服务体系化，售后服务地位举足轻重

由于汽车售后服务中汽车零配件供应、坏零件索赔、技术培训、服务站管理与考核等业务都需要三流——资金流、物流、信息流的良好支持，汽车零配件供应商、汽车生产商、汽车售后服务提供者形成了一个汽车售后服务的服务链。在该服务链中，汽车售后服务业处于末端，作为连接汽车生产商与消费者的纽带，既可以从汽车生产商处获得利润，又可以从消费者处得到利润。更重要的是，其在信息沟通上具有一定的优势，地位举足轻重，不但可以把生产商的产品和服务信息传递给消费者，而且可以把消费者对产品和服务的感受与意见反馈给汽车生产商，为汽车生产商改进产品和开发新产品提供重要参考。为应对现代汽车售后服务的需要，汽车售后服务提供者、汽车生产商和零配件供应商协作日益密切，已形成一个紧密的汽车售后服务体系。

4.1.3　汽车售后服务的模式

1. 国外汽车售后服务模式

（1）美国经营模式

近年来，美国售后服务市场逐渐由连锁经营模式主导，汽车4S店逐步退出市场。因为美国市场竞争较为充分，国土面积大，车型也较为分散，所以市场在竞争的过程中逐渐形成了一些大型的连锁维修企业。美国的汽车连锁服务是在20多年的时间里迅速发展起来的，连锁的发起者不是整车厂，而是定位于汽车售后市场的综合性服务商。据统计，70%以上的汽配市场上的零配件是由品牌连锁店提供的，品牌连锁店可以同时销售多个品牌的汽车零配件，这种企业集汽车配件供应、维修、快速养护为一体，其中也逐渐形成了一些专业部件维修连锁，如发动机、变速箱、底盘专业维修中心。在汽配市场，美国近30家零部件企业开展连锁经营服务，通过对各品牌汽车零部件的整合，为消费者提供相当便捷的服务，同时打破了汽车制造厂对产品的垄断。在价格上实行透明、统一的政策，使消费者能放心地在连锁店选购配件，同时提供维护保养、汽车美容等一条龙服务，使得车主可以在全国各地连锁店一站式解决问题。

（2）欧洲经营模式

以欧洲为代表的四位一体模式实际上就是我国普遍采用的"4S"形式，包括整车销售、售后服务、零配件供应、信息反馈。这种汽车服务起源于欧洲。欧洲城市密布，城市间距离短，交通便利，汽车工业发达，各种服务设施完备。在汽车保有结构方面，具有车型集中、每种车型有较大的保有量等特点。以德国为例，截至2021年年初，德国登记在册的乘用车数量为4825万辆，品牌多集中在德国本土生产的大众、奔驰、宝马等汽车集团旗下，"四位一体"的经营模式非常适合这种大环境，因此得以存在和发展。目前其汽车后市场的规模大约为542亿美元，其中，零配件约占三分之二。

（3）日本经营模式

日本汽车行业的销售和售后是两个独立的体系。在销售体系中汽车生产企业占有主导地位,通过在全国设立销售中心来完成汽车的销售,而在售后服务上由经销商占主导地位。汽车生产企业集中精力于汽车产品的开发和生产,同时设立技术中心负责对经销商维修人员进行培训,提供技术指导,编写维修手册,收集汽车技术信息加以改进。汽车生产企业会提供全国统一价格的配件,其中主要部件自给。通过严格的考证制度规范经销商的管理,从而建立起一支规范的、高素质的经销商队伍。在日本的汽车售后市场上,授权售后服务系统占据主导地位,消费者也愿意接受整车厂品牌的零部件产品。除此之外,也有很多像 AutoBACS 之类的维修店,与大型维修厂形成互补关系。这些小型连锁店通过全国互联网形成最大程度的信息互动与资源共享,巧妙地调动了小型汽修店的灵活性。

2. 国内汽车售后服务模式

国内汽车售后服务市场目前发展日趋成熟,从目前的汽车售后服务方式分析,我国汽车售后服务主要有以下五种经营模式。

(1) "3S/4S 店、特约维修站"模式

3S/4S 店或是特约维修站就是整车生产企业主导的非独立渠道,零配件主要通过整车生产企业的销售部门直接到达 3S/4S 店或是特约维修站,少部分会走分销渠道。这类分销渠道目前只占总数的 10%,但由于依靠汽车生产企业,因此销售规模较大,占了 52% 的市场份额。

3S/4S 店或是特约维修站,整体形象好,服务系统周到、专业,具有全国联保的较强优势。其人员素质高,管理系统流程化,维修、配件质量有保障,有整车生产企业的支持和监督。但其投资成本高,服务费高昂,维修车型单一。除大修外,留住常客有难度。

(2) "传统大中型维修企业"模式

这种企业存在的时间比较长,厂房面积大,设备多,维修人员经验丰富,投资成本高,服务收费高,服务意识差,机制不够灵活。但有一大批公司、政府顾客,通常与保险公司有较好的合作关系,环境不好,服务时间长,服务过程中受技术壁垒限制较多。

(3) "专项维修店"模式

专项维修店都至少有一项技术专长,形象不错,服务快捷,投资低,场地及人员要求不高。专项维修店专项维修技术高,专项服务规范化,系统化,质量有保证,服务项目比较单一。

(4) "快修连锁店"模式

快修连锁店是近年才开始在国内兴起的,依托强势品牌,形象好,连锁企业网点多,且靠近车主活动区域,投资适中,人员及场地的要求一般。快修连锁店通常有统一服务和收费规范、服务质量的承诺,但也存在维修水平良莠不齐的现象。

(5) "路边店"模式

路边店的规模小,占地少,投资低,多为临时经营性质,其优点在于地理位置往往方便停车进行保养和维修,收费低,常规服务时间快。但其整体形象差,维修人员少,且素质低,技术水平落后,配件材料来源无法确认,维修质量难以保证。

4.2 汽车售后服务的主要内容

汽车市场的竞争是一个综合性的竞争,除了要有优秀的汽车产品,还要有优质的售后服务,随着社会综合实力的上升,消费者知识水平的提高,汽车消费越理智,消费者对汽

车产品售后服务的要求也就越高。汽车生产企业要以宏观全局的眼光，从产品面向后市场对服务的整体需要出发，既要考虑对经销商、维修商的服务，又要考虑对用户的服务，还要考虑为本企业产品的进一步发展和拓展市场的需要服务。

越来越多的整车生产企业将提高自身售后服务质量作为维护品牌、发展客户的手段。汽车生产企业针对服务提出了不同的口号，如一汽大众——"严谨就是关爱"；一汽轿车——"管家式服务"；一汽奥迪——"以用户满意度为中心"；上海大众——"TECH-CARE 大众关爱"；上海通用——别克关怀（Buick Care）"别克关怀，比你更关心你"；"Quality Care"——"精诚服务，延伸无限价值"；凯迪拉克——"尊重尊贵，省心省事"；上汽荣威——"尊荣体验"。

当前客户服务的内容已发生变化，随着新一代车主的汽车生活日益丰富，客户对汽车的情感价值越来越多地超过汽车本身的功能价值。发达国家的汽车历史早已告诉我们，围绕顾客的竞争将是汽车企业生存的源泉，为此需要不断呵护顾客，不断超越顾客的期待。汽车生产企业已经逐渐将竞争转移到了售后服务市场方面，越来越重视顾客的情感价值，服务的品牌化经营也开始走向强盛。提高自身售后服务质量越来越成为整车生产企业维护品牌、发展顾客的手段。

售后服务是一项技术性很强的工作，正确认识售后服务的作用，明确售后服务的工作内容，采取适当的手段，才能得到应有的效果。汽车售后服务的主要内容是技术培训、质量保修、配件供应和建立售后服务网络等。综合来说，技术培训是先导，质量保修是核心，配件供应是关键，网点建设是平台，管理机制是保障，信息技术是手段，形象建设是文化。

4.2.1 技术培训

技术服务可以说是售后服务的主体。汽车生产被定义为一个技术含量很高的产业，从事售后服务工作必然会接触到需要为顾客进行技术上的解答和指导、产品相关信息的咨询、实际操作示范等业务。对此，一般情况下会由公司的专门售后服务部门对下设的售后服务网点的工作人员进行统一的技术培训，再由后者面向顾客进行实际的操作。技术培训不仅包括对顾客的技术指导、使用训练、咨询解答，更主要的是要对全售后服务网络网点进行各种技术的培训。技术培训是售后服务的先导，任何一个企业或产品的售后服务都必须从技术培训开始。

1. 用户培训

用户培训主要集中于销售环节。用户培训一般比较简单，可在用户提车时根据用户的具体情况进行一些有针对性的简单培训，如检查用户的技术资料是否交付完整（通常包括产品使用说明书、配件目录、维修手册、挂图、服务指南等材料），讲解售后服务相关政策，服务尤其是质量保修的管理政策和业务流程；汽车企业的合理科学使用汽车的经验、简易故障及其排除方法等。对于汽车新产品，在局部范围试销时，一般要对顾客进行集中性培训，要按照统一的口径、内容、教材，进行标准化的讲解。当然顾客对汽车养护方法的掌握则成为售后服务的根本。

2. 服务网络的培训

服务网络的培训是汽车企业售后服务总部所要培训的主要对象，通常以服务站的技术骨干为主。针对技术骨干的培训，内容上应有一定深度与广度，以帮助服务站形成能够排除各种使用故障的能力。

对服务站的培训，其主要内容如下。

① 汽车结构及其技术内容。
② 常见故障、典型故障和突发的故障现象、形成机理及其排除方法。
③ 新产品的技术培训，做到"先培训、后投放"。
④ 汽车企业售后服务尤其是质量保修的管理政策和业务流程。
⑤ 其他内容，如服务站的经营管理、大型促销服务活动的准备等。

3. 技术培训的组织

首先，要注重培训基地的建设，包括硬件设施、培训环境等，要有必要的培训教室、实验室、样品陈列室等。

其次，要组织好培训教材。教材除了文字形式外，还应包括多媒体甚至实物等多种形式，以增强教材的示范性、针对性和实用性。技术培训的教材大部分需要培训部门组织编写，少部分可以借用其他教材，或委托其他力量（如汽车专业院校）编写。汽车企业售后服务所有产品，都必须有相应的标准教材。教材可以按车型分类编写，也可以按总成系统分类编写。既要讲出本企业的技术特点，又要按车型交代清楚产品的特征。

再次，要有专业的培训教师。培训教师应具备必要的理论知识和较强的实践操作技能，并有一定的培训经验，因而培训教师资既要能够根据培训要求挑选更换，又要大体保持队伍稳定。

最后，应注重培训能力的建设。现代教学能力很重要，如多媒体教学能力、网上远程教育能力等；此外，相关标准、规范和技术政策的研究能力不容忽视，如新产品维修工艺方法、最佳工艺设施配置、维修工时制定等，均需要培训部门与产品设计部门共同研究。

4.2.2 质量保修

质量保修又称质量保证、质量担保等，是指当用户的汽车出现质量上的问题时，对用户的质量索赔进行相应的处理，包括质量鉴定、决定和实施赔偿行为，并向企业反映用户质量信息。这一部分的工作主要是由一线直接面对顾客的售后服务网点来负责的。产品在生产企业规定的正确使用前提及维修保养服务情形下，由于产品本身材质、设计、制造的缺陷，生产企业依据国家的有关法律、法规进行无偿或有偿维修服务作业。质量保修是售后服务工作的核心，是售后服务的意义所在，其主要内容有两个：一是质量保修规范的制定；二是质量保修信息的分析处理。

1. 质量保修规范的制定

汽车质量保修一般用保修里程或保修时间来界定。表4-1所示给出了某汽车企业质量保修规定（表中的特别补偿只针对动力部分）。目前国内外汽车企业一般只是针对质量保修范围内被损坏的汽车零部件进行免费更换，不承担因故障导致的相关损失的赔偿。

表 4-1　某汽车企业质量保修规定

按车载质量分类	一般补偿	特别补偿
小型车（1～3 t）	不超过 60000km 或 5 年	不超过 100000km 或 5 年
中型车（4～8 t）	不超过 20000km 或 1 年	不超过 50000km 或 5 年
大型车（8～12 t）	不超过 20000km 或 1 年	—

有的企业或有的产品还针对不同的零部件给予不同的保修规定，例如对发动机的保修规定就与底盘零件的保修规定不同。此外，有的零部件因属于配套件，供应商也有他们的质量保修规定。

质量保修规定的制定，是汽车（零部件）企业依据其生产质量控制水平、产品使用故障规律、有关法律法规或技术标准规定，并参照行业内同类产品的质量保修规定等因素综合确定的。汽车企业在确定质量保修里程或时间时，应充分考虑消费者的利益及市场竞争的需要，目前经常有汽车消费者指责一些企业偏低的质量保修规定。制定质量保修规范，包括制定整车（零部件）的保修里程或保修时间，制定质量故障的受理、鉴定和赔偿程序，即质量保修流程。汽车产品质量保修的工作流程如图 4-1 所示。当然一般企业还会规定一些总成件的质量担保流程，要先审批再赔偿。

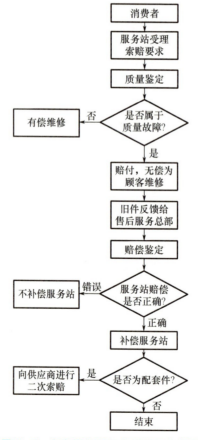

图 4-1　汽车产品质量保修的工作流程

2. 质量保修信息的分析处理

质量保修信息的分析处理，一方面保证了产品质量的跟踪服务，由于时刻关注其动态，保证对顾客的服务到位；另一方面时刻更新企业产品的信息，提供了参照平台，从而对产品的缺点进行改正，有利于自身企业产品的更新换代，促进企业不断地向前发展。

在质量保修信息的分析处理过程中，为了得到高质量的信息，具有规范的信息载体，搜集完整的信息内容显得尤其重要。通常可以以质量赔偿鉴定单和重要质量信息反馈单作为信息载体。而信息内容一般应包括汽车型号，底盘号，发动机号，生产日期，销售日期，用户使用性质（是否为专业的运输机构、是否带拖挂、是否自用等），驾驶人的年龄与文化程度，发生故障时已行驶的里程数，当时的工作状况（载荷、车速等），发生故障的地点及地形（道路）特征，故障发生的日期，故障总成及其生产序号，故障零部件的生产厂家，故障状态，故障编码，造成故障的原因（机加工、热处理、铸造、设计、装机等），使用责任单位，质量故障赔偿金额及故障排除费用（含总成或零部件的价值金额、工时劳务费、辅料费、救急费、差旅费等），服务站鉴定员对故障的判断分析和处理方法，顾客对故障的意见等。这些信息要作为汽车质量保修档案进行管理，通常应保存数年，然后警告计算机系统的实时更新与计算统计，进而形成初步的质量分析，定期监管与分析处理，并根据分析报告进行研究和改进质量。

在对信息内容规范的基础上，还需要在信息的搜集、分析和处理等环节予以规范，设计合理的信息流程。图4-2所示给出了汽车产品质量信息的搜集、分析和处理的一般流程。

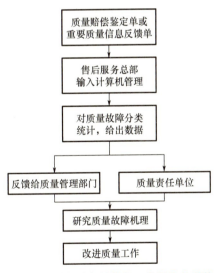

图4-2　汽车产品质量信息的搜集、分析和处理的一般流程

4.2.3　配件供应

汽车售后配件又称汽车备件，是指构成汽车整体的各单元及服务于汽车的产品。配件供应就是配件营销，它是售后服务工作的关键。配件供应具有两大职能，一是为维持本企业汽车正常运转提供"粮草"，是维持汽车处于良好技术状况的保障条件；二是汽车企业以配件让利形式，通过支持其服务站开展配件经营，取得效益，以促进售后服务网络的运

转和发展。配件供应需要做好的工作主要包括：确立合适的配件经营机制，做好配件的仓储作业，基于配件需求的科学预测、现代仓储管理技术和 IT 技术，配件供应工作的现代化等。

1. 配件的分类

汽车售后配件按产品的生产来源可分为原厂件、配套厂件、副厂件、通用件和进口件。

① 原厂件。原厂件是指供给汽车生产企业配套的装车件，即由为整车厂配套的企业生产并从整车厂售后部门统一供给各 4S 店的备件，一般都印有主机厂的标识。

② 配套厂件。配套厂件是指为整车厂配套的企业生产且直接销售给市场（包括直接销售到市场和通过非正常途径而销售给市场）的备件。

③ 副厂件。副厂件是指非汽车生产企业授权的厂家生产的配件，标有自己的厂名，也有自己的商标，但没有汽车品牌的 Logo（否则为违法）。

④ 通用件。通用件是指供不同主机厂多种车型可以同时使用的备件（如机油、轮胎、各种通用的紧固件等）。

⑤ 进口件。进口件是指从国外直接采购的备件。

2. 配件供应的流程

配件供应的基本业务流程如下：汽车企业的服务站通过网络、电话及传真向汽车企业售后服务的配件部门订购配件，配件部门收到需求信息后，立即查询所需配件的库存情况，如果数量充足，就立即办理配件交易手续并及时出库发货；如果某些配件库存不足，便立即向制造企业或供应商发出采购订单。配件供应流程如图 4-3 所示。

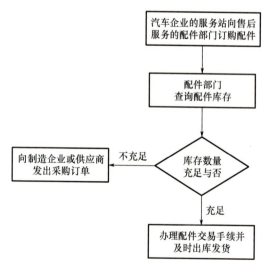

图 4-3 配件供应的基本业务流程

3. 配件的仓储作业

（1）配件仓储作业的要求

① 具备验收、入库、保管保养、出库等作业能力。

② 准确填制入库单、货卡、温湿度记录、出库单等单据。
③ 能够使用手推车等设备，工作人员树立安全操作意识。
④ 做好仓库内的治安、防盗、消防工作。
⑤ 工作人员具备认真严谨的工作态度和吃苦耐劳的个性品质。
⑥ 工作人员具备客户服务意识、良好的沟通与协作能力。

(2) 配件仓储中心的主要任务

配件仓储中心的主要任务是储存配件。配件中心通常依据配件物流进行合理布局，并划分为若干区域，各区域的作业任务如下。

① 接受检查区。这是配件中心的第一个区域，在配件入库时将进行配件的检查，包括数量清查、配套协作件的质量抽检（通常按10％的比重抽样）或普检等。

② 仓储区。通常按不同车型、不同总成、不同用途或按配件的周转速度分区存放，以优化配件物流。配件仓储多采用立体化仓库，甚至自动化仓库，并实行计算机控制和进行库存管理。配件进出库一般应遵循"先进、先出"的原则，即进库时间早的配件，应当优先出库。

③ 取货区。取货区主要是仓库的通道，应保证通道畅通、干净。通常根据需要，在这一区域要合理布置一些自动小车（轨道或计算机导行），或者人力取货小车（铲车）等。

④ 防锈包装区。防锈处理通常指对配件的加工表面进行的涂敷处理，而包装包括收货包装和发货包装，收货包装是对外协配套件更换原标记、更换材料的作业；发货包装是在收到发货指令后，根据发货数量进行的运输包装。包装是一项专业性较强的工作，既要满足保护配件不受损坏的要求，又要能够起到防伪、品种数量醒目的作用，还要做到艺术性强以便宣传企业文化。在配件专控条件下，汽车企业发出的配件，无论其原产地是否为汽车企业本身，都视作汽车企业的原厂出品，汽车企业向顾客承担产品质量责任，因而对配套采购件、协作件，必须要拆除供应商的原包装，进行统一再包装。

⑤ 发货区。发货区应有一定的装卸作业场地，发货方式通常有铁路运输、公路运输、水上运输等方式，目前配件的集装箱运输形式日益被广泛使用。发货区的发货台、搬运设备等设施，必须与运输方式相适应，要有利于配件货物的装运，尽量减少中转和节约装运劳动。

目前，一些较大型的汽车企业因其产品市场范围较广，为了保证各地的服务站及时得到配件，通常在本部以外的适当区域设有配件分库。分库的各种业务受总库管理，其出入库及库内作业与总库相同。

现在还有一种现象，即有的汽车企业自己不设配件仓库，将仓储任务完全交给供应商，汽车企业需要配件时，临时向供应商进货（供应商的仓库甚至设在汽车企业工厂内）。

4. 配件营销的现代化管理

配件营销的现代化管理涉及较多内容，这里只简要强调以下两个方面的内容。

(1) 做好配件需求的科学预测，合理储存各种配件的数量，包括车型停产后社会在用车辆继续需要的配件的储存

充足的配件供应能给顾客以安全感和亲切感，对开拓和巩固市场无疑起到促进作用。但配件的储存数量也不是越大越好，储存过多会导致配件功能失效，而且会增加企业的流动资金占用，增加存储费用，不利于节约营销成本。因而企业应当追求合理的经济储备，

做到既满足社会对配件的需要,又节约仓储费用。这就离不开配件需求的科学预测,为此企业要积累各地区在用汽车的数量、地区使用特点、汽车行驶平均里程、各种配件的历史消耗等资料,采用科学的预测方法,认真测算各种配件的合理存储规模。现在要做好这些工作变得越来越容易,因为随着现代计算机技术和数据库技术的应用日益深入和普及,很容易对各种配件的历史数据进行记录和统计分析。

为了做好配件需求的科学预测,建立一定的数学模型,进行定量预测是必要的。目前,定量预测的数学方法很多,可以找到预测效果较好的模型。通常,汽车企业可以依据某种车型的某种零件100辆车的年消耗量,根据其车型的社会保有量和平均车况,采用趋势外推法进行简单的数学测算,也可以按配件部门历年的某种配件的实际供应量,采取移动平均法进行测算,这些简单的数学方法一般可以满足配件预测的要求。这些预测数据既是汽车企业配件年度供应计划的依据,又是售后服务网络开展配件经营的依据。

(2) 要引入计算机技术、数据库技术、信息识别技术、通信技术及互联网技术等现代信息技术手段,实现仓储业务作业和管理的现代化

抓好配件的经营管理及分析研究相应的营销策略,理顺配件计划、订货、采购、接受、入库、质检、仓储、定价、合同、发货、运送、交付等诸环节的关系,力求提高效率,降低成本,促进周转,方便用户,更好地服务于整车市场是汽车企业在配件工作上的目标。但由于配件品种极其复杂,需求差异较大,信息处理量极大,因此不采用以上现代科技手段几乎难以完成任务。现代汽车企业配件营销已全部采用计算机管理,管理覆盖范围包括计划、合同、采购、进货、出库、发票、结算、市场分析、用户管理、总库与分库全部联网管理等。与此同时,现代通信(如电话、传真、网络传输等技术,信息识别如条形码技术、防伪技术等)可以为做好配件经营服务。

配件营销的现代化管理还应包括配件订货方式的规范化。订货通常实行正常储存订货和紧急订货两种方式。正常储存订货方式,是指按商定的供货价格供货(汽车企业通常每年公布1~2次配件价格,按价格本规定的期限执行规定的价格),供货周期相对长一些(通常为2~3个月),适合正常的配件供应。紧急订货方式,是指按商定的供货价格2~3倍供货,供货周期通常为1~2天,适合紧急需求的配件供应。

配件的定价主要有两种方案。一是执行统一的配件价格,其优点是定价简单,便于公开,其缺点是不利于激励规模大的服务站经营配件的积极性。二是执行有差别的配件价格,汽车企业对不同地区、不同车型、不同特征的代理商,给予不同的折扣率(属于商业机密),但一般都是按配件营业额执行不同的折扣百分点,或者针对合同基数以上的销售额增大折扣率(基数内执行统一价格),这种定价方法的优缺点与统一定价正好相反。总之,配件定价要有利于保护售后服务网点取得效益,有利于打击假冒伪劣配件,保护自己的工业产权或知识产权,有利于给用户以实惠。

4.2.4 缺陷汽车产品召回

近年来,我国汽车工业飞速发展,汽车保有量迅速增大,这也导致了与汽车相关的各种事故的迅速增加。据统计,2020年中国各地区共发生交通事故244674起,其中死亡人数61703人,受伤人数250723人,直接经济损失高达131360.6万元。汽车交通安全已经成为公共安全问题中举足轻重的部分。发现汽车质量缺陷并及时维修,提高汽车自身的安全性,是降低恶性交通事故发生率的有效途径。这一背景下,缺陷汽车产品召回制度应运而生。

2004年10月1日，中国颁布施行了《缺陷汽车产品召回管理规定》。这是我国第一部真正意义上关于缺陷产品召回管理的行政法规。2012年10月10日，国务院通过《缺陷汽车产品召回管理条例》（以下简称《条例》），自2013年1月1日起施行，并在2019年3月2日进行了修订。

缺陷汽车产品召回管理条例

该《条例》共分29条，在明确汽车缺陷、生产经营者、适用范围等基本概念的基础上，规定了生产者、经营者、监督者、消费者等各类主体的责任及义务，细化了统一管理、信息共享、召回程序、过程监管、违法行为处罚等具体措施。

1. 基本概念

① 缺陷汽车。缺陷汽车是指由于设计、制造等方面的原因而在使用中普遍存在的危及人身、财产安全的汽车产品，或者不符合有关汽车安全国家标准的某一批次、型号或类别的汽车产品。一般产品缺陷可分为两种：一是在产品生产过程中由各种随机因素所造成的偶然性缺陷；二是在产品设计、制造过程中的系统性因素所造成的某一批次、型号或类别中普遍存在的系统性缺陷。

② 缺陷汽车产品召回。缺陷汽车产品召回是指按照规定程序，由缺陷汽车产品制造商（包括进口商）选择修理、更换、收回等方式消除其产品可能引起人身伤害、财产损失的缺陷的过程。

③ 召回期限。整车为自交付第一个车主起，至汽车制造商明示的安全使用期止；汽车制造商未明示安全使用期的，或明示的安全使用期不满10年的，自销售商将汽车产品交付第一个车主之日起10年止。汽车产品安全性零部件中的易损件，明示的使用期限为其召回时限；汽车轮胎的召回期限为自交付第一个车主之日起3年止。

④ 几种需要召回的情形。经检验机构检验安全性能存在不符合有关汽车安全的国家标准、行业标准的；因缺陷已给车主或他人造成人身或财产损害的；虽未造成车主或他人人身与财产损害，但经检测、实验和论证，在特定条件下缺陷仍可能引发人身或财产损害的。

2. 缺陷汽车产品召回的程序

我国汽车召回的方式可分为两种：制造商主动召回（没有受主管部门影响的召回）和政府指令召回（受主管部门影响的召回）。

(1) 缺陷汽车产品主动召回程序

制造商确认其生产且已售出的汽车产品存在缺陷决定实施主动召回的，应当向主管部门报告，并应当及时制订包括以下基本内容的召回计划，提交主管部门备案。

① 停止缺陷汽车产品继续生产的措施。
② 通知销售商停止批发和零售缺陷汽车产品的措施。
③ 通知相关车主有关缺陷的具体内容和处理缺陷的时间、地点和方法等。
④ 客观公正地预测召回效果。

境外制造商还应提交有效通知进口商停止缺陷汽车产品进口的措施。

制造商在向主管部门备案的同时，应当立即将其汽车产品存在的缺陷、可能造成的损害及预防措施、召回计划等，以有效方式通知有关进口商、销售商、租赁商、修理商和车主，并通知销售商停止销售有关汽车产品，进口商停止进口有关汽车产品。制造商须设置热线电话，解答各方询问，并在主管部门指定的网站上公布缺陷情况供公众查询。

（2）缺陷汽车产品指令召回程序

主管部门依规定经调查、检验、鉴定确认汽车产品存在缺陷，而制造商又拒不召回的，应当及时向制造商发出指令召回通知书。国家认证认可监督管理部门责令认证机构暂停或收回汽车产品强制性认证证书。对境外生产的汽车产品，主管部门会同商务部和海关总署发布对缺陷汽车产品暂停进口的公告，海关停止办理缺陷汽车产品的进口报关手续。在缺陷汽车产品暂停进口公告发布前，已经运往我国尚在途中的，或已到达我国尚未办理海关手续的缺陷汽车产品，应由进口商按海关有关规定办理退运手续。

主管部门根据缺陷的严重程度和消除缺陷的紧急程度，决定是否需要立即通报公众有关汽车产品存在的缺陷和避免发生损害的紧急处理方法及其他相关信息。

制造商应当在接到主管部门指令召回的通知书之日起5个工作日内，通知销售商停止销售该缺陷汽车产品，在10个工作日内向销售商、车主发出关于主管部门通知该汽车存在缺陷的信息。境外制造商还应在5个工作日内通知进口商停止进口该缺陷汽车产品。

3. 汽车召回与三包

目前针对后市场质量管理的法规主要有汽车召回和三包。汽车召回是在汽车使用过程中发现的一些可能造成人身、财产安全的缺陷，这些缺陷主要由设计制造不当所致，发现后以召回的方式来消除缺陷，确保用户的使用安全。召回解决的是某一批次中同一性质的不合理危险，一般由制造商出面公布，汽车经销商和维修商出面免费为用户解决。三包针对的是个别的、偶然的、不具有普遍代表性的问题，一般只由汽车经销商和维修商出面解决。汽车产品的认证、召回和三包这三种制度相互支持、相互补充，才能对公共安全、产品质量进行完全的管理。

汽车三包涉及消费者、经销商和企业三方的利益。对于经销商来说，下有消费者的投诉，上有厂商的强硬态度，处于两难境地。对于企业来说，三包规定的出台使他们有了具体的规章可循，但真正的挑战在于产品和服务质量。从表面上看，汽车召回和三包都是为了解决汽车出现的一些质量问题，维护消费者的合法权益。但两者在问题的性质、对象、范围和解决方式等方面是有区别的。

（1）性质不同

汽车召回的目的是消除缺陷汽车安全隐患和给全社会带来的不安全因素，维护公众安全；汽车三包的目的是保护消费者的合法权益，在产品责任担保期内，当汽车出现质量问题时，由企业负责为消费者免费解决，减少消费者的损失。

（2）对象不同

召回主要针对系统性、同一性与安全有关的缺陷，这个缺陷必须是在一批汽车上都存在，而且是与安全相关的。"三包规定"是解决由随机因素导致的偶然性产品质量问题的法律责任。对于由生产、销售过程中各种随机因素导致产品出现的偶然性产品质量问题，一般不会造成大面积人身伤害和财产损失。在三包期内，只要汽车出现质量问题，无论该问题是否与安全有关，只要不是由消费者使用不当造成的，经销商就应当承担修理、更换、退货的产品担保责任。

（3）范围不同

"三包规定"主要针对家用汽车。汽车召回则包括家用和各种运营的道路汽车，只要存在缺陷，就一视同仁。国家根据经济发展需要和汽车产业管理要求，按照汽车产品种类分步骤实施缺陷产品召回制度,首先从 M1 类汽车(至少有 4 个车轮,或有 3 个车轮,且厂定最大总质量超过 1t,除驾驶人座位外,乘客座位不超过 8 个的载客车辆)开始实施。

(4)解决方式不同

汽车召回的主要方式如下:汽车制造商发现缺陷后,首先向主管部门报告,并由制造商采取有效措施消除缺陷,实施召回。汽车三包的解决方式如下:由汽车经营者按照国家有关规定对有问题的汽车承担修理、更换、退货的产品担保责任。在具体方式上,往往先由行政机关认可的机构进行调解。

4.2.5 汽车生产企业售后服务机构设置

对于汽车生产企业而言,售后服务部隶属于企业的销售部,其业务范围很广,内部的机构设置也比较复杂,一般售后服务机构包括以下部门。

① 计算中心管理部。计算中心管理部一般分为两部分:一部分负责用户档案管理和用户质量信息的分析处理,另一部分用于对配件库的统一管理。计算中心管理部同时负责售后服务的财务、人事等行政事务的计算机化管理。

② 技术服务部。技术服务部负责企业质量包修政策的实施,为用户提供现场服务、技术咨询、用户赔偿的最后鉴定和最终技术仲裁。技术服务部还要负责质量信息的汇总、分析和处理,向企业的设计、生产制造、采购供应部门提供反馈信息。

③ 技术培训部。企业应该建立培训基地,设立技术培训部,并配备相关的教学设备和教学模型。由技术培训部负责对企业内部人员、大用户的技术骨干、代理商和经销商的销售人员和技术人员进行各项培训,为新产品推向市场做准备。技术培训部还应负责培训教材的编写和选择、制作教学课件、培训用模型等。

④ 非技术服务部。非技术服务部负责代理商的经营指导直至经营介入,以帮助他们提高业绩,还负责代理商的厂房建设、设备配套及外观形象设计的支持、指导,增强他们对企业的凝聚力和荣誉感,最终将他们紧密团结在企业的周围,永远忠诚地为企业服务。

⑤ 配件供应部和配件仓库。配件供应部和配件仓库是售后服务部的直接经营部门,进行市场预测、价格制定、物流管理、配件计划和采购,接受订单和指示发货、仓储管理和运输的组织、技术设备服务等。配件供应管理实行统购统销,与供应商签订供货协议,要求供应商服从企业配件控制的要求,保护消费者、汽车制造商和供应商共同的权益。

一般汽车企业售后服务管理部的机构设置如图 4-4 所示。

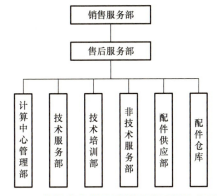

图 4-4 一般汽车企业售后服务管理部的机构设置

4.2.6 建立售后服务网络

随着中国汽车业的快速发展，汽车及其部件市场的竞争越来越激烈，售后市场的服务网络支持越来越显得重要，售后市场的利润在整个汽车价值链中的比重逐渐增大，售后服务已经成为企业重要的收入和利润来源，对其整个经营业绩的影响越来越大，已经成为汽车及其部件企业竞争的焦点。完善的售后服务网络的构建成为各个汽车及其部件企业促进业务增长的关键。

由于汽车使用普及面广泛且技术复杂，汽车企业并不可能直接地对所有产品做到直接到位的售后服务工作，因此其必须建立起一个覆盖面广、服务功能完善的售后服务网络。服务网络的布局是否合理、完善，直接关系到服务的及时性、效率、质量及人性化问题，关系到是否能给客户提供快速、高效、满意的服务。目前的服务网络一般由独立的汽车经销商（如4S店、特约汽车维修站等）共同组成，为用户提供技术指导、配件供应、汽车故障维修等服务。

1. 售后服务网络网点的布局

售后服务网络网点的布局是指汽车企业根据全社会对本企业售后服务需求的地理分布及企业今后开拓市场需要，而对服务站进行地理布置和确立组建顺序的工作过程。布局必须坚持以下原则。

（1）统一规划、分别建设相统一的原则

首先，汽车企业必须根据自己市场营销的战略需要，对全售后服务网络做出总体上的战略安排，对未来一定时期内全售后服务网络的规模、功能进行统一规划。其次，由于建立健全、完善的服务网络需要投入必要的人力、财力和时间，因此建网工作不能一蹴而就。此时，汽车企业就必须对需要建网的地区、网点进行排序，分别建设。

（2）现实需要与市场开拓相统一的原则

售后服务网络既要充分满足现有用户的需要，又要充分满足潜在的用户的需要。尤其是汽车企业准备开拓一个新的目标市场时，售后服务必须首先到位，以解除用户的后顾之忧。此时，要考虑在新的市场地区建立必要的服务网点，但不可一时建得太多。

（3）服务能力与服务地域相统一的原则

服务站的服务能力必须与其服务地域的范围相统一。各服务站的服务地域不可过大，范围过大可能会导致以下问题。

① 给用户造成不便，要么延长了服务时间，要么降低了服务站的服务市场占有率。
② 服务站的服务压力过大，同样会诱发以上后果。
③ 增加服务站上门服务的费用和服务成本，削减服务站的经济效益。

相反，服务地域范围也不可过小，范围过小又会导致以下问题。

① 服务站服务能力闲置，削减服务收入和经济效益。
② 服务站服务规模偏小，不能获得服务规模效益。
③ 所需服务站增加，增大了服务网点建设的压力。

因此，汽车企业必须对服务站的合理密度、服务地域范围、服务站规模做出合理设计。汽车企业要根据其市场营销的需要，做好售后服务网点的规划与布局，确定服务网点的规模（服务能力）、数量及比例关系。对于传统目标市场，由于本企业的汽车保有数量较大，因此服务网点要多一些，且要考虑不同规模网点的搭配，以便各司其职、相互协作、相互补充，而不是相互恶意竞争。随着汽车维修理念向着"立等修理""快修""零修""小修""换件修理""总成更换"等修理方式转变，售后服务网点的平均规模趋于缩小，网点趋于增加，要求售后服务网点尽量贴近市场、贴近用户。对于企业拟开拓的新型目标市场，服务网点的建设必须先于产品的实际投放，以便支持市场开拓。但由于服务的业务量可能不大，因此网点的规模不宜太大，数量也不宜过大。

2. 建立服务站的条件

汽车生产商在确定了汽车售后服务网络的规模和地理布局后，接下来要做的工作就是选择规范、服务优良的服务站，使其与自身经济利益一体化。规范、服务优良的服务站可很好地实现商品流通畅通、渠道信息畅通、管理规范、经营模式标准统一、售后服务优良的目标，大大提高售后服务网络的效率。所以在筛选服务站时要认真把关，严格审查。建立服务站必须具备以下条件。

① 硬件条件。要求具有足够的场地和专业的维修设备。

② 组织机构条件。一般要求财务独立、维修场地独立，最好组织机构也独立。

③ 服务人员条件。特别是维修技术人员（技工、技师），质量故障鉴定人员及必要的经营管理人员等数量和资质必须符合汽车企业的要求。

3. 建立服务站的依据与程序

欧洲各汽车企业往往在自己国家就设立了 4000～6000 个服务站，服务站多于经销点。而我国由于种种原因，发展尚不规范，情况正好相反，在一个新的目标市场往往是先有经销商后有服务站，总体来说服务站少于经销商。服务站选点主要考虑的是目标市场保有量、辐射周边城市的能力，同时对发展中的目标市场和主要竞争对手的重点市场加以倾斜。

服务商要进入汽车企业的售后服务体系，建立售后服务网络，通常要通过以下程序。

① 申请。社会独立维修企业向汽车企业的地区管理机构提交建站申请书，并接受汽车企业的大区管理/办事处（汽车企业在其市场地区设立的销售服务管理分支机构）对其硬件设施进行考察。同时，服务站还需申报一些相关材料，如公司结构、经营规模、股本比例、经营项目、经营历史和业绩、公司内外照片等。

② 初审。汽车企业的网点管理部门根据服务站申报的材料和其分支机构（大区管理/办事处）的考察报告，结合服务网络规划方案，审查其是否符合自己的售后服务网络体系布局发展规划，将符合条件（资质条件满足且所在区域内没有足够的授权服务网点）的服务站定级，并要求服务站在规定时间建设服务站。

③ 建设。通过初审的服务站应根据汽车企业的统一标准委托当地设计院进行设计，经汽车企业的网点管理部门认可后，进行服务场所建筑主体的建设，包括：①工程规划：服务站的规模与功能、场地规划、业务大厅、修理车间、配件仓库、照明等；②标记与标识、标识、灯箱、标记牌、色谱、宣传画等。工程规划完成以后，再进行组织与人员的建设和工具与设备建设。轿车企业一般还要求有计算机管理系统的规划建设。

④ 审批和签约。建设完毕后，汽车企业的服务管理总部将再次按照事先确立的验收规范，对服务站进行全面考察、考评和验收，通过后报经售后服务主管领导审批。审批后，由企业的网点管理部门或大区管理/办事处与验收合格的服务站签订合同书。正式签

订合同后，该服务站就成为汽车企业服务网络的一员（特约服务站），享受相应的权利，履行相应的义务。

汽车企业在建立新网点时，应严格按照申请、调查、论证、审批的程序建设，避免人为因素干扰，保证网点的成功建设，从而形成售后服务建站管理的科学规范。

4．网点管理

汽车企业不仅要注重服务网络的建设，还要注重对整个服务网点的管理，包括对网点进行业务培训、日常管理、定期考核与优化调整等，实施网点的动态管理。

（1）培训

由于服务站存在的复杂性和功能的复杂性，培训内容应该较广泛，主要分为业务培训、技术培训、经营培训和管理培训等。

（2）日常管理

汽车企业的地区机构负责协助服务站搞好售后服务工作，监督服务站做好以下工作。

① 以标准价格保养、维修汽车。

② 规范的流程化服务，热情周到地为用户服务。

③ 按时按量完成各种报表、信息搜集与传送。

④ 积极配合汽车企业的服务宣传、促销活动。

⑤ 保证服务站经营的配件都是由企业提供或认可。

（3）考核

主要对服务站的各项指标进行规范化管理。对服务站的人员、财务、建设、安全等进行统一、正规的考核管理。基本考核项目主要如下。

① 组织结构与工作环境。主要考核服务站是否有独立的财务、人员编制和作业场地，人员配置是否达到企业要求，服务站整体布局是否符合企业要求，出入口设计是否合理，维修车间、工具设备是否标准等。

② 人员培训和形象建设。主要考核从业人员是否有专业资质证，服务站的培训工作是否符合要求，服务站是否有统一的企业形象、标识、灯箱、宣传画等，服务站办公、文档、着装是否符合标准等。

③ 服务质量与信息反馈。主要考核服务站是否按照业务流程规定的要求服务顾客，服务站对质量信息，当地市场信息等信息的反馈是否及时、准确以及各类报表完成质量如何。可采用实地观察或秘密考察的方式考核，也可通过问卷调查的方式考核。

④ 广告宣传与档案管理。主要考核服务站的广告、宣传工作是否符合要求，对统一安排的宣传、优惠活动配合度如何，服务站档案是否完整准确，信息是否及时传递给企业等。

⑤ 配件管理和索赔工作。主要考核服务站配件经营管理水平，服务站索赔工作是否符合规定，数据传递、索赔质量以及旧件的回收保管工作等是否到位。

⑥ 安全与环保工作。主要考核服务站的消防灭火设施、废气排放、垃圾处理等是否符合要求。

售后服务网络建设除了以上工作内容外，还肩负着建设企业形象的重任。影响消费者对企业形象形成的主要因素有产品使用性能及厂商的服务质量、企业窗口部门的工作质量及其外观形象、企业的实力及企业的社会口碑等。显然，汽车企业售后服务网络是用户经常"打交道"的窗口，对汽车企业的形象建设方面负有重要责任。

就售后服务网络而言，企业形象建设的手段主要有售后服务企业外观形象建设、公共关系、提高以质量保修为核心的全部售后服务内容的工作质量等。目前，国内外汽车服务企业的外观形象建设已从仅仅悬挂汽车主机企业的厂旗、厂徽、厂标，发展到厂容、厂貌、色彩、员工着装的标准化和统一化，厂房、厂区建设的规范化，以及设备配置的标准化等。

4.2.7　规范售后服务流程

售后服务的质量可依据服务的规范化程度来衡量，规范的服务可使全过程的服务质量受到控制，服务越规范、每道程序的工作内容越明确到位，可操作性和可衡量性越好，服务质量就越高。目前，4S店和特约维修站的维修服务过程基本可分为7个环节：预约→准备工作→接车/制单→修理/进行工作→质检/内部交车→交车/结账→跟踪。每个环节都有相应的标准工作内容及要求。汽车维修维护流程如图4-5所示。

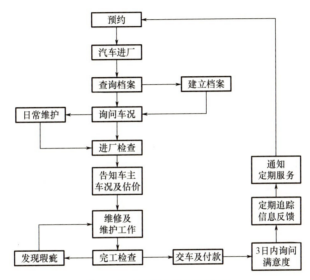

图4-5　汽车维修维护流程

目前，还有相当多的顾客不习惯预约，结果造成维修部门要么没活干，要么因顾客过多出现排队现象。其实预约习惯也是可以逐步培养的，只要售后服务部门做好宣传工作，主动向顾客解释预约的好处，顾客会很快接受。售后部门可以先从顾客的被动预约转化成主动预约来加强服务专一性的提高。

4.2.8　建立汽车用户档案

1. 客户服务档案的作用

从服务接待的基本工作流程中可以看出，客户服务档案是服务接待工作中最重要的工具之一，它被用在"维修预约"到"维修后客户跟踪"的所有操作步骤中。

2. 客户服务档案的来源

（1）客户销售档案：专营店销售新车时，应立客户销售档案。客户销售档案可以转化为客户服务档案。

(2)非本店销售车辆客户首次回厂：专营店必须为新客户建立客户服务档案。

3. 客户服务档案必须包含的信息

① 客户信息：姓名、性别、联系地址、邮政编码、联系电话、保险信息等。

② 汽车信息：销售商，品牌，车型，车牌照号，VIN码，发动机号，变速箱（手动、自动），车身颜色，钥匙号码，购车日期，用途（公用/私用）。

③ 维修历史数据：派工单号、报修日期、交车日期、维修类别、维修内容、行驶里程、客户服务代表、维修班组。

对于档案管理，应确保档案内容准确无误、及时更新。档案的内容应保密，档案的查询、改动必须遵守有关规章制度。建立客户档案的同时，还可以针对各型号汽车行驶中出现的各种问题建立内部技术档案，并定期将这些档案信息主动反馈给汽车生产企业。

4.2.9 提高售后服务能力

家用汽车产品修理更换退货责任规定

没有顾客，汽车生产企业、经销商及特约维修商的利益就无从谈起。有了顾客，关系处理不好，则有可能失去顾客，给公司带来负面影响。因为汽车经销商和特约维修商每天都在与顾客直接接触，所以处理好与顾客的关系就显得尤为重要。

处理好与顾客的关系应该注重主动与顾客沟通。与顾客沟通时应注意倾听顾客的想法和要求，迅速对顾客的要求进行总结分析，并反馈给顾客，征求顾客的意见，确保对顾客的要求理解无误。对于能够立即解决或回复的问题及时解决，对于一些难点问题或顾客的不合理要求应先以委婉的态度予以答复，然后请示公司的有关负责人，尽快予以妥善解决。为了保持良好的客户关系，可以采用登门拜访、电话回访、关怀服务、书信联系、提供免费服务项目和赠送小礼品等方式主动与顾客取得联系。

如果顾客需要，经销商应及时将汽车销售量、价格变动、配件供应、产品升级、维护维修新技术、用户使用情况信息通报、本品牌汽车在二手车市场的行情、停产信息等资料提供给顾客，这样做既可使顾客感到踏实，也能对产品起到间接宣传作用。经销商还可以每月给顾客邮寄一份汽车类杂志，一方面可以给顾客提供参考资料，另一方面也可以借此报道商情，联络与顾客的感情，使顾客对产品和售后服务有持续好感。

汽车产业发展政策

服务质量是售后服务的生命所在，提高服务质量必须加强自身服务能力的建设。服务的能力可以体现在接待顾客的能力、维修服务的技术能力、服务便捷能力、优势价格的市场竞争能力、配件的供应能力等方面。维修服务一方面要解决处理好车的问题，另一方面还要通过一系列服务加强顾客关系。服务能力越强，服务质量越高，顾客对企业的依赖性就越强，市场差异化就越容易实现，不但能增加产品的附加值，而且巩固了顾客关系，还可以击败对手。随着市场竞争的加剧，生活节奏的加快，消费者在消费过程中的时间成本将成为其最关注的焦点，所以目前售后服务过程中的"快捷"将会成为评价服务好坏的关键指标之一。

4.3　我国汽车售后服务的现状及发展对策

4.3.1　我国汽车售后服务的现状

随着车市竞争的日益激烈,售后服务已成为企业必须争夺的领域。但从消费者的反映来看,无论是维修质量还是服务态度,多数汽车企业的售后服务都不到位。当汽车因为其产品本身的质量问题需要维修,而车主只能面临没有保障的维修质量、没有微笑的服务态度时,无论哪个车主,都不能保持平和的心态。而产品在这个时期最容易让顾客失去信赖感,一旦处理失当,顾客对产品的满意度和忠诚度将急剧下降。在整个汽车产业链中生产、销售和售后服务应该是一体的,但是目前国内许多品牌汽车,此三者是脱节的,这种脱节导致国内汽车售后服务存在很多问题。

1. 售后服务与经销商、厂家脱节

如今,一些经销商只想卖车,把售后服务交由生产商指定维修站予以承担,从而导致销售和售后服务彼此脱节。这样一来,一些经销商觉得售后服务完全是维修站的工作,在售车时的有些服务承诺无法实现,这时就造成了消费者对所期待的服务质量大打折扣。

当前,大量汽车品牌的售后服务一般都是生产企业的特约维修站,企业只能对维修站实施技术方面的指导,而具体服务主要是靠维修站来提供的。事实上,大多数汽车生产企业极少能对维修站员工实施专业化和系统化的培训,两者之间的经济关系不够规范,从而导致生产企业对维修站缺乏足够的约束力,特别是一些维修站会受到经济利益的驱动,在维修和换件过程中可能会采用假冒伪劣件去蒙骗车主,引发车主对汽车售后服务的不满情绪,造成企业产品信誉降低。

2. 相关法律和法规有待完善

国内汽车行业由于制造及销售环节的暴利持续时间过长,对于汽车售后服务的关注严重不足,甚至有许多不规范的情况发生。所以,除了要求相关从业人员的自律外,还要建立和完善汽车服务业的相关法律法规来规范市场,促进汽车服务行业的健康稳定发展。

2004年10月1日,中国开始实施《缺陷汽车产品召回管理规定》,2016年1月1日被废止;2013年1月1日,开始实施《缺陷汽车产品召回管理条例》,针对该条例,2016年1月1日起,实施了《缺陷汽车产品召回管理条例实施办法》,并于2020年10月23日修订,改法是规定汽车召回制度具体实施细则的规范。2013年10月1日起,汽车"三包"规定,即《家用汽车产品修理、更换、退货责任规定》也开始实施,该法于2019年3月2日修订。2021年7月1日起实施了《机动车排放召回管理规定》,规范了机动车排放召回工作。有了这些制度的保障和规范,对保证汽车产品使用安全,促使生产者高度重视和不断提高汽车产品质量,发挥了重要作用。

3. 市场秩序不规范

目前,我国汽车售后服务市场秩序混乱。由于缺少一定的规范来约束市场行为,因此市场体制混乱,整个行业缺乏自律性。由于汽车售后服务业门槛不高,因此从业者众多,服务水平低,竞争手段贫乏,不惜采取低价吸引顾客的恶性竞争手段,这也是汽车售后服务产业产生诸多问题的重要根源所在。尤其是流通领域，市场运作混乱发展的局面十分明显。在汽车流通领域、汽车维修服务领域、汽车保险领域和厂商的质量维修环节普遍存在着服务透明度低、收费混乱的现象。往往相同的服务，价格却是千差万别，存在缺少统一的收费标准等问题。虽然发改委研究制定的《汽车产业发展政策》包含了这方面的相关规章制度，但其重点是在推动汽车工业的发展方面，将汽车售后服务业放在了次要的地位，仍然没有实质性的改变，这样就更加拉大了汽车工业与汽车售后服务业之间的发展差距，使得两者不能互相协调、互相促进，从而导致恶性循环。

4. 服务理念落后

国外汽车售后服务的立足点是延长保质期限，保证正常使用期，推行"保姆式"服务、品牌化服务，以"以人为本、顾客至上"等先进服务理念为核心。而国内汽车售后服务的立足点是"坏了保证修理"。国外售后服务内容丰富，零部件、销售、维修和保养"一条龙"，而国内维修服务内容单一。相对国外的汽车售后服务，国内汽车售后服务的意识和理念落后。

5. 专业人才不足

近几年，由于汽车产业的较快发展，因此需要大量人员的加入。但是，相关培训较少，导致从业人员不能及时更新知识，造成目前汽车售后服务与贸易专业人才相对短缺。企业缺乏提高服务规范的推动力，不能满足消费者日益提升的汽车售后服务的需求。大部分汽车售后服务人员都是未经过专门的技术培训和教育的青年从业者，他们只是盲目地就业，专业水平和服务素质都不高。再加上大多是凭着跟师傅学来的一些经验进行维修，对技术性很强的问题缺乏独立思考的精神，从而无法从根本上解决问题，而且自我知识更新的意识和能力都比较差。

6. 连锁经营不规范

近几年，汽车售后服务品牌连锁经营得到了商家的青睐，纷纷以此形式作为投资的有效手段，连锁化的经营模式在市场竞争中得到了快速发展，但是汽车售后服务业的大环境还比较混乱，各方面的规章制度仍存在较多漏洞和不足之处，主要反映在没有把加盟者看作是自己的合作伙伴和盟友去平等地进行经营以共同创造财富，反而把他们看作自己的顾客，把发展加盟店作为汽车售后服务业的一个分支市场来经营，当作一种盈利渠道来看待，还将此利益渠道当作主要的经营方向。连锁经营商家往往忽视加盟者的利益，对加盟者投资的回报毫不关心，价格变动随意性比较强，只考虑自己的利益而不考虑加盟者的利益损失，而对售后服务业的主市场顾客采取了基本放弃的原则，其实真正的盈利点恰恰就在于这个市场。同时他们把自己对加盟者的责任削减了，只是承担了教人技术、帮人开店这样的基本责任，而放弃了共同创造财富这一主要的责任。

4.3.2 我国汽车售后服务的发展对策

"十三五"时期，为了保证经济社会平稳较快发展，加快经济发展方式转变和产业结构调整，明显改善人民物质文化生活等，对现代服务业发展提出了更加明确的要求。汽车售后服务业作为现代服务业的一个重要组成部分，其更加规范、更加优质地发展也为整个汽车产业的发展起到至关重要的作用。针对我国汽车售后服务存在的问题，提出以下发展对策。

1. 增强服务意识，建设优质服务

首先要求企业建立服务理念，并将这种理念贯彻到每个服务员工，向他们不断强调服务质量对企业长期繁荣的重要性。并在实际的售后服务活动中制定出标准的服务条款和统一的服务标准，加强对服务条款执行监督的力度，采用激励机制，做到赏罚分明，从而调动员工的服务积极性。

提供"保姆式"服务，对销售的汽车采取从售出到报废的全程跟踪服务，并采用定时电话或短信回访等制度，要扩大回访的内容，不单要针对车主汽车的交流，还要介绍汽车保养常识及主要注意事项，以及最近有益于车主的一些资讯和活动等内容。为用户提供系列增值服务，并建立客户服务中心，调查顾客的使用情况，建立顾客投诉部门以便发现问题，以此来大大提升顾客的满意度和忠诚度。

政府相关机构应该定期公示汽车售后服务中各种服务项目的价格，设立政府指导价，以保证服务价格的透明度，而且还要让顾客明白自己汽车的修理状况、过程和费用的组成，并在此前提下，结合维修人员的技术水平推出不同服务价格层次的收费方案，供顾客自己选择，从而建立起差异化的服务形象。

2. 完善法规体系，建立详细、规范的服务标准

汽车售后服务行业有必要建设完善的法规体系来规范市场，同时汽车服务企业对于体系的管理必须有详细的、规范的服务标准，建立统一的信息管理系统，以此对服务行为进行规范和管理。汽车企业每年要通过1～2次的顾客调查来弄清楚顾客的期望，以及对各种维修站进行现场评估，寻找改善服务的措施，不断提高售后服务标准。依据《机动车维修服务规范》（JT/T 816—2021），贯彻先进的服务理念，改善服务场地设施环境。通过建立一套科学、系统、规范的服务流程，让顾客满意度大幅度得到提高。

3. 提升售后服务人员和管理层的综合素质

虽然汽车售后服务是一项商业性的工作，但也是一项技术性很强的工作。因此，要有一支强大的售后服务技术骨干队伍，定期开展业务技术培训，有条件的企业可委托院校代为培训，不断充实他们的专业技术知识，才能使他们适应不断变化的市场形势，更好地开展售后服务工作。

企业管理层的人员素质是关系企业兴衰、影响企业效益的关键因素。随着我国经济市场开放的深入，国外的汽车品牌纷纷进入，因此汽车售后服务业要与国际接轨。我们迫切需要既精通外语又具有一定管理能力，同时熟悉国际法通则的高素质经营管理人才。

4. 建立维修网络

建立强大的售后服务网络，为售后服务的高效、快速开展提供可靠保障。例如，世界著名品牌汽车企业梅赛德斯-奔驰公司就建立了世界上最庞大的维修服务系统，在德国本土有3000家梅赛德斯-奔驰汽车维修站，在国外的17个国家还设有4000家维修服务网点。如果顾客在途中发生故障，打个电话，维修部门就能派人驾车前来修理，并力求即时解决。因此，梅赛德斯-奔驰汽车在德国甚至世界各地广受用户欢迎。

5. 建立完善的信息反馈系统

要想取得和保持售后服务的优势，需要获得各方面新而准确的信息。通过对搜集的信息进行整理和分析，为企业的经营决策提供参考。汽车售后服务企业通过对故障新车准备、质量担保、专题跟踪、网点巡视、用户投诉、生产质量、新产品、网点的经营管理情况等信息的搜集整理，建立完善的用户信息管理系统、内部故障信息反馈和改进渠道、重大和批量用户故障反应机制系统、网点考核管理系统和产品信息系统等。针对网点反馈信息和相关部门发现的重要疑难故障，由售后服务部门成立专门小组，依照专门的工作流程，对网点进行援助和指导，使企业在竞争中取得优势。

6. 汽车售后服务品牌化策略

针对不同汽车用户的不同需要，根据企业产品自身的特色、顾客的需求，以及企业自身的能力来设计服务项目。赋予特设服务项目特定的内容、程序和规范，并加以命名，使之形成一个个性化、符号化的服务，形成自己的服务品牌。汽车产品服务品牌角色应该定位为一个企业的连带品牌。所谓连带品牌，即自身品牌附加于汽车产品主品牌之上，在品牌表现时，应将这一附加品牌与主品牌一同列出。汽车售后服务的品牌化关键在于准确定位和实现方式的选择。汽车企业服务品牌及定位见表4-2。

表4-2 汽车企业服务品牌及定位

汽车企业	服务品牌	定位
一汽大众	严谨就是关爱	专业
长安福特	Quality Care	
东风标致	蓝色承诺	
海南马自达	蓝色扳手	
上海大众斯柯达	Human Touch	温情
上海通用别克	别克关怀	
东风雪铁龙	家一样的关怀	
东风日产	感心服务	
北京现代	真心伴全程	
一汽马自达	全新管家服务	
一汽轿车	管家式服务	
奇瑞汽车	"快·乐"体验	
吉利汽车	关爱在细微处	
长城汽车	长城·全心关怀	
华晨中华	华晨之家	
上海荣威	尊荣服务	尊贵
一汽奥迪	"卓·悦"服务	综合
广汽丰田	心悦服务	
广汽乘用车	加分服务	

汽车产品服务品牌能够让顾客明确地识别并记住品牌服务的利益与个性，促使顾客认同、喜欢乃至偏爱一个品牌。成功的汽车售后服务品牌的实现，要根据企业产品自身的特色、顾客的需求以及企业自身的能力来设计，而不是过度地追求服务的响应时间、完成速度及服务时间的长度。

习　题

1. 什么是汽车售后服务？其有何作用？
2. 汽车售后服务有哪些特点？
3. 简述国外汽车售后服务的模式。
4. 简述国内汽车售后服务的模式。
5. 汽车售后服务一般包括哪些内容？
6. 技术培训主要包括哪些方面的内容？
7. 简述汽车产品质量保修的定义和工作流程。
8. 简述汽车产品质量信息的搜集、分析和处理的一般流程。
9. 什么是汽车售后配件？配件供应的主要工作包括哪些？
10. 汽车售后备件按产品的生产来源可分为哪几种？简述配件供应流程图。
11. 简述缺陷汽车产品召回的程序。
12. 汽车召回与汽车三包有何区别？
13. 一般售后服务机构包括哪些部门？
14. 售后服务网络网点的布局需要坚持哪些原则？建立服务站又必须具备哪些条件？
15. 绘制4S店和特约维修站的汽车维修服务流程图。
16. 客户服务档案必须包含哪些信息？
17. 简述我国汽车售后服务的现状。
18. 简述我国汽车售后服务的发展对策。

第 5 章 汽车检测维修服务

知识要点	掌握程度	相关知识
汽车检测与维修理论	了解汽车维修、汽车检测的概念； 熟悉汽车检测的方法和目的； 掌握汽车修理和汽车维护的类别与主要作业内容	汽车维修；汽车检测；汽车维护；汽车维护的类别与主要作业内容；汽车检测的方法和目的
汽车维修质量管理与评价	了解汽车维修质量管理； 熟悉汽车维修质量管理方法	汽车维修质量管理；汽车维修质量管理方法
汽车维修行业	了解汽车检测站的类别与功能； 熟悉汽车检测站的组成与工位布置； 熟悉汽车维修企业分类与企业开业条件	汽车检测站的类别与功能；汽车检测站的组成；汽车检测站的工位布置；汽车维修企业的分类；汽车维修企业的开业条件
汽车维修行业管理与发展	了解汽车维修行业管理的目的与基本任务； 熟悉我国汽车维修行业特点、存在的问题及发展趋势	汽车维修行业管理目的；汽车维修行业管理基本任务；汽车维修行业特点、存在的问题及发展趋势

自汽车诞生以来，汽车维修业便一直伴随着汽车工业的发展而成长。汽车维修业已成为交通运输业必不可少的服务性支柱与保障。近年来，汽车科技和电子技术的迅猛发展，使得汽车电子化的进程日益加快，各种高新技术的出现对提高汽车的安全性、平顺性、可靠性和舒适性等各项技术性能起到了极大的促进作用。与此同时，与之关系紧密的汽车维修业也受到前所未有的压力和挑战。最终，相应的高新技术将汽车维修行业的方方面面武装起来，从而推动汽车维修业的发展进步。

5.1 汽车检测与维修理论

汽车检测与维修包含汽车检测（vehicle inspection）与汽车维修（vehicle maintenance and repair）两个概念，是汽车流通领域中的重要组成部分，为汽车运输服务相对独立的行业。

5.1.1 汽车维修

1. 汽车维修概述

汽车维修是汽车维护和修理的泛称，它是由汽车制造厂或者其他投资人设立的汽车维护和修理厂（点）组成的，就是对出现故障的汽车通过技术手段排查，找出故障原因，并采取一定措施使其排除故障并恢复达到一定的性能和安全标准。

汽车维护和汽车修理是两种性质的技术措施。汽车维护是为了维持汽车完好技术状况或工作能力而进行的作业。其目的是维持车容整洁，随时发现和消除故障隐患，防止汽车早期损坏，降低汽车的故障率和小修频率。汽车维护应贯彻预防为主、强制进行的原则。

汽车修理是为了恢复汽车完好技术状况或工作能力和寿命而进行的作业。其目的在于及时排除故障，恢复汽车的技术性能，节约运行消耗，延长其使用寿命。汽车修理应贯彻定期检测、视情修理的原则。

2. 汽车维护类别和主要作业内容

汽车维护类别是指汽车维护按汽车运行间隔期限、维护作业内容或运行条件等划分不同的类别或级别。其中，运行间隔期限是指汽车运行的里程间隔或时间间隔。

汽车维护的主要类别和主要作业内容如下。

（1）定期维护

定期维护是按技术文件规定的运行间隔期限实施的汽车维护，在整个汽车寿命期内按规定周期循环进行。按《汽车维护、检测、诊断技术规范》（GB/T18344—2016）中的汽车维修制度，车辆维护分为日常维护、一级维护和二级维护。日常维护由驾驶员实施，一级维护和二级维护由道路运输经营者组织实施，并做好记录。

汽车维护、检测、诊断技术规范

汽车一、二级维护周期地确定应以行驶里程间隔为基本依据，行驶里程间隔执行车辆维修。

① 日常维护：是日常性作业，以清洁、补给和安全性能检视为中心内

容的作业。

② 一级维护：其作业的中心内容除日常维护作业内容外，以检查、润滑、紧固为主，并检查有关制动、转向等安全系统的部件。

③ 二级维护：其中心作业内容除一级维护作业外，以检查调整制动系、转向操纵系、悬架等安全部件，并拆解轮胎，进行轮胎换位，检查调整发动机工作状况和汽车排放相关系统等为主的维护作业。

上述汽车定期维护的周期和作业内容只是一些原则要求，由于车型和运行条件不同，使用润滑油和配件质量的差异，因此各级维护作业的深度和周期有很大的差别。所以，各地可根据具体情况，确定其周期和作业内容。

(2) 季节性维护和主要作业内容

每年4月至5月和10月至11月汽车分别进入夏季和冬季运行时，为使汽车适应季节变化而实行的维护称为季节性维护。其主要作业内容是更换润滑油和对冷却系统的检查维护等。一般结合二级维护或定期维护一起进行。

(3) 走合维护和主要作业内容

走合维护是指新车或大修车走合期实施的维护。其主要作业内容除特别注意做好例行为户外，要经常检查紧固外露螺栓、螺母，注意各总成在运行中的声响和温度变化，及时进行适当的调整。走合期满，各总成应更换润滑油，并注意清洗，连接件要进行紧固，对各部分间隙进行调整。

(4) 特殊情况下的维护

在特殊情况下，如长期不开的汽车，启动前应采取相应的保护措施；远程归来汽车，远程归来后，最好能检查空气供给和燃油供给系统，另外，还要检查机油、刹车油，如有缺少要及时补充；检查底盘是否有漏油、漏水现象；检查轮胎气压、状况、螺母有无松动或脱落；如果驾驶起来有跑偏或摆动，要重做四轮定位或动平衡；雨后也需对汽车进行维护，进行汽车线路的除湿等作业。

3. 汽车修理类别和主要作业内容

汽车修理类别是按修理对象、作业深度形式来划分，通常分为汽车大修、总成修理、汽车小修、零件修理和视情修理。

① 汽车大修。汽车大修是用修理或更换汽车任何零部件（包括基础件）的方法，恢复汽车完好技术状况或完全（或接近完全）恢复汽车寿命的恢复性修理。汽车大修是对整车进行解体，对所有零部件进行检验、修理或更换。汽车大修的期限随着汽车产品质量、使用条件和平时维护状况的不同有很大的差异。车辆技术管理部门应对接近大修定额里程的汽车加强状态监控，结合维护进行定期检测，做好技术鉴定工作，根据汽车大修的送修条件及时送修。

② 总成修理。总成修理是为了恢复汽车某一总成的完好技术状况、工作能力和寿命而进行的作业。也就是总成在经过一定使用期后，其基础件和主要零部件破裂、磨损、老化等，需要拆解进行彻底修理，以恢复其技术状况。主要总成包括发动机、车架、车身、变速器、后桥、前桥等。送修前要进行技术鉴定，达到送修条件的按规定修理。

③ 汽车小修。汽车小修是用修理和更换个别零件的方法，保证或恢复汽车工作能力的运行性修理，主要是为了消除汽车在运行过程中和维护作业中发生或发现的故障和隐患。

④ 零件修理。零件修理是对因磨损、变形、损伤等不能继续使用的零件进行修复，以恢复其性能和寿命。它是节约原材料、降低维修费用的一个重要措施。当然，零件修理必须考虑到是否有修复价值和符合经济的原则。

4. 汽车故障诊断

汽车故障诊断是现代汽车维修最核心、最难的工作，汽车故障诊断的困难主要体现在两个方面：一是现代汽车为了提高动力性、经济性、舒适性、安全性和环境保护性能，采用了许多新技术、新结构，特别是电子技术和计算机在汽车上的广泛应用，使汽车构造相对复杂；二是导致汽车故障的因素较多，有的甚至达几十种（如发动机怠速不良的产生原因有二三十种），而且涉及面相当广，可能涉及点火系、燃油供给系、发动机的电子控制和机械部分，这些因素有时是单一的，有时是综合交替地起作用的，因而要做到准确而迅速地诊断故障比较困难。这就要求诊断人员不仅要熟悉汽车构造及其工作原理，而且要掌握一定的诊断方法，方法越多，解决问题的能力越强。汽车故障诊断方法有很多，主要有以下几种。

① 人工经验法。

人工经验即直观诊断，其特点是不需要很多设备，在任何场合都可进行，诊断的准确率在很大程度上取决于诊断人员的技术水平。汽车使用面广、量大、分散，较适合采用此诊断法。如观察发动机尾气颜色，燃料燃烧不完全时尾气为黑色，气缸上窜机油时尾气呈蓝色，油中渗水时尾气呈白色等。

人工经验的常用方法包括观察法、试验法、模拟法、听觉法、触觉法、嗅觉法、替换法、度量法、分段排查法、局部拆卸法、结构分析法及排序分析法等。

② 故障树法（FTA）。

故障树法是把故障作为一种事件，按故障原因进行逻辑分析，绘出树枝图。树枝图中，每个下一级事件都是上一级事件的原因，而上一级事件是下一级事件引起的结果。

③ 故障症状关联表。

故障症状关联表描述故障症状和故障部位之间的关系，通常用关联表表示。表中的行标明故障症状，列标明相关部件或子系统。当相互关联时，在对应的交叉点做标记；如果资料完整，也可以用1，2，3，4，…标出其检查顺序，其中1表示可能性最大的原因，2表示次之，依次类推。

④ 普通仪器设备诊断。

普通仪器设备诊断是采用专用测量仪器、设备对汽车的某一部位进行技术检测，将测量结果与标准数据进行比较，从而诊断汽车的技术状况，确定故障原因。如万用表、转向轮定位仪、灯光检验仪、发动机尾气分析仪、车轮平衡仪、气缸压力表等。

⑤ 汽车电脑专用诊断设备。

汽车电脑专用诊断设备主要用于本公司生产的车系。如大众公司的 V.A.G1551 及 V.A.G1552、通用公司的 Tech-2、本田公司的 PGM、雪铁龙公司的 FLIT 等。它们不但能读取各系统的故障码，而且具备执行元件诊断、部件基本设定与匹配及阅读测量运行数据、清除故障码等功能。

⑥ 汽车电脑通用诊断设备。

汽车电脑通用诊断设备（如元征 X431、车博士、修车王等）把故障诊断的逻辑步骤及判断数据编成程序，由计算机执行各车系的诊断过程。采用触摸式液晶显示器、微型打印机和可外接键盘，用户操作方便，还可网上升级，对电控系统具有诊断功能。

⑦ 汽车电脑自诊断系统。

一般汽车电脑含有自诊断系统，即随车诊断（On Board Diagnostics，OBD）系统，对汽车电控系统具有实时监视、存储故障码及交互式通信等功能。为了读取和显示故障，电控系统装备有故障警告灯和诊断接头。如有故障，仪表板上的发动机警告灯"CHECK"亮，通知驾驶人汽车存在故障。诊断接头用于触发自诊断系统。系统进入自诊断后，即可通过故障指示灯闪烁次数读取故障码。部分高级轿车上采用数字或语言形式直接显示故障码。

⑧ 计算机专家系统。

计算机技术和汽车维修技术相结合形成计算机专家系统。它为汽车维修人员提供各种重要信息，如汽车的结构原理、维修手册、维修资料等。

系统软件是计算机专家系统的核心，它由管理程序和数据库组成。管理程序的主要任务是接受维修人员从键盘输入的信息，在屏幕上显示所需的汽车维修资料。数据库将所有维修资料以文件的形式存储在硬盘中，供管理程序调用。有的计算机专家系统还采用图形显示，图文并茂，显示直观明了，便于维修人员按图进行检修。

⑨ 远距离故障诊断系统。

将汽车运行状态数据通过电子通信系统和网络传输到专业技术服务点，实现专家与汽车用户的信息交流，对汽车进行远程监测和诊断，以及及时、快捷的远程技术指导服务。

目前，国内外汽车监控系统在通信方面基本上采用 GPS 系统，其大体分为两种模式：一种是 GPS 与集群（Trunked Radio）系统结合的模式；另一种是 GPS 与公用数字移动通信网 GSM 或 GPS 与卫星网结合的模式。随着电子信息和计算机技术的飞速发展，"三网（公众电话网、移动通信网和互联网）融合"已成现实。

根据汽车状态远程监测的特点，汽车状况信息的传输路线如下：信号获取（车载传感器）→信号前处理→信号发射（车载通信模块）→现有移动通信网→信号接收（公众电话网）→信号后处理（获取信号特征值）→汽车状况信息传输于互联网（监测站点和网站）。

5.1.2 汽车检测

1. 汽车检测概述

汽车检测技术是从汽车维修技术衍生出来的，依靠各种先进的检测仪器和设备，对汽车进行不解体检测，是对汽车技术状况用定量或定性的方法进行评价，确定汽车技术状况或工作能力的检查。

汽车在使用过程中，随着使用时间的延长（或行驶里程的增加），其零件逐渐磨损、腐蚀、变形、老化以及润滑油变质等，致使配合副间隙变大，引起运动松旷、振动、发响和漏气、漏水、漏油等，造成汽车技术性能下降。汽车检测的对象是对无故障汽车进行性能测试，其目的是确定汽车整体技术状况或工作能力，检验汽车技术状态与标准值的相差程度，保障汽车行驶安全及防止公害。

汽车检测是汽车故障诊断基础，只有进行认真的检测和分析才能准确地查明故障原因。

2. 汽车检测的目的

① 安全环保检测。对汽车实行定期及不定期安全运行和环境保护方面所进行的检测，目的是在汽车不解体情况下建立安全和公害监控体系，确保汽车具有符合要求的外观容貌和良好的安全性能，限制汽车的环境污染程度，使其在安全、高效和低污染工况下运行。

② 综合性能检测。综合性能检测指对汽车实行定期和不定期综合性能方面的检测，目的是在汽车不解体情况下，对运行汽车确定其工作能力和技术状况，查明故障或隐患部位及原因，对维修汽车实行质量监督，建立质量监控体系，确保汽车具有良好的安全性、可靠性、动力性、经济性、排气净化性和噪声污染性，以创造更大的经济效益和社会效益。

3. 汽车检测基本方法

汽车检测基本方法根据检测目的不同而不同。目前检测的方法主要有检测线检测、维修过程检测和例行检测。

① 检测线检测。检测线中有固定的设置、设施、设备和人员，按使用性能划分主要有安全性能检测线、综合性能检测线、摩托车性能检测线。检测线检测的主要作用是汽车年审、汽车维修质量的监督、营运汽车的等级评定和客车类型划分、汽车安全与防止公害性能的检查、进口商品车检验、新车或改装车的性能检验。

② 维修过程检测。这类检测是工艺过程的检测，主要是对承修汽车接车检测、拆解过程中的零件检测、修复过程后的量值检测、装合过程中的总成检测、整车维修竣工检测。维修过程检测的记录单（表）一般由企业自定。

③ 例行检测。这类检测主要是运输企业对在用汽车的技术状况的例行检测，其主要形式是汽车回场检测，目的是检查汽车的技术状况、保障汽车的技术状态良好和运行安全，一般设有专职人员和专用的检车台。

5.2　汽车维修质量管理与评价

5.2.1　汽车维修质量管理

1. 质量的概念

质量是反映实体满足明确或隐含需要的能力的特性总和，包含产品质量、服务质量和工作质量三个部分。产品质量是指产品适合一定用途、满足国家建设和人民生活需要所具有的自然属性。对于汽车产品来说，通常是指它的使用性能。服务质量是企业满足用户或顾客精神需求方面的特性。工作质量是指企业为了保证产品质量和提高产品的使用价值所采用的技术组织管理工作的水平和完善程度。

2. 质量管理

质量管理是指确定质量方针、目标和职责，并在质量体系中通过诸如质量策划、质量控制、质量保证和质量改进，使其实施的全部管理职能的所有活动。

维修质量管理是指在维修生产活动中，为确保维修质量所进行的各项管理活动的总称。质量管理是各级管理者的职责，涉及所有参与质量管理的人员，它是企业管理的重要组成部分，是提高质量的重要保证。

3. 全面质量管理

全面质量管理是指采用计划、执行、检查、处理循环的方式工作。全面管理制度强调的是全员参加、全过程、全面的运用一切有效方法、全面控制质量因素、力求全面经济效益的质量管理。

4. 全面质量管理工作的步骤

① 分析现状，找出质量问题。可灵活运用排列图法、直方图法、控制图法、统计分析表法和分层法。

② 分析质量问题产生的原因。可用因果分析图法。

③ 找出影响质量因素的主要原因。可用排列图法和散布图法。

④ 制订对策计划，拟定措施，并说明措施的目的、内容、执行部门、负责人员和起止期限等。

⑤ 执行计划，落实措施。

⑥ 检查效果，核对比较。可用排列图法、控制图法、统计分析表和分层法。

⑦ 巩固成绩，将经验标准化。

⑧ 找出尚未解决的遗留问题，转入下一循环的计划阶段。

上述八个步骤中，每个步骤都需要有可靠的数据和资料，它是科学判断的依据。

汽车大修竣工出厂技术条件

5. 汽车维修质量管理

（1）汽车维修质量管理的概念

汽车维修质量可分解为两个方面：一方面是维修服务全过程的服务质量，包括维修业务接待、维修生产进度、维修经营管理（包括收费）的质量水平；另一方面是汽车维修作业的生产技术质量，具体是指维修竣工汽车是否满足相应的竣工出厂技术条件的一种定量评价。

汽车维修质量管理是为保证和提高汽车维修质量所进行的调查、计划、组织、协调、控制、检验、处理及信息反馈等各项活动的总称。

（2）汽车维修质量管理的任务

汽车维修质量管理的主要任务有以下四个方面。

① 加强质量管理教育，提高全体员工的质量意识，牢固树立"质量第一"的观念。

② 制定企业的质量方针和目标。

③ 严格执行汽车维修质量检验制度。

④ 积极推行全面质量管理等科学、先进的质量管理方法，建立健全汽车维修质量保证体系。

（3）汽车维修企业的全面质量管理

全面质量管理强调科学的管理工作程序，通过计划（plan）、执行（do）、检查（check）、处理（action）循环式的工作方式，即PDCA工作循环，分阶段、按步骤开展质量管理活动，促进质量管理水平循环不断地提高。

汽车维修质量保证体系中的基础工作是为开展汽车维修质量管理、保证汽车维修质量而创造必要基本条件的一系列具体工作，主要包括质量责任制、质量教育工作、计量工作、标准化工作、质量信息工作和法规建设等。

（4）汽车维修质量检验

汽车维修质量检验是贯穿于整个汽车维修过程的一项重要工作，按照工艺程序可分为进厂检验、汽车维修过程检验和汽车维修竣工出厂检验三类。

① 进厂检验：是对送修汽车的装备和技术状况进行检查鉴定，以便确定维修方案。

② 汽车维修过程检验：是指汽车维修过程中，对每一道工序的加工质量、零部件质量、装配质量等进行的检验。

③ 汽车维修竣工出厂检验：是指在汽车维修竣工后、出厂前，对汽车维修总体质量进行的全面验收检查，检验合格的签发机动车维修合格证。

6. 汽车维修质量保证体系

汽车维修质量保证体系是指在汽车维修行业或企业内，为了满足汽车维修技术标准所规定的质量要求，而建立的与汽车维修质量直接相关的、由技术活动和管理活动构成的工作系统，并通过一定的制度、规章、方法、程序和机构等，把汽车维修质量保证活动系统化、标准化、制度化。

7. 汽车维修行业质量管理体系

质量管理体系是指"实施质量管理所必需的组织结构、程序、过程和资源"。从整个行业来讲，为实施汽车维修全面质量管理，将管理工作的各项内容落实到一定的责任机构和责任人，由承担汽车维修各项管理责任的责任机构和责任人所形成的管理组织结构系统，简称"汽车维修质量管理体系"。

8. 汽车维修质量管理技术档案

机动车维修经营者对机动车进行二级维护、总成修理、整车修理的，应当建立机动车维修档案。机动车维修档案主要包括维修合同、维修项目、具体维修人员及质量检验人员、进厂检验单、过程检验单、竣工检验单、竣工出厂合格证（副本）及结算清单等。机动车维修档案保存期为 2 年。

5.2.2　汽车维修质量评价

采用单项指标评价汽车大修质量，主要依据是《汽车大修竣工出厂技术条件》（GB/T 3798—2021）。采用整体指标对汽车大修质量进行评价，能够比较真实地反映汽车整车的修理质量，也便于不同企业、不同车型之间修理质量的比较。

1. 评价的原则

① 客观性原则。为了使评价工作真实、准确，使评价结果客观化，避免随意性，评价必须尊重客观现实，一切从实际出发，不能主观臆造。

② 典型性原则。在评价指标选取上，尽量选取已为社会作出评价和承认、反映企业主要成绩和水平的工作为典型指标，忽略对次要工作的评估。典型集中才能反映事物本质。

③ 定量化原则。要求评估指标具有可度量性，并且尽量做到定量化。任何事物（如产品的质和量）都有其内在联系的规律性，要使被评估对象既反映质又反映量，既有定性

分析又有质量分析,是有一定困难的。但是随着科学的进步和发展,评估工作完全可以在系统分析的基础上,采用模糊数学、数理统计和最优化等数学方法,对评估对象进行综合评价,使评价指标能量度、能计算,并经过计算机处理后得出定量结果。

④ 可比性原则。评价指标应能使不同车型、不同企业便于比较,使其做到规范化、标准化、统一化,便于指标本身在企业之间进行比较。

⑤ 指向性原则。汽车维修评价指标、评价方法,应能对我国维修行业的各项工作起到指向作用。

2. 评价方法简介

① 缺陷系数法。缺陷系数法是用一个指标"产品缺陷系数"来评价汽车大修后的质量。就是计算大修汽车出厂前、后汽车出现的故障及排除故障每车所发生的费用,费用越少,修车质量越好。可用平均每车产生排除缺陷的费用来衡量:

$$g = \frac{1}{n}\left(\sum_{i=1}^{a} m_i r_i + \sum_{j=1}^{b} m_j r_j\right) \qquad (5-1)$$

式中,g 为平均每车产生排除缺陷的费用;n 为抽检的车数;a 为竣工车出厂前要求排除故障的数量;m_i 为被检车上第 i 种故障的数量;r_i 为排除第 i 种故障所发生的费用;b 为竣工车出厂后所发生的缺陷数量;m_j 为使用中第 j 种缺陷的数量;r_j 为排除第 j 种缺陷所发生的费用。

② 总分法。总分法用多个指标来评价汽车修竣后的整体修理质量。设每个指标的最高分为 S_{i0},那么对修竣车整体质量的综合最高分

$$S_0 = \sum_{i=1}^{n} S_{i0} \qquad (5-2)$$

维修汽车的实际评分越接近最高分,维修车的质量就越好;反之,质量越差。

③ 加权平均法。总分法在评价中各指标都一视同仁,没有主次,这是不符合实际情况的。为了消除上述弊病,评价时可根据对每个指标重视程度的不同赋予每个因素一定的权值,也就是各因素在评价中所占的百分比。

④ 综合评定法。综合评定法是用模糊数学研究和处理模糊现象的一种评估方法,即用定量的数学方法去处理对立或者有差异,但没有绝对分明界限概念的新兴学科。综合评定法的优点是能够考虑多方面的因素,体现多数人的意见,方法简单,便于利用计算机,评价结果准确可靠。因此它已应用于图像识别、人工智能、信息控制、系统工程、医疗诊断、天气预报、交通运输等方面,并取得了较好的成果。它对于汽车维修质量整体指标的评估来说,是一种较为理想的方法。

5.3 汽车维修行业

5.3.1 汽车检测站

汽车检测站是综合运用现代检测技术,对汽车实施不解体检测的机构。它具有现代的检测设备和检测方法,能在室内检测出汽车的各种参数并诊断出可能出现的故障,为全

面、准确评价汽车的使用性能和技术状况提供可靠的依据。汽车检测站不仅是车辆管理机关或行业对汽车技术状况进行检测和监督的机构，而且已成为汽车制造企业、汽车运输企业、汽车维修企业中不可缺少的重要组成部分。

1. 汽车检测站的任务

在现代社会，汽车已成为人们工作、生活中不可缺少的一种交通工具。汽车在为人们造福的同时，也带来大气污染、噪声和交通安全等一系列问题。汽车本身又是一个复杂的系统，随着行驶里程的增加和使用时间的延续，其技术状况将不断恶化。因此，一方面要不断地研制性能优良的汽车；另一方面要借助维护和修理，恢复其技术状况。汽车的安全、动力、环保、经济、可靠、可操作和行驶的稳定性能检测就是在汽车使用、维护和修理中对汽车的技术状况进行测试和检验的一门技术。汽车检测站的主要任务如下：①对在用运输车辆的技术状况进行检测诊断；②对汽车维修企业的维修车辆进行质量检测；③接受委托，对车辆改装、改造、报废及其有关新工艺、新技术、新产品、科研成果等项目进行检测，提供检测结果；④接受公安、环保、商检、计量和保险等部门的委托，为其进行有关项目的检测，提供检测结果。

2. 汽车检测站的类型

按不同的分类方法，汽车检测站可分为不同的类型。

（1）按服务功能分类

按服务功能分类，汽车检测站可分为安全检测站、维修检测站和综合性能检测站三种类型。

汽车综合性能检测站

安全检测站是国家执法机构，不是营利型企业。它按照国家规定的车检法规，定期检测汽车中与安全和环保有关的项目，以保证汽车安全行驶，并将污染降低到允许的限度。因为这种检测站对检测结果往往只显示"合格""不合格"两种，而不作具体数据显示和故障分析，所以检测速度快，生产效率高。检测合格的汽车凭检测结果报告单办理年审签证，在有效期内准予汽车行驶。安全检测站一般由车辆管理机关直接建立，或由车辆管理机关认可的汽车运输企业、汽车维修企业等单位建立，也可多方联合建立。

维修检测站主要是从汽车使用和维修的角度，担负汽车维修前、后的技术状况检测。它能检测汽车的主要使用性能，并能进行故障分析与诊断。它一般由汽车运输企业或汽车维修企业建立。

综合性能检测站既能担负车辆管理部门的安全环保检测，又能担负汽车使用、维修企业的技术状况诊断，还能承接科研或教学方面的性能试验和参数测试。这种检测站检测设备多，自动化程度高，数据处理迅速准确，因而功能齐全，检测项目广度、深度大。

（2）按规模大小分类

按规模大小分类，汽车检测站可分为大型检测站、中型检测站、小型检测站三种类型。

大型检测站检测线多，自动化程度高，年检能力强，且能检测多种车型。中型检测站至少有两条检测线。小型检测站主要指服务对象单一的检测站，如规模不大的安全检测站和维修检测站。

（3）按自动化程度分类

按检测线的自动化程度分类，汽车检测站可分为手动检测站、半自动检测站和全自动检测站三种类型。

手动检测站由人工手动控制检测过程，从各单机配备的指示装置上读数，笔录检测结果或由单机配备的打印机打印检测结果，因而工作人员多，检测效率低，读数误差大，多适用于维修检测站。

半自动检测站的自动化程度或范围介于手动检测站和全自动检测站之间，一般是在手动检测站的基础上将部分检测设备（如侧滑试验台、制动试验台、车速表试验台等）与计算机联网以实现自动控制，而另一部分检测设备（如烟度计、废气分析仪、前照灯检测仪、声级计等）仍然手动操作。当计算机联网的检测设备因故不能进行自动控制时，各检测设备仍可手动使用。

全自动检测站利用计算机控制系统，除汽车的外观检查工位仍需人工检查外，能自动控制其他所有工位上的检测过程，使设备的启动与运转、数据采集、分析判断、存储、显示和集中打印报表等全过程实现自动化。由于全自动检测站自动化程度高，检测效率高，能避免人为的判断错误，因此获得广泛应用。目前国内外的安全检测站多为这种形式。

（4）综合检测站按职能分类

综合检测站按职能分类，可分为 A 级站、B 级站和 C 级站三种类型。

① A 级站能全面承担检测站的任务，即能检测汽车的制动、侧滑、灯光、转向、前轮定位、车速、车轮动平衡、底盘输出功率、燃料消耗、发动机功率和点火系状况，以及异响、磨损、变形、裂纹、噪声、废气排放等状况。

② B 级站能承担在用汽车技术状况和汽车维修质量的检测，即能检测汽车的制动、侧滑、灯光、转向、车轮动平衡、燃料消耗、发动机功率和点火系状况，以及异响、变形、噪声、废气排放等状况。

③ C 级站能承担在用汽车技术状况的检测，即能检测汽车的制动、侧滑、灯光、转向、车轮动平衡、燃料消耗、发动机功率，以及异响、噪声、废气排放等状况。

3. 汽车检测站的组成

汽车检测站主要由一条至数条检测线组成。独立而完整的检测站，除检测线外，还应包括停车场、清洗站、泵气站、维修车间、办公区和生活区等。

① 安全检测站。安全检测站一般由一条至数条安全环保检测线组成。有两条以上安全环保检测线时，则一条为大、小型汽车通用自动检测线，另一条为小型汽车（轴质量 500kg 或以下）的专用自动检测线，有的还配备一条新规检测线（对新车登录、检测）和一条柴油车排烟检测线。

② 维修检测站。维修检测站一般由一条至数条综合检测线组成。

③ 综合检测站。综合检测站一般由安全环保检测线和综合检测线组成，可以各为一条，也可以各为数条。国内交通系统建成的检测站大多属于综合检测站，一般由一条安全环保检测线和一条综合检测线组成。双线综合检测站的平面布置示意如图 5-1 所示。

4. 汽车检测线的工位布置

汽车检测线的工位布置形式多为直线通道式，其检测工位按一定顺序分布在直线通道上，有利于流水作业。

（1）安全环保检测线

安全环保检性能测线通常设置有 3～5 个工位。5 工位一般是汽车资料输入及安全装置检查工位、侧滑制动车速表工位、灯光尾气工位、车底检查工位、综合判定及主控室工位。国产 5 工位全自动安全环保检测线如图 5-2 所示。

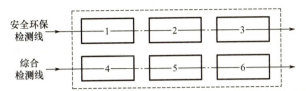

1—外观检查工位；2—侧滑制动车速表工位；3—灯光尾气工位；
4—外观检查及前轮定位工位；5—制动工位；6—底盘测功工位

图 5-1 双线综合检测站的平面布置示意

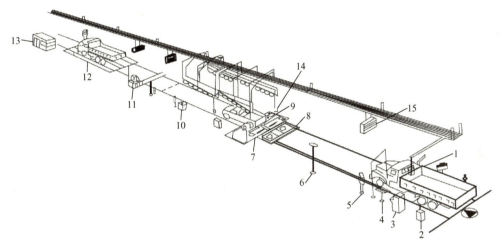

1—进线指示灯；2—烟度计；3—汽车资料登录计算机；4—安全装置检查不合格项目输入键盘；
5—烟度计检验程序指示器；6—摄像机；7—制动试验台；8—侧滑试验台；9—车速表试验台；
10—废气分析仪；11—前照灯检测仪；12—车底检查工位；13—主控制室；
14—车速表检测申报开关；15—检验程序指示器

图 5-2 国产 5 工位全自动安全环保检测线

（2）综合检测线

综合检测线一般有两种类型：一种是全能综合检测线；另一种是一般综合检测线。全能综合检测线设有包括安全环保检测线主要检测设备在内的比较齐全的工位，通常设有安全环保性工位、底盘测功工位、发动机综合性能检测工位和四轮定位工位。其中，底盘测功工位的检测项目有底盘测功、测速表校验、油耗测量、排放检测、电器检测；发动机综合性能检测工位可对发动机各系统进行综合检测；四轮定位工位的检测项目有车轮平衡检测、车轮定位检测、前轮侧滑量检测、转向系统检测、底盘松旷量检测、传动系统游动间隙检测。

综合检测线一般主要由底盘测功机、发动机性能、四轮定位等检测工位组成，能担负除安全环保以外的检测项目，必要时汽车须开到安全环保检测线上才能完成有关项目的检测，国内已建成的有些检测站属于这种类型。与全能综合检测线相比，一般综合检测线设备少、建站费用低，但检测项目少、服务面窄。

综合检测线上各工位的汽车,由于检测项目不一致、检测深度不同,很难在相同的时间内检测完毕,容易造成堵车现象。在这种情况下,可以将综合检测线的各工位横向布置成尽头式、穿过式或其他形式,以提高检测效率。

图 5-1 所示的综合检测线即全能综合检测线。它由外观检查及前轮定位工位、制动工位和底盘测功 3 个工位组成,能对汽车技术状况进行全面检测,必要时也能对汽车进行安全环保检测。这种检测线设备多,检测项目齐全,与安全环保线互不干扰,因而检测效率高,但建站费用也高。

图 5-3 所示的综合检测线是一种接近全能的综合检测线。它由发动机测试及车轮平衡工位、底盘测功工位、车轮定位及车底检查工位组成,除制动性能不能检测外,安全环保检测线上的其他检测项目均能在该线上检测。

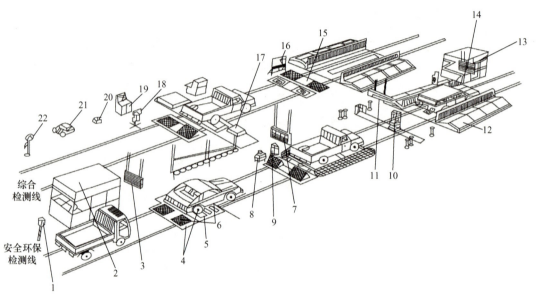

1—进线指示灯;2—进线控制室;3—L 工位检验程序指示器;4,15—侧滑试验台;
5—制动试验台;6—车速表试验台;7—烟度计;8—排气分析仪;9—ABS 工位检验程序指示器;
10—HX 工位检验程序指示器;11—前照灯检测仪;12—地沟系统;13—主控制室;
14—P 工位检验程序指示器;16—前轮定位检测仪;17—底盘测功工位;18,19—发动机综合测试仪;
20—机油清净性分析仪;21—就车式车轮平衡仪;22—轮胎自动充气机

图 5-3 双线综合检测站

5.3.2　汽车维修企业

汽车维修企业(enterprise of vehicle maintenance and repair)是从事汽车维护和修理生产的经济实体,一般包括汽车维护企业、汽车修理企业、汽车专项修理业户、汽车性能检测站等。汽车修理厂是专门修理汽车和总成的单位,一般设置在汽车站内部,也有的是单独的企业。汽车修理的基本方法可分为就车修理和总成互换修理。就车修理是在修理时对车上拆下的总成、组合件及零件,凡能修复的,经修复后全部装回原车。总成互换修理是除车架和本身外,其余总成、组合件、零件都可利用备品库中的备用品进行换装。

1. 汽车维修企业的分类及发展过程

一直以来，我国的汽车维修企业以如下三种形式存在，即一类汽车维修企业、二类汽车维修企业、三类汽车维修业户。其发展过程也经历了几个阶段，《汽车维修业开业条件》(GB/T 16739.1～2—1997)将汽车维修企业分为三类。

① 一类汽车维修企业（汽车大修）是从事汽车大修和总成修理生产的企业，也可从事汽车维护、汽车小修和汽车专项修理生产。

② 二类汽车维修企业（汽车维护）是从事汽车一级维护、二级维护和汽车小修作业的企业。

③ 三类汽车维修企业是专门从事汽车专项修理（或维护）生产的企业和个体户。专项修理（或维护）的主要项目为车身修理，涂漆，篷布、坐垫及内装饰修理，电路、仪表修理，蓄电池修理，散热器、油箱修理，轮胎修补，安装汽车门窗玻璃，空调器、暖风机修理，喷油泵、喷油器修理，曲轴修磨，车身清洁维护等。

汽车维修业开业条件 第1部分：汽车整车维修企业

但随着我国汽车保有量的增大和越来越多的汽车新技术、新工艺、新材料的广泛运用，一家二类以上维修企业能够合格地完成所有车型的作业几乎是不可能的，这也成为制约维修质量提高和行业发展的瓶颈。

《汽车维修业开业条件》(GB/T 16739.1～2—2004)于2005年1月1日开始实施，该标准将汽车维修企业分为两类：汽车整车维修企业和汽车专项维修业户。

（1）汽车整车维修企业

汽车整车维修企业是有能力对所维修车型的整车、各个总成及主要零部件进行各级维护、修理及更换，使汽车的技术状况和运行性能完全（或接近完全）恢复到原车的技术要求，并符合相应国家标准和行业标准的规定的汽车维修企业。其按规模分为一类汽车整车维修企业和二类汽车整车维修企业。

汽车维修业开业条件 第2部分：汽车专项维修业户

（2）汽车专项维修业户

汽车专项维修业户是从事汽车发动机、车身、电气系统、自动变速器，车身清洁维护，涂漆，轮胎动平衡及修补，四轮定位检测调整，供油系统维护及油品更换，喷油泵和喷油器维修，曲轴修磨，气缸镗磨，散热器（水箱），空调维修，汽车装潢（篷布、坐垫及内装饰），门窗玻璃安装等专项维修作业的业户（三类汽车维修企业）。

《汽车维修业开业条件》(GB/T 16739.1～2—2004)保留了原标准的三种分类模式，但三种类型企业的内涵相对原定义有所改变。

一类整车维修企业：发动机维修工、底盘维修工、维修电工、维修钣金工及维修竣工质量检验人员中，必须至少有一名取得相应高级技工等级证书以上的技术工人。

二类整车维修企业：发动机维修工、底盘维修工、维修电工、维修钣金工、汽车涂装工及维修竣工质量检验人员中，必须至少有一名取得相应中级技工等级证书以上的技术工人。

三类汽车维修企业：除车身清洁维护项目外，其他专项维修项目的作业工人，必须至少有一名是取得相应中级技工等级证书以上的技术工人。

与《汽车维修业开业条件》(GB/T 16739.1～2—1997)相比，《汽车维修业开业条件》(GB/T 16739.1~2—2004) 有如下特点。

(1) 取消了以从事汽车一级、二级维护和小修为经营业务的原二类企业的定义，取消了对二类维修企业关于整车大修和总成修理作业的限制，一类、二类企业均定义为整车维修企业，按规模及竣工检验设备条件不同区别为一类整车维修企业和二类整车维修企业。

(2) 确立了"车型（小型车、大中型客车、大型货车）"的定义，将一类、二类企业的服务对象划分为大中型客车、大型货车和小型车三种，并将其与整车维修企业经营范围的承修车型相联系。

(3) 增加发动机、自动变速箱等较大汽车总成为专项维修项目，调整原专项维修项目的电器、仪表修理为电气系统维修等，使具备规定条件的三类专项维修业户可从事汽车某总成、某系统的维护与修理。

在实际工作中，有的汽车维修企业专门从事某一车型的维修，如汽车制造厂设立的维修中心、特约维修站等，不属于三类汽车维修企业，应按作业内容确定企业相应类别。

2. 汽车维修业开业条件

《汽车维修业开业条件》(GB/T 16739.1~2—2014) 于 2014 年 9 月 3 日发布，2015 年 1 月 1 日实施，在 2004 年版的基础上做了一定修改，将汽车维修企业分为两类：一类是汽车整车维修企业（一类、二类）；另一类是汽车综合小修及专项维修业户（三类）。分别规定了汽车整车维修企业应具备的人员、组织管理、设施、设备等条件；汽车综合小修及专项维修业户应具备的通用条件，及其经营范围、人员、设施、设备等条件。

《汽车维修业开业条件》(GB/T 16739.1~2—2014) 既符合汽车维修行业的现状，与原标准的技术内容有较好的衔接，有利于新标准出台后的顺利实施；又适应行业管理部门对汽车维修行业调整与改革的发展要求。其中一类、二类企业的经营业务范围一致，三类企业的作业具有一定的深度，解决了目前汽车维修市场大量存在的超范围经营问题。

5.4 汽车维修行业管理与发展

5.4.1 汽车维修行业管理

汽车维修行业管理（management of vehicle maintenance and repair trades）是国家各级交通主管部门运用法律、行政、经济手段，对从事汽车维修经营者所进行的管理活动的泛称。在我国，汽车维修管理工作由交通运输部主管，各行政区域的汽车维修管理工作由县级以上的交通主管部门负责组织领导，道路运输管理机构负责具体实施。各级交通主管部门在汽车维修行业管理工作中，必须坚持"规划、协调、服务、监督"方针，促进行业内横向联合，走专业化生产的道路，使各种类型汽车维修业协调发展。

1. 汽车维修行业管理的目的

汽车维修行业管理的目的是规范汽车维修经营活动，维护汽车维修市场的正常秩序，提高汽车维修质量，保护汽车维修各方当事人的合法权益，保障汽车运行安全，保护环境、节约能源，促进汽车维修行业的发展和技术进步。

2. 汽车维修行业管理的基本任务

汽车维修行业管理机关是政府专业经济管理部门，是国民经济管理的组成部分。其基本管理职能是对汽车维修行业发展、经济关系、经营活动进行调控、调整、规范和监督。汽车维修行业管理的任务是由汽车维修行业管理的基本职能决定的，概括起来主要有以下几方面。

① 根据国家相关政策制定和执行汽车维修行业管理规章和标准。

② 运用各种管理手段和宏观调控措施，完善和维护汽车维修市场机制和秩序，实现汽车维修行业在结构和供需上的平衡可持续发展。

③ 检查汽车维修经营者开业条件、经营证照，经营行为；监督检查汽车维修质量和收费情况，纠正和处罚违章。

④ 调解汽车维修纠纷，协调维修业户与综合经济管理部门之间、维修业户与用户之间、各维修业户之间的关系，创造良好的经营环境，维护各方合法权益，保证公平竞争，促进互利合作。

⑤ 积极组织汽车维修职工的技术培训和技术考核工作；积极组织汽车维修的技术经济信息交流和配件调剂工作。

3. 汽车维修行业管理的目标

汽车维修行业管理的目标是汽车维修行业管理的出发点和归宿。为使汽车维修行业在国民经济活动中正确发挥行业作用，必须通过汽车维修行业管理实现下列目标。

① 各类汽车维修业户结构比例适当，布局基本合理，实现以公有制为主体，多种经济成分协调发展的汽车维修行业格局。

② 汽车维修行业要建成一个统一开放、竞争有序的汽车维修市场。

③ 建立健全管理体制和市场监督体系。

④ 协调行业内部关系，实现行业经济效益和社会效益的统一。

5.4.2 我国汽车维修行业的特点及存在的问题

汽车维修是关系到汽修企业的兴衰、人民生命财产安全，以及汽车制造业和交通运输业发展的大事。目前，我国汽车维修企业质量管理混乱和质量水平低下的问题普遍存在，并成为影响和制约我国汽车维修业发展的瓶颈。

1. 我国汽车维修行业的特点

（1）私家车成为维修的主体，需求向快速化、专业化发展

目前我国私家车无论在保有量还是消费规模上都处于高速发展阶段，可见私家车维修将会是未来国内汽车维修行业的最主要市场，私家车在维修和保养方面将会呈现以下特点。

① 大中城市私家车车主购买汽车主要是用于日常工作及休闲，使用频率非常高，依赖性较强，所以对维修和保养的快速化、便捷化较为看重。

② 随着我国中高档汽车消费比例的增大，车主对汽车维护意识越来越强，对汽车检测、维护的需求也越来越大。也就是说，汽车维修市场对汽车维护、检测设备的需求将越来越大，可能大于对汽车维修设备的需求。现在国内各大中城市的汽车美容店的数量剧增

（2）**政策法规引导中国汽车维修市场向规范化发展**

目前我国汽车维修行业呈现出起步晚、起点低、竞争乱、管理弱等特点。针对维修行业的混乱秩序，早在2002年，全国首个区域性《汽车售后服务规范》便已在深圳诞生。对机动车维修经营规范及经营者义务、监督检查、法律责任等都进行了重新调整和规范，以增强机动车维修市场准入的科学性和针对性，确立专业化的引导方向，由此可以看出国家有关部门在法律法规上正逐步整顿规范汽车维修市场。

（3）**国外企业加快进军中国市场的步伐**

加入世界经济贸易组织后，中国已将汽车维修市场全面开放，国外企业和个人均可来我国投资，建立汽车维修企业，并且可以独资，这些企业和个人将资金和先进的管理经验、维修技术带入中国，为中国汽车维修行业带来了新的活力，同时将与中国的汽车维修企业进行激烈竞争。然而一些国外品牌还对中国汽车维修市场缺乏足够清晰的认知，市场开发尚处于起步摸索阶段，正试探性地开发部分客户，从中了解中国市场，为将来全面进入中国汽车维修市场打下良好基础。

（4）**资产规模扩大但收入减少**

随着汽车维修行业竞争的日趋激烈，企业为了提高综合实力不断扩大资产规模，但是维修企业的收入却在逐年减少，其主要原因是业务量减少。有些企业原本代理多个汽车品牌的定点维修和售后服务点，但是一些品牌维修服务点的代理权被取消；有的企业的客户由于路途远、油费贵、汽车来回成本高等原因，选择就近进行维护保养；目前部分仅有出售汽车配件资格的企业也开始承揽一些简单的维护保养工作，因其成本低，存在价格优势，从而吸引了部分客户。此外，对于汽车维修行业来说，过硬的维修技术是吸引客户的亮点，为了留住娴熟的技术工人，企业不断提高工资待遇和福利，用工成本的增加，也在压缩维修企业的盈利空间。

2. 我国汽修行业存在的问题

（1）**汽车维修企业不太注重自身建设，缺乏竞争力**

多数汽车维修企业还是"一厂一店"的旧经营模式，谈不上连锁经营和品牌战略，自身建设存在诸多问题。例如，服务意识差，规范化服务跟不上，普遍缺乏诚信，企业人员素质不高；内部管理制度不健全，经营管理不善，技术标准和技术资料无法满足维修工作需要，维修人员技术水平参差不齐，安全生产和维修质量不符合要求；存在虚报维修作业项目，只收费不维修，偷换汽车零部件，修理价格不透明、随意抬高工时单价，不按技术规范作业，作业中漏项或减项，以假充真，以次充好，故意夸大汽车的故障，漫天要价等欺骗、坑害用户的恶劣行径。这些问题导致顾客回头率低，企业经济效益低。配件供应渠道混乱，配件质量参差不齐，假冒伪劣配件横行，直接影响维修质量。部分维修企业脏乱差的状况还没有彻底改变。

随着汽车工业的发展，汽车的设计制造水平和性能越来越高。现代的汽车已经是一个高科技的"结晶体"，特别是电子技术飞速发展使汽车的高科技化程度不断得到提高，从而使得汽车的维修，特别是汽车的故障诊断，若没有专用工具和仪器设备，根本无法进行。目前大部分汽车维修厂汽车检测诊断设备的投入较少，先进的汽车检测诊断设备则更少。

在培养技术人才方面，许多维修厂还是师傅带徒弟，维修质量完全凭经验。再加上平时不注重维修资料搜集、整理，一旦有经验的人离职，便难以为继。

（2）行业市场行为欠规范，缺乏诚信

目前我国汽车维修市场存在一些无牌无证经营或违规经营的"黑店"，此类违规经营者总以不同面目出现，或是洗车场偷偷从事修车业务，或是配件商店兼营维修业务，这些违规经营者扰乱了市场秩序，导致恶性竞争。其重要的原因在于行业监管不到位，现行的法规尚不健全。由于把关不严，许多汽车维修企业在申办技术合格证时，都想方设法提高资质等级，他们多方挪用、借调技术人员来凑数，一旦技术等级合格证核发下来，"技术力量"立即产生"空洞"。可以说，二类以下维修企业的很多汽车修理工是未经正规培训的。

（3）汽修质量意识淡薄

维修企业的投资者、经营者急功近利思想严重，搞短期行为，不顾企业汽修质量管理上的长远考虑；企业的修理工素质低，缺乏正规的专业技术培训；行业管理部门"只管开业，不管质量"的思想严重。

（4）汽修质量保证脆弱

一是汽车维修质量在组织上无保证。维修企业缺乏质量管理机构，质量管理制度执行不严。二是汽车维修质量在工艺上无保证。维修企业在维修工艺上是处于"三无"状态：无工艺文件、无工艺要求、无工艺管理。三是汽车维修质量在设备上无保证。

（5）汽修质量监督力度不大

公安车辆管理部门仅在汽车年审时，对汽车的安全性项目进行检测，汽车安全年审以外的项目、时段无人监管；交通维修行业管理部门对汽修企业修完出厂的汽车缺乏综合性检测；环保部门对汽修企业的质量监控几乎为零。

（6）汽车美容装潢服务企业服务条件差，经营不规范

由于汽车美容装潢的投资较小，市场诱人，因此最近几年时间我国涌现了大量汽车美容装潢店。由于缺乏必要的行政管理，目前我国的汽车装潢美容市场秩序混乱。汽车装潢店销售假冒伪劣和三无产品，汽车美容店占道营业、违规用水、环境污染等现象非常普遍。

5.4.3　我国汽车维修行业的发展趋势

目前我国汽车维修企业的发展趋势，归纳起来有如下几个方面。

1. 汽车维修业依靠科技创新提高和增强竞争能力

维修行业伴随着汽车制造技术的发展而发展，新工艺、新结构、新材料、新技术的采用对现代汽车维修业提出了许多更新、更高的要求。追踪高新技术、掌握高新技术、提供高质量的维修服务，才能在市场竞争中占据有利的地位，这已成为汽车维修企业的共识和追求的目标。

2. 汽车维修业朝着专业化及工业化方向发展

随着汽车维修市场逐步完善，以及同业竞争的加剧，汽车维修市场的分工越来越细化，并朝着专业化、工业化的方向发展。其主要表现在如下方面：一是汽车维修企业承担单一车型或同类车型的汽车维修或者建立汽车三位、四位一体及连锁经营店，为汽车制造企业做售后维修服务等；二是汽车维修业主只承担专项维修，如专门维修汽车电子控制装

置、专门维修自动变速器、专门维修助力转向系统、专门维修 ABS 系统、专门从事钣金、专门从事喷漆、专门从事车轮动平衡和汽车美容等；三是汽车维修已开始朝着工业化流水作业发展，如发动机翻新、自动变速器翻新等。随着专业化、工业化程度的提高，维修停厂时间减少，维修质量却得到了提高。

3. 采用先进的管理手段，向管理要效益

汽车维修企业通过采用现代化管理手段，在企业管理上逐步实现规模化、科学化。汽车维修企业管理主要是在汽车进厂维修过程、客户群管理、出厂记录、材料管理、财务管理、劳动人事管理等方面逐步实现计算机管理，并在生产现场逐步采用电视监控技术，不断提高企业管理水平。同时汽车维修企业不断改善服务质量，通过实行"四公开"，即公开维修项目、公开收费标准、公开修理过程、公开服务承诺，以及积极创建文明行业等，不断实现以顾客需求为导向的企业创新。

4. 发展汽车维修救援

汽车维修救援是为汽车提供紧急救援服务的新事业，是对汽车维修业服务功能的延伸。通过该系统，能够减少运输损失、提高运输效率、保障运输安全。汽车维修救援将成为汽车维修业发展的一个新的经济增长点，并且是一项利国利民的事业。

5. 二手车市场进入汽车维修企业

国外二手车交易大部分在汽车维修企业进行，与新车一样有展厅，并且这种形式得到了顾客的认可。因为汽车维修企业在进行二手车交易时，一是要经过政府批准，二是具有国家承认的持证经纪人与评估师，三是依托企业中的综合性能检测线对二手车进行科学的检测、评估与适当的翻新，这样翻新的二手车在交易后与新车一样具有保修期。因此，汽车维修企业引进这项业务是符合市场需求的。据美国二手车交易市场调查结果显示，每发生一台新车交易，同时会有七台二手车交易。

6. 汽车维修业向连锁经营方向发展

连锁经营"BOSS"理论认为，Brand（品牌）、Operation/Supply（运营和支持）、System（体系）将是连锁经营的三大核心竞争力。独立中小企业在加入连锁体系后，便可与总部共享品牌、广告等营销资源，使群体知名度和信誉度迅速提升；而没有经营经验的加盟店可以获得总部在管理技巧、业务知识方面的培训；特许经营的最大优势体现在物流配送方面，总部通过信息网络统一进行采购配送，不但可通过规模效应降低采购成本，也可以提高配送效率。

7. 汽车维修向电子信息化发展

随着汽车制造技术的发展，其电子化水平不断提高，相关维护修理变得更加复杂，仅凭个人的经验来判断故障已经不能适应发展的需要，很多高科技设备被逐步应用到汽车维修行为之中，汽车维修业对电子信息的需求变得日益强烈，当前汽车维修行业中资料查询，技术培训，故障检测诊断的网络化趋势十分明显。美国汽车维修业在20世纪80年代就开始了网上查询资料，网上解答维修难题，网上进行咨询的探索。我国汽车维修专业的网络化探索起步较晚，但发展速度很快，目前网上的技术讨论网络故障诊断已经非常普遍，汽车维修的网上技术应用也得到了迅速拓展，并呈现出了较好的发展势头。

8. "互联网＋汽修"模式迅速崛起

互联网已席卷传统产业并产生深刻变革，汽车产业身处其中。站在"互联网"的风口，汽车维修市场也掀起了一波"互联网＋汽修"的模式。"互联网＋汽修"就是汽修企业通过整合线上线下资源，通过线上引流，线下体验将开拓万亿规模的汽车后市场。"互联网模式"可以大幅降低店面成本，提升服务能力，同时大幅提升顾客的满意度。但区别于传统商业零售企业的互联网化，汽车后市场强调业务线上、线下并举，更加重视线下用户体验。未来发展的关键是解决线上流量来源，完善线下服务体验，扩大服务品类和频次。

目前中国的汽车维修行业主要由4S服务网络和路边店构成。前者在品牌、专业维修设备、技术实力、人才储备、单车利润等方面占优；后者则在网络覆盖、维修车型种类、服务便捷、价格等方面占优。快修连锁店是路边店和4S店的折中，由于兼备了两者的优势，已经逐渐成为汽车发达国家的主导汽修模式，这种模式整合了各种品牌汽车零配件的相应资源，进一步打破了制造企业的纵向垄断，价格更加透明，服务更加系统，可以一站式解决汽车维护、修理、美容等一系列问题，得到了广大车主的认可和好评。

习 题

1. 简述汽车维护的主要类别和主要作业内容。
2. 简述汽车环保检测和综合性能检测的目的。
3. 汽车检测站的任务有哪些？
4. 汽车维修企业如何分类？
5. 简述我国汽车维修行业的特点。
6. 简述我国汽车维修行业的发展趋势。

第 6 章
汽车美容改装和配件用品服务

知识要点	掌握程度	相关知识
汽车美容与装饰	了解汽车美容的定义和作用； 了解汽车美容的分类； 掌握汽车美容的作业条件和作业依据； 掌握汽车美容的常见服务项目； 了解汽车装饰的定义和作用； 掌握汽车装饰的常见服务项目； 了解我国汽车美容与装饰行业的现状及发展对策	汽车美容的定义和作用；汽车美容的作业条件和作业依据；汽车美容服务项目；汽车装饰的定义和作用；汽车装饰的分类；汽车装饰的常见服务项目；我国汽车美容与装饰行业的现状及发展对策
汽车改装	了解汽车改装的定义、作用和分类； 掌握汽车改装的常见服务项目； 了解我国汽车改装业的现状及发展对策	汽车改装的定义、作用和分类；汽车改装的常见服务项目；我国汽车改装业的现状及发展对策
汽车配件与用品服务	了解汽车配件的定义； 了解常见汽车零部件的分类； 了解汽车用品的定义和分类； 掌握汽车配件用品采购原则、采购方式和采购流程； 了解仓库管理的主要内容； 了解汽车配件用品的售后服务的内容和作用； 了解我国汽车配件与用品业的现状及发展对策	汽车配件；汽车零部件；汽车零件编号；汽车配件用品采购；仓库管理；汽车配件用品的售后服务；我国汽车配件与用品业的现状及发展对策

汽车美容、装饰与改装改造是 20 世纪 90 年代中后期发展起来的一种全新的服务内容，具有严格的系统性、规范性和专业性，需要从业人员具有较高的技能操作能力。随着我国汽车保有量的增加，汽车美容也迅速地发展起来。根据国家统计局统计，截至 2021 年年底，全国民用汽车保有量 30151 万辆，其中私人汽车保有量达 26246 万辆。汽车美容市场保持高速发展态势，预计年增速达 15% 以上。

近几年，国外汽车改装企业纷纷进军中国市场，德国奔驰公司及宝马公司的专业改装公司和日本光岗公司在国内都开设了专卖店，提供专业的汽车改装服务，并实现了不错的销售业绩。这些国外汽车改装企业的行动无疑为国内的汽车改装市场带来了成熟的经验和先进的技术，不但有利于国内汽车改装市场向高端化、品牌化、品质化、个性化、定制化发展，而且能够促进其更好地与国际市场接轨。

根据汽车发达国家的经验，汽车后市场的利润可占整个汽车产业利润总和的 60%。而作为汽车后市场的三大板块之一，汽车配件用品市场是目前发展最快、前景最好的行业之一，盈利空间也相当广阔。我国汽车配件用品行业的发展潜力很大，未来几年将进入高增长的阶段。

6.1 汽车美容与装饰

6.1.1 汽车美容

1. 汽车美容的概念

"汽车美容"一词起源于西方发达国家，英文名称为"Car Beauty"或"Car Care"，意指汽车的美化与维护。在西方国家，这一行业被称为"汽车保姆"（Car Care Center），是汽车生产、销售、维修之后的第四行业。

在我国，汽车美容是指针对汽车各部位不同材质所需的养护条件，采用不同性质的汽车美容护理产品及施工工艺，对汽车进行全面养护以达到延长汽车使用寿命、增强装饰性和美观性的一种行为。

今天的汽车美容由于借鉴了人类"美容养颜"的基本思想，被赋予了仿生学新的内涵，正逐步形成现代意义的汽车美容。因此，汽车美容不再只是简单的汽车打蜡、除渍、除臭、吸尘以及车内外的清洁服务等常规美容护理，还包括利用专业美容系列产品和高科技技术设备，采用特殊的工艺和方法，对漆面进行增光、打蜡、抛光、镀膜及深浅划痕处理，全车漆面美容、底盘防腐涂胶处理和发动机表面除垢等一系列美容养护技术，从而达到"旧车变新，新车保值，延寿增益"的功效。

2. 汽车美容的作用

（1）保护汽车

汽车美容是集清洗、打蜡、除尘、翻新、漆面处理于一身的养护过程，它不但可以清除车身表面的尘土、酸雨、鸟粪、沥青等污染物，防止漆面受到腐蚀损害，而且可以通过漆面研磨去除表面氧化层，抛光后使车体表面清洁、靓丽。同时，通过打蜡更能使车身光彩亮丽的视觉效果保持长久。和外表肮脏、漆色暗淡的汽车相比，其价值优势不言而喻。

(2) 装饰汽车

随着人们消费水平的提高，对于一些中、高档轿车的车主来说，汽车已不仅仅是一种交通工具，更是一种身份的象征。车主不仅要求汽车具有优良的性能，而且要求汽车具有漂亮的外观，并想方设法把汽车装点得靓丽多彩，这就对汽车的装饰性能提出了更高的要求。通过汽车美容作业，使汽车涂层平整、色彩鲜艳和色泽光亮，始终保持美丽的外观。

(3) 全面养护汽车

汽车美容除了具有最基本的保护和修饰汽车功能外，还可以通过对汽车室内各部位及主要配置、汽车空调、行李箱等的清洁护理，消除异味，大大延长汽车内饰件在使用周期内的使用舒适性。特别是对底盘及发动机的内、外部护理，可极大地改善其散热效果，减少各运动副之间的磨损，使汽车内部机械运转更加顺畅，从而有效延长汽车的使用寿命。

3. 汽车美容的分类

(1) 根据汽车的服务部位分类

① 车身美容。车身美容即对汽车外表进行去污翻新处理。比如对汽车进行高压洗车、去除沥青、焦油等污物；打蜡增艳与镜面处理；新车开蜡；钢圈、轮胎、保险杠翻新与底盘防腐涂胶处理等。

② 内饰美容。内饰美容是针对从车室、发动机及行李厢等进行的清洁及美化。比如，车室美容中的仪表台、顶棚、地毯、脚垫、座椅、座套、车门内饰的吸尘清洁保护；以及蒸汽杀菌；冷暖风口除臭；室内空气净化等项目。

③ 漆面美容。漆面美容即对车身外表的漆面进行的养护及美化处理。目前常见的服务项目有氧化膜、飞漆、酸雨处理；漆面深浅划痕处理；漆面部分板面破损处理及整车喷漆等。

(2) 根据汽车的实际美容程度分类

① 护理美容。护理美容即人们普遍所说的一般汽车美容，它主要是通过洗车、打蜡的方法，去掉汽车表面的尘土、污物，并使其表面光亮艳丽。护理美容可对汽车表面起到粗浅美容的作用，它作为自理性美容，不需要专门的工作场地，一般车主可自行做到。

② 修复美容。修复美容是指对车身漆膜有损伤的部位和内饰物出现破损的部位进行恢复性作业。汽车修复美容应在正规的汽车美容中心进行，它需要必要的设备和工具，必须有一定的修复美容工艺，才能满足汽车美容的基本要求。

③ 专业美容。专业美容是通过先进的设备和数百种用品，经过几十道工序，从车身、内室、发动机、钢圈、轮胎、底盘、保险杠、油路、电路、空调系统、冷却系统、进排气系统等各部位进行彻底的清洗和维护，经过专业美容后的汽车不仅外部焕然一新，而且内部机械运转更加顺畅，使汽车的使用寿命得到有效延长。

4. 汽车美容的作业条件和作业依据

(1) 汽车美容的作业条件

① 应有最起码的美容操作工作室，工作室应与外界隔离，设有漆膜维修处理工作室、干燥室、清洗室、美容护理室，且最好相互不干扰，但又有一定的联系。露天操作是不能进行汽车美容的。

② 各工作室应有相应的设备、工具及能源，可供施工所用。

③ 所有施工人员必须经过专业技术培训，取得上岗证书者，才可进行施工操作。

④ 汽车美容用品及有关材料必须是正规厂家生产的合格品。

⑤ 有完善的售后服务。售后服务是对专业美容的补充，当出现一些质量问题时可进行补救处理，既可保证汽车美容企业的良好服务形象，也可保证消费者的权益。

(2) 汽车美容的作业依据

汽车美容应根据车型、车况、使用环境及使用条件等因素有针对性地、合理地安排美容作业的时机及项目。

① 因"车型"而异。由于汽车美容项目、内容及使用的用品不同，因此价位也不一样。对汽车进行美容不仅要考虑到效果，还要考虑费用问题。因此，不同档次的汽车所采取的美容作业及使用的美容用品应有所不同。对于高档轿车应主要考虑美容效果，而对于一般汽车只要进行常规的美容作业就可以了。

② 因"车况"而异。汽车美容作业应根据汽车漆膜及其他曲面状况有针对性地进行。车主或驾驶人应经常对汽车表面进行检查，发现异变现象要及时处理。如车漆表面出现划痕，尤其是较深的划痕时，若处理不及时，导致金属锈蚀，就增大了处理的难度。

③ 因"环境"而异。汽车行驶的地区和道路不同，对汽车进行美容作业的时机和项目也不同。如汽车经常在污染较重的工业区使用，应缩短汽车清洗周期，经常检查漆面有无污染色素沉积，并采取积极预防措施；如汽车在沿海地区使用，由于当地空气潮湿，且大气中含盐分较多，因此一旦漆面出现划痕应立即采取处理措施，否则极易造成内部金属锈蚀；如汽车在西北地区使用，由于当地风沙较大，漆面易失去光泽，因此应缩短抛光、打蜡的周期。

④ 因"季节"而异。汽车美容用品及有关材料必须是正规厂家生产的合格品。不同的季节、气温和气候的变化，对汽车表面及内饰部件有不同的影响。如汽车在夏季使用时，漆膜因高温易老化；在冬季使用时，漆膜因严寒易冻裂，应进行必要的预防护理作业。另外，冬、夏两季车内经常使用空调，车窗紧闭，车内易出现异味，应定期进行杀菌和除臭作业。

5. 汽车美容的常见服务项目

(1) 汽车清洗

汽车清洗是汽车美容中最基本的工作，也是所有汽车美容项目的首要环节。通过采用专用设备和清洗剂，清除车表和零部件上的污染物，可防止车身部件受到腐蚀和损害，保护汽车各个零部件在最佳状况下工作。因此，汽车清洗在汽车养护中具有最重要的作用。按部位不同，清洗作业可分为车身表面清洗、内室清洗和行走部分清洗。车身表面清洗的主要部位包括车身漆面、车门窗、外部灯具、装饰、附件等；内室清洗的主要部位包括篷壁、地板、座椅、仪表台、操纵件、内部装饰、附件等；行走部分清洗的主要部位包括与汽车底盘有关的总成壳体表面。

(2) 新车开蜡

汽车生产企业为防止新车在储运过程中漆面受损，都喷涂有封漆蜡，尤其是进口车。国外轿车在出口时都在汽车外表涂有保护性的封漆蜡以抵御远洋运输途中海水对漆膜的浸蚀。因为封漆蜡极厚，并且十分坚硬，所以还可以防止大型双层托运车运输途中树枝或强力风沙刮擦及抽打。封漆蜡主要含有复合性石蜡、硅油、PTFE树脂等材料，能对车表面起到长达一年的保护作用。但它不同于上光蜡，由于没有光泽，会严重影响汽车美观。另外，汽车在使用中封漆蜡易黏附灰尘，且不易清洗。因此，购车后必须将封漆蜡清除掉，同时涂上新车保护蜡。清除新车的封蜡称为"开蜡"。

(3) 汽车打蜡

汽车打蜡是指在车漆表面涂上一层蜡质保护层，并将蜡抛出光泽的护理作业。打蜡的目的如下：一是改善车身表面的光亮程度，增添靓丽的光彩；二是防止腐蚀性物质的侵蚀，对车漆进行保护；三是消除或减小静电影响，使车身保持整洁；四是降低紫外线和高温对车漆的侵害，防止和减缓漆膜老化。汽车打蜡可通过人工或打蜡机进行作业。手工打蜡简单易行，打蜡机打蜡效率较高。无论是手工打蜡还是打蜡机打蜡，都要按一定的顺序进行，要保证车身漆面涂抹的均匀一致。打蜡时，每次不要涂得太厚，上太多的蜡不但会造成成本的增加，而且会增加抛光的工作量，还容易沾上灰尘，使抛光摩擦时有可能产生划痕。

(4) 汽车封釉美容

汽车封釉美容是指运用专用的抛光机将一种高分子结构的涂装剂压进车漆内部，使其形成一层坚固的网状结构，类似"唐三彩"等陶器制品外表涂层的保护膜，具有隔紫外线、防氧化、抵御高温和酸雨的功能。新车封釉，可以使车漆寿命延长，减缓车漆褪色。对旧车的作用就更明显，其中一道工序可使氧化褪色的车漆还原增艳，颇有翻新的效果。汽车展上的样车，大多经过这样的处理，看起来晶莹剔透，光可鉴人。

由于封釉美容使用的专用工具可使"釉"经过加热，挤压进车漆的毛孔内，因此其持久性比普通打蜡等美容工艺要强许多，即使不再做任何处理也可以保持 1 年左右。

(5) 汽车漆面镀膜

汽车漆面镀膜是在传统抛光工艺的基础上，使用专用喷枪，将镀膜产品均匀地喷涂在车漆表面，然后用专用海绵采用螺旋式涂抹方法使液态药液均匀涂附在车身上，最后用纯棉毛巾进行擦拭。汽车镀膜后的漆面抗氧化、耐磨损、耐腐蚀、抗高温性更强，且膜层分布更加均匀、细腻，硬度更高，亮度更持久。经过漆面镀膜，车漆变成了一个连续的表面，整体漆表密度增加。同时带来了较高的叠加性能，即叠加无数遍后层与层之间也不产生界面，更不会发生"起皮"现象。当产品被涂抹在车漆表面后在自然环境下，分子结构在有机硅的作用下发生奇妙的变化。

从专业的角度来分析，为了与封釉有所区别，真正的汽车镀膜应该是无机镀膜，也就是永远不会氧化的水晶玻璃镀膜。无机镀膜才是覆盖在汽车表面的镀膜层，不会被紫外线、酸雨等外界因素氧化而消失掉，汽车正常使用情况下单次保护车漆长达 1 年左右，汽车镀膜有时也称镀晶。

(6) 汽车漆面修复美容

汽车漆面修复美容是指对车身漆膜有损伤的部位进行恢复性作业。漆面修复美容一般先进行漆膜修复，然后进行美容。这种美容的工艺流程如下：砂子划痕—涂快干原子灰—研磨—涂快干底漆—涂底色漆—涂罩光漆—清除接口。汽车漆面修复美容应在正规的汽车美容中心进行，它需要必要的设备和工具，必须有一定的修复美容工艺才能满足汽车美容的基本要求。但是，这种美容并非很完善，对整车而言，只是对车身的漆膜部分进行了保养护理。

(7) 汽车内饰桑拿

由于车门的开关、人员的进出、抽烟或吃一些食物所留下的残渣会引起车内大量螨虫、细菌的滋生，还会产生一些刺激性的气味。而行车时，由于车窗的紧闭使得所产生的异味不易排除，既影响人员乘坐的舒适性，还容易增大驾驶人患病的概率，甚至增加乘车者之间病菌交叉传染的可能性，影响了驾驶人的安全驾驶。蒸汽洗车技术在洗车业无疑是一个全新的洗车概念。它的核心在于"蒸汽"。施工过程中通过130℃的高温把车内留下的汗渍、污渍、顽渍、病菌、螨虫清洁干净。如同人坐在桑拿间一样，不用洗浴液也能把身上的污物及细菌清除。

（8）汽车翻新处理

汽车翻新处理包括轮胎翻新和镀铬件翻新。

轮胎黏附各种污物后将失去原有纯正黑色，而呈现灰黑色，不但影响视觉效果，而且受浸蚀的橡胶极易老化、变硬，失去原有的弹性及耐磨性。轮胎翻新就是在轮胎彻底清洁的基础上，使用特殊用品（如轮胎清洁增黑剂），将其迅速渗透于橡胶内，分解浸入的有害物质，使轮胎橡胶延缓衰老，提高亮度，还原如新。

镀铬件能提高汽车的装饰效果，空气中的盐分及硫化气体长期附着在镀铬件的表面时，会使其失去光泽，影响美观。当镀铬件表面出现深度划痕时，腐蚀会迅速扩展到镀铬层下面，从而影响汽车的外在价值。除锈翻新、上光保护处理可使镀铬件表面重现光泽。

（9）发动机系统的维护护理

使用专业用品及工艺，通过对发动机外部的清洁美容，可除斑、防锈、预防老化，且对汽车有一定的保值作用；而对其内部清洁可消除胶质、积炭、油泥、水垢等沉积物，使发动机供油正常，运转顺畅，从而延长其使用寿命。

（10）底盘部分的清洁护理

底盘部分因位置特殊而容易被忽视，然而，由于它离地面最近，工作环境比较恶劣，经常会粘有泥土、焦油、沥青等污物，如不及时清洁，就会形成油渍、锈渍，进而影响到汽车的行驶性能。底盘部分的清洁护理就是通过对车身底板、转向系统、传动系统、制动系统及轮毂的清洁护理，使其达到清洁美观、防止锈蚀及渗漏，减少机件磨损，延长使用寿命的功效。

6.1.2 汽车装饰

1. 汽车装饰的概念

随着人们对个性化和时尚感的追求，汽车装饰业应运而生。它是指在原厂车的基础上通过加装一些附属的物品，以提高汽车的美观性、装饰性和安全性的行为，所增加的附属物品称为汽车装饰品。汽车装饰如同房屋装修一样，已成为汽车使用的一个必然过程。车主对批量生产的同一款车在美学、舒适性、方便性等方面提出了更高的不同要求，通过对车身内外的装饰，可使用户得到最大限度的满足。可以说汽车装饰美容业已经成为汽车售后服务中非常重要的环节，并逐步向普及化和专业化方向发展。

2. 汽车装饰的作用

（1）改进汽车外观

根据车主的个性化追求，比如车主选择加装全车大包围和升级轮圈轮胎。加装大包围从性能上来说，可以减小汽车行驶中的空气阻力，提高高速平衡性，车的外观也更加整体协调、与众不同。而把轮圈升级，可以更好地保持行驶中的平稳性和安全性，而且汽车外观看上去更有跑车风范。

（2）使室内更加舒适、方便

现代人在享受汽车高效、快捷的同时，也注重对汽车舒适性和方便性的追求。汽车加装太阳膜，可有效抵御紫外线的直接侵害，并且能够给车内带来清凉；而室内真皮座椅的装饰，更能够让汽车在视觉上、触觉上甚至嗅觉上都有一个好的心理感受，且能最大限度提升轿车的档次。特别是汽车音响及车载电话、电视的选装，更能使人尽享驾乘的快乐。

（3）对汽车的性能进行合理的提升

通过对汽车性能的合理提升，以提高汽车的使用价值，如给汽车加装尾翼，不仅可改变视觉效果，而且可使空气对汽车产生第四种作用力，即对地面的附着力。它能抵消一部分升力，控制汽车上浮，减小风阻影响，使汽车能紧贴着道路行驶，从而提高行驶的稳定性。另外，加装电子整流器可以省油、增大扭力和操控反应，使车的电器负荷减小，延长电池使用寿命。特别是驾车新手，在车上加装可以显示倒车影像的车载显示屏，对日常的倒车入库有很大的帮助。除此之外，加装大视野后视镜，能让驾驶人在驾驶时减小盲区，增强安全性。这些汽车装饰内容都会对汽车的性能有一定的提升作用。

3. 汽车装饰的分类

汽车装饰可以分为汽车外部装饰、汽车内部装饰和汽车精品装饰。

① 汽车外部装饰。汽车外部装饰简称汽车外饰，是指对汽车外表面进行的加工处理，如对汽车顶盖、车窗、车身周围及车轮等部位进行的装饰。

② 汽车内部装饰。汽车内部装饰简称汽车内饰，是指对汽车驾驶室和乘客室进行的加工处理，如对汽车顶棚内衬、侧围内护板和门内护板、仪表板、座椅、地板等部位进行的装饰。

③ 汽车精品装饰。汽车精品装饰是汽车装饰服务的延伸项目，使汽车更加安全、便利、舒适而加装的各种附属品，如各种车载电子电气设备、通信设备、智能设备、防盗防护等设备的安装。

4. 汽车装饰的常见服务项目

（1）汽车外部装饰服务

① 太阳膜装饰。车窗在给司乘人员提供与车外进行视觉交流的同时，也把烈日引进车内，尤其在炎热的夏日。汽车在没有林荫的公路上行驶，即使打开空调，车内的人也无法躲避烈日及紫外线对皮肤的侵害，骄阳的直晒会使司乘人员焦躁不安。如果在车窗上贴上太阳膜，可有效阻止阳光直射，给车内带来清凉。太阳膜主要可以起到隔热降温、防止爆裂、保护肌肤、保护内饰、改变色调、单向透视的作用。

太阳膜按颜色不同有自然色、茶色、黑色、天蓝色、金墨色、浅绿色和变色等品种；按产地不同可分为进口车膜和国产车膜；按等级不同可分为普通膜、防晒太阳膜和防爆隔热膜等。

粘贴太阳膜的基本步骤如下：工具、环境准备→调制粘贴溶液→玻璃外侧清洁→粗裁剪→定型裁剪→玻璃内侧清洁→粘贴太阳膜→检查。

② 车身贴饰。车身贴饰是在车身外表，贴上各种图案的装饰。这种装饰不仅能突出车身轮廓线，还能协调车身色彩，给人以丰富的联想和舒适的心理感受，使车身更加艳丽多彩。

车身贴饰主要有彩条装饰、彩带装饰、车身文字涂装和图案涂装等多种形式。

③ 加装车身大包围。汽车大包围是车身下部宽大的裙边装饰。汽车加装大包围可使车身加长、重心降低，给人以雍容气派、奔放热情之感。另外，大包围还可改善车身周围气流的运动特性，提高汽车行驶的稳定性。

汽车大包围由前包围、后包围和侧包围组成。前、后包围有全包围式和半包围式两种形式，全包围式是将原来的保险杠拆除，然后装上大包围，或是将大包围套在原保险杠表面，覆盖原保险杠；半包围是在原来保险杠的下部附加一个装饰件，这样可不用拆除原保险杠。侧包围又称侧杠包围或侧杠裙边。

安装大包围时先装前包围，然后是侧包围和后包围，它的基本安装步骤是类似的，其中安装前包围的基本步骤如下：清洗安装部位→准备好安装工具和材料→按安装要求，钻好安装孔，去除毛刺→包围件放在安装位置，并用螺钉固定拧紧。

④ 导流板和扰流板装饰。为了提高汽车的性能和装饰水平，现在流行安装前导流板和扰流板。导流板是汽车前保险杠下方的抛物线形连接板，它是一块坚固的、裙幅式的板。扰流板（又称后翼板）是汽车行李舱盖上后端形似鸭尾的凸出物。

安装导流板后，导流板对前端气流起到导流作用，可减少前端气流从发动机下部和底盘下部通过，从而减小其阻力、压力和前端提升力。使前端气流比较通顺地从前端上部和两侧通过。目前，在汽车配件市场上，有同系列、多品种的前导流板产品可供选择。应尽量选择同车型的规格产品，对质量保证和方便安装都有好处。若不是同车型的导流板，则必须仔细阅读产品说明书，确认是否可通用安装，再仔细查对外形、安装位置和安装尺寸，以防安装时装不上。同时，还要检查配件质量，必须选择合格产品。目前，导流板的安装主要采用螺栓固定的方式。

人们针对汽车后端的阻力和提升力问题，研制出扰流板。扰流板有不同的形状尺寸，但它们的共同特点是狭长，表面平滑，安装在车上会翘出车体。在汽车上安装导流板，可以去除和扰乱气流，改变后端气流的流动状态，从而减小后端气流对车的阻力和提升力。

扰流板有很多样式可供选择。从构造上，可分为无尾灯、半尾灯和全尾灯型几种。扰流板是一种根据空气动力学原理研制的科技产品，所以要因车而异。一般选用汽车生产企业提供的与车型配套的选装件为宜。

扰流板的安装方式主要有粘贴式和螺栓固定式两种。前者可避免破坏行李舱盖且不会漏水；后者固定牢固，拆卸方便，但因有钻孔会破坏行李舱盖的面貌，若想拆解就得在后备盖上留几个孔，并且安装不好时会发生漏水现象。

⑤ 天窗装饰。车厢内的空气状况直接影响乘坐舒适性。对于没有天窗的汽车主要是靠侧窗进行通风换气，而打开侧窗后车外的尘土、噪声便会进入车内。若是冬、夏两季，享受车内暖风、冷气时，让窗外的寒气或热浪扑面吹来，会使人感到很不舒服，同时会破坏空调的效果。为汽车加装天窗，则能较好地克服上述现象，实现有序换气。另外，有了天窗也为驾车摄影、摄像提供了便利条件。

天窗按驱动方式分为手动式和电动式两种；按开启方向可分为外掀式、外滑式、内藏式和敞篷式等。手动天窗结构比较简单，价格低，且便于安装；电动天窗档次较高，价格高，安装时由于要走线，安装难度大。

汽车天窗的品种较多，但都是生产企业按车型配套设计制造的，目前国内外都有天窗的生产企业和产品供应。在选购时要按车型选择天窗，在同类中应选需要的型号，且一定要选择正规厂家生产的合格天窗进行改装。另外，选择有实力的商家进行高质量的安装也是必须要注意的。

⑥ 车灯装饰。车灯装饰是在不改变原装车灯结构的前提下，在车上增加额外的车灯系统，起到增强照明、增加功能、增添个性等作用的一种装饰。按车灯的安装位置分类，汽车装饰灯可以分为汽车外部车灯和汽车内部车灯。外部车灯主要安装在车顶、车前脸、车尾、车底及车轮等位置。汽车内部车灯主要安装在仪表盘、车内顶部、车内后视镜上、后风窗玻璃内侧及变速手柄等位置。有些车灯尽管安装在车内，但作用效果在车外，因此仍属于汽车外部车灯，如汽车霓虹灯、部分射灯等。

汽车外部装饰灯主要有霓虹灯、底盘灯、高位制动灯、顶灯、示宽灯、车尾装饰灯、排气管灯、号牌灯、竞技型车灯、探射灯、搜索灯等。

车内装饰灯有多种形式，主要有太阳能迷你闪光精灵灯、闪光操纵杆球头、车内声控灯、七彩闪光飞机灯、地图灯等。

⑦ 车底装饰。车底装饰是指对除轮胎以外最贴近地面的汽车部件进行装饰，以防车底零件损坏。车底装饰通常有底盘封塑、底盘装甲、底盘护板等。

底盘封塑是将底盘彻底清洗、烘干后喷上双层的柔性橡胶树脂，完全包裹住车盘底部和轮毂上方噪声较集中的部位，形成约 2 mm 厚的防护层。喷塑层有很强的韧性、弹性、防腐性和防锈性，并有良好的隔热、隔声效果，可大大降低沙石撞击的力度，达到防腐、防锈、防撞效果，同时可以隔除一部分来自底部的杂音。

底盘装甲是目前国际上流行的一种底盘防护措施，是采用橡胶和聚酯材料的混合配方，喷涂在底盘上，施工厚度为 4 mm 左右，局部为 5 mm 以上。这种涂层具有高弹性，有效减弱了沙石直接打在金属上发出的噪声。底盘装甲的作用与底盘封塑类似，不同之处是采用的喷涂材料不同，涂层在 4 mm 以上，具有更好的隔声降噪效果。

底盘护板是指在车底需要特殊保护的总成和机构（如发动机、变速器、传动轴等）安装护板，以防车底受到碰撞时，保护车底部的部件不受损坏。底盘护板有塑料护板和钢板护板两种。塑料护板和钢板护板都可以在汽车托底时保护底盘，塑料护板能在剧烈磕碰时断裂或者撕开以吸收磕碰的力量，从而保护需要保护的底盘部件。钢板护板材质十分坚硬，甚至比底盘大梁的硬度还要大。在底盘受到碰撞时，钢板护板的变形较小，可以很好地保护底盘部件不受损坏。

⑧ 其他外部装饰件。除了以上装饰项目外，汽车外部装饰还包括车轮饰盖装饰、轮弧饰片装饰、眼线装饰、加装旗杆灯、加装汽车货架、加装备胎罩和防撞条装饰等项目。

车轮饰盖靠钢丝卡簧固定支夹固定在车轮轮辋上，位于汽车外部的醒目位置，是重要的外装饰件。高品质的饰盖能烘托出整车的造型效果，提高汽车的价值。

轮弧饰片又称轮眉或轮眉防撞条，一个主要功能是保护轮弧翼子板在受到轻微或中度碰撞时，可使其伤痕减至最低程度；另一个主要功能是起装饰作用，可使车身外表"锦上添花"。

眼线，也称眼眉，是汽车的前照灯上表面部位附着的装饰件。这是将车拟人化的表述，将左右前照灯均加上眼线装饰，如同女孩描眉一样，楚楚动人。

在汽车前端、保险杠的转角两侧选装两个旗杆灯，可以起到安全作用和装饰作用。在行车时，坐在驾驶室看不到右边的翼子板和前保险杠右端，不容易估计距离，在小空间里错车行驶时，不注意就会蹭到边上的汽车，加装旗杆灯后，可以在右端起到标杆作用，从而判断右边翼子板和保险杠的位置，再加上旗杆灯往往造型精巧，又可以起到装饰作用。

汽车货架是安装在汽车顶部或后部，用于放置货物的装饰品。汽车货架按放置物品的不同可分为车顶货架、行李架和放置自行车的后背式专用摆车架。安装汽车货架时，一般由车顶排水槽或车门框的上缘来扣住货架的基座。

备胎罩是用于遮盖备胎的装饰品，不但具有很好的装饰效果，使整个车身协调美观，而且可避免备胎遭受日晒、雨淋等自然侵蚀，防止备胎老化。

防撞条是贴于车身凸出部位的一层特殊保护层，主要用于减少车身遭遇轻微或中度擦撞时受到的损伤，同时能增强车身美观效果。防撞条按粘贴位置不同可分为车身防撞条、保险杠防撞条、车门防撞条及后视镜防撞条。

(2) 汽车内部装饰服务

① 地板装饰。汽车地板在底盘的上部，是车厢的基础部分，承载着车内的各类设施和人员，要求有可靠的安全性，能稳固地起到支承功能。同时，作为车厢与地面之间的隔离层，它应起到保温、隔热、防湿、防潮、防尘等作用，也要防止外部噪声进入车内。

对地板进行装饰，主要是因为原地板陈旧或损伤需要装饰，可参照原地板使用的材料、色泽和地板构造，采用适当的方法进行装饰。

如果是为了提高原车装饰档次，可采用在原地板的基础上，选装汽车地毯，直接放置在地板上，不仅是汽车地板装饰的最简便而有效的方法，而且可以增强地板层的防噪声效果。

中高档汽车上都铺有地毯，一旦有脏物、污垢留在上面，很难清理。若上面铺上一层防水、易擦洗的物品，清理起来就方便多了，这就是汽车脚垫。根据车内地板和内饰的装饰色调，进行选择适合的汽车脚垫成品或原料。当选择的脚垫是适合的成品时，可直接布置在清洁后的地板上。当选择的是原料时，可按车内地板布置需要的形状尺寸进行剪裁，以方便使用为准分成几块。

② 座椅装饰。汽车的座椅基本上都是由汽车配件厂专门生产的。座椅的主骨架和形体，一般是按人体工程学原理，以保证乘坐舒适、安全而设计的，其基本结构为复合型。目前，座椅装饰主要是进行真皮座椅装饰、布艺座椅装饰、汽车坐垫装饰和儿童安全座椅装饰。

真皮座椅美观耐用，利于散热，便于护理，还可以提高汽车档次。与真皮座椅相比，布艺座椅的透气性能、吸水性能、隔温性能更优，它们制作简单，价格低，容易清洗，可供选择的颜色也很丰富。车主可按实际需求进行选择真皮座椅或布艺座椅。

坐垫是置于座椅之上，用于提高座椅舒适性和耐磨性的一种装饰，可以分为保暖坐垫、清凉坐垫、保健坐垫及电热坐垫，车主可按实际需求进行选择。儿童安装座椅是为儿童量身设计制作的，较好地解决了安全性这一问题，因此，为了儿童的安全，有小孩的家庭应在车内安装儿童安全座椅。按照安装方向的不同，儿童安全座椅可分为后向式和前向式两种。后向式儿童安全座椅是儿童坐上后正面向后的一种座椅，它的安全性能最高，尤其适合3岁以下婴幼儿使用；前向式儿童安全座椅是儿童坐上后正面向前的一种座椅，适合3岁以上儿童使用。

③ 车内木质装饰。木质装饰是将木质或仿木质材料镶嵌在仪表板、中控板、变速器

操纵杆球头、车门扶手、转向盘、扶手箱、门拉手、烟灰盒等部件外表面的一种装饰。木质或仿木质材料具有美观、高雅、显豪华等特点，其独有的花纹图案可营造特殊的装饰效果。中高档轿车车内配置木质材料，可显示豪华档次；中低档轿车车内配置仿木质材料，可提高档次。因此，目前木质或仿木质内饰非常流行，它体现了轿车装饰的高档化。

轿车内饰木质材料一般是桃木和花梨木，早期还有鸟眼枫木和橡木，现在大多采用桃木。由于桃木具有纹理优美、坚韧、不会变形等优点，因此已成为中高档轿车内饰的首选材料。仿木质材料是用塑料仿造木质纹理生产的一种内饰材料。

④ <u>仪表板装饰</u>。仪表板是汽车上的重要功能与装饰件，是一种壁薄、体积大、上部开有很多安装各种仪表用的孔和洞且形状复杂的零部件。由于人们对汽车的性能要求越来越高，使用的各种仪表也越来越多，因此仪表板越来越复杂，对仪表板的设计要求越来越高。现代汽车仪表板不但要满足承载安装各种仪表和安全驾驶汽车的需要，而且要成为车内最主要、最引人注目、最重要的装饰件。因此，仪表板装饰也就十分重要。仪表板的装饰能够彰显汽车内饰的个性和风格。

仪表板的装饰方法有多种，主要有简朴装饰、真皮装饰、桃木装饰、色彩装饰和个性装饰等。

⑤ <u>其他车内装饰服务</u>。车内饰品装饰是通过在车内布置各种装饰品，以美化环境，并为驾乘人员提供各种方便的装饰。除了以上内饰项目以外，车内饰品还包括挂饰、贴饰、摆饰、显示类饰品和置物类饰品。

挂饰是将饰品通过绳、链等连接件悬挂在车内顶部的一种装饰。挂饰可以有画像类、徽章类、花果类、玩具类和风铃等物品类。贴饰是将图案和标语等制在贴膜上，然后粘贴在车内的装饰。贴饰可以有商标类、图片类和公益广告类。摆饰是将饰品摆放在汽车控制台或座椅上的一种装饰，可以有展示品类、布偶类及车用香水。显示类饰品是显示时间、方向、温度、湿度、平衡度等信息的饰品。置物类饰品是用于放置物品的饰品，按结构不同分为架类饰品、夹类饰品、袋类饰品、筒类饰品、盒类饰品、套类饰品、垫类饰品、钩类饰品和托盘类饰品等。比如，架类饰品主要有手机架、饮料衣服架等。这类饰品品种繁多，但不宜在车内陈列过多，否则会给人一种饰品陈列柜的感觉，车主可以根据自身需求进行选用。

（3）<u>汽车精品装饰服务</u>

① <u>车载信息精品</u>。随着电子技术和信息技术的迅速发展，越来越多的车载电子信息用品得到应用，如车载GPS、车载电话、车载对讲机、行驶记录仪等，这些用品使汽车美容服务更加贴心，从而体现个性化服务。

目前功能齐全的车载GPS，结合了全球卫星定位系统（GPS）、北斗卫星导航系统（BDS）、地理信息系统（GIS）、全球移动通信系统（GSM）和计算机网络技术，能实现定位、导航、防盗、防劫、监控、商务信息服务等多项功能。

车载电话具有声控免提功能，避免了开车用手接打电话造成的危险。车载电话的天线置于汽车外面，车内没有电子信号辐射，对人体很安全，也不会对车内的精密仪器产生干扰。车载电话还可以延伸出许多功能，如多方通话、语音和数据切换，加上传真机或电脑，就可以使车成为移动办公室。

车载对讲机是一种安装在汽车上，可以与一个人或一组人通话的通信设备。与车载电话相比，对讲机不受公共通信网络限制，可在网络未覆盖的地区进行无线通话，且没有通话费用，是一种无成本通话方式。对讲机的不足之处就是通信有效距离有限，一般为3～5km，最远不超过20km。

汽车行驶记录仪，俗称汽车黑匣子，是对汽车行驶速度、时间、里程以及有关汽车行驶的其他状态信息进行记录、存储并可通过接口实现数据输出的数字式电子记录装置。行驶记录仪可在约束驾驶人的不良驾驶行为、预防道路交通事故、保障汽车行驶安全、提高营运管理水平等方面发挥作用，并可为事故分析和鉴定提供原始数据。

② 汽车安全精品。汽车安全精品主要有防盗器、倒车影像和安全预警装置。

防盗器就是一种安装在车上用来增加盗车难度和延长盗车时间的装置。它是汽车的"保护神"，将防盗器与汽车电路配接在一起，可以达到防止汽车被盗、被侵犯，保护汽车并实现防盗器各种功能的目的。

倒车影像又称泊车辅助系统或倒车可视系统等，该系统使得倒车时车后的状况更加直观，对于倒车安全来说是非常实用的配置之一。当挂倒车挡时，该系统会自动接通位于车尾的高清倒车摄像头，将车后状况清晰的显示于倒车液晶显示屏上，让车主准确把握后方路况，倒车也如前进般自信自如。

安全预警装置是一种综合预警装置，它的主要功能有轮胎异常预警功能、引路导航及防追尾功能、倒车测距预警功能、防盗报警功能等。

③ 车载多媒体系统。目前车载多媒体系统向信息化、智能化发展。硬件一般包含核心处理器、存储单元、触摸屏人机交互模块（支持了CarPlay、蓝牙连接等方式）、摄像头模块、外置U盘、超声波模块和音箱等必备模块。通过车载多媒体系统，车主可轻松地了解车辆状态信息，包括车速、剩余油量、显示故障代码、续航里程与车外温度等，方便地进行定速巡航设置、蓝牙免提、空调及音像操作，实现多媒体音频、车载导航、可视化倒车、实时显示天气预报等功能。

④ 其他车载电器精品。车载电器精品除了上述电器设备以外，还有车载冰箱、车载饮水机、车载净湿器、车载微波炉、车载氧吧等电器设备，这些电器设备不但给驾乘人员提供了便利，而且其各自的造型使汽车显得更加高贵典雅。

车载冰箱是汽车上的一种冷藏设备，可以盛放矿泉水、可乐等饮料和水果，一般制冷的环境温度在18℃左右。安装车载冰箱很简单，车主只需将冰箱的电源插头插入汽车点烟器插口就可以使之正常工作。有的简易冰箱甚至不需要电源，直接用冰块即可。

车载饮水机是汽车上用于装载饮用水并可制冷和加热的电器产品，使用车载饮水机可以喝到冰镇的冷水和沸腾的热水。轿车专用饮水机一般安装在前排两座椅之间或仪表板左下方，水瓶可放在汽车后备厢或正副驾驶座之间，主机加热盒放在副驾驶座位下。

车载净湿器是一种融空气净化和加湿功能于一体的车用产品，其作用是营造清洁、健康、舒适的车内环境。车载净湿器具有净化、加湿、美容等功能。车载净湿器的安装与使用非常简单，一般放置在控制台上方，使用时将插头插入点烟器即可。

车载微波炉是安装在车内通过微波烹制食品的车载电器，该装置具有结构简单、体积小、携带方便、使用可靠等特点。车载微波炉安装非常简单，只要将其放置在车内合适位置，然后接通电源即可。

汽车氧吧的工作原理是利用活性氧发生技术，运用高新技术通过高频振荡，快速生成负离子，从而消除汽车内部的空气异味。此外，它还具有消毒、杀菌、防霉和提神等功效。

6.1.3 我国汽车美容与装饰行业的现状及发展对策

1. 我国汽车美容与装饰行业的现状

(1) 汽车美容与装饰企业的数量少

据统计,发达国家汽车美容与装饰企业占到汽车售后服务企业的80%,而我国汽车美容与装饰企业只有39万家,汽车维修企业有203万家左右,从比例上看只占到20%左右,与发达国家相差很大,与日益扩大的美容与装饰需求不相符。

(2) 从业人员专业素低,操作技术处于低水平阶段

汽车美容与装饰行业要求从业人员掌握汽车底盘、车身和电器等方面的知识,还需要具备车身金属钣金件、塑料、橡胶和玻璃的相关知识,以及相关设备的原理及使用知识。但目前汽车美容与装饰企业的大多数从业人员仅具有初中文化程度,很多从业人员仅靠师傅的传帮带,没有接受过正规的专业知识培训。从业人员素质低,制约了汽车装饰与美容业的持续发展。

(3) 美容与装饰用品存在伪劣假冒产品

目前,国内仅有彩虹、标榜等品牌有成熟的生产线,可以提供成套的、有质量保证的美容装饰用品。但有相当数量的汽车美容与装饰企业由于利益的驱使或者不能识别养护用品的质量,存在使用伪劣假冒养护产品的现象,美容装饰的施工质量无法得到保证。

(4) 品牌优势不强,服务满意度不高

国际上的著名美容与装饰品牌,例如美国的驰耐普(SNAP)、3M和英国的尼尔森(NIELSEN)都进入了中国市场,凭借其强大的品牌号召力和市场口碑,开始建立连锁经营网络,拥有了较大的市场份额。而国内品牌,在服务质量方面还有很大的提升空间。据调查,高达78.2%的车主对汽车美容与装饰的服务质量不满意,这既影响了品牌的建立与维持,也不利于顾客的品牌认知度和忠诚度的培育。

(5) 规模经济不明显,缺乏诚信和统一的服务标准

我国大部分汽车美容与装饰企业的特点是规模小,仅有单一门店,管理水平低,导致经营不能持续,影响了整个行业朝上规模、上档次的方向发展。据了解,按照约定俗成的行规,汽车装饰与美容业的利润一般在50%左右,由于缺乏行业自律,个别不良商家的利润可以达到100%甚至更高。行业内没有统一的服务标准,服务质量参差不齐,造成了规模小的美容与装饰企业不断地被市场淘汰,进一步影响了行业向规模化发展。

2. 我国汽车美容与装饰行业的发展对策

(1) 选择正确的店面位置

选址是汽车美容与装饰业生存的第一原则。根据经验,在加油站、大型超市、酒店、中高档住宅小区等附近设立的汽车美容与装饰店占95%,选址不当则很难生存。加油站、大型超市、酒店等是驾驶人停车频率较高的地方,他们很可能在办完事驶离上述地方后顺便到附近的汽车美容与装饰店给汽车做一次护理。另外一种选址原则是与4S店合作,形成汽车销售、修理与美容装饰一条龙服务,可以凭借4S店的品牌号召力接纳新车和维修汽车的美容与装饰业务。开店地址的选择已经成为衡量汽车装饰与美容行业风险的标准,选择好的开店地址,可以为汽车美容与装饰的成功奠定坚实的基础。

(2) 确定正确的经营方式

汽车美容与装饰应该朝"一站式服务"和"连锁经营"两个方向发展。一站式服务可以使汽车在较短的时间内得到全方位的护理,大大节省顾客的等待时间;连锁经营则可以使汽车美容与装饰的经营者通过对养护用品的大规模批量采购来降低经营成本,同时可以使店面在地区内合理布局,方便顾客根据自己的行驶路线和时间选择相应的店面来完成对汽车的养护。无论选择"一站式服务"还是"连锁经营",实行会员制管理都是吸引和稳定顾客的有效方法。在店面内可以进行汽车美容装饰以及汽车知识的讲座,在推广汽车文化的同时,提升了企业的专业化形象,为顾客提供真诚的服务。

(3) 进行资源整合,扩大企业规模

汽车美容与装饰店开业是按照 GB/T 16739.2—2014《汽车维修业开业条件》的规定来申请的,该条件对汽车美容与装饰业开店的要求并不高,准入的门槛很低,这样就造成了整个行业的低档化。随着人们对汽车美容装饰期望值的提高,车主希望进入较高档次的汽车美容装饰店进行汽车的相关护理。这就需要注入一定的资金来提高汽车美容与装饰店的档次。

除了资本资源的有效利用之外,汽车美容与装饰企业可以与保险公司进行深度合作,以方便顾客购买汽车保险。另外,还需要在信息资源、人力资源、公共关系资源等方面下大力气进行整合,使企业在整个行业内具有核心竞争力,这样在竞争中才能立于不败之地。

(4) 开拓汽车美容与装饰的新资源

根据国外有关机构给出的报告,国外二手车交易相当火爆,每年二手车交易量远远超过新车,美国、德国、瑞士、日本等国二手车的销量分别是新车销量的 1.4~3.5 倍。即便是在经济危机的冲击下,二手车也保持了相当大的交易量。因此,汽车美容与装饰业在针对新车售后进行美容与装饰的同时,也应该把注意力集中到占有相当交易量的二手车市场。购买二手车的车主的消费行为分析表明,一般二手车购买者首先会对汽车进行清洗消毒,按照自己的审美需求进行二次美容与装饰,这就为汽车美容与装饰带来了新的商机,开拓了新的市场。在经济形势向好的情况下,汽车美容与装饰业可以与汽车销售业共同繁荣;当经济形势低迷时,汽车美容与装饰业可以抓住二手车美容装饰的市场,使汽车美容与装饰业始终维持强大的生命力。

(5) 进行专业化服务

汽车美容与装饰的专业化服务应该包括以下三个方面:一是美容装饰设备的专业化,二是从业人员的专业化,三是服务的专业化。汽车被誉为"世界第一商品",使用周期长,要使汽车具有正常的使用寿命,后期的养护特别重要。随着人们消费能力的提高,所购买的汽车也越来越高档,这就要求汽车美容与装饰业购置专业化的设备,进行校企合作,吸收专业的人才。国内的部分高等院校陆续开设了"汽车服务工程"专业,培养了一批具有汽车专业知识的高层次人才。当他们进入汽车服务业之后,可以使汽车美容与装饰业提高服务的技术水平。另外,汽车装饰与美容也应该按照《汽车美容装饰服务规范》(TCADA 14—2019)的要求,以规范化的服务来赢得市场。

6.2 汽车改装

6.2.1 汽车改装

1. 汽车改装的概念

汽车改装是在不影响汽车安全性能的前提下，经申请并征得车辆管理部门同意后，由经过资质认证的汽车改装企业实施；是在汽车制造厂大批量生产的原型车的基础上，结合造型设计理念、运用先进的工艺及成熟的配件与技术，对汽车的实用性、功能性、欣赏性进行改进、提升和美化，并使之符合汽车全面技术标准，最终满足人们对汽车这种特殊商品的多元化、多用途、多角度的需求。

目前，汽车及零部件的生产还没有根据各个地区的使用条件来进行设计，这就为汽车的改装留出了一定的空间。汽车改装的目的是根据汽车及其零部件的承受能力，最大限度地挖掘汽车潜力，以提高汽车的使用性能，同时展现车主的个性。

2. 汽车改装的作用

① 性能升级的需求。

车主在驾驶过程中，如果有不满意的环节，可以根据自己汽车的具体情况，进行升级弥补，提高汽车的部分性能，增强汽车的安全性。

② 时尚品位的追求。

对汽车进行改装的车主，一般都是汽车发烧友，追求汽车改装的时尚脉搏，寻求时尚品位，对升级改装的部件也有品质上的要求。

③ 运动与竞技的需要。

汽车改装源于赛车运动，参加各种竞技及赛事的汽车必须经过标准严格的改装后才能进入赛场。赛车改装最大可能地强化并提升了汽车性能的极限空间，并作为一种汽车文化得到广泛延伸。

④ 车主可以体味改装乐趣。

车主升级改装完全是对机械的一种理解与偏爱，自己调整安装，研究各种升级改装部件，可以体味到改装汽车的细节乐趣。

3. 汽车改装的分类

目前我国汽车改装一般有以下两种类型。

① 第一类是传统的汽车改装，即生产专用汽车。也就是用国家鉴定合格的发动机、底盘或总成，重新设计、改装、生产与原车型不同的具有专门用途的汽车，即专用汽车。我国专用汽车大多是通过这种改装方式生产的，因此，我国许多专用汽车生产厂都称为汽车改装厂，也有人称此类厂家生产的汽车为改装汽车。

② 第二类是指为了某种使用目的，在汽车制造厂生产出的原型汽车的基础上，做一些技术改造，即"改变"了汽车出厂时的原型"装备"。或者说这种汽车改装是在汽车制造厂大批量生产的原型车的基础上，结合造型设计理念、运用先进的工艺及成熟的配件与技术，对汽车的实用性、功能性、欣赏性进行改进、提升与美化，并使之符合汽车全面技

术标准，最终满足人们对汽车这种特殊商品的多元化、多用途、多角度的需求。此种汽车改装主要包括加装、换装、选装、强化、升级等。

本书讨论的汽车改装是指第二类。

4. 汽车改装的常见服务项目

（1）车身改装

人靠衣装，车身外观的改装也是如此，在不影响车身强度的条件下，可以对车的一部分结构和车身外部装饰件进行改装设计。

车身前部的改装包括对发动机舱盖及进气格栅的材料和形状进行改装设计。改装的目的是美化视觉、减轻车身质量、配合前照灯和进气格栅的形状等。发动机舱盖的改装主要是汽车风格的变化和对发动机舱盖的材料的改变。风格的变化主要是考虑车主对汽车风格的要求，改装的发动机舱盖的形状变化也要考虑与前照灯和进气格栅配合。另外，有增压时还需要考虑对发动机舱盖加装额外的进气道。对发动机舱盖材料进行改装是为了减轻车重，轻量化的舱盖可以较大程度地减轻车重。与其他项目轻量化的改装相比，舱盖的轻量化改装效果较好。舱盖轻量化改装的材料一般选择铝合金、玻璃钢或是碳纤维材料，不仅能减轻车身质量，还能起到良好的散热和美观作用。专业的改装可以根据原有舱盖的形状重新制作，或是根据车主的要求进行制作。汽车进气格栅材料和形状的改装的目的主要是针对汽车风格的变化，基本不会对进气量有太大的影响。材料的改装一般是由原有的塑料改装成镀铬材料，进气格栅的形状可以根据车主的喜好选择。进气格栅的改装不应影响进气量，改装的风格应与汽车的整体风格一致。

（2）发动机改装

发动机是汽车的"心脏"，是全车最重要的部分。对其进行改装主要就是提高它的输出功率，改装方式有加大缸径、提高压缩比、增加气门、自然吸气改为涡轮增压等，但是必须注意的一点是，改装发动机是相当危险的，一不小心就会损坏发动机，甚至引发严重的安全事故。而且道路交通安全法也不允许私自改装发动机，建议如没有特殊需求，尽量不要大动作改装发动机。简单的发动机系统的改装，就是汽车电脑的改装。由于现在的汽车越来越精密，因此诸如转速限制、时速限制、点火正时、空燃比调整等都交由行车电脑去执行，通常所说的改装电脑只是将控制芯片加以更换，借由不同的设定使汽车的性能有所提升。改装电脑可将原厂所限定的转速与时速加以解除，但使用时要多加注意。

（3）点火系统的改装

点火系统在发动机运转时扮演的角色是在任何发动机转速及不同的发动机负荷下，均能在适当的时机提供足够的电压，使火花塞能产生足以点燃气缸内混合气的火花，让发动机得到最佳的燃烧效率。制造普通点火高压线时会人为地将线阻提高，但是这个设计也消耗了部分高压点火能量。为了提高发动机点火能量，把高压线改成高能量高压点火线，线芯选用多芯制，保证了线路畅通无阻，高压点火线内阻也比普通的低很多，点火电量通过性好、点火能量大，为了不影响其他设备，线体外壳采用高技术材料屏蔽，耐用性也提高了许多。再选配专业火花塞，这些火花塞点火正极是针状，可以提高点火能量。改装之后也会使汽车油门变硬、起步迅捷、加速凌厉。

（4）进、排气系统的改装

发动机的工作需要大量空气，空气进入发动机首先要经过空气滤清器，这是进气系统最重要的组成部分，所以改装空气过滤器是很关键的一步，当吸气通常够量时，发动机的能力也会有所提升，如果发动机排气量不改变，进气量是不会改变的。现在改装用的空气滤清器是由特殊的化学纤维制成，它最大的优点是在过滤空气的同时，使进入燃烧室的空气流量、流速提高，从而令燃油燃烧更充分，单位效率更高，发动机表现自然不同。注意安装时要尽量远离发动机。进入发动机的气流温度越低越好，只有低温度才能有高密度；同时，氧气含量也会稍有提高。仅仅依靠改变进气装置来提高发动机的功率，其效果无法满足广大车迷对动力的追求，应运而生的涡轮增压器是一个让现在汽车动力提升的大功臣，涡轮增压的目的就是提高发动机进气量，由于输入的燃料量受到吸入气缸内空气量的限制，因此发动机所产生的功率也会受到限制，如果发动机的运行性能已处于最佳状态，再提高输出功率只能通过压缩更多的空气进入气缸来增大燃料量，从而提高燃烧做功能力。因此在目前技术条件下，涡轮增压器是唯一能使发动机在工作效率不变的情况下提高输出功率的机械装置。

完成汽车的进气以及增压改装后，就要考虑汽车排气。排气效能的好坏直接关系到发动机效能的优劣。目前流行的改装方式是将排气管尾段改成直接排气，这样可以有效提升高转速的功率，但中低转速扭力不会有多大的提升。这种改装比较适合长时间跑高速，但是声音较大。另外，排气管的粗细是直接由车型的排气量决定的，而每款车型都有各自适应的排气系统。用于改装的排气管有S鼓、回压鼓、直排鼓、M鼓等，不同的排气管因为功能不同而被用于不同需求的改装。由于每种排气管的形状不同，因此反映发动机转速效果输出值的最高点也不同。所以选择排气管时要综合考虑平常行车方式，环境和汽车本身性能，还要注意降低噪声和废气污染。

(5) 底盘悬挂的改装

关系到行车操控的最大因素就是汽车的底盘悬挂系统，原厂的设计一般以大众消费者能接受为目标。底盘悬挂系统的改装可分为减振器换装、悬挂结构杆强化、车身刚性增强等部分。影响最大，也是最多人改装的项目是减振器。因为减振器的软硬直接关系到地面路况对车身回馈的速度快慢和力度大小，所以改装时首先选择一组适合的减振器就显得十分重要。有的车只有减振器，有的却是避震和弹簧组合使用，因此应根据车子自重选择配套的部件，一定要软硬适中，太软在颠簸的路面上会使汽车不稳，太硬则会失去缓冲作用。市面上的减振器类型有原厂加强型、原厂加强车身高度可调型、专业运动型、竞赛专用型等。车主应该根据自己的驾驶习惯和需求来选择减振器。在对悬挂系统进行改装时，对减振器和弹簧应同时进行配对更换，单一地更换弹簧或减振器都会对两者的寿命产生影响。

(6) 制动系统的改装

制动系统的结构设计比较简单，但改装的工作量较大。想要提升其制动性能，最快、最直接的方法就是更换高性能制动片。此外，若想升级制动系统还可以换高等级制动液，或者换装金属材质的高压制动油管，再者就是使用规格更大的真空倍力器以提高制动踏板的辅助动力。制动片的选择一定要得当，赛车专用的高温制动片不适合在普通公路上使用，因为它在未达到操作温度之前，不能发挥理想的制动效果。当然也可以试着改点科技含量高的东西，如 ABS、EBD 及 ASR 等。

(7) 轮毂、轮胎的改装

如果说轮毂是汽车的脚，那么轮胎就是汽车的鞋子。给汽车选配合适的鞋子是很重要的，无论汽车有多么强大的动力，或是有多么灵敏的制动，都要靠轮胎的抓地来实现的。轮胎是根据轮毂来选配的，所以在升级轮胎前一定要先选择好轮毂。轮毂的材质差别比较大。制造方法有锻造和铸造两种。这两种制造方法决定了它价位相差比较大；强度也相差比较大。强度直接关系到汽车行驶的安全性。升级之后轮毂一般比较薄，比较宽，轮毂宽了轮胎也要随之选配宽的，轮胎和地面的接触面积比改前增大了，摩擦阻力会较大，油耗也会增大。当然，轮胎的花纹也会影响油耗。目前进行轮胎改装，大多是改装成越野和运动两种花纹轮胎。许多车主在改装轮胎后发现，刹车效果明显提高了很多，但刹车的力量需要更大一些。这就是轮胎加宽，摩擦力增大的结果。进行轮胎改装时需要考虑轮毂的规格、经常行驶的路况、汽车本身特征等。

(8) 氙气灯的改装

氙气灯（High Intensity Discharge，HID）是一种含有氙气的新型前照灯，又称高强度放电灯或气体放电灯。该灯可使灯泡的使用寿命和亮度发挥到极致，且聚光效果好，色泽柔和，灯光白亮。氙气灯具有亮度大、色调好、能耗低、性能好、使用寿命长等优点。人们夜间行车时有时会遇到刺眼的氙气远灯，这是违规改装或不正确使用氙气灯的结果，极易造成安全隐患。氙气灯改装的正确方法是更换氙气灯总成，就是将原来的卤素前照灯总成全部换成氙气前照灯总成。欧洲的有关法律明确规定只换灯泡的改装方法是非法的，法律规定氙气灯改装必须符合四个基本条件：装配透镜系统、装配大灯清洗系统、装配大灯自动水平系统和保证灯光色温在 4300 K 以内。虽然目前我国这方面的法规还不健全，但出于生命安全考虑，也必须尽量符合国外安全法规进行改装氙气灯，因为这些法规都是根据安全行车的底线要求来制定的。此外，目前我国一些城市也有限制汽车氙气大灯的地方法规，在改装前最好先了解一下。

6.2.2 我国汽车改装业现状及发展对策

1. 我国汽车改装业现状

(1) 改装业地区之间发展不均衡

目前私家车改装业发展相对领先的地区以广州、深圳、东莞、珠海为代表。特别是广东地区由于毗邻专业技能较高的香港、澳门特别行政区，能够快速准确地了解到国际改装车时尚，有着良好的改装市场需求。广州自 1997 年开始就从香港地区引进了汽车改装技术，起初主要效仿香港同行的发展模式，后来又不断接触到中国台湾省的改装潮流，在融合两种改装风格后逐渐形成了本土改装风格，从开始以来料加工、出口成品及仿制国外同类产品为主，发展为现在逐步根据国内客户的审美观和驾驶特性，自行研究、开发出具有知识产权的改装产品。虽然发展时间较短，但已成为国内汽车改装行业的"领头羊"。而在其他城市和地区，汽车改装业的发展速度明显滞后。

(2) 改装专业化水平较低，车主缺乏改装相关知识

我国汽车改装业刚刚起步，汽车改装市场尚不成熟，人们对改装的认识程度不够。一方面，大部分改装厂家的技术水平与国外成熟的汽车改装业存在很大的差距。我国新版《道路交通安全法》明文规定车主不能改动汽车的结构，即车身颜色、长、宽、高这四个硬性标准。在不准改装的禁令下，目前国内的私家车汽车改装厂家基本处于"半地下"状态，挂着汽车配件经营的牌子经营汽车改装业务，也不乏一些"作坊式生产"的汽车维修厂。另一方

面，由于大多为车主凭自己的喜好而改装车，并没有考虑到安全性和稳定性等方面的问题，加上一些汽车改装店从业时间较短，改装技术不娴熟，而又一味地满足车主的要求，缺少对汽车进行全面的评估和设计，改装后性能是否提升，安全性是否下降，也不能做综合测试甚至不做测试，只凭车主对改装前后的驾驶感觉来判断，严重影响了行车安全。

(3) 缺乏专业机构及技术标准

汽车改装是以汽车品牌文化为特征，以特性偏好为取向，在量产车型的基础上，结合造型设计理念，运用先进的工艺及成熟的配件与技术，对汽车的实用性、功能性、欣赏性进行改进、提升与美化，并使之符合汽车全面技术标准，最终满足人们对汽车这种特殊商品的多元化、多用途、多角度需求的一种市场形态。因此汽车改装涉及一系列复杂的技术标准与要求、一整套维修服务保障，以及一系列复杂的市场运作规则。但在私家车改装发展过程中，我国却没有一个权威而专业的技术部门出台相应的管理条例，同时，对改装的技术标准和鉴定也基本上属于空白。

(4) 政策限制，举步维艰

国务院颁布的新版《道路交通安全法》第十六条中明确规定：任何单位或者个人不得拼装机动车或者擅自改变机动车已登记的结构、构造或者特征。因此，汽车改装是否合法，关键看汽车是否与行驶证上的照片相符，不符合的，将不能通过年检和日常交通检测。已领牌的汽车在进行改装前，应向车辆管理所（以下简称"车管所"）登记申报，其改装技术报告经车管所审查同意后，方可进行改装。改装完毕，还要到车管所办理改装变更手续。车管部门在年审中一旦发现违规改装，会要求车主恢复原状。因此，政策瓶颈是私家车改装业难以取得较大发展的主要原因。

(5) 改装汽车保险理赔尚不成熟

根据对各大保险公司汽车保险内容的查阅分析及理赔部工作人员的介绍，目前绝大多数保险公司对于改装车出险后的赔偿，都限于原车部分，而对于改装配件不予赔付。如果车主在投保时，已与保险公司就改装部分的投保事项进行了特别约定，并在车管部门进行备案，那么汽车改装部分即在保险公司理赔范围之内。而现实的情况是，虽然目前改装的私家车很多，但真正去备案的车主却很少。

2. 我国汽车改装业的发展对策

(1) 授权改装，品牌许可

奔驰、宝马、大众、福特等整车厂为满足用户多元化的需求，专门授权专业改装厂从事汽车改装业务。如奔驰的 AMG、宝马的 AC Schnitzer、大众的 ABT 等，其使用的产品配件、装配技术与实施方案、服务标准均获得了整车制造厂的认证与授权使用，改装后的汽车仍可使用原品牌标识，也可以同时使用改装企业的品牌标识，实行双品牌。因为有厂家的技术背景与品质认证，因此原厂品牌授权的改装项目在法规管理上更易获得通过。

(2) 改装产品标准化

我国对许多汽车零部件的管理实行的是强制认证，凡列入目录内的零部件产品，未获得强制性产品认证证书，以及未施加我国强制性产品认证标志的汽车零部件，不得出厂、销售、进口或在其他经营活动中使用。目前我国汽车改装市场的大多部件是进口产品，也有一部分由国内企业研发制造。许多产品、配件、应用技术并未列入原厂车型的标配体系中，因此，建立针对汽车改装产品的备案注册系统，有利于从产品品质及配套标准方面改善或解决改装部件所带来的安全隐患与质量纠纷。

(3) 完善安全认证体系

汽车是具有公众安全关联性的社会类商品，其安全监管涉及整车制造、配件、运行、旧车交易、养护、维修、报废等全程环节。对于汽车的改装可分成新车改装与在用车改装，新车改装是在汽车上牌前由厂家或其指定的改装厂完成的，可称为原厂品牌改装车，这类汽车有原厂的技术支持、质量把控与品牌许可，因此，有些安全认证项目可以纳入视同或免除的范畴。而在用汽车的改装尚缺乏行业标准与安全认证体系。2014年6月，中国汽车改装用品协会正式成立，并与德国改装协会（VDAT）、日本汽车后市场联盟协会（AAAL）建立合作，就学习和借鉴国外汽车改装市场的管理方法进行深入研究与交流。

(4) 技术服务标准化

汽车改装包括加装与配装、换装与调校、强化与升级三个方面，具有很强的技术性、服务性，需要专用设备、工具、施工环境及相应的工艺，一些改装项目的技术及工艺要求甚至要高于汽车修理厂。因此，对改装项目进行技术等级及服务标准确定与规范是十分有必要的，从业企业要制定明确的服务项目、服务标准及服务品质保证，明码标价并对外公示，以保证服务透明度、明确责任、减少经营纠纷。

(5) 推进经营资质及从业资格审批制度

我国目前的法律法规对汽车产业链中的关键环节实行的是准入管理，如对整车制造、旧车交易、汽车报废拆解、汽车修理等环节的经营资格采取的是审批制。汽车改装作为一种新兴的市场业态，是否属于特殊行业还没有明确的定论，其行业代码中并未列入"汽车改装"，也就是说"汽车改装"在中国还不能称为具有法定意义的行业。但从实际市场情况来看，汽车改装既涉及装饰项目，也包含加装设备、换装配件等修理业务的内容，同时，汽车改装所使用的零部件、技术、研发等又自成体系，具有相对独立性。

因此，从我国对公众产品的管理方式来看，对汽车改装市场实行分级管理是最可行的政策思路。另外，应对汽车改装领域的从业人员加强培训、认证及资格管理。

(6) 规范售后服务

汽车改装关联着产品品质及技术服务品质"一硬一软"两项指标，因此，明确售后服务的主体就显得尤为重要。本着"谁销售，谁负责"的服务原则，应尽快建立起行业售后服务公约，并细化售后服务的具体内容及责任界定标准。

6.3 汽车配件与用品服务

6.3.1 汽车配件与用品

1. 汽车配件

(1) 汽车配件的概念

汽车配件（Auto Spare Parts）是构成汽车整体的各个单元及服务于汽车的一种产品。汽车配件的经营针对汽车的服务性行业，其最终用户主要是汽车维修服务企业或车主，其营销产品主要是汽车维修所必需的易损件和因交通事故损坏的总成和零件。

（2）汽车配件的分类

常见汽车零部件的分类如下。

① 按最终用途分类，可分为发动机零件、电气及电子装置零件、车身零件、底盘零件等，主要用于商业或统计工作。

② 按配件的使用性质分类，可分为消耗件、易损件、维修件、基础件、肇事件等。

a. 消耗件。消耗件是指随时间推移而自然老化失效的零件，必须定期更换，如各种皮带、胶管、密封垫、电器件、滤芯、轮胎、蓄电池等。

b. 易损件。易损件是指因磨损而失效的零件，需要随时更换，如轴承、活塞、缸套、气阀、制动鼓、离合器摩擦片等。

c. 维修件。维修件是指汽车在一定的运行周期后，必须定期更换的零件，如各种轴、齿类零件等。

d. 基础件。基础件是指构成汽车的一些基础总成零件。它们是全寿命零件，但可能因为使用环境的特殊而提前损坏需要进行必要的更换或维修，如曲轴、缸体、桥壳、变速器壳等。

e. 肇事件。肇事件是指因交通事故而损坏的零件。

③ 按配件特性分类，可分为零件、标准件、合件、组合件、总成、易碎商品、防潮商品、纯正部品、横向产品、车身覆盖件等。

a. 零件。汽车的基本制造单元是不可再拆卸的整体。其因车型而异，通用性很低，如活塞、气门、半轴等。

b. 标准件。标准件按照国家标准设计制造的，并具有互换性和通用性的零件，如螺栓、垫圈、键、销等。

c. 合件。合件是指两个以上的零件装成一体，起着单一零件的作用（如带盖的连杆、成对的轴瓦、带气门导管的缸盖等），以其中主要零件来命名。

d. 组合件。组合件由多个零件或合件装成一体，但不能单独完成某种作用（如离合器压板及盖、变速器盖等）。

e. 总成。总成由若干零件、合件、组合件装成一体，并单独起着某一机构（如发动机总成、离合器总成等）的作用。

f. 易碎商品。易碎商品是指在运输、搬运过程中容易破碎的商品，如灯具、玻璃、仪表、摩擦片等。

g. 防潮商品。防潮商品是指受潮后容易变形、变质的商品，如纸质滤芯、软木、纸垫、电器零件等。防潮商品在包装上一般印有防潮标识。

h. 纯正部品。纯正部品指汽车厂原厂生产的配件，而不是配套厂家生产的协作件。凡是国外原厂生产的纯正部品，包装盒上均印刷有英文"GENUINE PARTS"或中文"纯正部品"字样，极易识别。

i. 横向产品。横向产品是指非汽车行业生产的汽车用商品，如汽车轮胎、蓄电池等。

j. 车身覆盖件。车身覆盖件由板材冲压、焊接成型，并覆盖汽车车身，如散热器罩、发动机罩、叶子板等。

2. 汽车用品

（1）汽车用品的概念

汽车用品是指汽车维护、装饰、保养等所需的产品，属于汽车配件的范畴，作为汽车的附

汽车零部件编号规则

属用品，用以增强汽车的实用性、安全性及舒适性，并在很大程度上突显车主的独特个性。

(2) 汽车用品的分类

汽车用品涉及面广，通常按用途不同分为汽车内饰用品、汽车外饰用品、汽车电子用品、汽车美容用品、汽车养护用品、汽车改装用品、汽车安全用品、汽车户外用品、汽保设备等。

① 汽车内饰用品，包括坐垫、座套、转向盘套、香水、地胶、地毯、抱枕、挂饰、防滑垫、腰垫、布艺车饰、皮艺车饰、香水座、烟灰缸、安全带套/夹、颈枕、眼镜架、手机袋、饮料座、CD袋、车用衣架、手机架、仪表装饰板等。

② 汽车外饰用品，包括防爆膜、车衣、贴纸、晴雨挡、备胎罩、挡泥板、轮毂盖、车牌架、汽车雾灯框、尾气罩、油箱盖贴、汽车灯眉、防撞条、汽车尾灯框等。

③ 汽车电子用品，包括便携式GPS导航、汽车音响、汽车功放、汽车喇叭、行车记录仪、车载电话、车载冰箱、车载DVD、手机车充、车载电视、车载电脑、车载显示器、车用吸尘器、汽车氧吧、电源转换器、车载剃须刀、汽车加湿器、汽车阅读灯等。

④ 汽车美容用品，包括毛巾、麂皮、海绵、蜡刷、洗车液、洗车香波、泡沫清洗剂、预洗液、中性洗车液、泥土松弛剂、抛光蜡、仪表蜡、修复蜡、水蜡、皮革护理、空气净化剂、汽车雾敌、汽车雨敌、车内加香、汽车镀膜、底盘封甲、补漆笔、漆面修补剂等。

⑤ 汽车养护用品，包括润滑油、刹车油、玻璃水、防冻液、防雾剂、除锈剂、防雨剂、防磨剂、发动机清洁、全能水、水箱宝、脱膜剂、修复剂、喷漆、原子灰、柏油清洁剂、玻璃防雾清洁剂、车内除臭去味剂等。

⑥ 汽车改装用品，包括氙气灯、玻璃升降器、隔音材料、按摩椅、大/小包围、保险杠、定风翼、行李架、前/后护杠、防雾灯、不锈钢饰条、超炫灯饰改装、大灯灯泡、底盘装饰灯、真皮改装等。

⑦ 汽车安全用品，包括安全带、安全气囊、关窗器、警示牌、防盗器、转向盘锁、儿童座椅、灭火器、警报器、疲劳驾驶预警等。

⑧ 汽车户外用品，包括各用油桶、帐篷、睡袋、多功能工具包、野餐工具包、吊床、拖车绳、车载医药包、望远镜、露营灯、背包腰包、充气垫、水桶水壶、充气用品、冰桶/冰袋、电池线、刀具弓弩、折叠桌椅、手电筒、LED头灯。

⑨ 汽保设备，包括洗车机、脱水机、消毒机、抛光机、空气压缩机、泡沫机、千斤顶、四轮定位仪、打蜡机、洗车水管、维修护垫、修车躺板、补胎工具、举升机、维修工具车、汽车检测设备、气缸套拔出器、喷漆设备、卧顶、平衡机、拆胎机、油路清洗机、循环水设备、维修小工具等。

3. 汽车配件编号

汽车配件由各种各样的零件组成，其种类多，数量大，且品种和规格各异，因此，为了便于生产、销售和供应，需要对配件进行编号。

在工业发达的国家，各汽车制造厂的零件编号并无统一规定，由各厂自行编制。在我国，汽车零件编号则应按国家发展和改革委员会于2004年颁布实施的《汽车零部件编号规则（QC/T 265—2004）》统一编制。

完整的汽车零部件编号表达式由企业名称代号、组号、分组号、源码、零部件顺序号和变更代号构成。零部件编号表达式根据隶属关系可按三种方式进行选择，如图6-1所示。

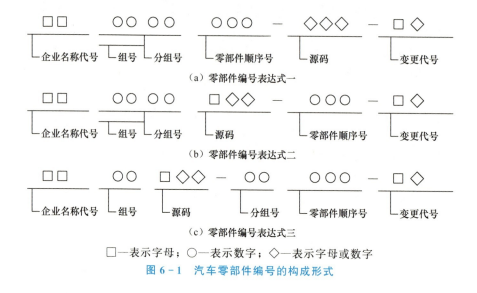

□—表示字母；○—表示数字；◇—表示字母或数字

图 6-1　汽车零部件编号的构成形式

4. 汽车配件用品的采购

(1) 汽车配件用品的采购原则

① 坚持数量、质量、规格、型号、价格综合考虑的购进原则，合理组织货源，保证配件适合用户的需要。

② 坚持依质论价，优质优价，不抬价，不压价，合理确定配件采购价格的原则；坚持按需进货，以销定购的原则；坚持"钱出去，货进来，钱货两清"的原则。

③ 对购进的配件必须加强质量的监督和检查，防止假冒伪劣配件进入企业，流入市场。在配件采购中，不能只重数量而忽视质量，只强调工厂"三包"而忽视产品质量的检查，对不符合质量标准的配件应拒绝购进。

④ 购进的配件必须有产品合格证及商标。实行生产认证制的产品，购进时必须附有生产许可证、产品技术标准和使用说明。

⑤ 购进的配件必须有完整的内、外包装，外包装必须有厂名、厂址、产品名称、规格型号、数量、出厂日期等标志。

⑥ 要求供货单位按合同规定发货，以防应季不到或过季到货，造成配件缺货或积压。

(2) 汽车配件用品的采购方式

① 集中进货。企业设置专门机构或专门采购人员统一进货，然后分配给各销售部门（销售组、分公司）销售。集中进货可以避免人力、物力的分散，还可以增大进货量，受到供货方重视，并可根据批量差价降低进货价格，也可节省其他进货费用。

② 分散进货。由企业内部的配件经营部门（销售组、分公司）自设进货人员，在核定的资金范围内自行进货。

③ 集中进货与分散进货相结合。一般是外埠采购及非同定进货关系的采取集中进货，办法是由各销售部门（销售组、分公司）提出采购计划，由业务部门汇总审核后集中采购；本地采购及同定进货关系的则采取分散进货。

④ 联购合销。由多个配件零售企业联合派出人员，统一向生产企业或批发企业进货，然后将这些零售企业分销。此类型多适合小型零售企业之间，或中型零售企业与小型零售

企业联合组织进货。这样能够相互协作、节省人力、化零为整、拆整分销，并有利于组织运输，降低进货费用。

上述几种进货方式各有所长，企业应根据实际情况扬长避短，选择适合自己的进货方式。

（3）采购流程

汽车配件用品的采购流程如图6-2所示。

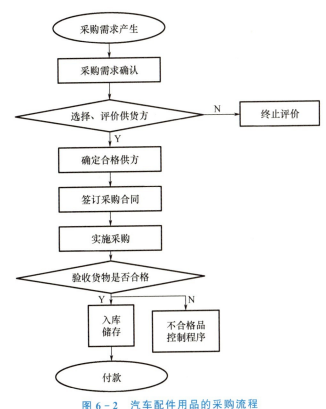

图6-2 汽车配件用品的采购流程

① 采购需求产生。按照需求计划采购，填写采购单。

② 采购需求确认。有关负责人对采购需求审核，看是否符合要求。

③ 选择、评价供货方。对供货方进行价格咨询，比对价格和商议价格后选择适合的供货方。

④ 确定合格供货方。相关负责人进行审查后签字，确定供货方。

⑤ 签订采购合同。在签字确认相关供货方后，编制采购文件，进行文件审核后，将订单发给供应商，进行采购。

⑥ 实施采购。采购员联系供应商，提交订单，确定时间和数量，进行采购。

⑦ 验收货物是否合格。配件到达后，进行配件的检验，合格产品入库储存，不合格产品按规定返回供应商，进行结算。

5. 汽车配件用品的仓库管理

汽车配件用品的仓库作业流程如图6-3所示。

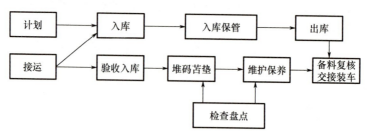

图 6-3 汽车配件用品的仓库作业流程

仓库是保管、储存物品的建筑物和场所的总称。仓库管理的主要内容如下。

① 计划管理。做好材料配件的计划工作,加强计划管理,通过核算及时正确地反映零配件需求情况;每月报计划,经领导批准,方可采购;保证供应工作,防止积压;工具采购、批量进货、总成件的采购要经主管厂长审批。

② 验收入库。零配件验收是核对验收凭证,对零配件实体进行数量和质量检验的技术活动的总称。它是确保入库零配件数量准确、质量完好的最重要的一个环节。验收包括验收准备、核对证件和检验实物三个作业环节。验收工作是一项技术要求高、组织严密的工作,关系到整个仓储业务能否顺利进行,所以必须做到及时、准确、严格、经济。

③ 零配件保管。零配件完成验收入库程序,到出库作业为止的这段时间,称为零配件保管阶段。配件的保管要保证零配件流通的顺利进行,实现"四保"。

a. 保质。库存零配件无论储存时间长短,都应通过保管保养活动使其保持原来的质量标准。

b. 保量。零配件库存期间,其实物动态与账务动态一定要相符,做到件数不短缺,重要不亏损,账、卡、物相符。

c. 保安全。通过一系列保管活动,做到防火、防盗、防变质,确保库存零配件安全无事故。

d. 保急需。仓库应在最短时间内,按用户需求,将调拨单所列零配件按质、按量及时准确地发放出库。

④ 零配件出库发放。零配件出库又称发货。它是零配件储存阶段的结果,是储运业务流程的最后阶段,它标志着零配件实体转移到生产领域的开始。它是凭借零配件出库凭证,通过审单、查账、发货、交接、复核、记账等一系列作业,把储存零配件点交给用户或使用部门的业务过程。

⑤ 库存检查与盘点。零配件检验、验收合格入库之后,为保证在仓库储存保管的零配件质量完好、数量齐全,还必须经常、定期进行数量、质量、保管条件、计量工具、安全等方面的检查工作,了解零配件在储存期间的变化情况,掌握库存动态,及时发现和解决保管中的问题。

⑥ 待废零配件处理。仓库报废零配件必须每月或每季度一报,经财务、审计等部门查看、审核,报领导审批后报废。如有损耗零件,查明原因,写出报告,经领导审批后进行账务处理。

⑦ 退货处理。零配件抽检出现质量问题,由零配件管理部门牵头组织向供货单位退货或索赔;在使用过程中出现问题,由使用部门报零配件管理部门和采供部门,由零配件管理部门牵头组织向供货单位退货或索赔。

⑧ **账务处理**。仓管员在发货时,应填写发货单,领料人必须在发货单上签章,仓管凭领料人签认的发货单及时登记库存做账,发货时应与派工单核对。仓管员应定期编制库房与设备零配件库存情况报表,月、季仓库的账、卡;一切报表应符合规定,账物相符,并按相关规定的产品目录顺序排列好台账;报表要准确,并与分账相符。

⑨ **资料保管**。各部门必须妥善保存各类零配件收发原始报表、凭证、记录,按照档案管理的要求装订存档。

6. 汽车配件用品的售后服务

(1) 售后服务的内容

售后服务是营销人员在配件售出,到达顾客手里后,继续提供的各项服务。良好的售后服务不仅可以巩固已争取到的顾客,还可以通过对这些顾客的宣传,树立良好的企业形象,争取到新的顾客,开拓新的市场。售后服务主要包括下列内容。

① 建立顾客档案。顾客的档案管理是对顾客的有关材料及其他技术资料加以收集、整理、保管,以及对变动情况进行记载的一项专门工作。建立顾客档案直接关系到售后服务的正确组织和实施。

② 对顾客进行分类。在建立顾客档案,并对顾客进行调查分析的基础上,对顾客进行分类。

A 类顾客:资信状况好、经营作风好、经济实力强、长期往来成交次数多、成交额较大、关系比较牢固的基本往来顾客。

B 类顾客:资信状况好、经济实力不太强,但也能进行一般的交易,完成一定购买额的一般往来顾客。

C 类顾客:资信状况一般、业务成交量较少,可作为普通联系顾客。

对于不同类别的顾客,要采取不同的经营策略,优先与 A 类顾客成交,在资源分配和定价上适当优惠;对 B 类顾客要"保持"和"培养";对 C 类顾客则应积极争取,加强联系。

③ 保持与顾客的联系。建立顾客档案和顾客分类的目的在于及时与顾客联系,了解顾客的要求,并对顾客的要求作出答复。应经常查阅最近的顾客档案,了解顾客汽车配件的使用情况以及存在的问题。

④ 送货上门和质量"三包"。送货服务大大方便了顾客,目前在汽配经营行业应用较为普遍。对售出的配件实行质量"三包"(包退、包换、包修),维护了顾客的权益,降低了顾客的风险,而且提高了企业的信誉,从而可以刺激经营。

⑤ 了解配件使用信息。要积极主动向大顾客,如汽车修理企业、汽车运输公司、租赁公司、出租公司的修理厂等,了解汽车状况,按配件消耗规律,找出顾客的需求规律性,以便及时协助顾客合理储备配件。

(2) 售后服务的作用

① 汽车配件经营企业为顾客提供及时、周到、可靠的服务,可以保证顾客所购汽车配件的正常使用,最大限度地发挥汽车配件的使用价值。

② 争取顾客,增强企业的竞争力。除了产品性能、质量、价格之外,优质的售后服务可以增加顾客对产品的好感,提升产品的口碑,提高企业的声誉,迎来更多的顾客,从而增强企业的竞争能力。

③ 搜集顾客和市场的反馈信息，为企业正确决策提供依据。售后服务不仅可以使企业掌握顾客的信息资料，还可以广泛搜集顾客意见和市场需求信息，为企业经营决策提供依据，使企业能按照顾客意见和市场需求的变化进行决策，从而提高决策的科学性、正确性，减少风险和失误。

无论对于汽车配件经营企业还是对于顾客，售后服务都是很重要的。汽车配件经营企业也大多认识到，汽车配件卖出去以后，不是销售的结束，而是占领市场的开始。

6.3.2 我国汽车配件与用品业的现状及发展对策

1. 我国汽车配件与用品业的现状

近年来伴随着我国汽车工业的井喷式发展，汽车配件与用品业发展速度非常快，从汽车配件与用品区域市场版图来看，目前我国汽车配件与用品市场已形成六大区域市场及中心城市，区域市场格局已基本成型。六大区域市场分别是以广州为中心的珠三角区域市场、以上海为中心的长三角区域市场、以北京为中心的环渤海区域市场、以哈尔滨为中心的东北区域市场、以成都为中心的中西部区域市场及以乌鲁木齐为中心的西北区域市场。近年来我国政府逐渐重视汽车配件与用品行业，积极推进汽车配件与用品的产业化，鼓励汽车配件与用品行业特别是技术含量高的汽车电子产业的技术创新。政府也在逐步完善汽车配件用品行业的相关法规及标准，为汽车配件与用品企业的发展提供有序的竞争环境。同时汽车配件与用品企业也应不断自主创新，引进和培养专业人才，抓住汽车配件与用品行业发展机遇。根据汽车发达国家的经验，汽车后市场的利润可占整个汽车产业利润总和的 70%～80%。而汽车配件与用品作为汽车后市场的三大板块之一，盈利空间也相当广阔。我国汽车配件与用品行业发展潜力很大，未来几年汽车配件与用品市场将进入高增长的阶段。

透过众多厂家投身汽车配件与用品行业热闹场景的冷静审视，不难发现，我国汽车配件与用品行业虽然较早几年的一窝蜂地混乱状况有所改善，但依然存在着不容忽视的问题。主要表现在以下几个方面。

① 有规模，但知名品牌不多，产品知名度不高，假冒伪劣产品横行。汽车配件与用品行业门槛较低而利润空间却十分巨大，众多投资者在无规范引导下纷纷加入汽车配件与用品行业的生产销售大军。

② 产品同质化严重，创新程度不高。随着私家车的数量急剧增大，消费者对汽车配件与用品的需求呈现出强烈的个性化趋势，需要更多更能体现车主个性化的汽车饰品。而目前市场上生产出售的汽车配件与用品中，体现明显个性的产品不多，在设计上简单，制作也不够精美，单调的产品显然很难满足消费者的需要。

③ 汽车配件与用品市场的价格缺少透明度。目前，随便在市场上走走就可发现：同一品牌坐垫，在批发市场中仅售几十元，到了高档的品牌店里却要售百元以上；同一品牌的汽车音响，在批发市场中售 300 多元，而到了高档的店面里，少则千余元，多则几千元。这种巨大的价格差异，不要说消费者一头雾水，就是专业人士前去也是茫然。

④ 行业专业化程度不高，人才已经成为制约行业发展的瓶颈。汽车配件与用品行业有它的草根性，很多人的起步是比较低的，甚至有些是从学徒技工出来开店做老板的。他们的经历学识和眼界都限制了企业的发展，把汽车配件与用品行业当作生意来做的人多，

作为事业来做的人少,这种环境造成了人才难培养,也难留住。目前大部分店面往往只注重顾客的开发,而不注重自身及相关技术人员的培训。

⑤ 忽视企业文化,导致企业没有灵魂。现代企业的竞争,最终是企业文化的竞争。与整车企业成功的企业文化相比,汽车配件与用品企业在企业文化的塑造方面缺乏力度,导致企业缺乏灵魂。

一些业内有识之士认为导致这些问题的原因有以下四点:一是新产品开发较慢,还在吃老本;二是没有形成统一的集散地;三是经营者的素质亟待提高,满足于小打小闹,缺乏大经营的观念;四是不重视品牌推广。

汽车配件与用品行业的格局和发展趋势经过几年的发展,发生了明显变化,"集约化"服务和"一站式"销售的连锁经营体制将成为国内汽车配件与用品市场的主流。中外企业都在围绕着这一点,以上海、广州、北京等大中型城市为基地,加快资源的整合和国内的布局,调整和创新将成为主旋律。

2. 我国汽车配件与用品业的发展对策

我国汽车配件与用品业可以从流通和生产两个环节加以发展。

(1) 流通环节

① 建立区域性的零配件供货中心。我国很多城市都拥有汽车配件与用品市场或者一条街,在经过多年的发展后,后劲及潜力已经十分有限,甚至被比喻为"已经长大成型的小伙子,想再长高长大已经很难",而里面的商户尽管生意仍然十分兴隆,却也渴望更大的发展空间。因此政府可把现有的汽车配件一条街和汽车配件市场逐步形成多个有规模的零部件供货中心或超市,这样做既便于形成规模、降低成本,便于市场管理,打击假冒伪劣配件,形成一定规模和信誉,又可以逐步开展网络配送服务业务,进而扩展成为汽车配件供货中心。

② 加大零配件业的扶持力度。汽车配件与用品行业需要政府部门加以重点扶持。以上海为例,政府非常重视与汽车配件与用品相关的产业,所以在政策上给予了很大的支持,如计划到郊区建立一个工业园,重视外来投资,主动提供给工业园几倍用地,还给予一定期间的免租免税优惠政策;给予行业组织更大的政策支持,适当地放权给行业协会,从而使行业协会规范市场的权利更大,并明确职权分工,使之不只是民间组织团体。

③ 在汽车配件与用品行业法规建设的基础上依法对汽车配件与用品市场进行有效管理。进行整顿经营资格,严格执行开业审批程序;规范经营行为,督促汽车配件与用品经销企业按行业管理部门审定的经营范围从事配件经销服务,不得越类超范围经营;加强质量监督,与技术监督部门配合,筹备汽车配件与用品质量检验站,培训配件质量检验人员;加强人员培训,与劳动部门协调,制定对汽车配件与用品行业从业人员的培训管理办法;促进维修市场良性循环,行业管理部门对汽车配件与用品进行普查,并成立相应的组织机构或相应的部门,不定期公布汽车配件与用品的价格、产地等相关参数。

另外,政府应当在扶持与规范市场方面,特别是在打击假冒产品方面要发挥更大的作用。研制出来的产品,刚投放市场就被人仿冒,这对商家的积极性打击很大。政府应该加大力度进行市场管理,给合法经营者以生存发展空间。

(2) 生产环节

改革开放以来,我国对汽车配件与用品投资很多,但未形成足够的经济规模,多数企业档次不够的根本原因是没有抓住我国汽车工业进入大发展时期的难得机遇，积极组织、引导汽车配件与用品工业的发展；在企业改造方面，没有抓住活塞、活塞环及万向节等原来在国际市场有影响的产品，给予足够的投入，实行重点扶持和彻底改造；在发展新项目方面，没有按照自己的财力、物力、人力条件，按市场需求和科学态度部署汽车零部件工业。学习国外先进经验、先进技术，吸引国外资金和人才，参与国际分工，是我国汽车配件与用品工业发展必须重视的问题。

为了实现我国汽车配件与用品工业的跨越式发展，要充分发挥经济强省和中心城市的优势，积极开展对外经济技术合作，贯彻"市场主导、政府指导、企业主体"的发展模式，加强基础建设，建立产业支撑体系。

① 实施外向开拓战略，充分发挥外资的辐射带动作用。推动我国汽车配件与用品行业与跨国公司合资合作，积极引导外资参与国有企业的改组改造，增强外资集聚效应和辐射带动作用，鼓励有国际竞争力的企业拓展境内业务，发展跨国经营。

② 实施技术创新战略，提高汽车配件用品行业的技术层次和水平。大力推进高新技术产业化，积极采用高新技术和先进适用技术，集中力量扶持优势产业，加大投入传统产业中制约优势发挥和产业升级的重点领域和关键环节，推动企业技术进步。

③ 实施人才兴业战略，提供有力的人才支撑。进一步加大企业人才开发的投入力度，在引进顶尖人才、培育复合型人才、壮大高级技工队伍等方面，建立多层次的企业科技人才开发体系。积极进行多种所有制改革的尝试，在专业技术强、科技人员流失严重的企业，实行"职工持股、资本多元"的产权制度改革。

④ 实施环境带动战略，使产业发展环境与国际规则接轨。进一步优化和改善投资融资环境，拓宽融资渠道，利用适当的政策支持和税收优惠，引导民间资金和社会资金投入汽车配件与用品行业的提升和改造等方面；推动现代物流服务体系建设，依托发达的交通优势和沿产业发展轴线形成的集群优势，培育和发展现代物流业；建立知识产权保护机制，引导企业加强知识产权保护，建立行业知识产权保护与管理机制，构建符合企业特点的知识产权保护体系，大力开发自主知识产权产品。

⑤ 发挥产业集聚优势，促进零部件工业基地的建设。通过产业集群推动汽车配件与用品产业升级，在产业聚集的过程中，相关企业会按照产业链的需求，根据利润率变化，形成相对完整的配套分工，构建社会化协作体系。在这一体系中，企业的原材料、设备的采购半径大大缩小。众多同类企业相对集中，面对共同的市场，研究相关的信息，开发同类的产品。这种同行间更为激烈的竞争，是推进技术进步的动力。政府应采取产业聚集的基本战略，培育和推动产业聚集，通过发展汽车配件与用品基地，促进我国汽车配件与用品工业的发展。对于原有汽车配件与用品供应商，通过一些扶持政策与措施，将他们尽可能地迁移到产业聚集地，对于迁移确有困难的配套商，可要求他们的新增投资必须落入产业聚集地。

⑥ 设立产业投资基金，多渠道筹集资金投向汽车配件与用品产业。汽车配件与用品产业是资金密集型产业，资金短缺一直是困扰我国汽车配件与用品产业持续、健康发展的重要原因之一。上海发展汽车配件与用品产业的成功经验就是不断加大投资力度，大投入、大产出，快投入、快产出。上海设立轿车桑塔纳国产化专项基金，从每辆上海桑塔纳轿车零售价中提取2.8万元，为汽车配件与用品企业的国产化技术改造提供低息贷款。建议其他地区也设立汽车配件与用品产业投资基金，把财政拨款、银行贴息等政策提供的资

金，以适当的方式发起设立政府导向型产业投资基金，积极引导地方资本、部门资本和民间资本投向汽车配件与用品产业，通过多渠道的融资和投资，不断加大对汽车配件与用品强势企业的投资力度。设立产业投资基金将有力地推动资金主体多元化、投资形式多样化和融资手段市场化进程，一方面有助于降低重点企业融资成本，另一方面产业投资基金可以凭借其自身的专家技能和对企业界、金融界、科技界的广泛接触和了解，给重点企业提供广泛的服务，为企业引进先进技术和管理手段，积极参与企业的资产重组及经营，为企业的发展创造一个良好的资本融通渠道。

习 题

1. 什么是汽车美容？汽车美容有何作用？
2. 汽车美容如何分类？
3. 汽车美容的主要服务项目有哪些？
4. 汽车美容的作业条件和作业依据分别是什么？
5. 什么是汽车装饰？汽车装饰有何作用？
6. 汽车装饰如何分类？
7. 汽车装饰的主要服务项目有哪些？
8. 简述我国汽车美容与装饰行业的现状及发展对策。
9. 什么是汽车改装？汽车改装有何作用？
10. 汽车改装的主要服务项目有哪些？
11. 汽车配件如何分类？
12. 简述汽车配件的采购流程。
13. 简述汽车配件的仓库管理流程。
14. 简述汽车配件售后服务的主要内容。
15. 简述我国汽车配件与用品业的发展现状和发展对策。

第 7 章
汽车保险与事故车定损理赔服务

知识要点	掌握程度	相关知识
汽车保险	了解汽车保险的定义和作用； 掌握汽车保险术语； 掌握当前我国汽车保险险种及其含义； 掌握汽车保险投保的步骤； 掌握保障方案的选择； 了解常见投保方式； 掌握保险单证的概念； 了解我国汽车保险业的现状和发展对策	汽车保险的定义和作用；保险术语；交强险和商业汽车保险；汽车保险投保的步骤；保险公司的选择依据；保障方案的选择；投保方式；保险单证；我国汽车保险业的现状和发展对策
汽车事故理赔	掌握汽车保险理赔必须遵循的原则； 掌握汽车保险理赔的流程和内容；	汽车保险理赔必须遵循的原则；汽车保险理赔的流程和内容
事故现场查勘	掌握交通事故现场分类及其定义； 掌握现场查勘的工作流程； 掌握交通事故现场查勘技能的内容及其定义和要点； 掌握现场拍摄应遵循的原则、种类及其要点； 掌握现场测绘的定义、要点及绘制方法	交通事故现场分类；现场查勘的工作流程；交通事故现场的查勘技能；路面痕迹的表现形式；其他痕迹的表现形式；现场拍摄应遵循的原则；道路交通事故现场照相和录像；现场测绘
事故车损伤鉴定与事故定损	掌握汽车碰撞损伤鉴定的基本步骤； 掌握损伤程度的检查方法； 了解车辆损伤类型； 掌握汽车损伤鉴定的区位检查法； 掌握确定车辆损失的步骤； 掌握汽车损失费的构成； 掌握维修材料费的计算； 掌握制作车辆估损报告的注意要点； 掌握事故定损的工作流程和关键控制点； 掌握确定车辆损失的基本程序	汽车碰撞损伤鉴定的基本步骤；损伤程度检查；汽车损伤鉴定的区位检查法；确定车辆损失的步骤；汽车损失费的构成；维修费用；工时费；维修材料费；制作车辆估损报告；事故定损；确定车辆损失的基本程序

汽车保险是伴随着汽车的出现而产生的，在财产保险领域中属于一个相对年轻的险种。汽车保险的发展过程是先出现汽车责任保险，后出现车辆损失保险。汽车责任保险是先实行自愿方式，后实行强制方式。车辆损失保险一般是先负责保障碰撞危险，后扩大到非碰撞危险，如盗窃、火灾等。

中华人民共和国道路交通安全法

2004年5月1日施行的《中华人民共和国道路交通安全法》明确了我国施行强制汽车责任保险，该法第十七条规定，国家实行机动车第三者责任强制保险制度，设立道路交通事故社会救助基金。2006年7月1日起施行的《机动车交通事故责任强制保险条例》标志着我国正式施行机动车交通事故责任强制保险。

机动车交通事故责任强制保险条例

事故车定损理赔是指保险汽车在发生保险责任范围内的损失后，保险人依据保险合同的约定解决保险赔偿问题的过程。理赔工作是保险政策和作用的重要体现，是保险人执行保险合同，履行保险义务，承担保险责任的具体体现。保险的优越性及保险给予被保险人的经济补偿作用在很大程度上，都是通过理赔工作来实现的。

7.1 汽车保险

7.1.1 汽车保险的基础知识

1. 汽车保险的概念

汽车保险是指对汽车由于自然灾害或意外事故所造成的人身伤亡或财产损失负赔偿责任的一种商业保险。它是以汽车本身或汽车所有人或驾驶人因驾驶汽车发生意外所负的责任为保险标的，所以它既属于财产损失保险范畴，又属于责任保险范畴，是一个综合性的险种。

随着保险业的发展，汽车保险的保险标的已从最初的汽车扩展到各种机动车辆，但是世界上许多国家至今仍沿用汽车保险这一名称，而我国已经将其更名为机动车辆保险。

2. 汽车保险术语

① 保险标的。保险标的是指保险合同中载明的投保对象，可以是人的生命、身体、财产、利益、责任。例如财产保险中，汽车保险是一种运输工具保险，它以汽车本身及第三者责任为标的，货物运输的保险标的是运送的货物；人寿保险和健康保险中，人的生命或身体为保险标的。保险标的可以是无形的，如责任保险的保险标的为被保险人依法应承担的经济赔偿责任。

② 被保险人。被保险人是指受保险合同保障的汽车所有者，即《机动车行驶证》上登记的车主。

③ 保险人。保险人是指有权经营汽车保险的保险公司。

④ 投保人。投保人是指与保险公司订立合同、负有支付保险费义务的单位或个人，即办理保险并支付保险费的人。如果车主为自己的汽车投保，则投保人与被保险人是一致的；如果其他人为不属于自己的汽车投保，则投保人与被保险人是不一致的。这两种情况

都是保险公司允许的。投保人与被保险人不一致可能会产生两方面影响：一方面，被保险人不负交保险费的义务，该项义务由投保人承担，即谁投保谁交保险费；另一方面，车辆发生部分损失时，可由投保人向保险公司索赔。车辆发生全部损失（如车辆被盗抢、碰撞中车辆报废等）时，必须由被保险人向保险公司索赔，而投保人没有此项权利。在投保人与被保险人一致的情况下，则没有以上两方面的区分。

⑤ 第三者。保险合同中，保险人（保险公司）是第一方，也称第一者；被保险人是第二者；第三者是指被保险人及其财产和保险车辆上所有人员及其财产以外的所有人员及财产。车上的驾驶人和所有乘坐人员不属于第三者，但下车后可视为第三者。私人车辆被保险人及其家属成员都不属于第三者，保险车辆上的财产是指归被保险人及其驾驶员所有的财产或其代管的财产，这些财产均不属于第三者责任保险的范畴。

⑥ 保险价值。保险价值是指投保人与保险公司订立保险合同约定保险标的的实际价值，即投保人对保险标的所享有的保险利益的货币价值，是确定保险金额和确定损失赔偿的计算基础。保险标的的保险价值既可以由投保人和保险人约定，并在合同中载明，也可以按投保时保险标的的市场价值确定。

⑦ 实际价值。实际价值是指在投保或事故发生时，所投保车辆剔除折旧等因素以后的价格。

⑧ 保险金额。保险金额是指保险公司赔偿的最高限额。既可以按保险价值确定，也可以由保险双方协商确定，或者由实际价值确定。如果保险金额高于保险价值，超出的部分无效；如果保险金额低于保险价值，发生部分损失时按以下比例赔偿：

$$赔偿金额＝损失金额×保险金额/保险价值。$$

⑨ 保险费。保险费是指交给保险公司的实际保险费用，通常保险费的收取按保险金额与保险费率的乘积来计算，保险费率是保险费与保险金额的百分比。有时保险费也按固定的金额来收取，如第三者责任险的保险费。

⑩ 免赔额。免赔额是指事先由双方约定，被保险人自行承担一定比例金额的损失。损失额在免赔额之内，保险人不负责赔偿。免赔额又分为相对免赔额和绝对免赔额。

⑪ 相对免赔额。相对免赔额是指损失额在一定免赔额内不赔，超出免赔额时，保险人按实际损失额不做折扣地赔偿。例如，规定相对免赔额为 500 元，如果发生损失，损失金额为 490 元，由于损失在相对免赔额内，保险公司不赔。但如果发生损失的损失额为 1000 元，由于损失超过相对免赔额，保险公司赔偿 1000 元的全部损失。

⑫ 绝对免赔额。绝对免赔额是指无论什么情况，保险公司都不赔的金额。例如，规定绝对免赔额为 500 元，如果发生损失的金额为 1000 元，按照绝对免赔，保险公司只赔偿 500 元。如果损失为 490 元，保险公司不赔。

⑬ 免赔率。免赔率是指保险公司赔偿金额中不赔部分占总金额的比例。如免赔率是 20%，则当汽车损失险的赔偿额为 1000 元时，保险公司只赔 800 元，其余 200 元是免赔额。免赔率一般是在保险条款中事先约定的。

⑭ 不计免赔。不计免赔是一种附加险，既可以附加在车损险上，也可以附加在第三者责任险上，有的公司还可以附加在车上货物责任险和无过失责任险上。其作用是，对于保险条款中规定的，应该由被保险人根据事故责任自己承担的部分损失，保险公司负责赔偿。即免赔率造成的被保险人的损失，也由保险公司赔偿。当然投保了这个附加险也不是什么都可以赔。如汽车被盗，即便投保了盗抢险和不计免赔险，也有 20% 的免赔率，保险

公司都事先约定这20%不赔。

⑮ 保险责任。保险责任是指保险条款中列明的保险公司能够赔偿的内容，但要注意，有些造成保险事故的原因比较特殊，可能就在责任免除条款中免除了。如没有驾驶执照造成的事故，保险公司不予赔偿。

⑯ 责任免除。责任免除是指保险条款中规定的保险公司不负责赔偿的部分。有些责任免除内容可以采用另外补交一部分保费的方式（如投保附加险）而获得保险公司的赔偿。

⑰ 勘查。勘查是指车辆发生事故以后，保险公司的人员到事故现场进行查看、拍照、测量、分析，对事故车辆或受损财产进行初步鉴定的工作。

⑱ 保险赔款。保险赔款是指出险后，保险公司经过赔款理算，最终付给被保险人的赔款。

3. 汽车保险的作用

伴随着汽车进入百姓的日常生活，汽车保险正逐步成为与人们生活密切相关的经济活动，其重要性和社会性正逐步突显，作用也越加明显。

① 扩大了消费者购买汽车的需求。从目前经济发展情况来看，汽车产业已成为我国经济健康、稳定发展的重要动力之一，汽车产业政策在国家产业政策中的地位越来越重要，汽车产业政策要产生社会效益和经济效益，要成为中国经济发展的原动力，离不开汽车保险与之配套的服务。汽车保险业务自身的发展对于汽车产业的发展起到了有力的推动作用，汽车保险的出现，解除了企业与个人对使用汽车过程中可能出现风险的担心，一定程度上提高了消费者购买汽车的欲望，扩大了消费者购买汽车的需求。

② 稳定了社会公共秩序。随着我国经济的发展和人民生活水平的提高，汽车作为重要的生产运输和代步工具，已成为社会经济及人民生活中不可缺少的部分，其作用越来越大。汽车作为一种保险标的，虽然单位保险金不是很高，但数量大而且分散，汽车所有者既有党政部门，也有工商企业和个人。汽车所有者为了转嫁使用汽车带来的风险，愿意支付一定的保险费投保。在汽车出险后，从保险公司获得经济补偿。由此可以看出，开展汽车保险既有利于社会稳定，又有利于保障保险合同当事人的合法权益。

③ 促进了汽车安全性能的提高。在汽车保险业务中，经营管理的成本与汽车维修行业及价格水平密切相关。原因是在汽车保险的经营成本中，事故汽车的维修费用是其中重要的组成部分，同时汽车的维修质量在一定程度上体现了汽车保险产品的质量。保险公司出于有效控制经营成本和风险的需要，除了加强自身的经营业务管理外，必然会加大事故车辆修复工作的管理，一定程度上提高了汽车维修质量管理的水平。同时，汽车保险的保险人从自身和社会效益的角度出发，联合汽车生产企业、汽车维修企业开展汽车事故原因的统计分析，研究汽车安全设计新技术，并为此投入大量的人力和财力，从而促进了汽车安全性能方面的提高。

④ 汽车保险业务在财产保险中占有重要的地位。目前，大多数发达国家的汽车保险业务在整个财产保险业务中占有十分重要的地位。美国汽车保险保费的收入占财产保险总保费的45%左右，占全部保费的20%左右。在日本，汽车保险的保费占整个财产保险总保费58%左右。

从我国情况来看，随着积极的财政政策的实施，道路交通建设的投入越来越多，汽车保有量逐年递增。在过去20多年，汽车保险业务保费收入每年都以较快的速度增长。在国内各保险公司中,汽车保险业务保费收入占其财产保险业务总保费收入的50%以上,部分公司的汽车保险业务保费收入占其财产保险业务总保费收入的60%以上。汽车保险业务已经成为财产保险公司的"吃饭险种",其经营额,直接关系到整个财产保险行业的经济效益。可以说,汽车保险业务的效益已成为财产保险公司效益的"晴雨表"。

7.1.2 汽车保险的种类

当前,我国汽车保险险种分为机动车交通事故责任强制保险(简称交强险)和商业汽车保险两类。

交强险必须投保。《中华人民共和国道路交通安全法》《机动车交通事故责任强制保险条例》等法律规定机动车所有人、管理人必须投保机动车交通事故责任强制保险,否则公安机关交通管理部门将扣留在道路上行驶的机动车,并通知机动车所有人、管理人依照规定投保,同时处依照规定投保最低责任限额应缴纳保费的2倍罚款。因此交强险作为汽车在道路行驶的必备条件,是必须购买的险种,这也是投保人遵守法律的良好表现。

道路交通事故受伤人员临床诊疗指南

商业汽车保险应量力而行。交强险只是对第三者损害的基本保障,对汽车损失、车上人员受伤等不予保障,即使对第三者的赔偿,许多情况下交强险也不能完全补偿。商业险种很多,不同的险种对应不同的保险范围,投保险种越多,保障越全面,但保费越多,所以投保人为获得保险的充足保障,对商业险应根据自身风险状况和经济实力综合考虑后选择购买。

商业汽车保险险种分主险(又称基本险)和附加险两部分。主险是对汽车使用过程中大多数汽车使用者经常面临的风险给予保障。附加险是对主险保险责任的补充,它承保的一般是主险不予承保的自然灾害或意外事故。附加险不能单独承保,必须投保相应主险后才能承保。随着汽车保险业的发展,主险险种、附加险险种都不断进行补充丰富或改革创新,使险种数量及保障内容都大大增加。

根据2020年9月19日正式实施的《关于实施车险综合改革的指导意见》,目前《中国保险行业协会机动车商业保险示范条款(2020版)》中,汽车保险的险种及其含义见表7-1。

表7-1 汽车保险的险种及其含义

汽车保险种类			险种含义
交强险			交强险的全称是"机动车交通事故责任强制保险",是由保险公司对被保险机动车发生道路交通事故造成受害人(不包括本车人员和被保险人)的人身伤亡、财产损失,在责任限额内予以赔偿的强制性责任保险
商业险	主险	机动车损失保险	① 保险期间内,被保险人或被保险机动车驾驶人(以下简称"驾驶人")在使用被保险机动车过程中,因自然灾害、意外事故造成被保险机动车直接损失,且不属于免除保险人责任的范围,保险人依照本保险合同的约定负责赔偿 ② 保险期间内,被保险机动车被盗窃、抢劫、抢夺,经出险地县级以上公安刑侦部门立案证明,满60天未查明下落的全车损失,以及因被盗窃、抢劫、抢夺受到损坏造成的直接损失,且不属于免除保险人责任的范围,保险人依照本保险合同的约定负责赔偿 ③ 发生保险事故时,被保险人或驾驶人为防止或者减少被保险机动车的损失所支付的必要的、合理的施救费用,由保险人承担;施救费用数额在被保险机动车损失赔偿金额以外另行计算,最高不超过保险金额

续表

汽车保险种类			险种含义
商业险	主险	机动车第三者责任保险	保险期间内，被保险人或其允许的驾驶人在使用被保险机动车过程中发生意外事故，致使第三者遭受人身伤亡或财产直接损毁，依法应当对第三者承担的损害赔偿责任，且不属于免除保险人责任的范围，保险人依照本保险合同的约定，对于超过机动车交通事故责任强制保险各分项赔偿限额的部分负责赔偿
		机动车车上人员责任保险	保险期间内，被保险人或其允许的驾驶人在使用被保险机动车过程中发生意外事故，致使车上人员遭受人身伤亡，且不属于免除保险人责任的范围，依法应当对车上人员承担的损害赔偿责任，保险人依照本保险合同的约定负责赔偿
商业险	附加险	附加绝对免赔率特约条款	① 绝对免赔率为5％、10％、15％、20％，由投保人和保险人在投保时协商确定，具体以保险单载明为准。 ② 被保险机动车发生主险约定的保险事故，保险人按照主险的约定计算赔款后，扣减本特约条款约定的免赔。即：主险实际赔款＝按主险约定计算的赔款×(1－绝对名赔率)
		附加车轮单独损失险	保险期间内，被保险人或被保险机动车驾驶人在使用被保险机动车过程中，因自然灾害、意外事故，导致被保险机动车未发生其他部位的损失，仅有车轮(含轮胎、轮毂、轮毂罩)单独的直接损失，且不属于免除保险人责任的范围，保险人依照本附加险合同的约定负责赔偿
		附加新增加设备损失险	保险期间内，投保了本附加险的被保险机动车因发生机动车损失保险责任范围内的事故，造成车上新增加设备的直接损毁，保险人在保险单载明的本附加险的保险金额内，按照实际损失计算赔偿
		附加车身划痕损失险	保险期间内，被保险机动车在被保险人或被保险机动车驾驶人使用过程中，发生无明显碰撞痕迹的车身划痕损失，保险人按照保险合同约定负责赔偿
		附加修理期间费用补偿险	保险期间内，投保了本条款的机动车在使用过程中，发生机动车损失保险责任范围内的事故，造成车身损毁，致使被保险机动车停驶，保险人按保险合同约定，在保险金额内向被保险人补偿修理期间费用，作为代步车费用或弥补停驶损失
		附加发动机进水损坏除外特约条款	保险期间内，投保了本附加险的被保险机动车在使用过程中，因发动机进水后导致的发动机的直接损毁，保险人不负责赔偿
		附加车上货物责任险	保险期间内，发生意外事故致使被保险机动车所载货物遭受直接损毁，依法应由被保险人承担的损害赔偿责任，保险人负责赔偿
		附加精神损害抚慰金责任险	保险期间内，被保险人或其允许的驾驶人在使用被保险机动车的过程中，发生投保的主险约定的保险责任内的事故，造成第三者或车上人员的人身伤亡，受害人据此提出精神损害赔偿请求，保险人依据法院判决及保险合同约定，对应由被保险人或被保险机动车驾驶人支付的精神损害抚慰金，在扣除机动车交通事故责任强制保险应当支付的赔款后，在本保险赔偿限额内负责赔偿
		附加法定节假日限额翻倍险	保险期间内，被保险人或其允许的驾驶人在法定节假日期间使用被保险机动车发生机动车第三者责任保险范围内的事故，并经公安部门或保险人查勘确认的，被保险机动车第三者责任保险所适用的责任限额在保险单载明的基础上增加一倍

续表

汽车保险种类		险种含义
商业险	附加险	附加医保外医疗费用责任险	保险期间内，被保险人或其允许的驾驶人在使用被保险机动车的过程中，发生主险保险事故，对于被保险人依照中华人民共和国法律（不含港澳台地区法律）应对第三者或车上人员承担的医疗费用，保险人对超出《道路交通事故受伤人员临床诊疗指南》和国家基本医疗保险同类医疗费用标准的部分负责赔偿
		附加机动车增值服务特约条款	本特约包括道路救援服务特约条款、车辆安全检测特约条款、代为驾驶服务特约条款、代为送检服务特约条款共四个独立的特约条款，投保人可以选择投保全部特约条款，也可以选择投保其中部分特约条款。保险人依照保险合同的约定，按照承保特约条款分别提供增值服务

7.1.3 汽车保险的购买

汽车保险投保的八个步骤分别为选择保险公司；选择保障方案；选择购买渠道；填写投保单；交纳保险费；等待保险公司的审核；领取保险单证；退保、批改与续保。

1. 选择保险公司

为保障被保险人的合法权益，应选择具有合法经营资格的保险人或保险代理网点办理保险，应了解保险人的资信及偿付能力，要选择信誉度好、偿付能力强的保险公司购买保险。同时，投保时要选择在车主所在地保险公司机构投保，以免给车主理赔及后续服务带来不便。

选择保险公司时主要考虑网点分布、售后服务、附加服务等。保险公司的网点分布决定了投保、理赔的方便程度。保险公司的售后服务包括业务人员是否热情周到、是否及时送达保险单、是否及时通报新产品、是否及时赔付、是否耐心听取并真心解决顾客的投诉、是否注意与顾客的沟通等。保险公司的附加服务是提高公司形象的重要手段，也是其提供的延伸产品，如持保险单在日常生活中享受消费优惠、经常召开联谊会、对故障车辆免费施救、给顾客免费洗车等。

2. 选择保障方案

汽车保险包括多个险种，除交强险是强制性险种外，商业险中的基本险和附加险均可自愿投保。车主可以根据自己的经济实力与实际需求进行投保。以下是3个汽车保险方案，可以供车主投保时参考。

（1）最低保障方案

险种组合：交强险＋第三者责任险。

保障范围：只对第三者的损失负赔偿责任。

适用对象：车价不高或经济稍欠宽裕的车主。

优缺点：保费低廉，一旦发生交通事故，对方的损失能得到保险公司的一些赔偿，但本车的损失需要自己承担。

（2）基本保障方案

险种组合：交强险＋第三者责任险＋机动车损失险。

保障范围：主要是避免涉及第三者人命伤亡的交通意外事故。

适用对象：适用于汽车使用较长时间以及驾驶技术娴熟、愿意自己承担大部分风险减少保费支出的车主。

优缺点：用较少的保费支出，换取自己较难规避的风险。

（3）通用方案：

险种组合：交强险＋第三者责任险＋机动车损失险＋车上人员责任险。

保障范围：大多数保险责任事故。

适用对象：这个通常是4S店主要推荐的方案，针对新车或较昂贵的车辆，对经济宽裕的车主也是不错的选择。其盗抢险、玻璃险、涉水险、不计免赔险、自燃险、无法找到第三方等险种都并入车损险中。

3. 选择购买渠道

常见投保方式有以下几种。

① 上门投保，是指投保人与所选择的保险公司联系，保险公司派业务员前往投保人处，提供风险分析、解释条款、设计投保方案、指导投保人填写保单等服务。

② 到保险公司营业部门投保，即投保人亲自到保险公司的办公地点办理投保手续。

③ 电话投保，是指通过保险公司开通的服务电话办理投保业务。

④ 网上投保，是指利用网络完成投保业务。

⑤ 通过保险代理人投保，即保险代理人根据保险人的委托，在保险人授权的范围内代为办理保险业务。

⑥ 通过保险经纪人投保，即保险经纪人基于投保人利益，为投保人与保险人订立保险合同提供中介服务。

以上各种投保方式各有利弊，并且费率优惠程度不同。一般来说，通过保险代理人、保险经纪人投保的，保费较贵，电话投保与网上投保费率优惠较大。

4. 填写投保单

投保单是投保人向保险人要约的书面文件，也是投保人要求投保的书面凭证。保险人接受了投保单，投保单就成为保险合同的要件之一。

投保单的内容包括被保险人、投保人的基本情况、保险车辆和驾驶人的基本情况、投保险种、投保金额、保险期限等内容。投保业务人员应指导投保人正确填写，如果投保车辆较多，投保单容纳不下，则应填写《机动车辆保险投保单附表》。填写时，字迹应清楚，如应更改，需要投保人或其代表人在更正处签字或盖章。

5. 交纳保险费

投保人必须按约定的交费期限、保险费数额、交纳方式履行自己的交费业务。及时交费是保险合同生效的必要条件。保险费的交纳数额应根据保险公司按照标准保费并进行风险修正和无赔款折扣后计算得出的数额确定。

保险费的交纳方式可以是现金，也可以刷卡交纳，十分方便。

6. 等待保险公司的审核

保险人在承保时必须经过核保过程。核保是指保险人在承保前，对保险标的的各种风险情况加以审核与评估,从而决定是否承保、承保条件与保险费率的过程。所以,客户提交了投保单和核算出应交保险费后,还必须通过核保人员的审核。

核保工作原则上采取两级核保体制。先由展业人员、保险经纪人、代理人进行初步核保;然后由核保人员复核决定是否承保、承保条件及保险费率等。因此,核保实务包括审核保险单、查验车辆、核定保险费率、计算保险费、核保等必要程序。

7. 领取保险单证

车辆投保后可领取 9 项保险单证。
交强险:保险单正本、保险单公安交管留存联、条款、发票、保险标志。
商业险:保险单正本、条款、发票、保险证。
从 2021 年 1 月 1 日起,交强险、商业险实施电子保单和电子标志。

8. 退保、批改与续保

(1) 客户的退保

交强险一般不可以退保,但遇特殊情况可以退保;对商业保险来说,投保人购买保险后,完全有权利要求退保。

交强险条款第二十三条规定,在下列三种情况下,投保人可以要求解除交强险合同:被保险机动车被依法注销登记的;被保险机动车办理停驶的;被保险机动车经公安机关证实丢失的。交强险合同解除后,投保人应当及时将保险单、保险标志交还保险人;无法交回保险标志的,应当向保险人说明情况,征得保险人同意。

机动车交通事故责任强制保险费率浮动暂行办法修改内容

商业汽车保险条款一般规定:保险责任开始前,投保人要求解除本保险合同的,应当向保险人支付应交保险费 5% 的退保手续费,保险人应当退还保险费。保险责任开始后,投保人要求解除本保险合同的,自通知保险人之日起,本保险合同解除。保险人按短期月费率收取自保险责任开始之日起至合同解除之日止期间的保险费,并退还剩余部分保险费。

(2) 合同的批改

车辆过户后,保险应当办理过户。如果没有办理,保险合同也继续有效。此时,若发生事故,新车主能获得保险赔偿。但新车主如果使车辆危险程度明显增大,且因此导致事故则保险公司拒绝赔偿事故损失。

(3) 续保的好处

续保是指投保人在原有的保险合同即将期满时,向保险人提出继续投保的申请,保险人根据投保人的实际情况,对原有合同条件稍加修改而继续签约承保的行为。

续保业务一般在原保险期到期前一个月开始办理。对投保人来说,通过及时续保,一方面可以从保险人那里得到连续不断的、可靠的保险保障与服务;另一方面,作为公司的老顾客,可以在保险费率方面享受续保优惠。

7.1.4 我国汽车保险业的现状和发展对策

1. 我国汽车保险业的现状

我国的汽车保险业务起步较早,在 1950 年中国人民保险公司就开办了汽车保险。目前随着我国汽车产业的快速发展,汽车保险市场蓬勃兴起。当前我国汽车保险是财产保险的第一大险种，2021年车险业务占财产保险份额的比例已达60.70%。

(1) **我国汽车保险市场发展迅速**

随着我国汽车产业的快速发展，我国汽车保险也迎来了快速增长期，各项指标保持良性增长势头。银保监会数据显示，2011年，汽车保险业务保险赔款及给付金额仅为1750.92亿元；到2020年，汽车保险业务保险赔款及给付金额为4725.50亿元；我国车险行业实现保费收入8244.75亿元。

(2) **我国汽车保险市场形成了垄断的市场结构**

目前我国从事机动车辆保险的主要是本土财险公司。在竞争格局中，我国汽车保险整体市场集中度较高，2021年前三家公司市场总份额达到63.6%。其中人保财险公司车险保费收入达到4495.33亿元，占行业整体比重的32.8%；平安产险车险排名第二，占比达19.7%；然后是中国太平洋财产保险，占比为11.1%。

(3) **我国汽车保险市场增长潜力仍然较大**

2021年我国新车销量突破了2627.5万辆，汽车保有量达3.02亿辆。车险市场规模已达亚洲第一、世界第二，但相较于我国汽车保有量的增长而言，潜力仍然较大。车险综改也带来一些积极影响。消费者获得更多优惠，90%客户保费下降，车均保费由3700元/辆下降至2700元/辆，其中保费下降幅度超过30%的客户达69%；定价与风险更加匹配，有10%左右不同车型的保费有所上升；市场主体经营策略动态调整更加敏捷，管理精细化水平显著提升。车险综改的影响绝非一时一隅，而是推动整个行业高质量发展的抓手，因此，监管的改革决心仍然坚定，市场管控将持续加强。

(4) **汽车保险的制度环境也日趋完善**

中华人民共和国保险法

保险监管法律体系为汽车保险行业的健康发展创造了良好的外部环境。针对汽车保险中存在的问题，我国一直在不断地完善相关的政策法规。2006年7月1日起《机动车交通事故责任强制保险条例》开始施行，并根据需求于2012年3月、2012年12月、2016年2月、2019年3月进行了四次修订，加强了车险监管，规范了市场秩序。2007年7月1日交强险正式普遍推行并于2020年9月19日起实施车险综合改革施行新的机动车交通事故责任强制保险（交强险）责任限额和费率浮动系数的调整方案。

2. **我国汽车保险业的发展对策**

为加快我国汽车保险市场的发展，我国政府管理、保险监管机构及保险公司要共同努力，从如下几个方面着手提升我国本土保险公司的竞争力。

(1) **保险公司要致力于提升竞争力**

我国汽车保险市场对外开放后，本土保险公司将面对国际巨头的竞争。因此我国保险公司要深化体制改革，建立完善的公司治理结构、高效的管理构架和有效的激励约束机制。保险公司应重视自身创新能力的培养，构建新的车险创新机制，强化车险产品研发，细化车险产品类别，积极运用国外早已成熟并得到广泛应用的非寿险精算技术，科学厘定基础费率，合理制定市场价格，不断进行产品、服务和技术创新，开发出适应市场需求的保险产品。此外，还要加强对承保风险的管控、提升财险公司车险业务的经营能力。

(2) **要大力发展汽车保险中介组织**

保险中介是存在于保险人与被保险人之间的一种市场媒介，其对促进保险业务的增长非常关键。为加速我国保险中介组织的发展，我国保险公司要聚焦核心业务，逐步将产品销售、承保、收费、鉴定与估损、宣传与咨询等非核心业务交给中介公司办理。国家要支持保险中介组织做强做大，同时应该鼓励引进外资汽车保险中介组织。

（3）加快保险人才培养

加快汽车保险专业人才培养对发展我国汽车保险市场极其关键。保险市场国际化后对保险人才的素质提出了更高的要求，保险人员不仅要有熟练的专业技术，还要有较强的应变能力，不仅要有丰富的实践经验，还要有一定的理论知识，以适应中国车险市场的需要。因此，我国要鼓励大中专院校开办各个学历层次的汽车保险专业。要逐步建立起适应我国汽车保险市场发展的汽车保险继续教育体系。

（4）要加强行业管理，完善行业自律机制

要加大对不合规业务的处罚力度，提高保险公司及中介机构的违规成本，促使其转变观念，树立依法合规经营的理念，给专业机构的发展提供成长的空间。银保监会及其他监管组织要加大监管力度，加强对真实性的检查力度，加强对车险市场信息披露的监管，加大力度建设车险市场的信息披露体制，使信息披露的内容真实、渠道畅通、程序规范。保险行业协会作为保险业的自律组织，银保监会应带头倡导保险行业协会实行行业自律。

（5）建立诚信体系

个人征信体系建设是一项社会系统工程。国家有关部门应加强信用立法，建立并有效运行个人失信惩罚机制，为持续开展汽车保险业务提供一个良好的法制环境和信用环境，同时为建设一个具有中国特色的良好的信用社会奠定基础。

7.2　汽车事故理赔

保险汽车发生事故后，被保险人发生的经济损失有的属于保险风险引起的，而有的属于非保险风险引起的。即使被保险人的损失是由保险风险引起的，因多种因素和条件的制约，被保险人的实际损失金额也不一定等于保险人的赔偿金额。所以，汽车保险理赔涉及保险合同双方权利与义务的实现，是保险经营中的一项重要内容。

7.2.1　汽车保险理赔的原则

汽车保险理赔工作涉及面广，情况比较复杂。为更好地贯彻保险经营方针，提高汽车保险理赔工作质量，汽车保险理赔必须遵循以下原则。

1. 满意性原则

在保险事故发生后，被保险人往往因惊恐而处于心理上的失衡状态。而被保险人对保险理赔工作的处理方式和处理意见的满意度，直接关系到保险人的信誉和经营效果。如果被保险人对保险的理赔过程和处理结果满意，则有助于通过被保险人的宣传而扩大经营的规模；如果被保险人对此不满意，往往导致当事双方诉诸法律。所以保险人理赔时所采取的处理方式和处理态度非常重要，保险理赔工作应首先遵循满意性原则。

2. 迅速性原则

汽车保险理赔的速度直接关系到被保险人能否获得及时的赔偿。所以，保险人在汽保险理赔时应遵循迅速性原则。保险人接到被保险人的事故报案以后，应该迅速做出反应。这种迅速体现为两个方面：一方面，查勘定损应力求迅速，以确保保险人掌握第一手的事故资料，防止被保险人为利益而隐瞒事实，实施欺骗；另一方面，案件处理应迅速。如果案件清楚明了，就应该迅速支付赔款结案；如果案情复杂，但可确定属于保险责任且符合预付赔款要求，现场查勘之后应预付部分赔款，以解被保险人的燃眉之急；如果事故确实属于责任免除范畴，应有理有据地出具拒赔通知书，并做好安抚工作。

3. 准确性原则

涉及责任免除的确定、被保险人义务的遵守、免赔的计算方法等许多有关保险合同的专业性问题，并不是每个被保险人都清楚知道，所以需要保险人在计算保险赔付时应力求准确性原则，不能因保险人具有专业知识而刻意压低赔款或欺骗被保险人。因此，在汽车保险理赔时，应对事故导致的直接损失费用计算准确，依据保险合同的约定，合理地确定各项损失费用，这是确保被保险人满意的基础。

4. 公平性原则

根据保险分摊性质，如果赔付过多，虽然个别被保险人受益，但会导致广大其他被保险人承担过多的保险费，同时会影响到保险人的偿付能力。如果赔付过低，虽然保险人暂时受益，但因被保险人不满意将导致保险人的保险信誉下降，从而影响到保险的经营稳定性。所以，在保险赔付时，应遵循公平性原则，尽量做到理赔结果对保险当事双方都公平。对于不应赔付的案件，一定不赔付；对于应赔付的，也不可少赔。

7.2.2 汽车保险理赔的流程

汽车理赔业务流程对于不同的保险公司有一些细微的差别，对于不同的实际业务类型也不是千篇一律的。根据车险理赔的操作流程，可将理赔工作分为六个步骤：受理案件—现场查勘—损失确定—赔款理算—核赔—赔付结案。

（1）受理案件

受理案件是指保险人接受被保险人的报案，并对相关事项作出安排。受理案件是汽车保险理赔工作的第一步，各保险公司均非常重视。为此，各保险公司均公布了报案受理部门、开通了多种报案方式，并对报案的内容进行详细记录等。

（2）现场查勘

现场查勘是指运用科学的方法和现代技术手段，对保险事故现场进行实地勘察和查询，将事故现场、事故原因等内容完整而准确地记录下来的工作过程。现场查勘是查明保险事故真相的重要手段，是分析事故原因和认定事故责任的基本依据，也为事故损害赔偿提供了证据。所以，各保险公司均建立了合理的服务网络，配备了完善的查勘工具，有一定数量且经验丰富的查勘人员，以保证现场查勘工作的快速、有效。

（3）损失确定

损失确定是根据保险合同的规定和现场查勘的实际损失记录，在尊重客观事实的基础上，确定保险责任，然后开展事故定损和赔款计算工作。损失确定包括车辆损失、人身伤亡费用、其他财产损失等。车辆损失主要是确定维修项目的工时费和换件项目的价格；人身伤亡费用按交通事故的相关规定进行计算即可；其他财产损失一般按实际损失通过与被害人协商确定。

(4) 赔款理算

赔款理算是保险公司按照法律和保险合同的有关规定，根据保险事故的实际情况，核定和计算应向被保险人赔付金额的过程。理算工作决定着保险人向被保险人赔偿数额与准确性，因此，保险公司理赔人员应本着认真、负责的态度做好理算工作，确保既维护被保险人的利益，又维护保险公司的利益。待业务负责人审核无误后，在赔款计算书上签署意见和日期，然后送交核赔人员。在完成各种核赔和审批手续后，转入赔付结案程序。

(5) 核赔

核赔是指在保险公司授权范围内独立负责理赔质量的人员，按照保险条款及公司内部有关规章制度对赔案进行审核的工作。核赔工作的主要内容包括核定保险标的出险原因、损失情况；核定保险责任的确定；核定损失；核定赔款计算。

(6) 赔付结案

赔付结案是指业务人员根据核赔的审批金额，向被保险人支付赔款、对理赔的单据进行清分并对理赔案卷进行整理的工作，是理赔案件处理的最后一个环节。

7.3 事故现场查勘

查勘定损人员所采用的到现场查勘的技术是否科学、合理，是现场查勘工作成功与否的关键，直接关系到事故原因的分析与事故责任的认定，是计算事故损害赔偿的基础。

7.3.1 交通事故现场分类

交通事故现场是指发生交通事故地点上遗留的车辆、树木、人、畜等与事故有关的物体及其痕迹物证所占有的空间。交通事故现场是推断事故过程的依据和分析事故原因的基础。根据现场的完整真实程度，一般可以分为以下三类。

1. 原始现场

原始现场也称第一现场，是指发生事故后至现场查勘前，在现场的车辆和遗留下来的一切物体、痕迹仍保持着事故发生过程的原始状况没有变动和破坏的现场。这类现场能够反映事故发生的全过程，可以较好地为事故原因的分析与责任鉴定提供依据，所以是取证价值最大、最理想的现场。

2. 变动现场

变动现场又称移动现场，是指发生事故后至现场勘查前，由于自然或人为的原因，致使事故现场的原始状态的一部分、大部分或全部面貌改变的事故现场。这类现场有种种不利因素，由于现场物证遭到破坏，不能全面真实反映事故全过程，给勘查工作带来很大的困难。

变动原因通常有以下几种。

① 抢救伤者。为抢救伤者而变动了现场的车辆和有关物体的原始位置。

② 保护不善。事故现场的痕迹因保护不善，导致被过往的车辆和行人碾踏，而变得模糊或消失。

③ 自然影响。因刮风、下雨、下雪、日晒等自然因素的影响，造成现场的痕迹消失

或被破坏。

④ 执行任务。执行任务的消防、救护、警备、工程救险车或首长、外宾的车辆，在发生事故后因任务的需要而驶经现场，致使现场发生变化。

⑤ 交通拥堵。主要交通干道或繁华地段发生交通事故，需及时排除交通堵塞而移动肇事车辆及相关证物而导致现场变化。

⑥ 驾驶人疏忽。车辆发生交通事故后当事人没有发觉而驾车驶离现场。

⑦ 伪造现场。当事人出于逃避责任，毁灭证据，或嫁祸于他人的目的，有意或教唆他人改变现场的车辆、物体、痕迹或其他物品的原始状态，或故意布置现场。这类现场事故状态不合常理，不符合事故发生的客观规律。

3. 恢复现场

恢复现场一般是指事故现场因某种原因撤离后，因案件需要，根据原现场记录图、照片或查勘记录等资料重新布置恢复的现场。在特殊情况下，根据现场分析，目击人或当事人指认，将变动现场恢复到原始状态，此现场称为原始恢复现场。

7.3.2　现场查勘的工作流程

道路交通事故现场查勘是指公安机关交通管理部门依法运用科学的方法和技术手段对道路交通事故有关的时间、地点、道路、人身、车辆、物品、牲畜等进行的勘验、检查，以及当场对当事人和有关人员进行的调查访问，并将所得结果客观、完整、准确地记录下来的活动。现场查勘的目的主要是采集与事故有关的物证，为事故责任认定准备证据，并查明事故发生的原因。通过现场查勘还可以获取第一手事故调查资料，为深入分析事故和交通工程技术研究、车辆设计等提供研究素材。现场查勘的主要工作流程如下：接受调查—联系客户及现场处理—拍摄事故照片—填写查勘报告—简易赔案。详细流程和要点如下。

1. 接受调度

① 查勘员通过手机 GPS 接受车险查勘调度指令，在接到调度短信任务后，查勘员应在 4 分钟内手动下载并确认接收任务。

② 接收新任务后，首先查勘抄单信息，了解客户及事故信息等内容，便于查勘现场。

③ 如遇 GPS 系统故障，接受电话调度，查勘员接到电话调度时，应详细记录车牌号、联系人电话、出险地点、事故经过等详细报案信息。

④ 查勘员不能正常完成查勘工作时，符合改派条件的，应在 3 分钟内通过手机 GPS 申请调度改派，并详细说明改派理由。

2. 联系客户及现场处理

① 单方事故。

a. 现场查勘处理要点：详细询问出险经过，与事故现场环境、车辆碰撞痕迹、车辆损失情况进行对比，重点核查事故真实性，特别注意事故当事人是否是被保险人允许的合格驾驶人、是否存在酒后驾驶或其他故意行为。通过车辆损失部位锈蚀程度，判断出险时间与客户描述是否吻合；通过车体碰撞部位与碰撞物体之间擦漆情况和用卷尺测量距离地面高度，判断是否接触；通过车体碰撞部位形变情况与碰撞物体形状，判断车辆损失是否为本次事故造成；同时应注意碰撞点周围是否有呈放射分布的油漆和配件残片。

b. 调查事故情况。在事故地点周边进行走访调查，寻找第三方事故目击证人，并记录询问情况。

c. 如果事故现场与车损明显不相吻合，应及时认真分析，排除疑点。若有疑问，则应立即到事故第一现场进行复勘，根据承保险种及出险情况确定事故是否属于保险责任范围的事故。若事故不属于保险责任范围，或被保险人有欺骗行为，应及时搜集、掌握相关证据资料，移交调查或按照拒赔实务规定进行拒赔处理。

② 双方/多方事故。

a. 现场查勘处理要点：事故任何一方的估计损失超过交强险赔偿限额的，应提醒事故各方当事人依法进行责任划分，要求客户拨打交通事故报警电话报警，并由交警划分事故责任，出具事故责任认定书。详细询问出险经过，与事故现场环境、车辆碰撞痕迹、车辆损失情况进行对比，重点核查事故真实性，特别注意碰撞痕迹、损失程度是否一致。通过车辆损失部位锈蚀程度，判断出险时间与客户描述是否吻合；通过车体碰撞部位与碰撞物体之间擦漆情况和用卷尺测量距离地面高度，判断是否接触；通过车体碰撞部位形变情况与碰撞物体形状，判断车辆损失是否为本次事故造成；同时应注意碰撞点周围是否有呈放射分布的油漆和配件残片。

b. 如果事故实际涉及车辆、财产、人伤等标的数量多于手机 GPS 接收调度任务的数量，则可在手机 GPS 终端中手动增加三者车损、物损、人伤等任务，并通知调度进行任务调派。

c. 要求事故各方提供交强险保单复印件，或对各方交强险标志进行拍照取证，以便进行交强险"无责代赔""互碰互赔"处理。

d. "无责代赔"处理。双方、多方仅涉及车辆损失的事故，若一方负事故全部责任、其余各方不负事故责任，可以按照全责方"无责代赔"处理，全责方在交强险项下代为赔偿无责方交强险无责财产赔偿限额 100 元，索赔时应提供无责各方的交强险保单复印件并且现场查勘时应拍摄交强险标识。

e. "互碰自赔"处理。双方、多方仅涉及车辆损失的事故，若各方均负有事故责任（含主要责任、同等责任、次要责任等），且各方损失均不超 2000 元，经事故各方协商同意按照"互碰自赔"处理的，可以自行拍照固定现场证据后撤离现场，然后向承保公司报案，双方车辆定损完毕后各自维修各自车辆。

f. 调查事故情况。在事故地点周边进行走访调查，寻找第三方事故目击证人，并记录询问情况，请当事人签字确认。

③ 物损事故。

a. 详细了解物损标的的归属，确认属于车上物品、车上货物或三者物损，根据承保信息判断是否属于保险责任，并在手机端系统内进行归属调整，根据事故财产损失情况可在手机端手动增加和删除财产类型。

b. 确认受损财产数量。对于广告牌、电线杆、防护栏、隔离桩、绿化树、家畜、牲畜等三者财产损失，应认真清点受损数量；对于农田庄稼等农作物，以及围墙、道路等，应丈量受损面积；对于车上货物及其他货品，应取得运单、装箱单、发票，核对装载货物情况，根据不同的物品分别登记受损情况。

c. 按照标准确认施救费，并做好客户的解释说明工作，物损施救费用的确定要严格按照条款规定。

④ 重大案件判断和初步确认。根据事故现场情况，判断是否属于重大案件，并在手机 GPS 终端进行初步确认，并在系统中填写《重大赔案呈报表》，根据《车险理赔重大案件管理办法》上报审核立案。

⑤ 人伤事故。人伤事故需要进行现场查勘的，按照人伤调查理赔实务进行处理。

⑥ 通赔、盗抢、水淹、火灾、爆炸、自燃、简易、拒赔、注销等特殊赔案按照《车险特殊赔案处理办法》处理。

3. 拍摄事故照片

① 会同客户查勘事故损失并拍摄事故照片，照片的基本拍摄要求如下。

a. 数码相机的日期顺序调整为年、月、日。

b. 数码照片显示日期必须与拍摄日期一致。

c. 照相机的焦距调整准确，光线使用得当。

d. 数码相机像素调整为 640×480。

② 事故第一现场案件的照片拍摄。

第一步，斜 45°拍摄事故现场远景概貌照片，前后各一张，要求能记录事故现场和运动痕迹，能看清涉案事故车牌号及涉及的物损概貌；第二步，近距离拍摄带车牌及损失部位照片，要求能够反映车辆全貌、物损全貌；第三步，拍摄事故车损配件照片和涉及的物损照片，要求能够反映出零件损失部位、物损部位、散落碎片、人伤部位；第四步，拍摄车辆、司机证件照片；第五步，拍摄查勘员与事故车辆的人车合照。

③ 无事故现场的照片拍摄。参照"事故第一现场"照片拍摄的第二步和第三步。

④ 拍摄物损照片。涉及物损的要拍摄事故地点照片及物损照片。要求受损财产的照片能够反映出财产损失的全貌及损失部位，多处受损应分别拍摄；带包装的物品受损时应将包装拆下后拍摄，并注意拍摄包装物上的数量、类型、型号、质量等；价值较高的货物在分类后单独编号拍摄。

⑤ 拍摄人员的照片。

a. 拍摄查勘员与事故车辆、事故现场环境的合照。

b. 拍摄事故当事人员与事故车辆合照（根据各机构具体要求执行）。

c. 拍摄受伤人员的照片。

⑥ 损失部位不明显时，应做标记或有人指示损失处拍摄；拍摄玻璃照片时注意玻璃的光线反光；玻璃单独破碎险中玻璃损坏不严重，先拍一张照片，再击打玻璃受损处扩大明显后，再拍一张照片。

⑦ 拍摄涉案事故车辆行驶证正副本、当事驾驶人驾驶证正副本及被保险人身份证，双方/多方事故拍摄涉案车辆交强险标志或保单，以上证件均需拍摄正、反两面。

⑧ 相机的使用要求。

a. 照相距离：照相距离就是照相机镜头和被拍摄物体间的距离，在查勘拍摄中要根据所拍摄主体的范围和尺寸，正确使用远景、中景、近景、特写和微距。一般在表现现场概貌时，宜使用远景和中景拍摄；在表现局部细小物体或某些痕迹时，宜使用近景和特写拍摄；在拍摄车架号、发动机号、证件照片时，宜使用微距拍摄。

b. 光线：光照方向就是光线与相机拍摄方向的关系，分为顺光、侧光、逆光。在现场照相中一般常使用顺光和侧光，不使用逆光。在光线不充足的情况下，如在建筑物内部，通常要进行补光。拍摄证件、车牌号码时使用闪光灯的，要求保持30°以上角度拍摄，避免反光造成拍摄模糊。

⑨ 对于简易赔案和小额案件在现场定损时，按照GPS项目操作实务规定，拍摄2~3张事故照片上传系统，方便后台核损人员核损。

4. 填写查勘报告

① 一般案件的查勘报告应在手机GPS终端中填写完成。查勘报告填写要求如下。

a. 查勘人员根据调查结果和掌握到的各种信息、资料，结合现场查勘记录情况，填写查勘报告。

b. 对保险车辆、第三方车辆、财产、人员以及其他项目的"事故损失金额"进行认真的估计，并将其填写在查勘报告中的相关项目中。

c. 查勘报告要能反映事故发生经过、出险原因及损失情况，初步判定保险责任，填写完整、描述清晰、记录真实。

② 手机GPS系统无法填写记录的，应手写纸质查勘报告，然后拍照上传到理赔工作流系统。

③ 手写的查勘报告要求字迹工整清楚，蓝、黑色笔填写，不得涂改。手写查勘报告填写完毕后，一般不用客户签名确认。但对于有疑问的案件、特殊案件（如出险情况可疑，或驾驶证、行驶证过期，或客户放弃索赔等），要求客户签字确认。

5. 简易赔案

车辆总损失在3000元以下、无人伤及物损、有第一现场、责任明确、无争议的案件适用于简易赔案。简易赔案需在现场提供被保险人身份证（拍摄正、反面），被保险人开户银行卡卡号（有开户行具体名称），驾驶人驾驶证，车辆行驶证，如是双方事故，需现场事故双方填写记录书。出具交警队手续的事故不可以操作简易赔案。

7.3.3 交通事故现场的查勘技能

交通事故现场的查勘技能主要包括痕迹物证查勘、现场拍摄和现场测绘。其定义和要点在下面进行详述。

1. 痕迹物证查勘

道路交通事故痕迹包括的种类很多、范围很广，归纳起来，可分为路面痕迹、物体痕迹、其他痕迹。

（1）路面痕迹勘验

车辆发生道路交通事故后，其痕迹必然留在路面上。但是，一旦车辆驶出或倾覆于路外，其痕迹就会留在地面上。确切地说，路面痕迹包括路面痕迹和地面痕迹两个部分。路面痕迹是指遗留或附着在路面上的能够反映道路交通事故形成原因和经过的印痕、散落物，如轮胎压印、划印、制动印、车辆部件、货物等。路面支承着车轮所传递的车辆全部质量，同时承受着车轮相对运动的纵向与侧向的作用，使路面发生物理变化，这就会在路面上留下轮胎印痕。其表现形状有如下几种。

① 滚印：是指车辆轮胎相对于路面，做滚动运动时，留在路面上的痕迹。它是一条

与轮胎胎面宽度相同、花纹相似的连续滚动的印痕。

② 压印：由于受制动力的作用，车轮不能自由转动，轮胎与路面产生静摩擦，在车轮尚未完全抱死前留在路面上的压印。其特征是由轻到重，由轮胎花纹到滑拖痕迹间的压印。

③ 拖印：又称制动印、刹车印。它是随着制动力上升到车轮完全抱死，在路面上留下的滑拖痕迹。滑拖会使轮胎胎面严重磨损，使胎面产生局部高温，胎面局部稀化，在路面上留下一条黑色拖印。从轮胎滑拖到车辆停止运行这段距离，称为持续制动距离。

④ 侧滑印：当车轮受侧向力的影响，偏离了原来的运动方向，相对路面斜向滑移时，留在路面上的痕迹。侧滑印是由多种情况的出现而产生的。但是，所有侧滑印都是因为轮胎侧向滑动或者转动不一，受离心力作用而产生的。例如，制动跑偏是因为车轮制动不同步，致使车轮不能按原来的运动方向做直线运动，车辆偏向一侧驶出原来的轨迹；制动侧滑，是因为车辆行驶横坡、潮湿、冰雪路面以及两侧轮胎接触不同性质的路面而引起的离心力偏移，所产生的侧向滑移运动，严重者会造成车辆做360°旋转；碰撞侧滑是由于两车在运行中发生碰撞时，车身受阻，但轮胎仍处于滑拖或者滚动状态，迫使车轮向一侧滑移，路面上会出现挫印或者滑印。

（2）物体痕迹勘验

物体痕迹勘验是指在道路交通事故中，车辆与车辆、车辆与其他物体相接触而造成的碰撞、刮擦等痕迹的勘验、检查。道路交通事故中的碰撞、刮擦是在极短时间内一个客体将自身动能传递到另一个客体上的过程。从物理学角度分析，传递动能的客体质量越大、速度越快、碰撞时间越短，产生的冲击力就越大。因此，冲击力取决于车速、车重、时间三种因素。三者之间是密切联系、互为条件的关系。

（3）其他痕迹勘验

其他痕迹勘验包括车辆与车辆，车辆与人体、牲畜碰撞、碾压、刮擦、倾翻在路面上遗留下的痕迹，如衣着表面刮擦、碾压、撕裂痕迹、尸体伤痕等。

① 人体痕迹：人体被车轮碾压，在衣服上会留下轮胎花纹。车轮抱死碰撞行人，轮胎在路面上平推前移行人，路面上会出现轮胎挫印，往往有服装纤维、毛发、人体组织、血迹附着在路面上。如车辆与行人刮擦，上述痕迹也会附着在车体上。

② 人体服装痕迹：当车辆碰撞、刮擦人体时，外衣会出现撕裂或者与车体摩擦痕迹。可以从碰撞、刮擦着力部位判断接触方向、高度等。

③ 路面挫划痕迹：在道路交通事故中坚硬的物体在相对于路面滑移时，会在路面留下明显挫痕、印痕。如车辆发生碰撞时，被撞击断裂的金属构件，着地后形成的挫划痕迹；机动车碰撞自行车时，自行车摔倒后，车把、脚蹬、轴头与路面接触形成的挫划印痕；车辆碰撞、刮擦行人时，行人鞋底在路面上留下的挫痕、划痕。如果挫划力很大，就会使路面出现沟槽痕迹。

④ 路面撒落物：车辆碰撞、刮擦、倾翻，都会在路面上抛下撒落物，如货物、漆皮、玻璃、车辆构件、泥土、水、油等。有的会形成路面痕迹，应分别进行勘验检查。

（4）提取现场痕迹证物

在进行现场痕迹、物证勘验、检查之后，对勘验、检查的痕迹、物证应当及时提取。这是公安交通管理部门依法收存和固定证据，保持其真实性的措施之一。其目的是使证据、事实不致因时间的延长或者其他原因而消失或者遭到破坏，以便随时提供应用。

在道路交通事故形成过程中，在强大的冲撞力、拉力的作用下，造型客体表面出现立体、平面痕迹是一种必然现象。由于造型主体或者承受客体表面具有黏合、吸附能力，因此往往会有表面形象、分泌物、分离物遗留在承受客体应力部位，或者承受客体表面的细微物质，如漆粉末、铁锈、木屑、泥土等黏附在造型主体上。因此，在道路交通事故现场勘验、检查中，不但要将痕迹、物证的名称、数量、形状、体积、面积详细记录在案，而且要将需要检验鉴定和保存的证物采取正确、科学的方法提取。

物证提取是一项极为细致的工作，应当由专业的工作人员或者经过专业培训的人员按照科学方法、顺序提取，并注意保管。

驾驶人饮酒或者醉酒发生交通事故，应当及时用能够记录酒精含量的"酒精检测仪器"检测。如驾驶人在道路交通事故现场和车内留有呕吐物，拍好呕吐物的位置后，应提取实物进行化验；如果道路交通事故重大，可以抽验饮酒人的血液或尿液，确定其血液或尿液中乙醇的含量。检验血液或尿液，还可确定驾驶人是否饮食、用麻醉药物，有无药物或毒品中毒。

提取车辆、物体、人体上的微细物如粉末、漆片、毛发、人体组织等时，应当用不同用途的镊子提取，或者使用干燥透明胶片、塑料硬模摩擦产生静电感应后，将检材吸附下来收集封存，切忌落入异物。然后将提取的检材投入试管或者洁净纸袋包装封闭，并注明检材名称、检材来源，以免各种检材混淆。提取工具只能使用一次。提取的血痕或人体组织不能装入塑料袋，应当装入吸湿透气的袋子使其自然干燥，防止因过热或者过湿变质，失去鉴定效用。

伤亡人员的衣服、鞋袜或者小物品上的痕迹送检时，应当将所有物品分别包装，不要用粉笔在痕迹上做标记。要用洁白纸将痕迹遮盖，以免衣料互相摩擦将痕迹和附着物擦掉，从而影响检验效果。

提取肇事车辆某个部件的痕迹时，车主和驾驶人应在场。在取材时尽可能解体提取，无法拆卸时，则局部截断，尽量少损坏车辆构件。提取金属件上的附着物，切忌使用金属工具，应当用竹片或坚硬的木片轻轻刮擦，以保证检材质量。

提取车辆上的油脂时，提取物应当装入试管；送检带有油脂的衣物时，用塑料薄膜袋包装，不能用纸包裹，以防变质。

对于嫌疑车辆某个部位黏附的血迹，先拍照或者摄录黏附部位后，再直接提取；对肇事人指纹提取，先用物理呈现方法发现指纹，再用胶纸粘揭，拍照片进行鉴定。送检的各种物品，应当按照技术鉴定部门的规定和要求，分别填写送检报告单，载明委托单位，详细填写发现和提取检材的方法和相关情况，注明案情、送检目的和要求。技术鉴定部门作出鉴定结论后，公安交通管理部门仍需保存物证原件，供研究处理道路交通事故和进行诉讼活动时，作为证据使用。

2. 现场拍摄

现场拍摄一般应遵循的原则如下：先拍容易的，后拍困难的；先拍原始的，后拍变动的；先拍重点，后拍一般；先拍容易消失、容易被破坏的，后拍不易消失、不易被破坏的。

（1）道路交通事故现场照相

道路交通事故现场照相是指利用照相器材和手段，显示和固定一切与道路交通事故有关的客观现象和事物。所反映的内容包括现场道路状况，人、车、物彼此之间的位置关系，各种痕迹及尸表检验情况等。

(2) 道路交通事故现场照相的种类

① 道路交通事故现场方位照相。它是指对道路交通事故现场的位置、周围环境和道路状况的总体拍照，要求能反映道路交通事故现场的地形、地貌、路况、车辆和其他物体的实际情况及相互之间的关系；同时，要反映出发生道路交通事故时的气候特点。应当从远距离采用俯视角度拍照，视角应当覆盖整个现场范围。一张照片无法包括的，可以使用回转连续拍照法或者平行连续拍照法拍照。制作时，将照片连续拼接为一体。

② 道路交通事故概览照相。它是从远距离采用平视角度拍摄道路交通事故现场有关车辆、物体的位置及相互关系的拍照方式，要能反映出双方接触的方位、角度等情况。以现场中心为基点，沿现场道路走向的相对两方位或者多方位拍照。各方位的成像中各物体间的相对位置应当基本一致。上一个视角的结束部分应当和下一个视角的开始部分有密切联系。

③ 道路交通事故中心照相。它是指对道路交通事故现场重要或者局部物体的特征及与有关痕迹、物体之间联系的拍照。拍照的对象有车辆、尸体、接触点、制动印、血迹等。一般在较近的距离内拍照，重点是突出接触部位。如果是无名尸体，则应当按辨认照相的要求拍照。

④ 道路交通事故细节照相。它是指对道路交通事故现场痕迹、物证单独拍照，一般不联系其他物体。照片能细致地反映制动、碾压、刮擦、碰撞痕迹，以及指纹、毛发、血迹、漆片、玻璃等物证的本来面貌，并能反映出人体伤痕的开口尺寸、深浅和颜色。道路交通事故细节照相多采取近距离拍照或者放大拍照。

(3) 道路交通事故现场录像

道路交通事故现场录像是指利用摄、录像设备将道路交通事故发生的时间、地点、现场客观存在连续形象地记录在胶带上的一种技术手段，可以弥补其他记录的不足，不但能够真实、全面地记录道路交通事故现场的状况，而且能将记录的现场形象和声像信息随时重放，可以更形象、更直观地再现道路交通事故现场的真实性。

由于道路交通事故录像是一种技术手段，又是在道路交通事故照相的基础上发展起来的，因此录像的内容必须服从道路交通事故处理工作的需要，与道路交通事故照相的原理、程序、步骤相同，并充分利用录像特有的技巧，进行现场方位录像、概貌录像、中心录像和细节录像等，为处理道路交通事故提供证据。

3. 现场测绘

道路交通事故现场图是根据道路交通事故发生的地点，客观存在的物体、痕迹及周围静态环境直观绘制的。它是道路交通事故再现的根据，是为追溯道路交通事故发生过程、查清道路交通事故原因、认定道路交通事故责任提供的真实依据，是具有法律效力的法律文书。

(1) 道路交通事故现场图的种类

① 现场记录图。根据现场勘查程序，在出险现场绘制、标注、当场出图的现场示意图，它是现场勘查的主要记录资料。由于现场记录图是在现场绘制的，而且绘图时间短，因此多数不太工整，但内容必须完整，物体的位置、形状、尺寸、距离要成比例，尺寸数

字要准确。出图前发现问题，可以修改、补充。一般情况下，通过平面图和适当的文字说明，即可反映出险事故现场的空间位置和道路纵、横断面几何线形的变化，也常采用立面图和纵横剖面图。

② 现场比例图。根据现场记录图所标明的尺寸、位置，按照绘图要求，选用一定比例，工整而准确地绘制出来的现场示意图叫作现场比例图。它能够更形象、准确地表现道路交通事故形态和现场车辆、物体、痕迹，是理赔或诉讼的依据。

③ 现场断面图。表示道路交通事故现场某个横断面或纵断面某个位置上有关车辆、物体、痕迹相互关系的剖面视图。

④ 现场立面图。表示道路交通事故现场某个物体侧面有关痕迹、证据所在位置的局部视图。

⑤ 现场分析图。表示道路交通事故发生时，车辆、行人的不同运行轨迹和时间顺序及冲突点位置的平面视图。

(2) **道路交通事故现场图绘制方法**

在交通事故现场测绘时，目前世界各国多采用人工直接测绘法和立体照相测绘法两种。大多数国家和地区采用前一种方法，只有德国和日本等少数国家采用后一种方法。

① 人工直接测绘法。由现场勘查人员应用各种测量仪器和工具，直接对事故现场诸元素所处位置、呈现状态及具体尺寸进行勘测和丈量，并将测得数据绘成现场草图，进而根据草图描绘正规现场图的一种测绘方法。

② 立体照相测绘法。根据人的双眼视差原理，用两台相隔一定距离而并排的照相机，同时对事故现场进行平行拍照而得到两张略有差别的照片。然后，通过分析仪器，用肉眼或计算机找出照片上构成景物的若干个点的空间坐标位置，并换算出各点在水平面上的投影坐标点，显现于显示器上，再从计算机图库中提出相应的曲线或线段以及各种通用标准图形，按要求将所测各点连接起来而形成事故现场草图。现场草图打印出来以后，可用手工或电脑绘画仪将其描绘成正规现场图。

所谓正规现场图即通常所说的现场比例图，它应按照工程制图的要求，以一定比例真实地反映现场诸元素的形态和尺寸，且应在比例图上标明比例、勘查人员、草图绘制人员、描图员、见证人姓名以及事故发生的时间、地点、气候等内容。

现场草图和比例图一样，都是一种重要证据材料且是一种原始依据，均应归档保存，不得丢失和随便改动。绘制现场草图只能用黑色或蓝黑色墨水，并应在图上标清方位和数据。草图绘成后，要认真检查复核，确认无误后，相关人员应在图上签名。

7.4 事故车损伤鉴定与事故定损

7.4.1 事故车损伤鉴定

1. 事故车损伤鉴定概述

对车辆本身的损伤情况进行初步的鉴定是事故勘查的一个重要内容，有时对事故车辆进行彻底勘查和精确分析要借助专业的工具,并且遵循专业的检查顺序。对于损坏比较严重的汽车,损伤鉴定工作非常复杂,需要按照规范的检查步骤,才能得到准确的数据。

(1) 汽车碰撞损伤鉴定的基本步骤

① 了解车身结构的类型。

② 目测确定碰撞的部位。

③ 目测确定碰撞的方向和碰撞力度的大小。

④ 检查确定损伤是否限制在车身范围内,是否包含如轮胎、悬架等功能部件。

⑤ 沿碰撞路线系统检查车身的损伤,直到找不到损伤痕迹的位置。

⑥ 测量汽车的主要部件并与维修手册上的部件尺寸进行对比,判断是否产生了形变。

⑦ 用适当的工具或仪器检查悬架和整个车身的受损情况。

(2) 汽车事故损伤的特点

在交通事故中,事故车的主要损伤形式如下:轻则弯扭、变形,重则断裂或破碎。通常情况下,碰车伤局部,重创伤"筋骨",翻车伤外形,擦剐伤表层。更具体的情况,只有结合具体损伤部位和损伤程度做具体的分析,才能说得明白。事故车损伤的主要特点包括局部受力大,破坏性强,硬、外伤多,修复难度大。

(3) 损伤程度的检查方法

根据汽车事故性损伤的特点,变形、弯扭、断裂或破碎均可以直接判定。

① 外观(宏观)检查为主。凭眼看、手摸判定,用简单的量具测量或拉线法检查。眼睛的观察力总是有限的,对用眼睛观察不出问题的部件,可以用皮尺、钢卷尺、角度尺测量。例如:测量汽车两轴中心线是否平行,可以判定悬架机构是否变形错位或车架是否弯曲;用拉线法可以检查车架、转向桥工字梁是否弯扭变形等。

② 用仪器、仪表检查。对肉眼看不出也测量不出问题的部件,需用仪表、仪器检查。例如:用"电眼睛"、万用表检查电控系统的控制器、传感器,用探伤仪检查部件有无内伤等。

③ 用对比、试验法检查。在不具备检查设备的情况下,可以用好坏对比试验法检查判定。例如用同类型电控系统的控制器、传感器等做对比试验,以判定其好坏。通过上述方法检查,基本上可以查出事故损伤的部件和损伤程度。再根据这些损伤部件的作用程度、性质和技术要求,便可初步作出修理或更换的议案。

2. 车辆损伤类型

(1) 根据碰撞损伤行为的不同分类

① 直接损伤,也称一次损伤,是指车身与其他物体直接碰撞而导致的损坏。由于车身结构、碰撞力、角度以及其他因素的不同,损伤区域各不相同。

② 间接损伤,也称二次损伤,是指发生在直接损伤区域之外,并离碰撞点有一段距离的损伤,是因碰撞力传递而导致的变形,如车架横梁、行李舱地板、护板和车轮外壳等的变形。变形有弯曲变形和各种钣金件的扭曲变形等。

间接损伤的类型包括以下几点。

a. 波及损伤。波及损伤是指冲击力作用于车身上并分解后,分力在通过车身构件过程中所形成的损伤。

b. 诱发性损伤。诱发性损伤是指一个或一部分车身构件发生损坏或变形以后,同时引起与其相邻或装配在一起的其他构件的变形。

c. 惯性损伤。惯性损伤是指汽车运动状态发生急剧变化，在强大惯性力作用下而导致的损伤。

间接损伤的特点包括以下几点。

a. 间接损伤是碰撞力从碰撞接触区域向后传递，引起的毗邻钣件、结构物变形损伤；

b. 间接损伤的程度取决于碰撞力、作用方向以及吸收碰撞能的各个结构件的强度；

c. 间接损伤有时不易发觉，如钣金件皱曲、漆面开裂和伸展、钣金件缝隙错位、接口撕裂、开焊等。

（2）根据车辆损伤现象分类

按汽车损伤现象不同，碰撞损伤可分为左右弯曲（侧弯）、上下弯曲（凹陷）、折皱或压溃、菱形损伤和扭曲变形等。

① 左右弯曲（侧弯）是指汽车前部、汽车中部或汽车后部在冲击力的作用下，偏离原来的行驶方向发生的碰撞损坏的现象。

② 上下弯曲（凹陷）是指汽车的前罩区域出现比正常规定低的情况。损坏的车身或车架背部呈现凹陷形状。凹陷一般是由正面碰撞或追尾碰撞引起的，有可能发生在汽车的一侧或两侧。

③ 折皱或压溃。折皱就是在车架上（非承载式车身汽车）或侧梁上（承载式车身汽车）微小的弯曲。如果仅仅考虑车架或侧梁上的折皱位置，则是另一种类型损坏。压溃是一种简单、具有广泛性的折皱损伤。这种损坏使得汽车框架的任何部分都比规定的要短。

④ 菱形损伤，是指一辆汽车的一侧向前或向后发生位移，使车架或车身不再是方形。

⑤ 扭曲变形，是指汽车的一角要比正常的高，而另一角要比正常的低。当一辆汽车以高速撞击到路边或高级公路中间分界之安全岛时，有可能发生扭曲型损坏。只有非承载式车身汽车才能真正发生扭曲，车架的一端垂直向上变形，而另一端垂直向下变形。从一侧观察，会看到两侧纵梁在中间处交叉。承载式车身汽车前后横梁并没有连接，因此并不存在真正意义上的"扭曲"。

3. 汽车损伤鉴定的区位检查法

区位检查法是由美国汽车厂和汽车碰撞维修国际工业委员会（I-CAR）共同创立的，在北美已经应用多年，科学性和有效性已得到充分验证。

应用区位检查法对事故车进行损伤诊断时，将事故汽车分成多个区域，逐一对各区域进行损伤鉴定，不同的区域应采用不同的鉴定方法。通常将事故汽车分为5个区域，如图7-1所示。区域1是直接碰撞损伤区，又称一次损伤区［图7-1（a）］；区域2是间接碰撞损伤区，又称二次损伤区［图7-1（b）］；区域3是机械损伤区，即汽车机械零件、动力传动系统零件、附件等损伤区［图7-1（c）］；区域4是乘员舱区，即车厢的各种损坏，包括内饰件、灯、附件、控制装置、操纵装置等［图7-1（d）］；区域5是外饰和漆面区，即车身外饰件及外部各种零件的损伤［图7-1（e）］。

当使用区域鉴定的概念检查事故车时，应遵循以下顺序原则：①从前到后，检车应从事故车前面往后面依次检查（在追尾碰撞的情况下，从事故车后面向前面检查）；②从外到内，检车应从事故车的外面依次向车内部检查，首先应列出汽车外板、装饰板以及外部零件的损坏情况，然后检查汽车内部结构件和连接件的损坏情况；③从主到次，检查事故

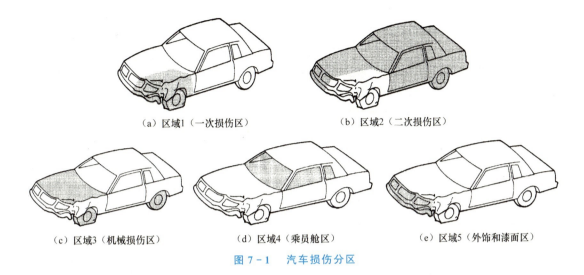

(a) 区域1（一次损伤区）　　　　(b) 区域2（二次损伤区）

(c) 区域3（机械损伤区）　(d) 区域4（乘员舱区）　(e) 区域5（外饰和漆面区）

图 7-1　汽车损伤分区

车时应先检查汽车主要总成的损坏情况，然后查看比较小的、肉眼难看见的以及未包含在总成里的附件等的损坏情况。

7.4.2　事故车估损

1. 事故车损失的评定

确定汽车损失应遵循会同验损的原则，即确定汽车损失时应会同被保险人和修理厂有关人员，在汽车所在地对事故车辆进行车辆报失情况的确定。对于涉及第三者责任的，必要时还应有第三方或者保险人参与损失确定工作。同时，确定汽车损失还应遵循修复原则，即在事故汽车的定损过程中，在保证被保险人的权益不受侵害、不影响车辆性能的前提下，应坚持能修不换的保险补偿原则。

汽车损失评定是一项技术性、操作性较强的工作，既要求定损人员掌握必要的汽车结构故障诊断检测和维修等方面的知识，具有丰富的实践操作经验，能准确认定车辆、总成和零部件的损坏范围、程度，准确实施修复原则，又要求定损人员能够掌握最新的车辆配件价格信息，准确确定车辆损失金额。在确定车辆损失之前，对于损失情况严重和复杂的，在可能的条件下，应对受损车辆进行必要的解体，以保证定损检验工作能够客观、全面地反映事故车辆的损失情况。

车辆损失是由其修复的费用体现的。对不经过保险人定损而被保险人自行修理的车辆，保险人在重新核定修理费用时，被保险人应该如实向保险人提供车损情况、修理情况、证明材料等。若不属实，保险人可部分或全部拒赔。

确定车辆损失的步骤如下。

① 结合出险现场查勘记录，详细核定事故造成的车辆损失部位和修理项目，逐项列明修理所需的工时、工时的定额（单价）、需要更换的零配件项目。

② 对于必须更换的零部件，应进行询价、报价。

③ 确定修复所需的全部费用，并与被保险人和可能涉及的第三方协商，最后共同签订机动车辆保险定损确认书。

受损车辆原则上采取一次定损，由被保险人自选修理厂修理，或应被保险人要求推荐、招标修理厂修理。事后发现确实需要追加维修工时和费用时，必须经定损核损人员核实，方可追加。

在汽车保险的经营成本中，事故车辆的维修费用是一个重要部分。同时，维修费在一定程度上体现了车辆保险产品的服务质量。为此，保险公司应当加强对于事故车辆修复工作的管理。

2. 汽车损失费的构成

汽车损失费包括车辆贬值费用和维修费用。车辆贬值费用是指严重碰撞的汽车，虽然修理后仍然能驾驶，但是内部仍然存在一些无法修理的损伤，这些损伤随着使用增加了隐患，缩短了汽车使用寿命或者汽车零部件的使用寿命，从而引起汽车价值的损失。

影响汽车价值的碰撞有以下几种：全车大梁被撞变形（即使修复或更换）；水箱及其支架碰撞损坏（即使修复或更换）；车身A、B、C柱被撞击损坏（经修复）；车身叶子板被切割更换等。这些情况将对汽车价格有10%～25%的贬值影响。

但是，不是每种交通事故都可以索赔车辆的贬值费用。比如，一些小的刮擦造成的玻璃、保险杠、车漆等损伤经过修复，不会对车辆价值产生影响。因此，这类损伤不应列为贬值索赔范围。目前，车辆贬值没有相关法律可以参考，只能通过正规的评估机构评估，而法院也只能以评估机构的结果作为判决的依据。

维修费用包括工时费、维修材料费、外加工费。

(1) 工时费

工时费的计算公式为

$$工时费 = 工时费率 \times 工时定额 \tag{7-1}$$

工时费率一般随着地域、修理厂级别、工种的不同而不同，保险公司也会针对不同的情况对各个地区的工时费率进行调研和调整；工时定额可根据修理的项目确定。工时分为拆卸工时、更换工时、修理项目工时、大修工时、喷漆工时、辅助作业工时等。不同车型、不同总成的工时定额差别较大。工时定额时常被写入公式手册中或专业估值手册中，因此这些手册数据时常更新。

维修工时并不仅仅是一个简单的操作时间长短的概念，它采取的是定额计算方式，既包含了企业修理工的生产作业时间，又包含了企业其他管理人员为车辆维修所付出的社会必要劳动时间，是生产工时、管理工时、仓储工时等各个环节社会必要劳动时间的总和。

工时定额和工时费率一般有以下几个来源可供参考：对于部分进口乘用车，可以查阅该车型的《碰撞评估指南》，如美国Mitchell国际公司和美国Motor公司编写的《碰撞评估指南》，较全面和精准地对各种情况加以评估和定义。对于国产车型和部分进口车型，可以使用各车型主机厂的《工时手册》和《零件手册》估算修理费用，这两个手册一般包含各种情况下的工时费率和工时定额。很多情况下，可能找不到事故车的主机厂的《工时手册》和《零件手册》，或者手册中没有列出相应的工时，此时可以参考各地汽车维修主管部门制定的《汽车维修行业工时定额和收费标准》，从中查找相应的工时数量和工时费标准。

(2) 维修材料费

维修材料费是指为补偿维修汽车所造成的消耗材料和零件的费用，它由外购配件费用

和损耗等费用组成。

按厂价、批发价进货时

$$材料费 = 进价 \times (1 + 加价率) \qquad (7-2)$$

按零售价进货时

$$材料费 = 进价 \times (1 + 3\%) \qquad (7-3)$$

维修辅助材料是指维修过程中被共同消耗的一些其他材料，或者难以在各维修作业之间划分的材料，一般按照材料消耗定额进行计算。一些低价值的易耗物品（如纱布、锯条、钻头、开口销、通用螺钉等）则计入维修工时内。

汽车零件分为原厂件（OEM），副厂件，拆车件（二手件、翻新件、回收件）三种。我国的零件市场十分复杂，主要表现在以下几方面：原厂件和副厂件价格差异很大；不同地区不同渠道的零件价格差别很大；同样的零件在不同的汽配市场存在多种价格。这些因素给保险估损行业带来了一定的挑战。因此，保险估损人员通常依据主机厂的《零件手册》中的配件价格开展相关业务。

一些保险公司为了避免汽车配件价格的混乱做了大量的工作，甚至开发自己的采价和报价系统，或者使用第三方信息。但是，零件的价格和估损系统仍然是一个非常复杂的系统工程，随汽车行业及其相关行业的发展而不断变化。我国的事故车保险估损系统还处于初级阶段，需要保险公司与汽车企业、维修企业、零部件厂商以及相关管理部门有效沟通，共同营造一个和谐发展的环境。

（3）外加工费

外加工费是指汽车在修理过程中，实际发生在厂外加工的费用，包括材料管理费，即材料的采购、装卸、运输、保管、损耗等费用。凡维修项目内产生的外加工费，不得再向委托方收取其他费用。

① 在维修过程中，由于受到设备、技术的限制，需要进行厂外加工的，产生的加工费（不含税）由维修厂事先垫付，然后向用户收取。

② 凡是包含在托修方报的维修类别范围内的厂外加工项目，按照相应的标准定额工时计算收取厂外加工费，不应重复收费。

③ 材料管理费归类于外加工费中，计算标准一般按照一定的管理费率进行计算，具体标准各地交通管理部门、物价管理部门都有明确规定。

3. 制作车辆估损报告

车辆估损报告是车辆维修和保险理赔的有效工具，它包含了一系列准确的最新的零件价格和工时费用，还融入了估损员的知识、经验和良好的判断力。估损报告需要兼顾各方的公平，必须保证消费者的安全和维修质量，不能偷工减料、以次充好、重复计价；必须保证维修企业获得合理的利润；必须保证保险公司和消费者的经济付出是合理的。在确保质量和安全的前提下，选择的零件和维修方法应当尽可能经济。

车辆损伤鉴定、核查之后，需要具体列出损伤零件和所需维修工时，编写车辆损伤评估报告。不同保险公司都有标准的估损报告单，估损师在编写报告时，应注意以下几个方面。

① 除写明车辆信息外，必须有详细的损失配件或三者物损的名称、数量、价格、折扣，回收件要求注明"回收"。

② 在报告单上要确认损失的总金额，要注明修理部位、修理项目的工时费及管理费、扣残值费，损失清楚的需注明一次性定损含所有隐损件，未能确定的隐损件要求注明名称、数量、价格。

③ 在 4S 店维修的应注明"提供某车型的维修站发票"。

④ 对有异议的案件要注明"只对损失金额认定，不作理赔单据"。

⑤ 报告单上需要定损员、被保险人及其他相关人员（修理厂代表、三者当事人）签字确定，并有签字人的联系电话及估损日期。

⑥ 电话报价的，需在定损单上注明报价单位、报价、电话。

7.4.3　事故定损

1. 事故定损的工作流程

事故定损应当严格按照规定的流程进行，如图 7-2 所示。该流程的控制目标是准确负责、合理赔付。流程中可能用到的关键单证有《拒赔通知书》。

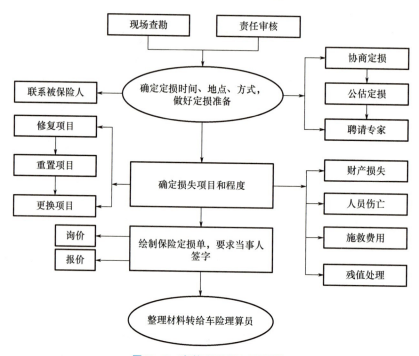

图 7-2　事故定损的工作流程

流程中的关键控制点如下。

① 是否在保险责任期内。审核事故发生时间是否在保险有效期内。

② 是否属于保险财产。核对受损财产是否属于保单列明的财产。

③ 是否属于保险责任。审定发生损失是否由保险条款规定的自然灾害或意外事故所致，应以保险合同条款为"准绳"，特别注意审核被保险人是否履行了义务。

④ 是否是合理费用。审核费用应考虑是否"必要"和"合理"，施救费用与损余残值能否相互抵消。

⑤ 是否属第三者责任。根据交强险的规定，保险事故由第三者责任造成的，应由保险人先行赔付。商业三者险相关法律和条款也规定，应被保险人要求，也可由保险人先行赔付。同时由被保险人填写授权书，将追偿权转移给保险人，并积极协助追偿。如第三者因经济困难或其他不可抗力原因无法履行赔偿责任的，保险人赔偿后结案。

2. 确定车辆损失

确定车辆损失是一项技术性很强的工作，同时是确保修复工作能够顺利进行的基础工作。为此，勘查估损人员应予以足够重视。协商确定送修单位（修理厂），并协同被保险人和修理厂对车辆受损部位进行修复时间和所需费用的确定工作，对于涉及第三者责任的，必要时应请第三者或其保险人参与损失确定。

在确定车辆损失之前，对于损失情况严重和复杂的，在可能的条件下应对受损车辆进行必要的解体，以保证勘查定损工作能够全面反应损失情况，减少可能存在的隐蔽性损伤部位，尽量减少二次检验定损的工作。

中华人民共和国民法典

车辆损失是由其修复费用具体反应的，修复费用通常由两部分构成：工时费和零配件费。工时费由修复过程中需要消耗的时间和工时定额确定，包括修理过程中的项目费用，如烤漆费用。零配件费用是指必须更换的配件的购买费用。

确定车辆损失的基本程序如下。

① 出险现场勘查记录，详细核定本次事故造成的车辆损失部位和修理项目，逐项列明修理所需的工时、工时的定额（单价）、需要更换的零配件。

② 由于零件一般占修复费用的比例较大，且零配件价格的市场价差较大，因此对于必须更换的零部件应进行询价报价。询价报价的方式有多种，例如，可查询原厂配件手册，保险公司既可以建立自己的报价系统，也可以查询专业估损手册或专业的估损报价信息系统。无论采用哪种方式，都必须掌握"有价有市"和"报价结合"的原则，确保被保险人或修理厂能够按确定的价格购买到所需的零配件。

③ 估损人员在获得报价单后，即可确定修复作业的全部费用，并与被保险人和可能涉及的第三方共同签订《机动车辆保险定损确认书》。

受损车辆原则上采取一次定损，在与被保险人和可能涉及的第三者共同签订《机动车辆保险定损确认书》后，由被保险人自选修理厂修理，或应被保险人要求推荐、招标修理厂修理。

3. 确定人身伤亡费用

保险事故除了导致车辆本身的损失外，还可能会造成人身伤亡。这些人身伤亡可能构成第三者责任险和车上责任险项下的赔偿对象。检验人员应根据保险合同规定和有关法律、法规确定人身伤亡的费用，具体做法和要求如下。

① 在保险事故中出现人身伤亡时，应当立即将受伤人员送医院急救，以抢救生命和控制伤情。目前，我国大多数保险公司在承保了第三者责任险或者车上责任险的情况下均向被保险人提供"医疗急救费用担保卡"，有的还与有关医院签订协议，建立保险事故受伤人员急救"绿色通道"，以确保保险事故受伤人员能够得到及时治疗。

② 按照《道路交通事故处理办法》的规定：人身伤亡可以赔偿的合理费用主要包括受伤人员的医疗以及相关费用、残疾赔偿费用、死亡人员的赔偿以及相关的处理费用、抚

养费用和其他费用。

　　a. 受伤人员的医疗费用是指受伤人员在治疗期间发生的由本次事故造成损伤的医疗费用（限公费医疗的药品范围），与医疗相关的费用是指在医疗期间发生的误工费、护理费、就医交通费、住院伙食补助费等。

　　b. 残疾赔偿费用是指残疾者生活补助费和残疾用具费。

　　c. 死亡人员的赔偿是指死亡补偿费，与死亡相关的处理费用是指丧葬费。

　　d. 抚养费用是指死亡人员的被抚养人的生活费。

　　e. 其他费用是指伤亡者直系亲属及合法代理人参加交通事故调解处理的误工费、交通费和住宿费。

　　③ 被保险人向保险人提出索赔前应对所有费用先行支付，而后将取得的费用单证以及相关资料提交给定损人员作为索赔依据。定损人员应及时审核被保险人提供的事故责任认定书、事故调解书和伤残证明以及各种有关费用单证。费用清单应分别列明受害人姓名及费用项目、金额以及发生的日期。

　　④ 收到被保险人提供的上述单证后，定损人员应认真进行审核，根据保险条款和《道路交通事故处理办法》，对不属于保险责任范围内的损失和不合理的费用，如精神损失补偿费，困难补助费，处理事故人员差旅费、生活补助、招待费、请客送礼费等应予剔除，并在人员伤亡费用清单上"保险人的意见"栏内注明剔除项目及金额。

4. 确定其他财产损失

　　保险事故导致的财产损失，除了车辆本身的损失外，还可能会造成第三者的精神损失、财产损失和车上承运货物的损失，从而可能构成交通事故精神损害赔偿险、第三者责任险、车上责任险赔偿对象。

　　交通事故精神损害赔偿险责任是基于保险车辆发生交通意外，致使第三者或车上人员受到伤害，受害方据此提出精神损害赔偿要求，应根据法院的判决中确定的应由被保险人承担的法律责任，按合同约定，在赔偿限额范围内予以赔偿。

　　第三者财产损失赔偿责任是基于被保险人侵权行为产生的，应根据《中华人民共和国民法典》的有关规定按照被损害财产的实际损失予以赔偿。确定的方式可以采用与被害人协商的方式，但是如果协商不成也可以采用仲裁或者诉讼的方式。

　　对于车上承运货物的损失，应会同被保险人和有关人员对受损的货物进行逐项清理，以确定损失数量、损失程度和损失金额。在损失金额的确定方面应坚持从保险利益原则出发，注意掌握在出险当时标的具有或者已经实现的价值，确保体现补偿原则。

5. 确定施救费用

　　施救费用是在发生保险事故之后，被保险人为了减少损失而支出的额外费用。所以施救费用是一种替代费用，其目的是用一个相对较小的费用支出，减少一个较大的损失。定损人员在确定施救费用时应遵循以下原则。

　　① 施救费用应是保险标的已经受到损失时，为了减少损失或者防止损失的继续扩大而产生的费用。在机动车辆保险中主要是倾覆车辆的起吊费用、抢救车上货物的费用、事故现场的看守费用、临时整理和清理费用以及必要的转运费用。

　　② 被保险车辆出险后，雇用吊车和其他车辆进行抢救的费用以及将出险车辆拖运到修理厂的运输费用，按当地物价部门颁布的收费标准予以负责。被保险人使用他人（非专

业消防单位）的消防设备、施救被保险车辆所消耗的费用及设备损失可以列为施救费用。

③ 在进行施救过程中，意外事故可能造成被施救对象损失的进一步扩大、造成他人财产的损失以及施救车辆和设施本身的损失。如果施救工作是由被保险人自己或他人义务进行的，只要不存在故意和重大过失，原则上保险人应予赔偿。如果施救工作是雇佣专业公司进行的，只要不存在故意和重大过失，原则上应由专业公司自己承担。同时，被保险人还可以就进一步扩大损失的部分要求专业施救公司承担赔偿责任。但在施救时，被保险人还可能就进一步扩大损失的部分要求专业施救公司承担赔偿责任。但在施救时，抢救人员物品的丢失，一般不予赔偿。

④ 被保险车辆发生保险事故后，需要施救的受损财产可能不仅仅局限于保险标的，在这种情况下，施救费用应按照获救价值进行分摊。如果施救对象为受损保险车辆及其所载货物，且施救费用无法区分，则应按保险车辆与货物的痕迹价值进行比例分摊，机动车辆保险人仅负责保险车辆应分摊的部分。

⑤ 车辆损失险的施救费用是一个单独的保险金额，但是如果施救费用和保护费用、修理费用相加，估计已达到或超过保险车辆的实际价值，则应作为推定全损案件处理。同时，一般情况下保险公司不接受权益转让。而第三者责任的施救费用与第三者损失金额相加不得超过第三者责任险的保险赔偿限额。

保险车辆施救费用的计算公式为

保险车辆施救费＝总施救费×保险金额／（保险金额＋其他被施救财产价值）（7－4）

在确定施救费用时应注意以下几个问题：

a. 目前，在交通事故的处理过程中存在一定的行业垄断，如果利用这种垄断的优势，收取不合理的费用，则应予以抵制。

b. 保险车辆出险后，被保险人赶赴事故现场处理所支出的费用，不予负责。

c. 如果保险车辆为进口车或特种车，发生保险责任范围的事故后，在当地确实不具备修理能力，事先经保险公司书面同意可以移送外地修理，对其相应的移送费保险公司将予以赔偿。但是，应当明确的是这种费用属于修理费用的一部分，而不是施救费用。

d. 事故结案前，所有费用均由被保险人先行支付。待结案后，由被保险人提供有关单、证，保险人进行核赔理算。

e. 保险公司只对保险标的的施救费用负责，对非承保财产共同施救时，其施救费用应按两类财产的获救价值比例分摊。

1. 什么是汽车保险？汽车保险有何作用？
2. 汽车保险术语有哪些？
3. 汽车保险的种类有哪些？
4. 什么是交强险？
5. 什么是第三者责任险？其与交强险有何关系？
6. 简述汽车保险的购买流程。
7. 常见的汽车保险方案有哪几种？
8. 简述我国汽车保险业的现状及发展对策。

9. 汽车保险理赔的原则有哪些？
10. 简述汽车保险理赔的工作流程。
11. 按汽车事故现场的完整真实程度不同，事故现场分为哪几种？它们各有何特点？
12. 简述现场查勘的工作流程。
13. 交通事故现场的查勘技能有哪些？
14. 为何要进行汽车事故现场拍摄？通常需要拍摄哪些内容？
15. 为何要进行汽车事故现场测绘？现场图有哪几种？
16. 汽车碰撞损伤鉴定的基本步骤是什么？
17. 什么是汽车损伤鉴定的区域检查法？通常分为几个区域？各区域有何特征？
18. 汽车损失费包括哪几项？每项是如何计算的？请写出表达式。
19. 绘制汽车事故定损的工作流程框图。

第 8 章 二手车服务

知识要点	掌握程度	相关知识
二手车概述	了解二手车及二手车市场概念； 熟悉国内外二手车市场的特点及发展趋势	二手车及二手车市场；国内外二手车市场特点及发展趋势
二手车鉴定评估	了解二手车交易的基本内容和交易流程与工作程序； 熟悉二手车鉴定评估基础；掌握二手车手续检查内容； 掌握二手车技术状况鉴定方法；掌握二手车评估方法	二手车评估特点；二手车评估要素；二手车手续检查；二手车静态检查、动态与仪器检查内容；二手车价值评估方法；二手车交易流程与工作程序
二手车交易	了解二手车交易与二手车交易市场概念，二手车交易与工作流程； 熟悉二手车交易类型、二手车置换、二手车拍卖、二手车置换的目的、方式与流程	二手车交易、二手车交易市场概念；二手车交易与工作流程；二手车置换；二手车拍卖

汽车后市场是汽车产业链上利润最大的"奶酪",而二手车交易业务是这块"奶酪"的一个重要组成部分。随着市场经济的发展,二手车市场不断成熟,在国外已经形成了品牌专卖、大型超市、连锁经营、旧车专营、旧车拍卖等并存的多元化经营体制,其交易方式多样化,如直接销售、代销、租赁(实物和融资)拍卖、置换等。因此,一个坚实的二手车流通市场是新车销售服务业务健康发展的基础。促进二手车流通市场的发展,有利于挖掘我国城乡居民的购买力,刺激和引导汽车消费。

8.1 二手车概述

8.1.1 二手车

二手车("Second hand vehicle"或"Used Car")意为"第二手的汽车"或"使用过的汽车",在我国原来称为"旧机动车",在日本常称为"中古车"。二手车的定义直接关系到所涉及车辆的范围,在某种程度上也关系到二手车评估体系的科学性和市场交易的规范性,所以有必要给出明确的定义。

二手车流通管理办法

2005年10月1日,由商务部、公安部、国家工商行政管理局(现国家市场监督管理总局)、国家税务总局联合发布的《二手车流通管理办法》第二条给出了二手车的定义。所谓二手车,是指从办理完注册登记手续到达国家强制报废标准之前进行交易且转移所有权的汽车(包括三轮汽车、低速载货汽车,即原农用运输车)、挂车和摩托车。

《二手车流通管理办法》取代了1998年出台的《机动车交易管理办法》,在《二手车流通管理办法》出台之前,国家正式文件上一直没有出现过"二手车"字样,有的只是"旧机动车"。虽然它们的内涵基本相同,只是提法上的差异,但"旧机动车"让人感觉车辆很破旧,从而在一定程度上影响人们的消费情绪,实际上现在很多七八成新的汽车也流入二手车市场,所以"二手车"在提法上更中性、更通俗易懂,同时与国际惯例接轨。

所以,二手车并不一定是旧车。从二手车定义方面的剖析可以发现,其本质上强调的是一种所有权的关系,只要所有权发生转移或将要转移,此时的车辆都可以称之为二手车,而与车辆本身的新旧等状况无关。

8.1.2 二手车市场

二手车市场,广义上讲,就是指整个二手车产业,包括二手车流通过程中的经营行为、交易方式、数据统计、整体发展形势与汽车产业乃至整个经济发展的关系等方面。狭义上讲,二手车市场是机动车商品二次流动的场所,即二手车交易市场,它具有中介服务商和商品经营者的双重属性。

1. 国内二手车市场

我国二手车交易市场是随着社会主义市场经济的发展而逐步形成的。特别是近几年,随着国家经济的发展和人民生活水平的提高,私人购车的比例逐年增大,一些经济型轿车逐步进入普通家庭,成为人们生活中的代步工具。目前,国内汽车消费正处在初级阶段,人们的汽车消费心理还不是十分成熟，有些人基本是在盲从或头脑发热的情况下买到并不十分适合自己的汽车，还有一些高收入的消费者淘汰原有的乘用车而去买新款轿车，但这部分消费者的收入还不足以达到每家拥有一辆以上轿车的水平，因此只能把自己的乘用车卖出，再去购买新车。

有分析认为，只有当月人均收入不低于轿车售价的1/14时，轿车才能进入普通家庭。在我国，达到这个收入的人毕竟是少数，所以有相当一部分的消费者只有通过购买二手乘用车来圆自己的"汽车梦"。按照汽车业界的经验，新旧车交易比2∶1被认为是二手车交易高峰到来的起点。国内的汽车销售结构也已基本接近这一比例，也就是说，我们正站在"门槛"迎接二手车交易高峰的到来。

经过多年发展的国内二手车市场逐渐形成了以下几个特点：首先，政府扶持二手车交易政策的实施，使得二手车交易量快速增长，消费者得到了实惠；其次，二手车的流向是从经济发达地区向欠发达地区流动，从高收入者向低收入者流动；再次，二手乘用车资源丰富、价格低廉，受到部分消费者青睐。2002年以来轿车新车型频频问世，加快了轿车消费者换车的频率，加上我国加入世贸组织后进口汽车关税下降，进口汽车数量增长，丰富了二手车市场资源，带动了车价下降。据中国汽车流通协会发布的2021年全国二手车市场深度分析报告，2021年，二手车交易量为1738.51万辆，较去年同期增长22.62%，受新冠疫情影响，2021年12月，全国二手车交易量也达到161.82万辆。反映出二手车交易市场日益活跃。最后，二手车拍卖、新车置换为二手车市场注入了新的活力，进而加快了与国际接轨的步伐。

2. 国外二手车市场

国外发达国家成熟二手车市场的交易量与新车销量的比值都在1以上。在美国，这一比值高达3.5；在德国，这一比值为2；在日本则为1.4。了解这些国家的二手车市场，并总结其发展经验，对发展我国二手车市场是非常有帮助的。在日本，二手车信息传递技术非常发达，二手车市场已经实现全国信息互联，全国范围内的二手车交易者可同一时间通过网络将所有待售二手车信息传递到各地交易市场的大屏幕上以供交易；任何二手车购买者在购车之日起，享受1年或2.5万公里全国范围的售后维修服务，购买者如果不满意，可以在车辆购买后的10天或500公里以内退车；汽车评估协会每月发行的《价格指导手册》对二手车交易价格提供了重要的指南；行业法规规定，二手车的一切修复历史都要如实告知买主。在德国，二手车可以提供从1个月到2年的不同质保范围的质量保证，这些质量担保有的由保险公司提供，有的由汽车金融机构提供；德国有专业的车辆检测服务商[如德卡（Dacare）公司]，为汽车保险行业、汽车金融业提供第三方检测服务，为二手车交易提供认证服务；德国的保险行业建立了共享的客户信用档案；德国的二手车金融服务非常发达，在其销售价格表上，都会注明分期付款月还款金额。在美国，只要在相关汽车信息网站上输入车辆的车架号码，该车的历史及现状就一目了然了，如是否换过车主、是否出过事故、是否进行过大修等；美国汽车行业协会定期发布二手车价格信息，这些信息都是从市场上收集的实际成交价格，而不是靠公式计算得来的；美国的二手车拍卖行业非常发达，如曼海姆（Manheim）公司是一家集拍卖、二手车金融、物流、检测于一体的大型二手车企业，曼海姆在世界各地有一百多个办事处，该公司经营范围包括实体店和网上拍卖，并提供与拍卖相关的服务。

国外发达国家二手车市场虽然各有不同，但具有如下相同特点。

① 车辆历史记录（包括换手记录与维修记录）健全：车辆出厂到进行二手车交易，期间发生的转手、维修都可以在特定的数据库中查到。

② 二手车法规健全、消除垄断，过户方便快捷，税费统一。

③ 信用档案健全。

④ 车辆检测评估服务发达。

⑤ 售后质量担保有保障。

⑥ 二手车金融、保险业务普遍开展。

对这些共同点进行分析，我们发现发达国家二手车市场之所以繁荣，都是由于背后有着强大的综合体系的支撑。这一强大的综合体系是由各种相对独立的体系（如信用体系、检测体系、车况信息采集体系等）相互协作、共同组成的，能够比较有效地解决信息不对称的问题和寻租问题。针对信息不对称的问题，发达国家采取建立完善的车辆维修档案、发展发达的二手车价格信息服务市场、建立完善的个人信用档案、发展二手车检测服务市场并制定健全的二手车法规等手段以确保二手车市场信息的透明化。车辆维修数据库、二手车检测服务是针对二手车状况信息透明化的；发达的二手车价格服务市场是针对二手车价格的；完善的个人信用档案是针对二手车经营者以及二手车消费者设立的，目的是掌握二手车经营者和二手车消费者的信用情况，是针对道德风险的。健全的法规则起到一种威慑作用，意在促使个人充分考虑采取不道德行为的后果，防范道德风险发生。另外，健全的二手车法规又能够有效地消除寻租行为的发生。在建立好以上的综合体系后，二手车金融服务市场与二手车保险市场就能得以顺利发展，并反过来促进二手车市场的进一步繁荣。

二手车鉴定评估技术规范

3. 我国二手车市场发展趋势

汽车市场规模，在相当程度上决定着二手车市场的规模和未来。截至 2021 年年底，我国的汽车保有量已经达到 3.02 亿辆，这个庞大的数字就是我国二手车市场、二手车行业所面临的丰富资源，今后我国的二手车市场将会迎来一个更快的发展速度。在较长一段时间中，我国的二手车市场呈现出以下发展趋势。

① 标准化的鉴定评估推动实现信息透明化。长期以来，人们一直抱怨信息不透明，信息不对称，之前二手车车况基本上都是由二手车鉴定评估师手工评估出来的，但是通过技术努力，如今出现了一种标准化的检测，实现了检测标准、检测手段、检测流程的标准化，所有这些标准化正在改变着二手车信息的透明化的状况。

② 竞价交易、拍卖的广泛应用实现了市场定价。长期以来，二手车车价不公开、不透明和不平等，但是如今被打破了。

③ 转籍比例上升推动区域市场和全国大市场的形成。区域性、全国性的交易服务平台建设与发展将成为二手车领域新的亮点和产业发展的新动力。

④ 互联网技术应用带动管理升级促进规范化经营。互联网应用技术日新月异，伴随服务于二手车及相关延展业务的组织形式、管理模式、运营方式都将推陈出新，电子商务在二手车行业必将做出惊人的成绩。

⑤ 品牌建设开始成为业界追逐的目标。二手车交易市场功能面临重塑，经纪公司面临转型与升级，经营公司将成为二手车业务的基本经济细胞。同时第三方服务商和众多的

二手车经营机构都开始进行品牌建设，车源的集中度开始大幅度提升，二手车的价格总体水平开始步入下降通道，另外，针对二手车的专业仓储、物流业务将蓬勃发展。

8.2　二手车鉴定评估

8.2.1　二手车鉴定评估基础

1. 二手车鉴定评估的定义

二手车鉴定评估是指由专业的鉴定评估机构和人员，接受国家机关和市场的委托，按照特定的经济行为和法定的评估标准及程序，运用科学的方法，对二手车进行手续和证照的检查、技术状况的鉴定以及价值的估算的过程。

2. 二手车鉴定评估的特点

二手车作为一类资产，可分为生产资料和消费资料两类。作为生产资料时是用于生产经营的车辆，其进行二手车交易时会发生明显的价值转移，如客车、工厂的叉车、工程上的压路机等。而作为消费资料时是服务于日常生活的车辆，进行二手车交易时不会发生明显的价值转移，其价值主要体现在使用年限、已驾驶公里数和车辆技术状况等。二手车鉴定评估具有以下三个特征。

① 二手车鉴定评估以技术鉴定为基础。由于机动车本身具有较强的工程技术特点，技术含量较高，在长期使用过程中，车辆的有形损耗和无形损耗都因使用强度、使用条件、维修等水平的不同而出现不同，因此要通过技术检测等技术手段来鉴定其损耗程度。

② 二手车鉴定评估都以单台为评估对象。二手车单位价值相差比较大、规格型号多、车辆结构差异很大，为了保证评估质量，对于单位价值大的车辆，一般都是分整车、分部件逐台、逐件地进行鉴定评估。

③ 二手车鉴定评估要考虑其手续构成的价值。由于我国对车辆实行"户籍"管理，使用税费附加值高，因此，对二手车进行鉴定评估时，除了估算其实体价值以外，还要考虑由"户籍"管理手续和各种使用税费构成的价值。

3. 二手车鉴定评估的要素

二手车鉴定评估有八个基本要素：鉴定评估主体、鉴定评估客体、鉴定评估依据、鉴定评估目的、鉴定评估原则、鉴定评估程序、鉴定评估价值和鉴定评估方法。

① 鉴定评估主体是指从事二手车鉴定评估的机构和人员，是二手车鉴定评估工作中的主导者，在二手车鉴定评估业务中，对二手车鉴定评估的主体资格有严格的限制条件。如鉴定评估人员必须取得中国汽车流通协会颁布的二手车鉴定评估岗位资格证书，才能获得相应的执业资格。

② 鉴定评估客体是指评估的车辆，是鉴定评估的具体对象。被评估车辆可以按照不同的标准分为汽车、电动车、摩托车、农用运输车、拖拉机和挂车等几类。按照车辆的使用用途，可以将机动车分为营运车辆、非营运车辆和特种车辆。同一种车型，由于用途不

同，车辆在用状态所需的税费可能就会有较大的差别，其成本构成差异也大。

③ 鉴定评估依据是指二手车鉴定评估工作所遵循的法律、法规、经济行为文件、合同协议以及收费标准和其他参考依据。二手车鉴定估价实际上属于资产评估的范畴，因此其理论依据必然是资产评估学的有关理论和方法，其操作按国家规定的方法进行；其主要政策法规包括《国有资产评估管理办法》《国有资产评估管理办法实施细则》《汽车报废标准》《二手车流通管理办法》及其他方面的政策法规等；二手车的价格依据有历史依据和现实依据。前者主要是二手车的账面原值、净值等资料，它具有一定的客观性，但不能作为估价的直接依据；后者在评估价值时都以日为准，即以现时价格、现时车辆功能状态等为准。

④ 鉴定评估目的是正确反映二手车的价值及变动，并为将要发生的经济行为提供价格尺度。经济行为分为两种：车辆所有权发生转移的行为，如交易、转让等；车辆所有权不发生转移的行为，如纳税、典当等。同时，不同车辆鉴定评估的目的往往影响着车辆评估方法的选择。

⑤ 鉴定评估原则是指车辆鉴定评估的行为规范，是调节车辆评估当事人各方关系、处理鉴定评估业务的行为准则。二手车鉴定评估原则可分为工作原则和经济原则两大类。

a. 二手车鉴定评估的工作原则是评估机构与评估工作人员在评估工作中应遵循的基本原则，包括合法性原则、独立性原则、客观性原则、科学性原则、公平性原则、规范性原则、专业化原则和评估时点原则等。

b. 二手车鉴定评估的经济原则是指在二手车鉴定评估过程中，进行具体技术处理的原则。它是二手车鉴定评估原则的具体体现，是在总结二手车鉴定评估经验及市场能够接受的评估准则的基础上形成的，主要包括预期收益原则、替代原则、最佳效用原则。

⑥ 鉴定评估程序是指二手车鉴定评估工作从开始到最后结束的工作程序。二手车鉴定评估程序如图8-1所示。

二手车鉴定评估委托书

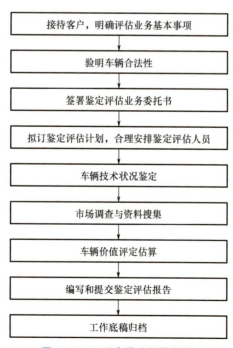

图8-1 二手车鉴定评估程序

⑦ 鉴定评估价值是指对车辆评估价值的质的规定，它对评估方法的选择具有约束性。例如要评估车辆的现行市价，则选择现行市价法进行评估；要评估车辆的重置成本，则要使用重置成本法。

⑧ 鉴定评估方法是指二手车鉴定评估所运用的特定技术，它是实现二手车鉴定评估价值的手段和途径。目前主要评估方法有现行市价法、重置成本法、收益现值法和清算价格法。

8.2.2　二手车手续检查

二手车手续检查是指进行二手车价值评估前的一系列工作，主要包括接受委托、核查证件、核查税费、车辆拍照等工作。

1. 接受委托

（1）业务洽谈

业务洽谈是二手车鉴定评估的第一项工作，也是一项重要的日常工作。业务洽谈工作直接影响二手车鉴定评估机构的形象和信誉，也是企业生存的基础。因此，鉴定评估人员应该重视并做好业务洽谈工作。

与客户进行业务洽谈的主要内容有车主基本情况、车辆情况、委托评估的意向、时间要求等。通过业务洽谈，应该初步了解下述情况。

① 车主单位（或个人）的基本情况。

② 评估目的。

③ 评估对象及其基本情况。

在洽谈中，摸清楚上述基本情况以后，就应该作出是否接受委托的决定。如果不能接受委托，应该说明原因，客户对交易中有不清楚的地方，应该接受咨询，耐心地解答和指导；如果接受委托，就要签订二手车鉴定评估委托书。

（2）签订二手车鉴定评估委托书（合同）

二手车鉴定评估委托合同又称二手车鉴定评估委托书，是指二手车鉴定评估机构与法人、其他组织或自然人相互之间为实现二手车鉴定评估的目的，明确相互权利义务关系所订立的协议。

二手车鉴定评估委托合同是受托方与委托方对各自权利责任和义务的协定，是一项经济合同性质的契约。二手车鉴定评估委托合同应写明以下内容。

① 委托方和二手车鉴定评估机构的名称、住所、工商登记注册号、上级单位、二手车鉴定评估人员资格类型及证件编号。

② 鉴定评估目的、车辆类型和数量。

③ 委托方须做好的基础工作和配合工作。

④ 鉴定评估工作的起止时间。

⑤ 鉴定评估收费金额及付款方式。

⑥ 反映协议双方各自的责任、权利、义务以及违约责任的其他内容。

二手车鉴定评估委托合同必须符合国家法律、法规和资产评估业的管理规定。涉及国有资产占有单位要求申请立项的二手车鉴定评估业务，应由委托方提供国有资产管理部门关于评估立项申请的批复文件，经核实后，方能接受委托，签署委托合同。

2. 核查证件

《二手车流通管理办法》规定，二手车交易必须提供机动车来历凭证、机动车行驶证、机动车登记证书、机动车号牌、道路运输证（营运车辆）、机动车安全技术检验合格标志等法定证件，因此，要对这些证件的合法性进行核查。

3. 核查税费

机动车主要税费凭证包括车辆购置税完税证明、车船使用税缴付凭证、车辆保险单等，在进行二手车鉴定评估之前，必须对这些税费的合法性进行核查。

4. 车辆拍照

二手车照片是二手车鉴定评估报告的主要附件，应对所评估的二手车进行全车影像。二手车拍照应尽量采用正面光拍摄，拍照距离以全车影像充满整个像面为宜，且使二手车的轮廓分明、牌照号码清晰、车身颜色真实。以平拍方式，与待拍车辆的左前侧呈45°方向进行拍摄。典型二手车照片如图8-2所示。

图8-2 典型二手车照片

8.2.3 二手车技术状况鉴定

二手车技术状况鉴定是二手车鉴定评估的基础与关键。鉴定方法主要有静态检查、动态检查和仪器检查三种。其中静态检查和动态检查是依据评估人员的技能和经验对被评估车辆进行直观、定性判断，即初步判断评估车辆的运行情况是否基本正常、车辆各部分有无故障及故障的可能原因、车辆各总成及部件的新旧程度等，是评价过程不可缺少的。而仪器检查是对评估车辆的各项技术性能及各总成部件技术状况进行定量、客观的评价，是进行二手车技术等级划分的依据，在实际工作中往往视评估目的和实际情况而定。

1. 静态检查

静态检查是指在静态情况下，根据评估人员的经验和技能，辅之以简单的量具，对二手车的技术状况进行静态直观检查。

静态检查的目的是快速、全面地了解二手车的大概技术状况。通过全面检查，发现一些较大的缺陷，如严重碰撞、车身或车架锈蚀或有结构性损坏、发动机或传动系严重磨损、车厢内部设施不良、损坏维修费用较大等，为价值评估提供依据。

静态检查主要包括识伪检查和外观检查两大部分。其中识伪检查主要包括鉴别走私车辆、拼装车辆和盗抢车辆等，外观检查包括鉴别事故车辆、检查发动机舱、检查车舱、检查行李舱和检查车身底部等。静态检查的主要内容具体见表8-1。

表8-1 静态检查的主要内容

项　目	内　容
识伪检查	鉴别走私车辆，鉴别拼装车辆，鉴别盗抢车辆
外观检查	鉴别事故车辆：包括碰撞、水淹、火灾等事故；检查发动机舱：包括机体外观、冷却系统、润滑系统、点火系统、供油系统、进气系统等；检查车舱：包括驾驶操作机构、开关、仪表、报警灯、内饰件、座椅、电器部件等；检查行李舱：行李舱锁、气压减振器、防水密封条、备用轮胎、随车工具、门控开关等；检查车身底部：包括油气泄漏、排气系统、转向机构、悬架、传动轴、车舱等

2. 动态检查

在对汽车进行静态检查之后，要进行动态检查，其目的是进一步检查发动机、底盘、电器电子设备的工作状况，以及汽车的使用性能。

在进行路试之前，检查机油油位、冷却液液位、制动液液位、转向油液位、踏板自由行程、转向盘自由行程、轮胎胎压、各警示灯等项目，各项目正常后方可起动发动机，进行路试检查。动态检查的主要内容见表8-2。

表8-2 动态检查的主要内容

项　目	内　容
路试前的准备工作	机油油位、冷却液液位、制动液液位、转向油液位、踏板自由行程、转向盘自由行程、轮胎胎压、各警示灯等项目
发动机工作检查	起动性能，怠速运转情况，动力性能，气缸密封性能，废气排放性能，发动机异响
路试检查	起步性能，换挡性能，加速性能，滑行性能，操纵稳定性能，舒适性能，制动性能，噪声
自动变速器路试检查	升挡检查，升挡车速检查，升挡发动机速度检查，换挡质量检查，锁止功能检查，发动机制动功能检查，强制降挡功能检查
路试后检查	各部件温度，渗漏现象

3. 仪器检查

利用静态检查和动态检查，可以对汽车的技术状况进行定性的判断，即初步判定车辆的运行情况是否基本正常、车辆各部分有无故障及故障的可能原因、车辆各总成及部件的新旧程度等。当对车辆各项技术性能及各总成、部件的技术状况进行定量、客观的评价时，通常需借助一些专用仪器、设备进行。

对二手车进行综合检测，需要检测车辆的动力性、燃料经济性、转向操作性、排放污染、噪声等整车性能指标，以及发动机、底盘、电器电子等各部件的技术状况。

检测汽车性能指标需要的设备有很多，主要有底盘测功机、制动检验台、油耗仪、侧滑试验台、前照灯检测仪、车速表试验台、发动机综合测试仪、示波器、四轮定位仪、轮胎平衡仪等设备，这些设备一般在汽车的综合性能检测中心（站）或汽车修理厂采用，操作难度较大，二手车鉴定评估人员不需要掌握这些设备的使用方法。但应能掌握一些常规的小型检测设备，以迅速快捷地判断汽车常见故障，这些设备仪器主要有气缸压力表、真空表、万用表、正时枪、燃油压力表、废气分析仪、烟度计、声级计、微电脑故障诊断仪（俗称解码仪）等。

8.2.4　二手车价值评估

二手车价值评估是确定二手车评估值的具体手段与途径。从评估对象的角度来看，因为二手车属于固定资产的机器设备，所以与其他资产评估相同，也应遵循资产评估的一般理论。然而，二手车作为一类资产，又有别于其他类资产，有其自身的特点，如它的单位价值大，使用时间长；使用强度、使用条件、维护水平差异很大；政策性强，使用管理严格，税费附加值高。二手车自身的这些特点决定了在对二手车进行评估时，不能完全照搬资产评估的方法，必须结合二手车的实际情况。以技术鉴定为基础，以资产评估理论为指导灵活处理，从而使二手车评估能够更加客观、准确地反映二手车的价值，并且具有一定的可操作性。

二手车价值评估方法主要有重置成本法、现行市价法、清算价格法和收益现值法。

重置成本法是二手车价值评估中的一种常用方法，它适用于继续使用前提下的二手车价值评估。对在用车辆，可直接运用重置成本法进行评估，无须做较大的调整。

现行市价法的运用首先必须以市场为前提，它是借助参照车辆的市场成交价或变现价运作的（该参照车辆与被评估车辆相同或相似）。因此，一个发达活跃的车辆交易市场是现行市价法得以广泛运用的前提。此外，现行市价法的运用还必须以可比性为前提。运用该方法评估车辆市场价值的合理性与公允性，在很大程度上取决于所选取的参照车辆的可比性。可比性包括以下两方面内容。

① 被评估车辆与参照车辆之间在规格、型号、用途、性能、新旧程度等方面应具有可比性。

② 参照车辆的交易情况（诸如交易目的、交易条件、交易数量、交易时间、交易结算方式等）与被评估车辆将要发生的情况具有可比性。

以上所述的市场前提和可比前提，既是运用现行市价法进行二手车价值评估的前提条件，也是对运用现行市价法进行二手车价值评估的范围界定。对于车辆的买卖，以车辆作为投资参股、合作经营，均适用现行市价法。

清算价格法适用于企业破产、抵押、停业清理时要售出的车辆。这类车辆必须同时满足以下三个条件，方可利用清算价格法进行出售。

① 具有法律效力的破产处理文件、抵押合同及其他有效文件为依据。

② 车辆在市场上可以快速出售变现。

③ 清算价格足以补偿因出售车辆所付出的附加支出总额。

目前，我国二手车交易市场尚需进一步规范和完善，运用现行市价法和收益现值法的客观条件受到一定的制约；而清算价格法仅在特定的条件下才能使用。因此，二手车的评估多数情况下采用重置成本法，但在某些情况下，也可运用收益现值法。运用收益现值法进行二手车价值评估的前提是被评估车辆具有独立的、能连续用货币计量的可预期收益。由于在车辆的交易中，人们购买的目的往往不在于车辆本身，而是车辆的获利能力。因此，该方法较适用于从事营运的车辆。

1. 重置成本法评估二手车价值

(1) 重置成本法的定义

重置成本法是指以评估基准日现时条件下重新购置一辆全新状态的被评估车辆所需的全部成本（完全重置成本，简称重置全价），减去该被评估车辆的各种陈旧性贬值作为被评估车辆评估价值的一种评估方法。车辆的贬值一般体现在实体性贬值、功能性贬值和经济性贬值上。也可以先通过被评估二手车与其全新状态相比，测算出成新率，进行评估。

(2) 重置成本法的计算公式

常用的重置成本法计算被评估车辆价值模型有以下四种。

模型一：计算公式为

$$P = B - (D_S + D_G + D_J) \tag{8-1}$$

模型二：计算公式为

$$P = BC \tag{8-2}$$

模型三：计算公式为

$$P = BCK \tag{8-3}$$

模型四：计算公式为

$$P = BCK\Phi \tag{8-4}$$

式中，P 为被评估车辆的评估值；B 为重置成本；D_S 为实体性贬值；D_G 为功能性贬值；D_J 为经济性贬值；C 为成新率；K 为综合调整系数；Φ 为变现系数。

实体性贬值也称有形损耗，是指机动车在存放和使用过程中，由于物理和化学原因而导致的车辆实体发生的价值损耗，即由于自然力的作用而发生的损耗。

功能性贬值是由于科学技术的发展导致的车辆贬值，即无形损耗。功能性贬值又可细分为一次性功能贬值和营运性功能贬值。一次性功能贬值是指由于技术进步引起劳动生产率的提高，现在再生产制造与原功能相同的车辆的社会必要劳动时间减少，成本降低而造成原车辆的价值贬值。营运性功能贬值是指由于技术进步，出现了新的、性能更优的车辆，致使原有车辆的功能相对新车型已经落后而引起的价值贬值。

经济性贬值是指由于外部经济环境变化所造成的车辆贬值。所谓外部经济环境，包括宏观经济政策、市场需求、通货膨胀、环境保护等。

模型一除了要准确了解二手车的重置成本和实体性贬值外，还必须计算其功能性贬值和经济性贬值，而这两个贬值因素要求评估人员对未来影响二手车的营运成本、收益乃至经济寿命有较为准确的把握，理论上讲，模型一准确，但可操作性差，使用困难。

模型二适用于整车观测法和部件鉴定法来估算成新率。

模型三适用于年限法中的加速折旧法来估算成新率。

模型四适用于年限法中的等速折旧法和行驶里程法来估算成新率。

模型二、模型三和模型四中成新率的确定是综合了二手车的各项贬值的结果,具有搜集便捷、操作较简单易行、评估理论更贴近机动车实际工作状况、容易被委托人接受等优点,故模型二、模型三和模型四应用广泛。

通过对重置成本法计算公式的分析不难发现,要合理运用重置成本法评估二手车的交易价格,必须正确确定车辆的质量成本、实体性贬值、功能性贬值、经济性贬值和成新率。

(3) 重置成本

重置成本是购买一项全新的与被评估车辆相同的车辆所支付的最低金额。按重新购置车辆所用的材料、技术的不同,可把重置成本区分为复原重置成本和更新重置成本。

① 复原重置成本是指用与被评估车辆相同的材料、制造标准、设计结构和技术条件等,以现时价格复原购置相同的全新车辆所需的全部成本。

② 更新重置成本指利用新型材料、新技术标准、新设计等,以现时价格购置相同或相似功能的全新车辆所支付的全部成本。一般情况下,在进行重置成本计算时,如果同时可以取得复原成本和更新成本,应选用更新成本;如果不存在更新成本,则再考虑用复原成本。

(4) 成新率

成新率是反映二手车新旧程度的指标。二手车成新率是表示二手车的功能或使用价值占全新机动车的功能或使用价值的比率。对于成新率 C 的确定,在实际评估时,要根据被评估对象的不同情况,选择不同的方法,通常有以下几种计算方法。

一般来说,对于重置成本不高的二手车,可采用使用年限法中的等速折旧法以及加速折旧法,也可采用行驶里程法来估算其成新率。

① 等速折旧法,其公式为

$$成新率 = \left(1 - \frac{已使用年限}{可使用年限}\right) \times 100\% \qquad (8-5)$$

② 加速折旧法之年份数求和法,其公式为

$$成新率 = \frac{\sum_{n=1}^{G-Y} n}{\sum_{n=1}^{G} n} \times 100\% \qquad (8-6)$$

式中,G 为规定使用年限;Y 为已使用年限;$n = 1, 2, 3, G-Y, \cdots, G$。

③ 加速折旧之双倍余额递减折旧法,其公式为

$$成新率 = \left(1 - \frac{2}{G}\right)^Y \times 100\% \qquad (8-7)$$

采用使用年限法计算的前提条件是车辆日常正常使用,包括正常使用时间和强度。

行驶里程法反映了车辆新旧程度与车辆使用强度的关系,其使用前提条件是车辆里程表的记录必须是原始的、没有被人为更改过。但是里程表很容易被人为变更,因此在实际中较少直接采用此方法进行评估。

$$成新率 = \left(1 - \frac{已行驶里程}{规定行驶里程}\right) \times 100\% \qquad (8-8)$$

对于重置成本价值中等的二手车，可采用使用年限法中的等速折旧法估算其成新率；对于重置成本价值高的二手车，可采用部件鉴定法。

$$成新率 = \sum_{i=1}^{n} i_{部件成新率} \times i_{部件权重}) \times 100\% \quad (8-9)$$

该方法费时费力，但评价比较客观、接近实际，同时考虑了二手车每个部件的损耗和更换部件所添加的附加价值。但是由于该方法实施不易，因此比较适合价值较高的车辆。

(5) 综合调整系数 K

在计算成新率时应考虑车辆技术状况对成新率的影响，如技术状况、使用和维修状态、原始制造质量、工作性质、工作条件。K 的计算方法为

$$K = K_1 \times 30\% + K_2 \times 25\% + K_3 \times 20\% + K_4 \times 15\% + K_5 \times 10\% \quad (8-10)$$

式中，K_1 为技术状况调整系数；K_2 为车辆使用和维护调整系数；K_3 为原始制造质量调整系数；K_4 为工作性质调整系数；K_5 为工作条件调整系数。

(6) 二手车变现系数

当对二手车进行价值评估时，还应充分考虑市场微观经济环境（如某品牌或某车款的热卖度、供求关系、车龄、地区差异、车辆档次或价位等）和政府宏观政策对车辆变现能力的影响，即需考虑二手车的变现系数。

由于二手车变现系数影响因素很多，因此估计难度较大，一般在二手车价值评估中省略。

(7) 计算步骤

用重置成本法成新率模型评估二手车价值，可按下列步骤进行。

① 确定重置成本。重置成本是以被评估车辆在评估基准日时的全新车辆价格（包括上牌的各种税费），一般通过市场询价而取得，市场询价就是从新车生产厂家、经销商、各种媒体上取得，它是评估的第一步，价格资料、技术资料的准确与否直接关系到评估结论是否正确。

② 确定成新率。确定成新率是重置成本法运用中的难点，评估人员在现场勘查的基础上，认真填好评估勘查作业表格，详细鉴定车况，可用上述五种方法确定成新率。在此基础上综合分析品牌因素、市场热销程度、市场占有率情况、车龄、地区差异、车辆档次和政府的宏观政策，对车辆变现能力的影响，计算确定二手车变现系数以确定综合成新率。

③ 确定综合调整系数。根据对二手车技术状况鉴定，确定其各调整系数，再考虑其对应的权重，确定综合调整系数。

④ 计算评估值。采用重置成本法的公式计算评估值。

【例 8-1】一辆大型普通客车欲转让。据该车的机动车行驶证和登记证书所记，该车登记日期为 2015 年 9 月，检验合格期至 2019 年 4 月有效。据现场勘查，该车的外观和内饰正常，能正常上路行驶，累计行驶里程数约为 13.55 万公里。使用重置成本法估算该车的价格（提示：同生产厂家与被评估车型相近大型客车的价格为 37 万元，其购置税约为车价的 10%）。

解：(1) 正常运营的大型客车一般较少人为调整里程表，表上显示的累计行驶里程数比较真实地反映了其使用强度，故可采用行驶里程法估算价格。

(2) 根据《汽车报废标准》，大型客车规定的累计行驶里程数为 50 万公里。已知该车

里程表显示行驶里程约为 13.55 万公里。

(3) 该车的里程成新率为 $C_s = (1 - 13.55/50) \times 100\% = 72.9\%$。

(4) 该车的重置成本为 $[37 \times (1 + 1/1.17 \times 10\%)]$ 万元 $= 40.16$（万元）。由于该车于 2011 年 9 月购置，存在功能性贬值，取 95%，则重置成本约为 38.15 万元。

(5) 评估值＝重置成本×成新率＝$38.15 \times 72.9\%$ 万元＝27.81（万元）。

2. 收益现值法评估二手车价值

(1) 收益现值法定义

收益现值法是指通过估算被评估作为生产工具的二手车在剩余寿命内的预期收益并折现为评估基准日的现值，借此来确定二手车价值的一种评估方法。即以二手车未来所创造的价值来评定其现在的价值。在营运二手车交易中，人们购买的目的往往不在于车辆本身，而在于车辆获利的能力。

(2) 应用前提和适用范围

被评估二手车必须是经营性车辆，且具有继续经营和获利的能力，继续经营的预期收益可以预测，而且必须能够用货币金额来表示。二手车购买者获得预期收益和所承担的风险也可以预测，并可以用货币衡量，被评估二手车预期获利年限可以预测。

(3) 收益现值法的计算公式

$$P = \sum_{i=1}^{n} \frac{A_t}{(1+i)^t} + \frac{P_n}{(1+i)^n} \tag{8-11}$$

式中，P 为折算后的总现值；t 为收益期；n 为收益总年期，即剩余使用年限；A_t 为未来第 t 个收益期的预期收益额；P_n 为最后二手车的残值；$A_t/(1+i)^t$ 为第 t 个收益期的折现值；$P_n/(1+i)^n$ 为残值的折现值。但是一般营运车辆的最终残值几乎等于零，可以忽略不计，故公式可简化为

$$P = \sum_{t=1}^{n} \frac{A_t}{(1+i)^t}$$
$$= \frac{A_1}{(1+i)^1} + \frac{A_2}{(1+i)^2} + \cdots + \frac{A_n}{(1+i)^n} \tag{8-12}$$

当 $A_1 = A_2 = \cdots = A_n = A$ 时，即 t 从 1～n 未来收益分别相同为 A 时，则有：

$$P = A\left[\frac{1}{1+i} + \frac{1}{(1+i)^2} + \cdots\cdots + \frac{1}{(1+i)^n}\right]$$
$$= A \frac{(1+i)^n - 1}{i(1+i)^n}$$

简记为

$$P = A(P/A, i, n) \tag{8-13}$$

(4) 计算步骤

① 搜集有关营运车辆的收入和费用资料。

② 估算预期收入。

③ 估算营运费用。

④ 估算预期净收益。

⑤ 选用适当的折现率。

⑥ 选用适当的计算公式求出收益限值。

（5）收益现值法的优缺点

优点：①与投资决策相结合，容易被交易双方接受；②能真实和较准确地反映车辆本金化的价格。

缺点：①预期收益额和折现率以及风险报酬率的预测难度大；②受主观判断和未来不可预见因素的影响较大。

【例 8-2】某人拟购一辆桑塔纳普通型出租车，作为个体出租车经营使用，该车辆的各项数据和情况见表 8-3。

表 8-3 出租车各项数据和情况

1. 评估基准日	2018 年 12 月 15 日
2. 初次登记年月	2014 年 12 月
3. 技术状况	正常
4. 每年营运天数	350 天
5. 每天毛收入	500 元
6. 日营业、所得税	50 元
7. 每天燃油、润滑油费	120 元
8. 每年日常维修、保养费	6000 元
9. 每年保险及各项规费	12000 元
10. 道路运输证使用费	18000 元
11. 两名驾驶人劳务、保险费	60000 元

试用收益现值法评估此桑塔纳出租车的价值。

解：首先，求预计年收入：$350 \times 500 = 175000$ 元

预计年支出费用：

税费	$350 \times 50 = 17500$（元）
油费	$350 \times 120 = 42000$（元）
维修、保养费	6000 元
保险及规费	12000 元
营运证使用费	18000 元
驾驶人劳务费、车辆保险费	60000 元

年收入：$(17.5 - 1.75 - 4.2 - 0.6 - 1.2 - 1.8 - 6)$ 万元 $= 1.95$（万元）

其次，根据目前银行储蓄和贷款利率、债券、行业收益等情况，确定资金预期收益率为 10%，风险报酬率为 5%，则折现率为 10%+5%=15%。

该车剩余使用年限 4 年，假定每年的年收入相同，根据收益现值法公式，则可得该车的评估值为

$$P = A \frac{(1+i)^n - 1}{i(1+i)^n} = \left[1.95 \times \frac{(1+15\%)^4 - 1}{15\% \times (1+15\%)^4} \right] 万元 = 5.57 (万元)$$

3. 现行市价法评估二手车价值

(1) 现行市价法定义

现行市价法又称市场法或市场价格比较法,是指以市场上最近售出的与被评估车辆可类比的车辆(车辆构造、功能、性能、行驶里程、新旧程度及交易价格等)作为参照物,通过比较彼此间的异同,并据此对参照物的市场成交价进行调整,从而确定被评估车辆价值的一种评估方法。因为其充分利用二手车市场的信息和已有的结论来进行评估,所以是目前最直接、最有说服力的评估方法之一。

(2) 现行市价法的特点

运用现行市价法要求充分利用类似的二手车成交价格信息,并以此为基础判断和估测被评估车辆的价值。运用已被市场检验了的结论来评估被评估车辆,显然容易被买卖双方当事人所接受。

用现行市价法评估二手车包含了被评估车辆的各种贬值因素,如有形损耗的贬值、功能性贬值和经济性贬值。因为市场价格是综合反映了车辆的各种因素,所以车辆的有形损耗及功能陈旧而造成的贬值,自然会在市场价格中有所体现。经济性贬值则是反映社会对各类产品综合的经济性贬值的大小,突出表现为供求关系的变化对市场价格的影响,因而,用市价法评估不再专门计算功能性贬值和经济性贬值。

(3) 现行市价法的应用前提

① 存在一个市场发育成熟的、交易活跃的二手车公开交易市场。因为这样才会容易存在有相同的或类似的二手车交易,有充分的交易数据可取,才能真实地反映市场行情。

② 交易市场上能够找到与被评估二手车相同或相类似的已成交过的参照车辆,并且参照车辆是近期的、可比较的。

(4) 现行市价法的适用范围

现行市价法特别适用于产权转让的畅销车型的评估,畅销车型的数据充分,市场交易活跃。评估人员熟悉其市场交易情况,采用现行市价法评估二手车时间会很短。

(5) 现行市价法的评估方法

① 直接比较法。也称直接市价法,是指在市场上能找到与被评估二手车相同或基本一致车辆的现行市价,并依其价格直接作为被评估二手车评估价格的一种方法。这里所指的相同或基本一致车辆指的是型号、使用条件和技术状况相同或基本类似,生产时间和交易时间相近。

② 类比调整法。是指在市场上找不到完全相同的车辆,但能找到类似的车辆,以此为参照车辆并根据车辆技术状况和交易条件的差异对参照车辆的价格做出相应调整,进而确定被评估二手车价格的一种评估方法。其计算公式为

$$二手车评估值 = 参照车辆价值 \times 调整系数 \qquad (8-14)$$

③ 成本比率估价法。是利用二手车交易价格和重置成本之比反映二手车的保值程度,通过分析大量二手车市场数据,得到一类车的保值率与其使用年限的函数关系,利用这个基本相同的关系来评估车辆的评估方法。

(6) 评估基本程序

搜集资料→选定相同或相似参照物→分析、比较→计算评估值。

(7) 现行市价法的优缺点

优点：能够客观反映二手车目前的市场情况，其评估的参数、指标，直接从市场获得。评估值能反映二手车市场现实价格。结果易被各方理解和接受。

缺点：需要公开及活跃的二手车市场作为基础。然而在我国很多地方二手车市场建立时间短，发展不完善，寻找参照车辆有一定的困难。可比因素多而复杂，操作难度较大。

【例8-3】某桑塔纳出租车，初次登记日为2015年5月，至2019年5月，行驶45万公里，该市出租车使用年限为8年，试运用现行市价法的直接比较法进行评估。

解：选择参照物分别为3辆2011年初次登记上牌的市场价分别为45000元、45500元、46000元该车型桑塔纳，使用年限相同，均为4年，使用性质相同，均为出租车，配置完全一样，评估基准日与参照物成交日期相近，故所评估的桑塔纳出租车的价值取3个参照物的平均数，即

$$P = \frac{45000 + 45500 + 46000}{3} 元 = 45500 (元)$$

采用现行市场价进行车辆评估，需要有公开、活跃的市场为基础，如果市场发展不充分，缺少足够的可比较数据，则难以运用，有一定的局限性。

4. 清算价格法评估二手车价值

(1) 清算价格法定义

清算价格法是以清算价格为依据，对二手车价格进行评估的一种方法，即指企业在停业或破产后，在一定的期限内将车辆拍卖，而得到的变现价格。

(2) 清算价格法特点

① 预评估车辆时应附有企业破产处理文件或抵押合同及其他有效法律文件。

② 预评估车辆时可以快速出售变现。

(3) 清算价格法的影响因素

二手车评估中，影响清算价格的主要因素如下。

① 破产形式。如果企业丧失车辆处置权，那么卖方无讨价还价的可能，就以买方出价作为车辆售价；如果企业未丧失处置权，那么卖方仍有讨价还价的余地，就以双方议价作为售价。

② 债权人处置车辆的方式。如果债权人以拍卖的方式处理车辆，则价格取决于拍卖市场中的价格。如果债权人在抵押合同中规定车辆收归己有，则车辆的实现价值等于抵押合同签订时的评估价格。

③ 拍卖时限。一般情况下，若规定的拍卖时限长，则售价就会高些；若规定时限短，则售价就会低些。这是由资产快速变现原则的作用所决定的。

④ 车辆清理费用。在企业破产等情况下评估车辆价格时，应对车辆清理费用及其他费用给予充分的考虑。

⑤ 车辆现行市价。车辆现行市价是指车辆交易成交时，使交易双方都满意的公平市价。

⑥ 参照车辆价格。参照车辆价格是指与被拍卖车辆相同或类似的交易车辆的现行价格，若参照车辆价格高，则被拍卖车辆通常也会高。

(4) 清算价格法的适用范围

清算价格法一般适用于企业被迫停业或破产、资产抵押、停业清理等情况下，急于将

车辆拍卖、出售时车辆价格的评估。清算价格法评估的车辆价格往往低于现行市场价格。

（5）清算价格法的评估方法及计算公式

用清算价格法确定二手车价格时，主要有三种方法：现行市价折扣法、模拟拍卖法和竞价法。

① 现行市价折扣法。首先在市场上找到参照车辆，然后根据市场调查和快速变现原则，确定一个合适的折扣率，再确定二手车的评估价格，其计算公式为

$$P = P' \times \gamma \tag{8-15}$$

式中 P' 为参照车辆交易价格（元）；γ 为折扣率（%）。

② 模拟拍卖法。模拟拍卖法是通过向被评估车辆的潜在购买者询价，以此来获得市场信息，最后经评估人员分析确定价格的一种方法，也称意向询价法。这种方法确定的清算价格受供需关系影响很大，要充分考虑其影响的程度。

③ 竞价法。竞价法是由法院按照破产清算的法定程序或由卖方根据评估结果提出一个拍卖的底价，然后在公开市场或拍卖会上，由买方竞争出价，谁出的价格高就卖给谁。

（6）清算价格法的评估步骤

① 用其他评估方法确定评估底价。

② 根据相关因素确定折扣率。

③ 确定被评估车辆的清算价格。

$$被评估车辆的清算价格 = 评估底价 \times 折扣率（或快速变现系数） \tag{8-16}$$

【例8-4】某法院欲将其扣押的一辆轻型载货汽车拍卖出售。至评估基准日止，该汽车已使用1年6个月，车况与其新旧程度相符。试评估该车的清算价格。

解：① 确定车辆的重置成本全价。

据市场调查，全新的此型车目前售价为5.5万元。根据相关规定，购置此型车时，要缴纳10%的车辆购置税、3%的货运附加费，故被评估车辆的重置成本费全价为

$$重置成本全价 = (5.5 + 5.5/1.17 \times 10\% + 5.5 \times 3\%)万元 = 6.135（万元）$$

② 确定车辆的成新率。

被评估车辆的价值不高，且车辆的技术状况与其新旧程度相符，故决定采用使用年限法中的等速折旧法来确定其成新率。

根据国家规定，被评估车辆的使用年限为10年（120个月）。该车已使用年限为1年6个月（18个月）。故被评估车辆的成新率为

$$成新率 = 1 - (18/120) \times 100\% = 85\%$$

③ 确定被评估车辆在公平市场条件下的评估值。

根据调查了解，被评估车辆的功能损耗及经济性损耗均很小，可忽略不计。故在公平市场条件下，该车的评估值为

$$6.135 \times 85\% \approx 5.2（万元）$$

④ 确定折扣率。

根据市场调查，折扣率取75%时，可在清算日内出售车辆，故确定折扣率为75%。

⑤ 确定被评估车辆的清算价格。

$$车辆的清算价格 = 5.2 \times 75\% = 3.9（万元）$$

8.3 二手车交易

8.3.1 二手车交易概述

在我国，二手车交易是一种特殊商品的交易，它除了实现一般二手物品产权交易属性外，还具有完成交易后相关手续的转移属性。一个合法、完备的二手车交易过程应该包括车辆交易、所有权转移登记和税费、保险变更的三个环节。

1. 二手车交易概念

二手车交易是指以二手车为交易对象，在国家规定的二手车交易中心或其他经合法审批的交易场所中进行的二手车的商品交换和产权交易。

2. 二手车交易市场

二手车交易市场是指依法设立、为买卖双方提供二手车集中交易和相关服务的场所，是二手车信息和资源的聚集地，是买主和卖主进行二手车的商品交换和产权交易的场所。

3. 二手车交易类型

《二手车流通管理办法》规定，二手车交易有以下几种类型。

（1）直接交易

直接交易是指二手车所有人不通过经销企业、拍卖企业和经纪机构将车辆直接出售给买方的交易行为。交易可以在二手车交易市场内进行，也可以在场外进行。

二手车置换

（2）中介经营

中介经营是指二手车买卖双方通过中介方的帮助而实现交易，中介方收取约定佣金的一种交易行为。中介经营又包括二手车经纪、二手车拍卖等。

① 二手车经纪。二手车经纪是指二手车经纪机构以收取佣金为目的，为促成他人交易二手车而从事的居间、行纪或者代理等经营活动。

② 二手车拍卖。二手车拍卖是指二手车拍卖企业以公开竞价的形式将二手车转让给最高应价者的经营活动。

（3）二手车销售

二手车销售是指二手车销售企业收购、销售二手车的经营活动。

二手车典当不赎回的情况也可以算作一种二手车销售。二手车典当是指二手车所有人将其拥有的、具有合法手续的车辆质押给典当公司，典当公司支付典当当金，封存质押车辆，双方约定在一定期限内由出典人（二手车所有人）结清典当本息、赎回车辆的一种贷款行为。典当时二手车所有人须持合法有效的手续到典当行办理典当手续，由典当行工作人员和车主当面查验，填写机动车抵押/注销抵押登记申请表，然后封入典当公司的专业车辆库房。如果到约定的赎回期限二手车所有人不赎回车辆，则典当行就可以依据协议自行处置该车，如出售等。

（4）二手车置换

二手车置换也是一种二手车交易行为。所谓二手车置换，就是客户在汽车销售公司购买新车时，将目前在用的汽车经过该公司的检测估价后以一定的折价抵扣部分新车款的一种交易方式。目前二手车置换业务主要是在同品牌的车型中开展，汽车销售企业将置换的汽车经过一定的检测、维修后，作为一辆认证二手车卖给消费者。目前，我国已有部分汽车品牌开展了认证二手车销售业务。

8.3.2 二手车置换

1. 二手车置换的目的与方式

（1）二手车置换的目的

二手车置换是消费者用二手车的评估价值加上另行支付的车款从品牌经销商处购买新车的业务。由于参加置换的厂商拥有良好的信誉和优质的服务，其品牌经销商也能够给参与置换业务的消费者带来信任感和更加透明、安全、便利的服务，因此现在越来越多想换新车的消费者希望尝试这一新兴的业务。

二手车置换的目的就是以旧换新来开展二手车贸易，简化更新程序，并使二手车市场和新车市场互相带动、共同发展。

（2）二手车置换的方式

① 同品牌的旧车换新车，即用同品牌二手车置换同一品牌新车（以旧换新）。

② 多品牌置换某个品牌新车的业务，即用本品牌二手车置换同一车系的不同品牌任一款车。

③ 不同品牌二手车之间以旧换旧，比如二手富康汽车换二手宝马，只要购买的是本厂的新车，置换二手车不限品牌。

2. 二手车置换的特点

二手车置换逐渐成为厂家的"第二战场"，多家4S店进军二手车置换市场，与传统二手车交易方式相比，二手车置换业务有自己的特点。

（1）周期短、时间快

车主将旧车开到4S店，现场评估师对旧车评估出价格。待车主选好心仪的新车后，只要缴纳中间的差价即可完成置换手续，剩下的所有手续都有4S店代为办理，较短时间内就完成了新车置换。

（2）4S店二手车置换品质有保证，风险小

4S店按照厂家要求收购顾客的二手车，收购对象涵盖所有品牌及车型。对于消费者而言，4S店所提的车都是汽车企业直供销售的，没有任何中间商，车辆状况、车辆质量让车主安心，消除了不懂车不知道怎么挑车的疑虑。

以前卖旧车买新车，要经过二手车谈价、旧车过户、收钱、与汽车经销商谈新车价格、交钱购车等一系列程序。现在只需在品牌二手车经销商处评估旧车，有专业人士为顾客提供专业、透明的车辆评估及报价服务，所有手续都由经销商代办，二手车车价抵扣新车车价，然后补齐差价，即可开着新车走。大大方便了消费者，同时促进了汽车市场中产品和资金流通的速度。

（3）有利于净化市场，增强市场竞争力

消费者对4S店的信任，会让一大批违规操作的组织或个人在这个领域没有立足之地。以汽车企业为主导的品牌二手车置换模式，将打破二手车市场"自由散漫"的传统，重新

构建全国二手车交易新的游戏规则。

（4）汽车企业的多重促销手段，让车主受益

随着汽车国产化技术的成熟，以及限购政策的制约，汽车企业把二手车置换作为角逐的"主战场"，并配合国家出台的政策补贴，纷纷在打出降价的同时，又推出了"原价"置换、置换送高额补贴、再送礼品或免费活动等多重优惠活动，这是打动众多车主换车的根源。

（5）4S店借助电商平台精准有效推广

互联网是目前信息传导最快、最有效、性能价格比最高的新媒体，很多汽车企业都把它作为推广的主阵地，特别是卡酷汽车网、太平洋汽车、汽车之家、爱卡汽车、网易汽车、搜狐汽车、新浪汽车这七大受众多的垂直媒体，但随着新冠肺炎疫情的影响，大家都无法实体看车，再加上行业视频媒体的引爆，二手车商纷纷加入抖音、快手的直播战场，不但给车主带来了丰富的汽车生活享受，也给汽车企业带来高转化率的投资回报。

3. 二手车置换的流程

二手车置换的流程如图8-3所示。

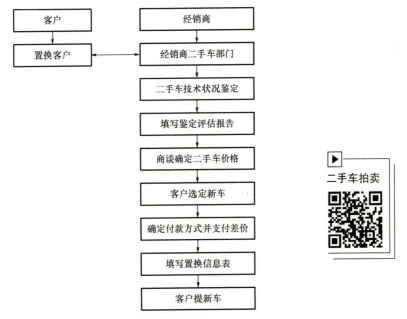

图8-3 二手车置换的流程

为了使二手车鉴定评估工作客观公正，究竟采用哪些评估公式合适，要因时、因地、因车具体分析，不能一概而论。而市场似乎不在乎什么公式，只根据自己的运行惯性和供求关系运行。究竟是否存在一个符合客观实际通用的估价公式？即是否存在一种客观、实际、通用的办法？美国二手车价格指南是在大量交易数据的基础上，由公认的二手车参考价格加上技术状态的鉴定来决定，这将是我国评价汽车的发展方向。

二手车置换的注意事项如下。

① 事先了解二手车价格，在置换前通过各种渠道多参考一些评估价格，以及同档次二手车目前的市场报价，避免在置换时被骗。

② 所置换车辆的手续及相关文件必须齐全。外地转籍车辆，必须先咨询相关部门，得到同意后，方可收购置换。

③ 要对所置换的车辆进行仔细技术状况鉴定，并进行路试，以确定车辆初步评估价格。

④ 对所置换的车辆，应上网查询是否有交通违章记录，是否已处置完毕。

⑤ 认真填写置换信息表或置换合同（包括经办人签字及日期、违约金数额、车主联系电话及地址等）。

8.3.3 二手车拍卖

1. 二手车拍卖的目的和方式

二手车拍卖是指二手车拍卖企业以公开拍卖形式将二手车转让给最高竞价者的经营活动。二手车拍卖是二手车销售的一种有益补充，也是二手车交易体系中不可或缺的环节。拍卖分为两种，即现场拍卖和网上拍卖。

2. 二手车网上拍卖流程

二手车网上拍卖是指利用互联网的高速信息传递、丰富的信息共享和大量客户以互联网为平台进行拍卖的活动。其主要分为全程交易和半程交易两种方式。

二手车网上拍卖流程如图8-4所示。

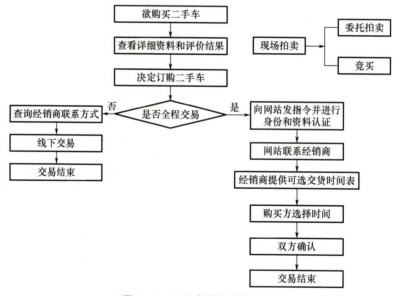

图8-4 二手车网上拍卖流程

3. 二手车现场拍卖流程

（1）二手车委托拍卖流程

只有提供车辆行驶证、购置凭证、车船税证、保险凭证等有效证件，才能进行二手车委托拍卖。二手车委托拍卖流程如图8-5所示。

（2）二手车竞买流程

竞买人参加二手车竞买时，应提供竞买人身份证或企事业单位代码证和保证金，之后

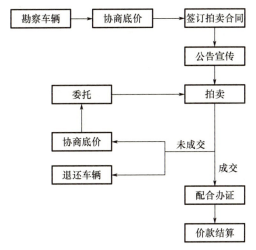

图 8-5　二手车委托拍卖流程

领取竞买号牌参加竞买。二手车竞买流程如图 8-6 所示。

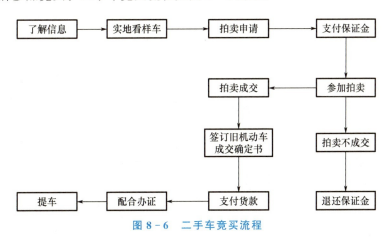

图 8-6　二手车竞买流程

8.3.4　二手车交易流程与工作程序

1. 二手车交易流程

二手车交易采取的是在市场集中交易办理证照的方法，由公安局车辆管理所派驻警官驻场监管和指导，重点环节由警官进行审核把关，具体操作性事务由市场工作人员协助完成。它既保证了驻场警官对整个操作过程的有效监管，也充分提高了市场工作人员的责任感、积极性，从而使二手车交易的证照办理工作有条不紊地进行。

二手车的交易流程，根据交易特性，为杜绝盗抢车、走私车、拼装车和报废车的面市，切实维护消费者的合法权益，科学合理地设计了"一条龙"的作业方式，使二手车交易在规范有序的程序内进行，避免购销双方来回奔波，体现了便民、可监控和有序的交易环境。其主要环节有车辆查验、车辆评估、车辆交易、初审受理、材料传送、过户制证、转出调档、材料回送、收费发放，如图 8-7 所示。

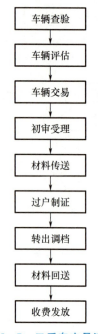

图 8-7 二手车交易流程

2. 二手车交易工作程序

① 二手车直接交易、中介交易类的工作程序如图 8-8 所示。

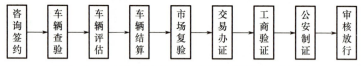

图 8-8 二手车直接交易、中介交易类的工作程序

② 二手车经销类的工作程序如图 8-9 所示。

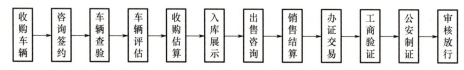

图 8-9 二手车经销类的工作程序

3. 二手车交易的注意事项

(1) 二手车手续

购车者要对要买的二手车的手续有详细的了解。有些购车者因为图便宜选择购买一些手续不完备、不能过户的二手车,这样不但买家会有麻烦,而且卖家会存在相同的麻烦。二手车交易需要的手续有车辆登记证、行驶证、购车发票、保险单以及交易双方的身份证。

(2) 二手车行驶里程是否真实

汽车里程表主要分为两种,即机械式和电子式。机械式里程表利用的是齿轮转动的工作原理，只要拨动里程表计数器的齿轮，就能随意调整读数。而后者的调校难度要大一些，但也可以通过一定的手段进行回调。很多人都习惯通过了解车辆的使用年限及公里数来判断原车主的用车情况，这个想法是没有问题的，但判断车况不能单凭里程表，因为这个是可以改动的，建议消费者提高警惕。

（3）车况是否隐瞒问题

一是目测检查，包括检查车辆发动机型号和出厂编号、底盘型号是否与行车执照上的记载吻合。

二是车辆的技术状况检查，包括检查车辆是否发生碰撞受损、车门是否平衡、油漆脱落情况和车辆的金属锈蚀程度等。

三是车厢内部、附属装置、车辆底部检查，要看座位的新旧程度、座椅是否下凹，以及行李箱的随车工具是否完整，车窗玻璃升降是否灵活、仪表是否原装、踏板是否有弹性等。

四是发动机检查，包括观察发动机的外部状况，看气缸外有无油迹露出；检查发动机油量，拿出机油油尺看机油是否混浊或起水泡；检查风扇皮带是否松紧合适等。

（4）过户手续完整办理

最后，也是容易忽略的问题就是车辆相关手续的过户。很多车主为了贪图省事，没有办理过户手续，导致后期无论是用车还是车险理赔都有很大的难题。建议消费者在购买二手车后尽快办理车辆相关手续和车险的过户更名手续。

（5）不能交易的二手车辆

以下车辆不允许交易［2005年10月1日正式实施的《二手车流通管理办法》（商务部令2017年第3号，对《二手车流通管理办法》部分规章调整）（附录一）的规定］。

① 已报废或者达到国家强制报废标准的车辆。
② 在抵押期间或者未经海关批准交易的海关监管车辆。
③ 在人民法院、检察院、行政执法部门依法查封、扣押的车辆。
④ 通过盗窃、抢劫、诈骗等违法犯罪手段获得的车辆。
⑤ 发动机号码、车辆识别代号或车辆车架号与登记号不相符或者有凿改迹象的车辆。
⑥ 走私，非法拼、组装的车辆。
⑦ 不具有第二十二条所列证明、凭证的车辆。
⑧ 在本行政区辖区以外的公安机关管理部门注册登记的车辆。
⑨ 国家法律、行政法规禁止经营的车辆。

习 题

1. 什么是二手车？简述发达国家二手车市场的特点。
2. 简述二手车鉴定评估的特点。
3. 二手车鉴定评估包含哪些要素？
4. 二手车评估的主要方法有哪些？
5. 什么是二手车置换？有哪些方式？
6. 简述二手车拍卖的目的与方式。

第 9 章
汽车报废回收再生服务

知识要点	掌握程度	相关知识
汽车回收再生资源及利用	了解汽车再生资源的含义； 熟悉汽车回收再生资源利用	资源的含义；汽车再生资源；汽车回收再生资源利用
报废汽车回收与拆解	了解报废汽车回收的内涵，汽车逆向物流回收模式； 熟悉报废汽车回收实务； 掌握报废汽车拆解流程与工艺组织	报废汽车回收的概念；汽车逆向物流回收模式；报废汽车回收实务；报废汽车拆解；拆解方式选择；拆解工艺组织
报废汽车资源化与再制造	了解报废汽车资源化的概念； 熟悉报废汽车零部件再制造工艺流程和汽车发动机再制造工艺流程	报废汽车资源化概念；报废汽车零部件再制造工艺流程；汽车发动机再制造工艺流程

资源是关系国家经济安全的核心,也是实现可持续发展的重要保障。自人类进入工业化时代以来,伴随经济的高速发展,资源短缺和环境恶化问题日益突出。其中,废弃物的处理已成为各国面临的重要环境问题之一。在发达国家,从报废产品等废弃物中回收再生资源(即"静脉"产业)已成为缓解资源与环境矛盾、谋求可持续发展的重要方式,近年来每年再生资源回收总值已超过 6000 亿美元,并以 15%～20% 的年增长速度快速发展,覆盖汽车、家电、城市生活垃圾等诸多产业和领域。

随着我国经济发展和社会进步,汽车产业已成为发展最快的产业之一,然而我国报废汽车拆解回收行业的发展远远落后于汽车工业的快速发展。汽车产品含有大量的钢铁、塑料、橡胶、玻璃等再生资源,如加以回收并充分利用,将成为我国天然开采一次资源的重要补充。

9.1 汽车回收再生资源及利用

9.1.1 资源及再生资源

1. 资源内涵

资源是"资财的来源"。广义上讲,资源包括自然资源、社会资源和经济资源三个方面。例如,自然资源包括土地资源,气候资源(日照、风力和雨水),水资源,生物资源,海洋资源,景观资源和矿产资源等;社会资源包括人力(体力和智力)、科技、文化、教育、卫生、通信、传媒、体育和福利事业等;经济资源包括工业、农业、商业、建筑业、金融业及交通运输业等。其中,有些资源是可再生的,有些则是不可再生的。社会的可持续发展需要可再生资源的支持,因为不可再生资源的开发利用实际上是对有限资源的消耗。所以,当不可再生资源转化为可再生资源后,才能支持社会的可持续发展。

2. 自然资源及其再生性

自然资源是指自然界中能被人类用于生产和生活的物质和能量的总称。自然资源的消耗可以转化为其他形式的资源,并具有新的再生属性。自然资源按再生性可分为可再生资源和不可再生资源。

可再生资源是指通过自然作用或人类活动能再生更新,并以某增长率保持或增大蕴藏量,从而可重复利用的自然资源。例如,植物、动物、微生物等生物资源,在自然界特定的时空条件下,能持续再生更新和繁衍增长,保持或扩大储量。但是,不同类型的可再生资源具有不同的可再生属性。不可再生资源是指随着资源消耗量的不断增加,其存储总量将日益减少的自然资源。不仅不可再生资源的数量是有限的,而且在一定的时间和空间尺度内,可再生资源的数量也是有限的。也就是说,可再生资源只有在权衡资源再生量及控制资源消耗量使开发利用效率小于其形成速率时,才可能"取之不尽,用之不竭"。

3. 再生资源

(1) 再生资源定义

再生资源是指社会生产和消费过程中产生的可以回收利用的各种报废物资。所谓废物是相对于消费水平的报废物资处理能力而言，具有明显的相对性。可以说，弃而不废是现代垃圾的一种特性。

废弃物要成为一种"资源"并被利用，必须具备三个基本条件：一是产生数量可观，具有产生和利用的规模形态；二是利用费用合理，具有竞争优势的再利用价格；三是符合环保要求，对自然环境无污染。

(2) 汽车再生资源含义

汽车再生资源是指对报废汽车进行资源化处理后所获得可以回收利用的物资。20世纪90年代以来，世界性的环境污染日趋严重，报废汽车也成为一大固体污染源。全世界每年有5000万～6000万辆报废汽车，仅停放就要占用500～600km^2的土地。而报废汽车当中含有多种重金属、化学液体和塑料等物资，拆解不当会造成环境污染。汽车生产要使用数百种材料，消耗上亿吨的钢铁、上千万吨的塑料，以及大量的橡胶、玻璃、纺织品、铝、铜、铅、铬和各种化工产品等。其消耗的原料绝大部分是不可再生自然资源，因此，汽车工业要可持续发展就要解决制造所用材料的循环再生利用问题。

汽车用途不同，设计、制造时所选用的材料也有所不同。性能优良、安全、质轻、强度高的新材料不断被用于新型汽车中。但总的来说，现阶段世界上的汽车制造材料中钢铁占的比例仍然最大，达80%左右（包括铸铁件3%～5%），其他材料还有有色金属、塑料、橡胶、玻璃、纤维等。各种材料在整车质量中所占比重见表9-1。

表9-1 各种材料在整车质量中所占比重

材料	钢铁	有色金属	塑料	橡胶	玻璃
比重/(%)	75～80	5～10	10～15	5～15	2～4

报废汽车回收拆解过程中可拆解的再生资源如图9-1所示。

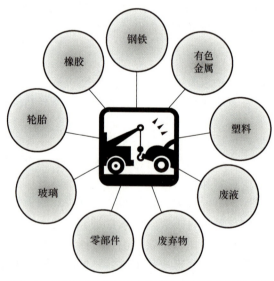

图9-1 报废汽车回收拆解过程中可拆解的再生资源

报废物资的资源化是节约资源、实现资源永续利用的重要途径，是社会经济可持续发展的重要措施之一。以报废物品为对象，通过采用现代技术与工艺加工，在规范的市场运作下，最大限度地开发利用其中蕴含的材料、能源及其附加值等财富，使其成为较高品位可以使用的再生资源，从而达到节能、节材、保护环境等目的，支持社会经济的可持续发展。

9.1.2 汽车回收再生资源利用

再生资源回收以物资不断循环利用的经济发展模式，目前正在成为全球潮流。可持续发展的战略得到大家一致认可。可持续发展就是，既符合当代人类的需求，又不致损害后代人满足其需求能力的发展，是我们在注意经济增长的数量，同时要注意追求经济增长的质量。其主要标志是资源能够永远利用，保持良好的生态环境。

我国政府历来十分重视再生资源的回收利用。在我国制定的《中国 21 世纪议程白皮书》中，将"固体废弃物的无害化管理"专门列为一章来讲述。因此，大力开展再生资源的回收与利用，是提高资源的利用效率、保护环境、建立资源节约型社会的重要途径之一，同时是实施可持续发展战略和转变经济增长方式的必然要求。建设节约型社会，以尽可能少的资源消耗满足人们日益增长的物质和文化需求，以尽可能小的经济成本保护好生态环境，实现经济社会的可持续发展，已成为国家重要战略发展方向。建设节约型社会，必须实现节约的生产方式。传统的生产方式侧重于产品本身的属性和市场目标，把生产和消费造成的资源枯竭和环境污染的问题留待以后"末端治理"。从可持续发展的高度审视产品的整个生命周期，在汽车开发之前就预先评估新车型所使用的材料组合或零部件的可循环利用性，这种理念也许不会在销售新车时直接带来经济效益，但能在未来获得环境效益。报废汽车回收利用是节约原生资源、实现环境保护、保证资源合理利用的重要途径，是我国经济可持续发展的重要措施之一。报废汽车的回收利用是一个涉及面广的系统工程，既需要政府通过完善的法规加强宏观调控，又需要市场合理配置资源。对于当今的汽车工业，汽车回收已成为一个必然面对的问题。

1. 社会效益

再生资源的循环利用不仅可以节约自然资源和遏制废弃物的泛滥，而且与利用矿原料进行加工制造产品相比，可减少能源消耗和污染物排放。汽车生产和使用需要耗用多种材料和能源，这些资源中大多是不可再生资源。如某些有色金属需要开采矿产获得，而这些矿产资源需要亿万年才能生成。若能够合理回收，可以最大限度地利用这些资源，实现资源利用的良性循环。同时，部分回收的汽车零部件经修复处理后可再次进入市场，降低了汽车用户的使用成本。

2. 经济效益

实践证实，报废汽车上的钢铁、有色材料零部件 90% 以上可以回收利用，玻璃、塑料等的回收利用率也可达 50% 以上。汽车上一些贵重材料，回收利用的价值更高。统计表明，在 50 万辆梅赛德斯-奔驰轿车的催化转换器中含有 2 吨铂，这些铂和转换器中使用的约 0.5 吨铑至少值 0.5 亿欧元。

3. 环境效益

美国是世界汽车消费大国，其汽车消费所产生的"垃圾"也较多。美国每年因老旧或交通事故而报废的车辆超过 1000 万辆。以往报废汽车都被一扔了事，从而造成巨大的环境污染，与汽车尾气带来的大气环境恶化一样成为社会公害。随着报废汽车对环境危害的不断加剧，美国从 20 世纪后期开始重视报废汽车的回收利用，目前成为世界上汽车回收卓有成效的国家之一。如果美国汽车回收业的成果能被充分利用，汽车制造对大气污染的水平将比目前降低 85%，而水污染将比目前减少 76%。汽车回收业的存在和发展，减少了公路两旁废弃车辆的停放和堆积，消除了固体废物产生的影响。

9.2　报废汽车回收与拆解

9.2.1　报废汽车回收

1. 主要术语定义

① 汽车报废。汽车报废是指汽车达到了使用寿命周期（通常为使用年限或行驶里程），技术状况处于不良或极限状态，使其停止使用并回收利用。

② 汽车回收。汽车回收是以生态学、经济学规律为理论基础，运用系统工程研究方法把汽车全生命周期作为研究对象，以资源高效利用和环境友好为特征的经济形态下的回收形式。

③ 汽车再生资源。汽车再生资源是指对报废汽车进行资源化处理后所获的可以回收利用的物资。

④ 汽车再生资源利用。汽车再生资源利用包括报废汽车的回收、拆解、再利用（再使用和再制造）和回收利用（产品设计与资源再生）等活动。

⑤ 汽车再生工程。汽车再生工程是汽车再生资源利用工程的简称，是对报废汽车进行资源化处理的活动。它主要包括对报废汽车所进行的回收、拆解及再利用等生产过程。

⑥ 再使用。再使用是指对报废汽车零部件进行的任何针对其设计目的的使用。

⑦ 再利用。再利用是指经过对废料的再加工处理，使之能够满足其原来的使用要求或者用于其他用途，不包括使其产生能量的处理过程。

⑧ 回收利用。回收利用是指经过对废料的加工处理，使之能够满足其原来的使用要求或者用于其他用途，包括使其产生能量的处理过程。

⑨ 可拆解性。可拆解性是指零部件可以从汽车上被拆解下来的能力。

⑩ 可再使用性。可再使用性是指零部件可以从报废汽车上被拆解下来进行再使用的能力。

⑪ 再利用性。再利用性是指零部件或材料可以从报废汽车上被拆解下来进行再利用的能力。

⑫ 可再利用率。可再利用率是指新车中能够被再利用或再使用部分占汽车质量的百分比。

⑬ 可回收利用性。可回收利用性是指零部件或材料可以从报废汽车上被拆解下来进行回收利用的能力。

⑭ 可回收利用率。可回收利用率是指新车中能够被回收利用或再使用部分占汽车质

量的百分比。

⑮ 固体废物。固体废物是指在生产、生活和其他活动中产生的丧失原有利用价值或者虽未丧失利用价值但被抛弃或者放弃的固态、半固态和置于容器中的气态的物品、物质以及法律、行政法规规定纳入固体废物管理的物品、物质。

⑯ 工业固体废物。工业固体废物是指在工业生产中产生的固体废物。

⑰ 危险废物。危险废物是指列入《国家危险废物名录》(2021年版)或者根据国家规定的危险废物鉴别标准和鉴别方法认定的具有危险性的固体废物。

⑱ 储存。储存是指固体废物临时置于特定设施或者场所中的活动。

⑲ 处置。处置是指固体废物焚烧和用其他改变固体废物的物理、化学、生物特性的方法,达到减小已产生的固体废物数量、缩小固体废物体积、减少或者消除其危险成分的活动,或者将固体废物最终置于复合环境保护规定要求的填埋场的活动。

⑳ 利用。利用是指从固体废物中提取物质作为原材料或者燃料的活动。

2. 报废汽车回收特性及付费机制

(1) 汽车回收特性

报废汽车回收作为汽车生命周期的一个阶段,对整个汽车生命周期过程具有重要影响。汽车报废制度的完善、回收管理的强化和网点布局的优化,既有利于汽车工业和消费市场的健康发展,也对环境保护和交通安全有重要意义。

① 回收利用的初始性。产品回收是指报废产品的收集过程,称为报废产品收购或报废品收集。收集或收购报废汽车的活动是汽车再生资源利用物流过程的开始,决定着可进行资源化的报废汽车数量。

② 回收物流的逆向性。产品回收业被称为"静脉产业",这形象地反映出报废产品回收是"多对一"和"分散到集中"的物流过程。它与产品销售的物流过程相反,是逆向物流过程。

③ 回收活动的制约性。报废汽车的回收活动受法律法规的制约。我国自2019年6月1日正式实施新的《报废机动车回收管理办法》(以下简称《管理办法》)(国务院第715号令)规定对报废汽车的回收行业实行特种行业管理,报废汽车回收利用企业资格认定制度,并规定报废车只能由指定的回收企业收集和解体。

④ 回收效益的市场性。尽管报废汽车回收活动具有直接的社会效益,但是其回收经济效益取决于市场规律。

(2) 汽车回收付费机制

① 交易制。政府对报废汽车回收付费方式无强制性规定。报废汽车的回收是采取有偿回收或报废的交易方式,即视回收汽车的状态来决定是由车主付费报废,还是由企业付费回收,在英国、法国和德国等国曾经实行。

② 基金制。政府通过制定法律或管理文件的形式,对有关报废汽车回收的方法、内容、程序和付费方式等作出规定,所有汽车报废回收处理费用在车主购车或注册时以基金方式支付,并由基金会依法进行管理,在日本、荷兰和瑞典等国实行。

③ 补偿制。由政府财政支出汽车报废补贴资金,对按规定报废的汽车进行补偿,车主可以获得一定数量的财政补贴资金。目前,只有我国采用这种机制。

④ 无偿制。无偿制也是生产者责任制。例如,按欧盟报废汽车回收指令的规定,对

于2002年7月1日以后的新车及2007年7月1日以后的全部报废车，在交给加盟国认定的处理设施处理时，最终所有者不负担回收处理费用，由生产者负担回收处理费用的全部或大部分。

9.2.2 报废汽车逆向物流回收模式

随着各国政府越来越重视废弃产品在生命周期结束后的回收和处理，各国相继出台各项法律规范和要求实施生产者责任延伸制，政府的角色也逐渐成了逆向物流活动的监管者，而非参与者。就汽车生产企业而言，从逆向物流的运作层面，可选择的回收模式主要有以下三种。

1. 汽车制造商自营回收模式

汽车制造商自营回收模式主要是指汽车制造商有独立逆向物流回收体系，企业本身负责回收报废汽车。汽车制造商自营回收模式可对报废汽车拆解后进行再处理，此过程全由制造商负责，与其他外部组织无关。

（1）自营回收模式的主要优势

① 确保商业机密安全。

汽车作为成熟的工业产品，各汽车制造商对自身产品的了解程度最高，并且由于竞争而加入的各种差异化技术可能是自家商业机密，如报废汽车被第三方拆解，会造成商业机密泄露，不利于本企业的发展。如引入第三方回收，需要确保商业机密不外泄，增加监管成本。

② 客户关系管理优势。

汽车制造商对现有汽车分销渠道的控制力强，对售出汽车的用户资料和汽车批次、性能、参数等各项信息具有完全掌控能力。汽车制造商手握此类信息资产，可便捷参与管理汽车回收事宜，并可推出相应服务。

③ 部分汽车制造商现有信息系统可进行逆向物流回收管理（或扩展后可进行）。

部分汽车制造商实力比较雄厚，就制造业本身的信息化建设而言，大部分世界五百强企业使用比较成熟的管理信息系统（如使用 SAP ERP 或者 Oracle ERP 等）进行企业内部控制。部分制造商在其自生系统实施选型时，使用 PLM 模块（Product Lifecycle Management）产品，本身就提供了一定的逆向物流功能，就系统建设而言，省去了部分经费投入和人力投入；而对于没有使用 PLM，但同样使用类似大型管理信息系统的汽车制造商，其扩展成本相对全新投入信息系统建设具有明显优势，而且在系统集成、数据接口、人员培训等方面具有先天优势。

④ 差异化经营提高提升品牌价值。

随着循环经济理念宣传的不断加强，消费者对循环经济的理解不断加深，消费者开始偏向于选择更加绿色环保的汽车产品，这也在汽车制造商的产品中得到体现，例如大众公司推出的 Blue Motion 系列汽车，将低油耗作为差异化竞争点，提升自身品牌价值。同理，如汽车制造商将自身报废汽车逆向物流作为差异化竞争点运营，提供消费者优质的回收服务，在符合绿色环保的前提下，获得更好的消费者口碑，进而提升其品牌价值。

（2）自营回收模式的主要问题

① 业务运营风险。汽车制造商自营报废汽车回收意味着企业必须将整个逆向物流过

程的运营纳入自身业务，报废汽车回收业务的专业化程度较差，该业务能否给主营业务带来实质性帮助不知，对企业资源再利用成本节约程度不可控，业务的投资回报率很难得到保障。如有些企业现有的汽车零部件逆向物流服务管理非常混乱。

② 影响主营业务投入。汽车制造商自营逆向物流业务需要本企业每年投入大量的人力、物力和财力，由于该业务极有可能无法实现盈利，基本上很难获得强有力的支持，该部分投入影响年度预算，分散企业主营业务投入。

综上所述，汽车制造商自营回收逆向物流模式适合规模较大、实力较强的汽车制造商实施。

2. 汽车制造商联合回收模式

汽车制造商联合回收模式主要是指汽车制造商自身没有独立的报废汽车回收机构，但是多个汽车制造商通过协议，组成一个联合体，专门承担联合体内汽车制造商报废汽车的回收工作。汽车制造商联合回收模式的产生一般是通过协议结盟的形式，主要发起方式有两种：一是多个主营业务相似或者相同的汽车制造商自发联合；二是单个汽车制造商主导，选取适当的合作伙伴加盟，建立以主导汽车制造商为核心的回收联盟。

（1）联合回收模式的主要优势

① 联合体内各企业资金压力降低。相对于自营模式的逆向物流回收而言，联合体内各汽车制造商的资金压力较小，将回收业务单独剥离，可使企业更加专注于将资金投入公司主营业务。联合体回收对各企业而言，减少了各企业单独投入建设逆向物流回收网络带来的重复投资，减少整个社会范围内的浪费。

② 联合体可实现报废汽车回收规模效益。汽车制造商自营回收自家公司生产的产品，因汽车生命周期较长，在一定时间范围内报废总量相对较小，不易实现规模效益。联合体回收报废汽车总量较大，加上多品种汽车回收使公司的专业化程度、资源利用率和资金周转率相对提高。当联合体回收逆向物流的规模做到一定程度时，可以考虑向第三方专业报废汽车回收逆向物流公司转型发展。

（2）联合回收模式的主要问题

① 公司商业机密泄露。联合体回收模式需要各成员相互信任、相互合作，这就意味着联合体回收需要分享部分拆解技术等，有可能存在商业机密泄露的问题。

② 集成信息平台建设困难。联合体回收信息平台建设涉及多家公司，由于各公司现有信息各不相同，在集成信息平台建设时需要协调多方数据接口和交互，建设难度相对较大；如果联合体单独建设自有信息平台，则无法发挥联合体客户数据共享的优势，并且联合体无法及时有效地给各分公司提供回收数据，信息时效性相对较差。

综上所述，汽车制造商联合回收逆向物流模式适合规模适中的中小型的汽车制造商。

3. 汽车制造商委托第三方回收模式

汽车制造商委托第三方回收模式主要是指汽车制造商完全委托第三方专业逆向物流回收公司，外包该公司报废汽车逆向物流业务。汽车制造商委托第三方回收，使得汽车制造商完全将重心放在公司核心业务，专注于对产品的研发而不需要过分关注公司产品在产品生命周期结束后的后续处理流程，提高公司在主营业务上的专注程度。报废汽车拆解后进行再处理过程完全由第三方逆向物流回收公司负责。对第三方专业逆向物流公司而言，汽车制造商完全外包报废汽车回收业务，具有较好的机遇和商机。

(1) 第三方回收模式的主要优势

① 专业化报废汽车回收服务。第三方逆向物流企业的主营业务拥有较好的专业化服务水平，提高回收效率，进而提交资源利用率，实现高水平、高质量的服务。

② 汽车制造商外部化回收风险，专注主营业务。汽车制造商外包给专业化公司，降低报废汽车回收处理风险，减少企业对报废汽车回收逆向物流部分的技术投入、人力成本以及固定资产等方面的投资，花相对较少的钱满足生产者责任延伸制等政策要求。

③ 第三方逆向物流企业容易实现规模效益。第三方专业回收报废汽车相对于联合体回收更容易实现规模效益。第三方专业回收报废汽车公司面对的市场范围更大，相对物流成本较低。

(2) 第三方回收模式的主要问题

① 公司商业机密泄露。

第三方回收模式需要企业将汽车拆解等部分技术提供给第三方企业使用，有可能存在商业机密泄露的问题。

② 汽车制造商无法及时有效获取报废汽车回收信息。

综上所述，汽车制造商联合回收逆向物流模式适合规模适中的中小型的汽车制造商。

9.2.3　报废汽车回收实务

1. 报废汽车回收程序

依据《管理办法》第九条规定，报废机动回收企业对报废的汽车（指民用的汽车，军用汽车可参照这些程序回收），按照下列程序进行回收。

① 交车。交车单位或者个人持当地公安车辆管理部门签发的《报废汽车技术鉴定表》或者证明向回收单位交车。

② 收购。收购时，由于报废汽车回收与汽车交易不同，不能按照完好的车辆价值并根据市场交易行情来协商、确定收购价格，而应当按照国家有关规定确定收购价格。其收购价格应按其金属含量计算，并参照废金属计价；对所交车辆完整、零部件齐全的，收购价格可以适当上浮，做到尽量合理。

③ 发证。回收单位对符合条件的送交车辆，按照规定收购后，发给交车单位或个人《报废汽车回收证明》。主要包括下列内容：a. 该证明编号；b. 交车单位名称或者个人姓名及联系电话；c. 报废车辆种类、型号和规格；d. 车牌照号码；e. 发动机号码；f. 批准报废的时间；g. 车辆出厂时间；h. 回收单位和回收时间。报废汽车回收流程如图 9-2 所示。

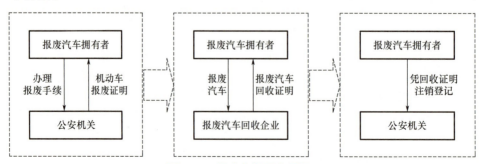

图 9-2　报废汽车回收流程

2. 报废汽车回收管理

《管理办法》是报废机动车回收管理的行政法规，《管理办法》共 28 条，自 2019 年 6 月 1 日起施行，取代了 2001 年 6 月国务院公布的《报废汽车回收管理办法》（国务院令第 307 号）。《管理办法》第五条规定：国家对报废机动车回收企业实行资质认定制度。未经资质认定，任何单位或者个人不得从事报废机动车回收活动。国家鼓励机动车生产企业从事报废机动车回收活动。机动车生产企业按照国家有关规定承担生产者责任。

《管理办法》第十二条规定：拆解的报废机动车"五大总成"（发动机、方向机、变速器、前后桥、车架）具备再制造条件的，可以按照国家有关规定出售给具有再制造能力的企业经过再制造予以循环利用；不具备再制造条件的，应当作为废金属，交售给钢铁企业作为冶炼原料。拆解的报废机动车"五大总成"以外的零部件符合保障人身和财产安全等强制性国家标准，能够继续使用的，可以出售，但应当标明"报废机动车回用件"。

3. 报废汽车回收企业资质认定

《管理办法》第六条规定了取得报废机动车回收资质认定条件。
① 具有企业法人资格。
② 具有符合环境保护等有关法律、法规和强制性标准要求的存储、拆解场地，拆解设备、设施以及拆解操作规范。
③ 具有与报废机动车拆解活动相适应的专业技术人员。

《管理办法》还要求拟从事报废机动车回收活动的企业，应当向省、自治区、直辖市人民政府负责报废机动车回收管理的部门提出申请。省、自治区、直辖市人民政府负责报废机动车回收管理的部门应当依法进行审查，对符合条件的，颁发资质认定书；对不符合条件的，不予资质认定并书面说明理由。

4. 国外汽车回收再生的发展现状及趋势

国外汽车回收再生的发展趋势如下：尽可能提高回收利用率；开发利用快速装配系统和重复使用的紧固系统及其他能使拆卸更为便利的技术及装置；开展可拆解、可回收性设计；开发由可循环使用的材料制作的零部件及工艺；开发易于循环利用的材料；减少车辆使用中所用材料的种类；开发有效的清洁能源回收技术。

（1）德国
① 主管部门及管理模式。德国报废机动车回收的管理主要由政府部门和认证机构负责。

政府主要起监管作用：根据有关法规委托认证机构对申报从事拆解机动车的企业进行审查，发放营业执照；定期检查或抽查机动车拆解企业是否符合条件，拆解是否符合标准，一般一年检查 1~4 次；对违反法规的企业进行处罚。

由政府授权开展报废机动车拆解企业认证的机构既有一定的政府职能，又有企业性质。认证机构根据政府的要求研究提出有关企业的资质条件，同时在为企业服务过程中收取一定费用。目前德国有 3 家认证机构，分别是 TüV Nord、DEICOCA、FRIES SALM，每年到其发放证书的企业检查一次，检查企业的工作环境，拆解下来的零件是否回收保管，并通过回收利用情况推断其质量。

② 政策法规。德国参照 2000/53/EC 指令制定的《旧车回收法》2002 年 7 月开始生

效。此前，德国机动车报废回收管理的法律依据是《废物限制和废弃物处理法》，此法案是在1972年颁布的《废物处理法》的基础上于1986年修订发布的。1992年，德国通过的《限制报废车条例》中规定，机动车制造商有义务回收报废车辆。1996年生效的德国《循环经济和废物管理法》，对报废机动车拆解材料的比例作了具体的规定。其他相关的法规标准包括安全、环境保护、保险赔偿等。在德国的机动车年鉴中，机动车报废列在"机动车与环境保护"栏。2002年3月，政府批准了环境部提出的一项法律草案，即规定机动车生产厂商与进口商有义务免费回收报废机动车以及在事故中完全损坏的机动车；在环境影响评价法、环境赔偿法等法规中，对报废机动车拆解场所也有明确要求。

③ 报废机动车回收处理企业基本情况。截至2020年年底德国机动车保有量0.5237亿辆，每年注销机动车350万辆，车辆的平均使用年限为7~9年。但真正在德国报废拆解的100万辆左右，其余则通过不同途径卖到俄罗斯、波兰、西班牙等国家。

德国建立了全国报废机动车回收网，有一批从事机动车回收行业的公司共同对报废机动车的发动机、轮胎、蓄电池、保险杠、安全装置等分类进行全过程处理。德国现有机动车拆解企业4000多家，破碎厂有20家，这些企业都有联邦议会颁发的执照。其中，机动车工业协会ARGE发执照的1400家。也有一些企业没有在协会登记，但有自己的客户和渠道，此类企业必须依法行事。

④ 报废机动车处理企业资质及作业要求。德国对拆解企业关于报废机动车处理、零件再利用以及对环境的影响等都有明确规定。如场地大小是审批企业资格的标准之一，计算公式为

场地面积 = 要处理的车辆数×10平方米/230个工作日×堆放高度

工作场地要有指示牌，报废车、零部件的堆放位置，拆解工位等有相关的要求。

作业相关要求如下：没有处理的报废机动车不能侧放、倒放、堆放。拆解机动车必须做的准备工作有：拆掉机动车蓄电池、安全气囊、取暖、制冷用的特殊装置，因为其中含有毒气体，在粉碎过程中会出现废气泄漏；制冷剂、油液需用专门管道分别吸出。必须拆的驱动装置包括：发动机、雨刷器等；要求保存报废机动车拆解的记录等。

(2) 英国

① 主管部门及管理模式。国家贸易工业部负责管理，包括车辆的年检、制造商和销售商协会、回收及拆解企业等。英国环境、食品和乡村事务部通过其政府代理机构英国环境署（EA）实施车辆回收和拆解的资质认证、环保许可。

② 政策法规。2005年英国政府发布了《报废车辆规定（制造商责任）》法规（2005法定文件第263号），明确了各部门、机构及相关组织的责任，该法规是对欧盟指令的具体化（如管理部门或者机构、制造商责任、回收网点要求等）。此前在英格兰和威尔士已经有2003/2635法定文件（法规）《报废车辆规定》，在苏格兰和北爱尔兰已经有类似法规（S. S. I. 2003/593和S. R. 2003/493），这些法规构成了对报废车辆及回收的整体要求。

③ 报废机动车回收处理企业基本情况。2020年，英国机动车保有量达4068万辆，每年报废机动车200万~220万辆（销售量略高于报废量）。英国法规规定制造商建立回收网点和体系，或者与已有回收机构（预处理机构AFT）签约（要求签约时间为10年），目前英国有大约900家AFT，估计今后可发展到1400家。但是根据制造商的要求及网点布置情况，预计最多有30%的AFT成为各制造商的签约机构。对于未与制造商签约的AFT，只要经过许可（达到场地及设备要求），可以独立开展回收拆解工作。目前拆解企

业约有 2000 余家，多数拆解企业为小型家族公司。一些大型的拆解公司的雇员大约有 1000 人。这些拆解企业中有些条件较差。英国破碎公司共有 37 家，规模都较大，并且是资金密集型企业，可以处理大量散装的轻型结构钢体。

④ 报废机动车回收处理过程。回收拆解企业在收到车辆后给车辆所有者发放销毁证书，并通知贸易工业部。

拆解企业将零部件从车辆上拆卸下来，对车辆进行无害化处理（清除燃油和液体、电池、安全气囊等），以进行后续的再利用或处理，剩余的车辆残骸直接由挤压设备压成扁体。

破碎企业将挤压后的车辆送入大型破碎机，切成碎块后进行筛选、分类，以达到分别回收利用的目的。

(3) 美国

① 主管部门及管理模式。美国环境保护总署为主管部门。针对报废机动车回收业制定法律法规，由各州环境保护局对报废机动车回收业实施管理和监督。

② 政策法规。1991 年美国出台了关于回收利用报废轮胎的法律。1994 年起，美国有关条例又规定，凡是国家资助铺设的沥青公路，必须含有 5% 用旧轮胎磨碎的橡胶颗粒。联邦贸易委员会出台的《再制造、翻新和再利用机动车零部件工业指南》对使用再制造零部件作了相关规定。环境保护署发布的《再制造材料建议公告》要求政府采购项目中优先选择再制造的机动车零部件及相关材料。

根据美国有关法律，报废机动车拆解的零部件只要没有达到彻底报废的年限，不影响正常使用，就可再利用。

③ 报废机动车回收处理企业基本情况。美国是世界上最大的机动车生产和消费国家，每年报废的车辆超过 1000 万辆。美国已成为世界上报废机动车回收卓有成效的国家之一，报废机动车回收行业一年获利达数 10 亿美元。在美国，汽车回收业相当发达，全国有超过 12000 家报废汽车拆解企业和大约 200 家破碎企业。每年回收报废汽车 1200 万辆。回收 1600 万吨废钢铁，85 万吨铝，24 万吨铜，11.2 万吨锌，38.6 万吨轮胎，以及超过 4.6 万吨的再利用零部件。

另外，美国的汽车生产企业都积极致力于报废汽车的回收利用，并提供相应的拆解技术资料。例如通用公司，建立并公布了自己产品的拆解手册，并在国际拆解信息系统（IDIS）上免费提供给各拆解企业。其中详细叙述了拆解时每个步骤涉及的车型部件、材料、数量、质量及体积等。

(4) 日本

① 主管部门及管理模式。经济产业省、环境省主要负责制定报废机动车回收处理行业（主要是拆解企业及破碎企业）的准入要求；国土交通省及其下属各地方陆运支局负责机动车户籍管理；各地方自政府负责报废机动车回收处理行业的登记和准入审批；机动车回收利用促进中心（由经济产业省主管，日本自动车工业协会等九个单位于 2000 年 11 月成立），下设资金管理中心、信息中心、回收再利用支援中心，分别负责机动车回收处理中的资金管理、信息管理，对机动车生产商或进口商实施废弃物回收处置的技术支持。

② 政策法规。2002 年 7 月日本国会通过了《关于报废机动车再资源化等的法律》（简称《机动车回收利用法》），于 2005 年 1 月 1 日起正式实施，法律规定机动车生产商（本节包括进口商，下同）承担起氟利昂、气囊类和破碎后 ASR（指废弃物或废渣）的回收

再利用责任。在该法律实施以前，日本报废机动车的处理依据《废弃物处理法》《氟利昂回收销毁法》进行。

③ 报废机动车回收处理基本情况。截至 2020 年年底，日本汽车拥有量 7817 万辆，报废机动车回收企业约有 42281 家，氟利昂处理企业 12408 家，拆解企业 5687 家，破碎企业 1194 家。在 2013 年度注销的且未重新注册的车辆为 500 万辆，大约有 350 万辆作为报废车辆依法得到再生利用，135 万辆作为二手车出口，60 万辆作为二手车库存。

④ 报废机动车回收处理过程。

a. 费用流程。《机动车回收利用法》规定报废机动车的回收处理费用由车辆用户承担，而具体数目由机动车制造商根据 ASR 回收处理方式、安全气囊个数及拆卸难易程度、是否带有空调等具体情况确定，并体现在新车价格里（占车价的 0.5%～1%），由此形成一个基于市场竞争并能持续发挥作用的社会环境，促使报废机动车最大限度回收利用。报废机动车处理费用由用户在购买新车时预缴给资金管理中心，在该法实施前购买的车辆在车检或报废时补缴。当机动车制造商按照法律要求完成相应的回收义务后，从资金管理中心获取相应的处理费用，并支付给氟利昂、安全气囊、ASR 回收处理企业。

b. 材料流程。车辆用户将报废机动车交给机动车回收拆解企业，然后报废车依次由氟利昂回收拆解企业、拆解企业、破碎企业进行回收处理。氟利昂、安全气囊类、粉碎废渣（ASR）的回收由机动车制造商负责。

为了加强对氟利昂、气囊类的回收处理统一管理，由日本 12 家国内厂商以及日本机动车进口协会共同出资设立了机动车再资源化协力机构（JARP），由该机构与氟利昂、气囊类回收处理单位签订合同，承办相关事宜，向这些单位预先支付回收处理费用，并进行业务审核。

由于粉碎废渣（ASR）的回收利用设施与氟利昂和安全气囊的相比数量较大，因此其处理费用相对较高。为了降低粉碎废渣回收利用处理费，减轻机动车消费者的费用负担，日本政府在回收利用领域导入竞争机制：经济产业省和环境省要求机动车制造商讨论分组计划，最终形成了把所有厂商分成两组（ART 组、TH 组），各自委托相应的网点进行粉碎废渣的回收利用、从而相互竞争的格局。日本报废机动车回收处理流程如图 9-3 所示。

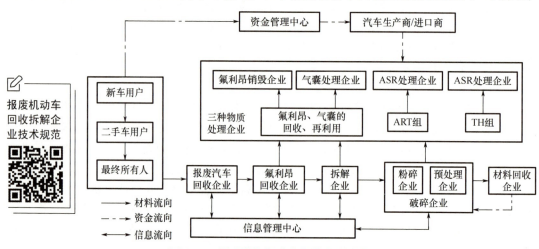

图 9-3 日本报废机动车回收处理流程

c. 信息流程。日本对报废机动车的回收拆解实行电子清单制度。在整个过程中各报废机动车处理单位向日本机动车回收再利用促进中心发送接收、转移的信息报告。日本报废机动车回收拆解电子清单管理制度如图9-4所示。

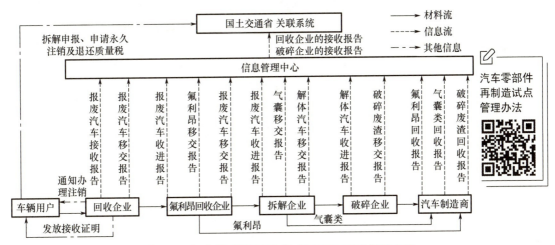

图 9-4 日本报废机动车回收拆解电子清单管理制度

汽车零部件再制造试点管理办法

该中心核实机动车处理全部完成后，通过拆解或破碎企业通知用户，用户根据所提供的车辆处理信息向国土交通省下属的各地陆运支局申请永久注销机动车登记，由国土交通省相关的注册检查系统通过各环节的信息报告核对后，向国税厅提出汽车质量税退税申请，国税厅按照车检残余时间退还给汽车最终所有者有关税金。由此，信息管理中心可以对报废机动车的数量以及每辆报废机动车的回收利用的实施情况进行实时跟踪，杜绝各个环节对报废机动车的不规范处理。

汽车产品回收利用技术政策

9.2.4 报废汽车回收拆解行业战略思考

1. 国内外报废汽车回收利用对比分析

发达国家对报废汽车的回收与再利用也逐步形成一种盈利的新兴产业，从立法到拆解技术已经形成了完整的体系。早在20世纪70年代美国就开始制定较为全面的有关固体废物回收的法律法规，如今拥有12000多家报废汽车拆解企业、大约20000家零部件再制造企业、95%的报废汽车得以回收；日本在2002年7月由经济产业省和环境省共同提交的《汽车循环法案》在国会审议通过并于2004年正式付诸实施，该法案以法律的形式对报废车辆的回收利用作出了具体规定；欧盟于2000年9月就开始实施有关《报废汽车循环利用》的法令；2002年6月，德国根据欧盟报废汽车指令（2000/53/EG）修订的《报废车辆处理法规》生效，该法除明确规定报废汽车回收利用的适用范围外，该法还对车主的委托义务、汽车制造商和进口商的回收义务、拆解厂的资质认证和回收利用率等做了明确规定；英国于2005年发布了《报废车辆规定（制造商责任）》（2005法定文件第263号），并由贸易工业部提出指导性意见。目前实施报废汽车回收制度比较成熟的国家有德国、日本、法国、美国等，德国报废汽车回收率已接近100%，法国、美国等国家报废汽车的再利用率也已达到 95%，日本的报废汽车回收业也具备了相当高的水平，这与它们的相关法律法规的完善是分不开的。

我国报废汽车报废更新管理工作开始于 20 世纪 50 年代，21 世纪初开始走上正规管理。近些年又陆续更新了系列报废汽车回收利用相关的法规和管理办法，如《报废机动车回收拆解企业技术规范》（GB 22128—2019）、《报废机动车回收管理办法实施细则》、《汽车产品回收利用技术政策》（2006 年第 9 号公告）、《汽车零部件再制造规范管理暂行办法》（发改办环资〔2021〕528 号）。经过二十多年的发展，从制度方面我国已基本形成了较为完善的报废汽车回收管理体系，但从回收利用实际效果看，还存在诸多不足，与发达国家的汽车回收产业化发展还有差距。目前我国报废汽车回收与资源化利用实际过程中存在以下几个方面的问题。

（1）报废汽车回收与资源化再利用体系不完善

生产者责任延伸制度要求生产者不仅要对生产过程中产生的环境污染负责，而且要对产品在整个生命周期内的环境影响负责，即对末端产品的回收、拆卸、检测、再利用、再循环和废弃处理负责，从而实现资源的循环利用和环境保护的目的。虽然《汽车产品回收利用技术政策》第二章第十五条中明确了汽车生产企业或进口汽车总代理的回收责任，2010 年起汽车生产企业或进口汽车总代理商要负责回收处理其销售的汽车产品及其包装物品，但目前汽车制造企业和进口总代理商在这方面还未能真正承担报废汽车产品回收再利用的责任，在汽车生命周期内，没有形成由供应商、制造商、销售商、回收商等组成的闭环供应链系统，缺乏有效的资源化再利用体系。

（2）技术装备投入不足从而导致再利用效率低下

汽车结构复杂，零部件的材料种类繁多，要想对报废汽车拆卸后进行分类回收利用，需要进行大量的技术投入。长期以来，由于对报废汽车的回收与资源化利用的意义和作用没有得到企业的认识和高度重视，把精力主要放在新产品研发和销售方面，忽略了报废汽车回收拆解的科技投入，从而导致拆卸技术落后，拆卸手段与设备原始，资源再利用率低下。

（3）政府宏观管理中缺乏有效的监督与激励机制

我国目前对报废汽车的回收管理与利用已出台了多部法规，对企业的行为具有方向性的指导作用，但在实际的运作过程中缺乏有效的监督和激励。报废汽车、拼装车、再使用零部件质量等方面执法不到位，给非法者以可乘之机，致使大量报废汽车体外循环回收困难；同时报废汽车的回收与利用，就目前的规模和水平在经济上没有利益驱动，更多的是一种社会、资源和环境责任，就企业而言，盈利是其原动力，当前政策对企业的行为激励不够，也导致相关法规实施效果不理想。

2. 我国报废汽车回收拆解行业存在的主要问题

（1）环保问题较为突出、危险废物处置渠道不畅

近些年来，随着危废产品数量的上升，危废产品带来的环境污染问题日益突出，对于危废产品的回收利用逐渐成为企业环境管理工作中的重点和难点。

报废机动车拆解产生的废铅酸电池、动力蓄电池、废油液、废催化剂等危废产品早已列入《国家危险废物名录》（2021 年版），氟利昂也在环保监管之列，由于危险废物转移存在成本高、转移申请困难大、程序较烦琐、且审批周期长的问题，再加上一些企业对危

废处置政策掌握不到位，致使企业产生的危废和制冷剂的处置存在渠道不畅，企业环保问题较为突出。

（2）企业管理水平仍较落后，经济效益低下

目前仍有大部分报废汽车拆解企业在汽车报废手续流程办理上都是采取全人工、甚至全部纸质化的记录和统计方式，来完成整个汽车报废手续。这样的传统工作方式，手续办理过程中错误率较高，在商务部网站进行信息提交后出现频繁修改的情况，人为增加了商务部信息管理系统和报废汽车拆解企业的工作量，同时也延迟了汽车报废手续的完成。

大部分拆解企业内部都缺乏信息化的权限管理、分工管理、流程管理、库存管理、销售管理、各个部门绩效考核、统计数据、财务管理，致使现在报废汽车回收拆解企业普遍存在管理水平落后的问题，没有信息化的管理系统以及先进的流程化、标准化的管理理念与企业运营的实际结合，造成企业现有的工作效率较低，企业运营成本较高。同时绝大部分报废汽车拆解企业主要采取简单开放式的场地拆解操作，对拆解场地中待拆区、拆解区、加工区、半成品及成品区等没有明显划分，多数企业没有操作车间和厂房，个别的只有简陋的存放零部件的工棚乱堆乱放甚至叠放，不仅使场地安全和环保存在风险，同时也不利于报废汽车精细化拆解、资源循环再利用，造成现有报废汽车拆解企业无法最大化的挖掘报废汽车价值、促进循环产业发展。

报废汽车拆解

（3）非法回收、拆解经营现象严重，正规企业收车难

我国每年应报废车辆中，真正进入正规回收渠道的车辆与国家有关部门信息公布的数字相差甚远，有近一半以上的报废汽车进入非法拆解渠道，由于受利益驱动，报废汽车回收拆解市场秩序较为混乱，大量应报废的汽车没有按规定交售给正规回收拆解企业，据国家信息系统统计，2020年全年，报废机动车回收拆解数量239.8万辆，占汽车保有量百分比远远低于发达国家的水平。

（4）报废汽车价产量低，期待再制造放开

美国报废汽车单车拆解产值约合人民币超过2万元，但在我国由于目前拆解汽车的"五大总成"部件法律严禁销售，压缩了正规报废拆解企业的利润空间，报废汽车回用件的利用率不足20%，拆解企业70%经营利润依赖于废钢铁材料销售，企业利润受制于废钢、废金属市场的影响。因此，企业期待于拆卸的"五大总成"部件市场销售政策全部放开，进一步提高报废汽车回用件的利用率，提高社会效益和企业经济效益。

3. 促进我国报废汽车回收拆解行业的措施

报废汽车的及时回收和有效拆解，关系人民生命财产安全和社会稳定，关系资源循环利用和可持续发展。促进我国报废汽车回收拆解行业的发展有以下几方面。

（1）加大政府监管的力度

建立健全相关管理部门的协作和联络机制，通过计算机网络信息平台，实现报废机动车信息资源共享，有效跟踪监控，对私拆私售报废汽车和拼装车重新上路等不法行为进行有效监督；要严把车辆检测关，杜绝"病、残"车通过二手车交易过户转籍。

（2）出台鼓励行业发展的税收政策

目前国家税务部门虽然出台一些关于再生资源和循环经济方面的税收优惠政策，但主要针对利用再生资源的生产型企业，而对提供再生资源的物资回收流通企业则完全没有相

关优惠政策。希望政府从全局出发，能尽快出台相应的减税扶持政策，特别是对报废汽车回收企业，建议采取单项补贴政策办法。同时要加大财政专项补贴力度，积极支持和鼓励报废汽车回收拆解企业的技术改造，加快回收企业技术改造升级步伐。

(3) 加强企业自律

报废汽车回收拆解企业必须从严要求自己，从源头上加强管理，自觉遵守行规行约，共同来维护报废汽车回收市场的经营秩序；同时要加强《报废汽车回收证明》的管理，杜绝代开、出售《报废汽车回收证明》现象；要加强从业人员的职业道德教育，以良好的职业行为，赢得社会的尊重。

(4) 充分发挥行业协会的协调作用

政府部门或行业协会，要充分发挥好行业自律、咨询服务和充当代言人等工作职能。有责任有义务切实做好相关政策的上传下达，特别是针对行业反映强烈和共性的问题，及时向政府有关方面反映并提出意见和建议；同时要进一步加强监督行业内违法经营行为的力度，充分协调好协会会员之间的关系，确保行业合法经营者的权益，使协会真正成为企业之家。

9.2.5 报废汽车拆解

1. 拆解业务内容

(1) 报废汽车接收

报废汽车拆解企业所接收的应是具有《机动车报废证明》的报废汽车，对报废车辆进行验收、检查确认后才能接受。

从接收报废汽车时起，就必须建立报废汽车拆解文档。拆解文档的内容应包括车辆识别信息、车辆状态信息、报废证明、拆解日志以及报废汽车再生利用情况等。

(2) 报废汽车存放

报废汽车拆解企业必须有足够的区域存放报废车辆。企业整个区域的面积及其划分应与拆解报废汽车的数量和拆解车型相协调，一般被分成以下区域：登记验收区、预处理区、待拆解区、拆解区、零部件存储区、压实打包区以及辅助区。

报废汽车存放时，必须确保堆放的稳定性。如果没有保护装置，堆放的数量不超过4辆。放置车辆时，应避免损坏盛装液体的器件（油底壳、油箱、制动管路）和可拆解部件，如玻璃窗框等。

拆解企业的登记验收区、待拆解区、预处理区和拆解区的地面应按照标准进行矿物油污染防护，设置沉井，以符合地下水保护要求。报废汽车存放场地必须隔离，未经授权者不能进入。此外，场地必须有足够的消防器材。

(3) 报废汽车拆解

报废汽车拆解是拆解企业主要的业务内容，包括预处理、拆解、分类。

拆解人员必须经过拆解技术培训，获得相应的职业资格。遵守相关的法律法规，掌握拆解作业安全知识，了解环保要求；拆解设备的操作者必须具有劳动部门颁发的操作许可证书。拆解人员必须按照操作工艺规范手册进行拆解并写拆解日志。

(4) 拆解物品存储

拆解物品存储区一般分为可再用件存储区、循环材料存储区、液体存储区、含液体部件存储区、固体废弃物存储区及液体废弃物存储区等。有具体的措施保证可回收部件处于自然状态,并对环境没有任何损坏。各种油液、蓄电池电解液应存放在相应的容器中。

(5) 拆解车体压实

报废汽车拆解下来的零部件和材料被分类存储后,将剩余的车体压实,以便运输到破碎处理厂或剩余物处理场。

2. 拆解方式的选择

报废汽车拆解方式分为非破坏性拆解、准破坏性拆解和破坏性拆解。破坏性拆解是对被拆解零部件进行没有限制性条件的任意分解,而准破坏性拆解主要是对连接件进行破坏拆解。

报废汽车拆解方式的选择应根据报废汽车的状态或零部件损坏程度确定,首先选择拆解方式,然后确定拆解深度。对于报废汽车零部件的拆解不能完全按装配的逆顺序来考虑,其主要原因是报废汽车的拆解具有以下特性。

① 有效性。选择非破坏性拆解,既要有效率,又要有效益。

② 有限性。根据经济效益最大和环境影响最小的原则,确定拆解深度。

③ 有用性。拆解下来的零部件已经由于变形或腐蚀等原因损坏,没有可使用价值。

对于再使用的零部件,在满足经济效益的前提下,应选择非破坏性和准破坏性方式进行拆解。对于以材料回收利用为目的拆解方式选择,还应满足以下要求。

① 可有效分离各种类型材料。

② 可提高剩余碎屑的纯度。

③ 可分离危险有害物质。

3. 拆解工艺组织

汽车拆解工艺组织是对汽车拆解过程的各种作业,按一定的作业方式、操作顺序进行组合协调的过程。工艺组织的目的是使汽车拆解作业按照一定的顺序进行,充分利用人力、物力和财力,节省各种消耗,发挥最高效能,以取得最佳效果。

汽车拆解工艺组织应考虑企业的生产纲领、拆解汽车的类型、数量、拆解技术、设施与装备、作业内容以及环保要求等。工艺组织包括拆解作业方式和劳动组织形式的选择与确定。

汽车拆解作业方式有两种:定位作业法和流水作业法。

① 定位作业法。汽车车架、驾驶室的拆解等,被放置在一个固定工位上进行作业,拆卸后的总成拆解,则可分散至专业组进行。进行拆解作业的工人按不同的劳动组织形式,在定额规定的时间内,分部位和按顺序完成任务。定位作业法占地面积小,所需设备比较简单,同时便于组织生产,一般适用于拆解车型较复杂的拆解场。

② 流水作业法。汽车拆解作业是在间歇流水线上的各工位上完成。对于其他总成,如发动机的拆解作业,也可根据设备条件,组成流水作业线。不能组成流水作业的其他拆解作业,则仍分散在各专业组进行。这种作业方法专业化程度高,总成和组合件运输距离短,工效高,但设备投资大,占地面积也大,一般适用于生产规模大、拆解车型单一、有足够的拆解作业量,这样才能保证流水作业线的连续性和节奏性。流水线作业拆解工艺流程示意如图 9-5 所示。

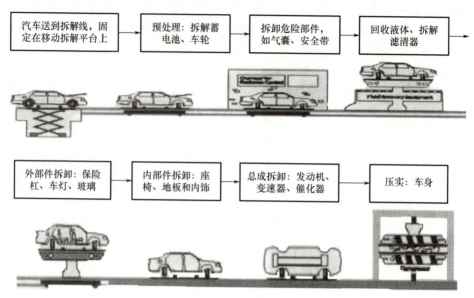

图9-5 流水线作业拆解工艺流程示意

4. 影响拆解的因素分析

拆解往往被认为是装配的逆向过程。然而，拆解方法不仅仅只是装配的逆向。实际上，拆解能够从完全不同于装配机构的角度进行，因为拆解时零件的状况已经跟装配时的状况大不相同。装配过程注重正确的、无损坏的装配；而拆解过程由于经济原因，注重的是零件原有价值的保护和拆解的效率。影响拆解的因素有很多，通过大量的拆解实验得出的数据，根据影响拆解计划的程度，可以把这些因素依照拆解成本、拆解方法和拆解工艺进行分类。影响拆解的因素如图9-6所示。

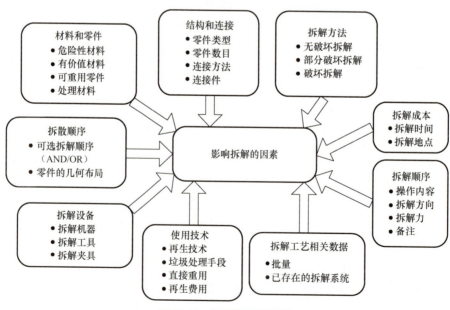

图9-6 影响拆解的因素

为了实现报废汽车材料的循环利用，有效地执行拆解过程，在全面细致地检查影响报废汽车拆解的因素之后，把这些因素尽可能地都考虑在每步拆解中，用不同的权值表示它们对同一拆解步骤影响的比重，来提高报废汽车拆解的效率和效益。

9.3 报废汽车资源化与再制造

9.3.1 报废汽车资源化

鉴于当前面临的自然资源短缺、生态环境破坏、温室效应等严峻的社会环境，作为一种高污染、高能耗、高排放的产业，报废汽车回收资源化利用作为促进社会低碳经济发展的有效手段和途径，相关法规和管理办法的有效实施对社会及产业的可持续发展具有深远意义。为此，本节从政府、企业、消费者等多角度进行思考，在以下几方面介绍我国报废汽车资源化回收利用的发展途径。

(1) 完善现有报废汽车回收管理制度

完善的法规和制度是报废汽车得以有效回收利用的基本保障。我国现阶段的相关法规大多数是从汽车生命周期末端出发，强调对报废产品的回收和材料的再利用。从循环经济发展理论分析，减量化是资源利用控制的首要途径。因此，汽车回收相关法规应该对包含了产品设计、制造在内的全生命周期过程都有所规定，除了规定必须对所生产的产品进行回收处理，同时应对设计过程加以规制，如设计过程中应遵循面向拆卸设计、面向绿色选材等规定，对于回收拆卸企业应由管制机构对其进行资格条件审查，如注册资本、技术实力、排污能力、管理能力等，这一举措有利于制造企业改进产品设计，并达到减少产品生命周期内对环境的影响和后期的回收处理成本。

(2) 建立以整车制造企业为主导的闭环供应链系统

汽车制造企业作为汽车生产、销售的主体，应承担广泛的社会责任，不仅要对自身生产过程中的资源、环境责任进行强有力的管理，按《汽车产品回收利用技术政策》规定，还应对报废的汽车进行回收处理。基于此，作为占有主导地位的汽车制造企业，完全有必要借助供应链管理思想，将回收商作为供应链上的联盟成员。从系统分析的角度，可以将闭环供应链进一步分解为制造管理子系统、销售管理子系统、回收处理管理子系统和信息管理子系统，子系统贯穿整个汽车生命周期，相互之间以信息系统为纽带，最终构成一个包含供应商、制造商、销售商、回收商的闭环供应链，有利于汽车回收过程中的组织和实施。在闭环供应链系统中，要考虑的一个重要问题就是闭环供应链的网络合理化布局。根据回收物品种类及处理方式的不同，闭环供应链的结构类型也有所不同，大致可以分为再利用、再循环、再制造以及商业退货四种类型。报废汽车回收拆卸后的零部件处理方式会涉及再循环、再利用和再制造三种类型的网络结构；同时，根据汽车回收的模式还可以分为自行回收、联合回收、委托销售商回收以及第三方物流企业回收等四种模式。因此，对于在闭环供应链上占主导地位的汽车制造企业如何根据自身情况选择适合企业发展模式从而进一步对回收网络的布局显得特别重要，直接关系到整个供应链系统的运作效率。

(3) 建立有效的车辆信息化管理系统

目前我国报废汽车回收拆卸企业还处于一个不完全规范状态，不仅企业规模小，大多数企业还处于靠手工方式进行拆卸的阶段，工作效率低下，给行业的管理带来较大困难，诸如对汽车回收数量、拆卸数量以及拆卸后的再利用情况等数据的统计难以进行，也影响了整个行业的发展规划，同时也对政府部门的管理工作带来不便。由于缺乏回收利用的准确数据，汽车制造企业也很难从报废汽车回收中得到有利于产品质量改进的相关信息，从这点来说，对汽车产业的发展也是一个不利因素。为此，在当今信息技术迅速发展的情况下，为了使整个汽车产业得到健康持续的发展，必须在车辆管理方面引入电子信息技术，建立有效的车辆信息化管理系统。

(4) 加强宣传以提升民众的社会责任意识

充分利用报刊、电视、网络等媒体手段广泛宣传国家报废汽车管理相关法律法规，提高民众资源节约和环境保护意识，使消费者充分认识报废汽车回收工程、发展汽车循环经济对国计民生的重大影响，倡导对汽车绿色消费和回收处理；开展生产者延伸责任制教育活动，倡导企业低碳生产，强化责任意识，提高报废汽车回收再利用率。同时，作为社会公民更应该自觉遵守国家的相关法规，通过合法途径对车辆进行报废处理。虽然与正规回收拆解企业的报废车辆补贴相比，消费者在非法交易中可获取更高的经济利益，但非法交易会对人身安全和生态环境造成重大影响，这是对自身和社会不负责的表现。因此，为杜绝这种现象，不仅需要国家采取相关的补贴政策，更需要对国家政策的宣传和对消费者的引导，以减少拼装车上路带来的安全隐患与环境污染问题。

9.3.2 汽车再制造

汽车再制造是汽车再使用的另外一种形式，是以退役零部件为"原料"，采用现代制造技术，批量恢复汽车零部件尺寸、形位公差和性能，经过装配形成再制造产品。再制造可以针对汽车总成，如发动机总成、变速器总成，也可针对汽车零部件，如曲轴、气缸体。前者称总成再制造，后者称零部件再制造。

汽车再制造作为再制造行业的急先锋，在再制造领域占有很高的份额。截至 2021 年年底，我国汽车零部件再制造生产企业近 700 家，占全国再制造企业数量的 35%；汽车零部件再制造产值达 200 亿元，占全国再制造行业产值的 1/3。再制造关键技术取得了重要突破，产品也由传统汽车发动机、变速器、发电机、起动机、涡轮增压器等，逐步扩大到新能源汽车的"三电"系统。通过努力，汽车零部件再制造技术研发、生产制造、原材料供应、营销服务等体系基本建立。汽车再制造已进入以国家政策推动和市场机制拉动为中心的新阶段，呈现出前所未有的良好发展态势。

1. 报废汽车零部件再制造确定原则

在研究报废汽车零部件再制造过程中，如何在所有报废汽车零部件中检验、判断零部件是否具有再制造价值并适合再制造，是对汽车零部件再制造研究的前提。再制造企业应根据以下原则确定零件是否有再制造价值。

(1) 技术可行性原则

即再制造厂在具备先进的再制造加工设备条件下，采用先进的零部件制造工艺，对损伤的汽车零部件，能够高质量完成再制造，产品质量能达到或超过新品的水平。先进技术和加工工艺的运用，可提高旧品利用率，节约能源和原材料，降低制造成本。

（2）经济合理性原则

即再制造件的寿命达到或超过新品的前提下，其再制造成本必须低于新品成本。一般，再制造件成本低于新品价格30%以上，再制造才有经济价值。经多次实践，大多零部件的再制造成本仅为新品的50%～60%。在拆解过程中直接淘汰的发动机活塞总成、主轴瓦、油封、气缸垫等易损件，因磨损、老化等原因不可再制造或者没有再制造价值。

（3）稳定的市场需求

目前，国内汽车维修业随着汽车工业的迅速发展而不断发展壮大。国外汽车零部件、总成再制造业的发展，为我国汽车修理业指明了方向，即汽车零部件及总成的大修理应向零部件及总成再制造转化。

我国要想实现汽车零部件再制造业的快速发展，除再制造技术水平需要逐步提高外，还要建立相应的支持、鼓励政策和机制。

（4）批量生产、可标准化程度高

再制造与传统的生产制造过程没有区别，但再制造过程包含着大量的不确定性因素，其生产任务的安排非常复杂。再制造生产管理主要处理的内容有设备加工能力的分配问题、重新装配工艺调度问题、车间计划的编排问题等。因此，可标准化程度高，可以保证报废零部件的互换性，便于再制造时采购和更换不具备再制造价值或不能进行再制造的零部件，从而降低再制造生产成本。

2. 报废汽车零部件再制造工艺过程

汽车零部件再制造是采用逆向工程的思维，消化、吸收先进加工技术的一系列工作方法的技术组合，是对报废汽车零部件进行拆解、对零部件进行检测检验和再创造的过程。针对零部件的尺寸超差和材料性能的低劣化，采用先进的再制造设备对其进行加工，把汽车零部件经过若干个加工工序，恢复制造出厂时的使用功能的一种加工制造过程。报废汽车零部件再制造工艺过程如图9-7所示。

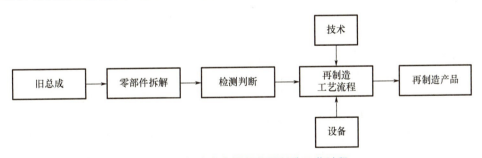

图9-7 报废汽车零部件再制造工艺过程

汽车发动机再制造技术也称发动机专业修复技术，是将废旧的汽车发动机进行修复，使其尽量接近新机器性能水平的技术。在此过程中废旧汽车发动机被完全拆卸、清洗、检验、再制造加工，重新组装和试验以保证其使用的质量。旧机所有的核心部件将根据原厂商的技术标准进行检验，通过再加工使其恢复到原来的技术要求，从而使整个再制造汽车发动机的装配公差恢复到原机水平。发动机再制造工艺过程如图9-8所示。

汽车零部件再制造可以采取先零件、后总成，先配件、后组装的循序渐进的工艺路

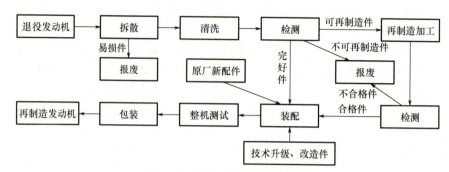

图 9-8 发动机再制造工艺过程

线。进行发动机、变速器、驱动桥、转向器、钢板弹簧、发电机、起动机和空调压缩机等总成的再制造,要有科学的再制造工艺流程。

3. 再制造质量控制环节

报废汽车零部件再制造是以现代制造技术为基础,以报废汽车为对象,进行批量生产的一种现代制造方式。零部件再制造质量控制既是产品生产制造工艺,又是产品质量管理技术。只有充分重视再制造过程中每一个环节的质量控制,才能最终保证获得质量优良的再制造产品。要提高零部件再制造质量,一方面要科学地采用技术手段规范报废汽车零部件回收拆解与再制造工艺;另一方面要从源头抓起,即在开始产品设计时,就考虑到产品性能、成本、环境指数、降低耗材、部件能耗、循环使用等方面问题,从而设计出更多的无污染、可再利用的绿色汽车产品来满足人们的需要。

规范汽车零部件拆解,加强再制造工艺过程和质量管理,提高汽车零部件再制造产品的质量,关键在于重视和抓好再制造流程中的以下六个环节。

① 零部件拆解。拆卸是零部件进行再制造的前提,无法拆卸和无利用价值的谈不上再制造。拆卸设计必须考虑拆卸工作量最小原则、结构可拆卸准则、拆卸易于操作原则等。拆解过程中按拆解工艺要求进行。

② 零部件清洗。根据零部件的用途、材料选择不同的清洗方法。同时考虑环境保护要求,减少化学清洗,增加机械清洗和高温清洗的比例。

③ 零部件检测与分类。将各类零件进行分类管理,鉴别和剔除明显不能进行再制造加工利用的零件,确定其再制造性之后才能留转到下一步工序,保证再制造毛坯质量。

④ 表面处理环节。采用多种现代表面技术可直接针对许多贵重零部件的失效,实施局部表面强化或修复,重新恢复使用价值。如纳米电刷镀技术、高速电弧喷涂技术、纳米固体润滑干膜技术等。

⑤ 再制造加工工艺。科学的汽车零部件再制造工艺,特别是传统加工工艺,技术较为成熟的零部件再制造,应与新产品生产的精加工过程完全一致,能够使汽车零部件不断得到技术改造,使再制造零部件的公差与原件公差完全相符,保证再制造的产品质量达到甚至超过新产品。

⑥ 检验技术标准。为了确保零部件再制造质量,必须有完备的检验技术标准。再制造技术标准应包括再制造前的零部件检验分类标准和再制造后的产品检查验收标准。前者用以界定零部件是否具有再制造价值,后者用以控制产品的加工质量。

再制造工程在我国还是一个新生领域，目前国家虽然已经确定了发动机、变速器等5项为再制造试点产品，实际上，这一领域完全还可以进一步拓展延伸，如转向器、水泵、空调压缩机、油泵等产品也完全可以实现再制造。这对再制造领域的技术研究和提高提出了进一步要求，如表面工程技术、工艺技术、再制造产品控制和寿命评估，装备再制造关键技术以及相关技术成果如何实现产业化等，都是再制造业发展中必须探讨和自主创新的课题。

1. 什么是再生资源和汽车再生资源？
2. 什么是汽车报废和汽车回收？
3. 什么是汽车再生工程？
4. 简述汽车回收的特性。
5. 第三方回收模式的主要优势有哪些？
6. 我国报废汽车回收拆解行业面临哪些问题？
7. 简述影响报废汽车拆解的因素。

第 10 章
汽车物流服务

知识要点	掌握程度	相关知识
汽车物流概述	了解物流的定义； 了解物流的起源； 了解汽车物流的定义； 了解汽车物流的特点； 掌握常见汽车物流过程； 掌握汽车物流的基本环节	物流的定义；物流的起源；汽车物流的定义；汽车物流的特点；常见的汽车物流过程；汽车物流的基本环节
汽车物流管理	了解与销售及服务有关的主要物流活动； 了解物流信息管理的各类系统	与销售及服务有关的主要物流活动；物流信息管理的各类系统
汽车企业销售物流	了解销售物流的定义和功能； 了解销售渠道的物流管理过程； 掌握汽车销售物流的运输管理过程	销售物流的定义和功能；销售渠道的物流管理过程；汽车销售物流的运输管理过程
第三方物流	了解第三方物流的定义； 了解国内外第三方物流的发展历程； 了解我国汽车行业第三方物流发展的现状； 掌握汽车行业第三方物流的特点； 了解汽车行业第三方物流的优点； 了解第三方物流的配送管理的定义及管理内容	第三方物流的定义；国内外第三方物流的发展历程；我国汽车行业第三方物流发展的现状；汽车行业第三方物流的特点；汽车行业第三方物流的优点；第三方物流的配送管理的定义及管理内容

物流是一门新兴学科，在社会经济中扮演着非常重要的角色。随着近年来物流行业的快速发展，逐渐衍生出更具专业性的汽车物流。本章将通过讲解物流的产生与发展，以及物流的研究内容来进一步了解汽车物流，同时将阐述汽车物流的基本内涵与分类及汽车物流国内外的发展趋势。

10.1 汽车物流概述

10.1.1 物流的定义及起源

1. 物流的定义及演变过程

物流是指实物从供给方向需求方的转移。这种转移既要通过运输或搬运来解决空间位置的变化，又要通过储存保管来调节双方在时间节奏方面的差别。物流中的"物"泛指一切物质资财，有物资、物体、物品的含义；而物流中的"流"泛指一切运动形态，有移动、运动、流动的含义。

物流的概念可以分为狭义和广义两种。狭义的"物流"仅指商品的物质资料的空间运动过程，属于流通领域的范畴。广义的"物流"还包括物质资料在生产过程中的运动过程，既包括流通领域又包括生产领域。狭义的"物流"是构成广义"物流"的主要部分。因此，物流可以表述为：物质资料在生产过程中，各个生产阶段之间的流动和从生产场所到消费场所之间的全部运动过程。

20世纪60年代以来，许多国家和地区的物流协会或者学会、行业或部门从不同的角度对物流进行了定义，但是目前为止还没有对物流形成一个公认的定义。不同国家对物流的概念表述如下。

物流术语

① 美国物流管理协会（CLM）对物流的定义：物流是供应链流程的一部分，是为了满足客户需求而对商品、服务及相关信息从原产地到消费地的高效率、高效益的正向和反向流动及储存进行的计划、实施与控制过程。

② 欧盟物流协会（ELA）在1994年公布的物流术语中，对物流的定义如下：物流是在一个系统内对人员或商品的运输、安排及与此相关的支持活动的计划、执行与控制，以达到特定的目的。

③ 日本日通综合研究所1981年2月编写的《物流手册》中对物流的定义如下：物流是物质资料从供给者向需要者的物理性移动，是创造时间性、场所性价值的经济活动。从物流的范围来看，包括包装、装卸、保管、库存管理、流通加工、运输、配送等诸活动。如果不经过这些过程，物就不能移动。

④ 我国2001年颁布的国家标准《物流术语》中，对物流的定义如下：物品从供应地向接收地的实体流动过程。根据实际需要，将运输、储存、装卸、搬运、包装、流通加工、配送、信息处理等基本功能实施有机结合。

从上面的定义可以看出，物流的定义因不同的学派、不同的学术团体、不同的机构和不同的国家，出自不同的角度对物流概念的解释有所差别，但对物流的本质理解是一致的，即物流活动是由一系列创造时间和空间效用的经济活动组成，包括运输、配送、保

管、包装、装卸、流通加工以及物流信息处理等多项基本活动。总之，物流是商品在空间上与时间上的位移，创造时间价值和空间价值，并且创造部分形式效果。

2. 物流的起源

物流活动具有悠久的历史，从人类社会开始有产品交换行为就存在物流活动。对物流的认识，是社会生产力发展状况在人们脑中必然的反应。物流学是在 20 世纪 50 年代新发展起来的一门应用学科，是社会科学和自然科学的交叉学科，也是管理科学和工程技术学的交叉学科。

"物流"一词早在 20 世纪 50 年代以前就出现了，当时企业所进行的物流活动纯粹是建立在物流个别功能基础上的工作，不可能形成明确的物流概念和物流理论，因此这段历史被物流界较普遍地认为是物流的早期阶段。

1918 年，英国的犹尼里弗·利费哈姆勋爵成立了即时送货股份有限公司。公司宗旨是在全国范围内把商品及时送到批发商、零售商以及用户的手中，这一举动被一些物流学者誉为"有关物流活动的早期文献记载"。

1921 年，阿奇·萧（Arch W. Shaw）在《市场流通中的若干问题》一书中提出"物流是与创造需要不同的一个问题"，并提到"物资经过时间或空间的转移，会产生附加价值"，从而"流通"一词出现了。

20 世纪 30 年代初，在一部关于市场营销的基础教科书中，开始涉及物流运输、物资储存等业务知识。1935 年，美国市场销售协会最早对物流进行了定义：物流是销售活动中所伴随的物质资料从生产地到消费地点的种种活动，包括服务过程。随着物流早期阶段的发展，20 世纪 50 年代以后，物流进入了一个新的发展时期。根据日本物流管理协会的资料记载，日本在 20 世纪 50 年代初，生产部门为了提高产业劳动生产率，曾组织各种专业考察团到国外考察。1956 年日本"流通技术专业考察团"赴美进行了实地考察，发现原来在日本称为流通技术的运输、包装等活动，在美国称为 Physical Distribution (PD)。该考察团回国后便向政府提出了重视物流的建议，并在产业界掀起了 PD 启蒙运动。同时，考察团在《流通技术》考察报告首次将 Physical Distribution 译为"物的流通"，把物流概括为包装、装卸搬运、运输、保管及通信联络等诸项活动。这种物流活动与交易活动不同，物流活动可以对物资作出在时间和空间方面的价值贡献。

此后，"物的流通"在日本逐渐家喻户晓。产业构造委员会内设立了"物的流通分会"。1970 年成立了日本最大的物流团体之一的日本物的流通协会。日本物流管理协会每年举行会议，名称为"全国物的流通会议"。

我国引入物流概念是在 20 世纪 70 年代末。把物流作为一门学科进行研究，则是在 20 世纪 80 年代中期以后。"物流"一词由日本引入我国，当时的物资部派出中国物资工作代表团赴日本参加第三届国际物流会议，回国后在考察报告中第一次引用和使用"物流"这一术语。随着我国经济与社会的迅速发展，对物流提出越来越大的需求，促使我国实业界及一些从事流通和生产制造研究的学者和专家们，开始对物流问题进行研究。1989 年 4 月，第八届国际物流会议在北京召开，之后"物流"一词在我国得到了普遍使用。

20 世纪 80 年代后，各个国家都对物流学进行了更深入的研究并多次修改定义和研究内容。物流学通过吸收、借鉴系统科学、管理科学以及电子、计算机技术等相关学科的最新成果，完成了基本理论体系的建立，并在实际中广泛应用其理论，最终从管理学中分离出来，成为一门独立的学科。

10.1.2　汽车物流

1. 汽车物流的概念

汽车物流是集现代运输、仓储、保管、搬运、包装、产品流通及物流信息于一体的综合性管理，是沟通原料供应商、生产商、批发商、零件商、物流公司及最终用户的桥梁，更是实现商品从生产到消费各个流通环节的有机结合。汽车物流按业务流程可分为四大部分：供应过程中的零部件配送运输物流，生产过程中的储存、搬运物流，整车与备件销售、储存及运输物流和工业废弃物的回收处理物流。供应物流是指上游供应商向整车厂提供汽车零部件、生产材料、辅料到整车厂的仓库入口的流程；生产物流主要发生在企业的内部，即指从仓库入口到生产线消耗点，再到成品车库的入口前的物流；整车与备件销售物流是指从成品车库、备件库入口到经销商入口之间的物流。

2. 汽车物流的特点

汽车整车及零部件的物流配送业是高技术行业，是国际物流业公认的最复杂、最具专业性的领域，要求整个物流链中各个环节之间的衔接必须十分顺畅、平滑。其中，汽车整车物流是汽车物流的重要组成部分，它具有以下几大特点。

（1）汽车整车物流受市场的影响较大，变化性强，可控性差

整车物流与汽车零配件、原材料物流不同。一般来说，零配件和原材料是根据汽车制造的生产计划安排物流，计划性相对较强，可以通过JIT（Just In Time）方式或批量方式实现零库存或低库存。国内许多汽车零部件生产企业已成功地解决了此问题。而汽车整车物流是根据各地销售商的订货要求安排的，市场需求的波动很大。由于供应链中存在"牛鞭效应"，销售商的订单波动的幅度更大，因此汽车制造厂为了保证市场供应必须保有大量库存。

（2）汽车整车物流更强调"以顾客为中心"

人们消费观念的变化给汽车消费带来个性化、多样化的特点。世界各大汽车公司为了能在激烈的市场竞争中获胜，纷纷推出了"以顾客为中心"的项目计划，如通用汽车公司提出了"一切为订单而构筑"的项目计划。该计划的核心是在顾客个性化的需求时间内将汽车造好，并交运到顾客手中。

（3）汽车整车库存的管理难度较大

汽车整车的体积、质量较大，储存空间占用大。每种车型的每辆车都有自己的底盘号、发动机号、VIN码，并需要一一对应；整车按系列的不同在发车库中分区域停放；整车在同一库位只能放同一种车型，并且颜色要相同；整车管理流程繁多、复杂，包括调整、检验、倒车、新车准备、销售、借车、返修、退库、拆装箱等；整车出库按入库先后顺序实行先进先出的原则。汽车整车仓储管理的上述特点，使得汽车整车的仓储管理难度较大。

10.1.3　汽车企业的常见物流过程

企业是为社会提供产品或某些服务的一个经济实体。一家工厂，要购进原材料，经过若干工序的加工，形成产品销售出去。一家运输公司要按客户要求将货物输送到指定地

点。在企业经营范围内由生产或服务活动所形成的物流系统称为企业物流。企业物流结构主要由企业供应物流、企业生产物流和企业销售物流构成。企业物流过程如图10-1所示。

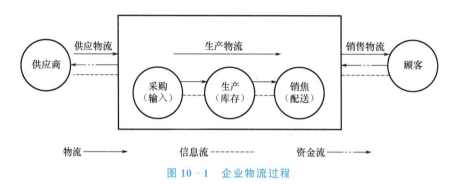

图10-1　企业物流过程

1. **企业供应物流**

企业供应物流是指企业为保证自身的生产节奏，不断组织原材料、零部件、燃料等辅助材料供应的物流活动。这种物流活动对企业生产的正常、高效运行起着重大的作用。企业供应物流不仅是为了保证供应，而且要以最低成本、最少消耗、最大的保证来组织供应物流活动，因而它有很大的难度。而企业竞争的关键之一就在于如何降低这一物流过程的成本。为此，企业供应物流必须解决有效的供应网络、供应方式和零库存问题等。截至2020年，我国汽车工业大家庭中约有122家乘用车生产企业以及41.6万家汽车零部件企业。其中，只有5家乘用车生产企业的年产量超过100万辆，此外，还有10家乘用车生产企业的年产量超过60万辆；而零部件生产企业则规模更小、更分散。每一个大型整车生产企业周围，都有由数目庞大的零配件生产、供应企业群所构成的垂直分布的单一配套体系，如中国第一汽车集团公司、中国东风汽车股份有限公司的零配件配套体系均由上千家零配件生产企业构成。为了提高整车生产企业自身的市场竞争力，通过学习国际先进的管理模式，我国汽车工业采购供应物流也基本上采用JIT配送方式。整车生产厂为了实现零库存，要求零配件生产、供应商按其生产节奏和生产需求量进行供货，由供货商或整车生产厂的供应部门实施"直送工位"的JIT配送。在装上车以前零配件都是属于零配件生产厂的，从而最大限度地降低整车生产企业的风险。反过来，由于地理空间的限制，零配件生产、供应商只好在整车生产厂附近自建或者租用仓库，以满足整车生产厂的需求。

目前我国的整车生产厂都有多达上千家为其配套生产零配件和供应原材料的企业。这些企业无一不在整车生产厂周围设立仓库，为整车生产厂提供JIT配送服务。如此庞大的零配件供应群体和相应的运输、配送环节，构成了层次繁多、结构复杂的采购供应物流体系。

这种物流体系呈垂直分布式结构：零配件生产、供应企业构成了采购供应物流的起点；运输企业构成了干线运输层；围绕整车生产厂的仓库群构成了仓储层；供应商的配送部门或整车生产厂的供应部门构成了配送层。在整个采购供应物流体系中，主要物流节点为零配件生产厂、原材料供应商、仓库和整车生产厂，主要物流环节为干线运输和配送。

2. 企业生产物流

从工厂的原材料购进入库起,直到工厂成品库的成品发送为止,这一全过程的物流活动称为生产物流。生产物流是制造产品的工厂企业所特有的,它与生产流程同步。原材料、半成品等按照工艺流程在各个加工点之间不停顿的移动、流转形成了生产物流。如生产物流中断,生产过程也将随之停顿。生产物流合理化对工厂的生产秩序、生产成本有很大影响。生产物流均衡稳定,可以保证在制品的顺畅流转,缩短生产周期。在制品库存的压缩、设备负荷均衡化,都与生产物流的管理和控制有关。

3. 企业销售物流

企业销售物流是指企业为保证本身的经济效益,伴随销售活动,不断将产品所有权转给用户的物流活动。在现代社会中,市场是一个完全的买方市场,因此销售物流活动带有极强的服务性,以满足买方的需求,最终实现销售。在这一市场前提下,销售往往以送达用户并经过售后服务才算终止,因此销售物流的空间范围很大,这也是销售物流的难点所在。

企业销售物流的特点是通过包装、送货、配送等一系列物流实现销售。这就需要研究送货方式、包装水平、运输线路等内容,并采取诸如少批量、多批次、定时、定量配送等特殊的物流方式达到目的。

通过销售物流,企业得以回收资金,并进行再生产的活动,销售物流的效果关系到企业的存在价值是否被社会承认。销售物流的成本在产品及商品的最终价格中占有一定的比例。因此,在市场经济中为了增强企业的竞争力,销售物流的合理化可以收到立竿见影的效果。对汽车企业来说,汽车物流包括生产计划制订、采购订单下放及跟踪、物料清单维护、供应商的管理、运输管理、进出口、货物的接收、仓储管理、发料及在制品的管理和生产线的物料管理、整车的发运等。

4. 汽车产品逆向物流

汽车产品逆向物流主要是指汽车从生产至终端消费的过程面临生产报废和副品回收、商业退回、包装物返还、投诉退回、终端退回以及产品召回等问题而将产品返回生产企业或销售商。其中对汽车行业最重要的是产品召回和终端退回两大问题,即缺陷汽车召回和报废汽车回收利用。

(1) 缺陷汽车召回

缺陷汽车召回制度源于20世纪50年代的美国汽车工业,经过多年实践,目前美国、日本、欧洲、澳大利亚等国家和地区对缺陷汽车的召回都已经形成了比较成熟的管理制度。2013年1月1日,我国开始实施《缺陷汽车产品召回管理条例》,其中对"缺陷"、"召回"作了详细的解释。缺陷是指由于设计、制造等方面原因而在某个批次、型号或类别的汽车产品中普遍存在的具有同一性的问题。包括以下三种情形。

① 经检验机构检验,安全性能存在不符合有关汽车安全的国家标准、行业标准。

② 缺陷已造成车主或他人人身或财产损失。

③ 虽未给车主或他人造成人身或财产损失,但经检测、试验和论证,在特定条件下缺陷仍可能引发人身或财产损失。

召回是指按照《缺陷汽车产品召回管理条例》要求的程序,由缺陷汽车产品制造商以有效的方式，通知销售商、修理商、车主等有关方面关于缺陷的具体情况及消除缺陷的方法等事项，并由制造商组织销售商、修理商等通过修理、更换、收回等具体措施，有效消除汽车产品缺陷的过程。

(2) 报废汽车回收利用

汽车使用达到一定期限，各个系统的组件大部分已完成使用寿命，维护和修理已不能保障汽车的安全行驶，必须及时报废更新。否则超期服役使用的汽车，一方面会排放大量废气（据测定，80%的汽车尾气来自旧汽车），对环境造成严重污染，导致交通安全事故；另一方面，会直接影响汽车的销售与生产，影响汽车产品的更新换代和汽车工业的技术进步，并最终影响整条汽车产业链的发展。

但是，大量报废汽车的露天丢弃堆放，是一个既浪费资源又影响环境的社会难题。因此，报废汽车的处置问题值得引起全社会的高度重视。推行报废汽车回收工程，发展循环经济，不仅可以促进汽车行业的可持续发展，而且是解决报废汽车引发社会难题的重要途径。

报废汽车的回收利用大致可分为直接重用、再制造、再循环三种模式。

① 直接重用：指对仍具备完好使用性能的零部件直接加以利用或者只需对其进行简单的再处理，如发动机、变速箱的箱体等。

② 再制造：指以报废零部件做毛坯，采用先进表面技术和其他加工技术对其磨损或锈蚀的部位进行修复和强化，使其恢复可用状态，实现再利用。

③ 再循环：指将无法修复的零部件和报废材料回收、重熔作为汽车原材料，或稍加改变作为材料参与其他产品的生命周期循环。

10.1.4 汽车物流的基本环节

汽车物流与其他产品的物流过程类似，也存在若干环节，各环节之间紧密联系、组成一个有机整体，主要包括以下几项内容。

1. 运输

运输是物质资料或产品在空间长距离的位移。汽车物流中的运输就是将汽车零部件、各件、整车从供应地向需求地转移的过程。它是物流活动的核心业务。运输是物流系统中最为重要的功能要素之一，是通过运输手段使货物在不同地域范围间以改变"物"的空间位置为目的的活动。

2. 储存

储存是指汽车产品离开生产领域而尚未进入消费领域之前，在汽车销售渠道流通过程中的合理停留。它把采购、生产、销售等企业经营的各个环节有效地连接起来，起到润滑剂的作用。

3. 装卸搬运

运输、配送、仓储等过程在两端点的作业多离不开装卸，其内容包括物品的装上卸下、搬运、分类等作业内容。装卸搬运作业的机械化、电子化和自动化可以大大加快物流的中转速度和流动速度。

4. 包装

包装根据商品在流通中的作用不同，可以分为销售包装和运输包装。总体来讲，商品包装要满足消费者、运输商和销售商的要求，即要起到保护产品、方便使用、便于运输、促进销售的作用，同时需降低包装成本。

5. 配送

配送是面向区域内进行的多品种、短距离、高频率的计划性商品送达服务。其本质也是物品的位移，但与运输环节相比，又具有自身的特点。配送中心到连锁店、用户等的物品搭配及相应空间位移均可称为配送。汽车物流的核心在于配送。汽车物流配送的主要模式有市场配送模式、合作配送模式和自营配送模式。

6. 流通加工

流通加工是指汽车零部件、各件、整车从供应者到生产者或生产者到消费者间移动的过程中，为保证产品质量、促进产品销售或实现物流高效化，而对物品进行的有关加工作业。

7. 物流信息服务

物流信息服务主要是指通过建立物流信息网或利用公共信息网、企业内联网，有效地为用户提供有关物资的购、储、运、销一体化服务及其他有关信息的咨询服务，以沟通与协调各部门相关企业、各物流环节的物流作业。

10.2 汽车物流管理

10.2.1 与销售及服务有关的主要物流活动

产品由生产企业到达最终消费者手中，不仅要通过所有权的转移，而且要经过订货、运输、仓储、存货等管理活动，才能实现产品实体的空间转移。其中，最为重要的有运输和仓储，它们和企业的销售渠道相辅相成，构成了产品销售渠道的物流系统。企业制定正确的物流策略，对降低成本、增强竞争实力、提供优质服务、提高企业效益具有重要的意义。

1. 销售物流管理的职能和物流成本

企业销售物流管理的职能就是将汽车产品由生产地转移到消费地，从而克服时间和空间上的差距，创造时间效用和空间效用。物流作为市场营销的一部分，不仅包括产品的运输、保管、包装，而且包括在开展这些活动的过程中所伴随的资金流通和信息传播。它以企业销售预测为开端，在此基础上制定生产计划和存货水平。以汽车企业为例，生产计划规定了采购部门为满足产品生产需求所必须订购的原材料，并作为原材料存入仓库。原材料经过加工后再转变成汽车产品，而汽车产品存货则是顾客订购与汽车企业制造活动的连接点。顾客订购使汽车产品的存货水平降低，而汽车制造活动使之上升。产品经过装配、包装、厂内仓储、装运处理、出厂运输、厂外仓储,最终送达消费者手中。每个特定的产品销售物流系统都由仓库数目、库址、规模、运输策略以及存货策略等构成。一个汽车销售物流系统的总成本可以表示为

$$D = T + F_w + V_w + S \tag{10-1}$$

式中,D 为汽车销售物流总成本;T 为该系统的总运输成本;F_w 为该系统的总固定仓储成本;V_w 为该系统的总变动仓储成本;S 为因延迟销售所造成的销售损失的总机会成本。

2. 存货管理

从物流作业的角度来看,存货决策的特点是风险大、影响大。存货决策需要对特定的存货进行分类,然后负责将其装运到具体的市场或地区,并以销售量预测来确定一系列的物流活动。不适当地对存货进行分类,市场营销就会迷失方向,顾客满意度就会降低。同时,存货计划的制订对制造部门至关重要:原材料的短缺会削减产品品种或改变生产计划,并因此增加费用;而原材料或产品的积压同样会产生种种问题,它会由于增加仓储、流动资金需求、磨损等原因而增加成本和减少盈利。对于制造商来说,存货具有长期的性质,汽车企业的存货负担从原材料和零部件开始,其中包括在制品,直至以产品告终。此外,在销售前产品必须被转移到靠近批发商和零售商的仓库中去,厂商的存货负担相对具有更深的层次和较长的时间。

汽车的存储是指汽车产品离开生产领域而尚未进入消费领域之前,在汽车销售渠道流通过程中的合理停留。它把采购、生产、销售等企业经营的各个环节有效地连接起来,起到润滑剂的作用。为了保证汽车企业再生产的顺利进行和满足顾客的消费需求,必须保证一定数量的汽车存储。汽车的存储策略包括存货策略、仓库选址、平均存货水平和确定订货时间等。

(1) 存货策略

存货策略由一系列指导方针组成,关系到购买或制造什么、何时购买或制造,以及购买或制造多少等。例如,有的厂商可能决定通过在工厂维持储备来推迟存货安置,其他厂商也许会利用更加投机的政策,选择在更接近市场的当地配送中心安排更多的产品。存货策略还包括有关存货安置以及在工厂和配送中心布置等决策。在整个存货管理中,如何开发良好的存货策略是一个关键问题。

(2) 仓库选址

在物流系统设计中,一个仓库是否应被建立取决于能否得到服务或成本的优势。仓库的合适数目与地理位置是由客户、制造点与产品需求决定的。仓库代表着企业赢得时间与地点效益的总体努力的一部分。从政策的角度看,只有当销售与市场营销影响增加或总成本减少时,仓库才应当在一个物流系统中建立。仓库选址可分为以市场定位、以制造定位、中间定位等。

① 以市场定位的仓库。以市场定位的仓库通常用来向客户提供库存补充。一个仓库地理上定位于接近主要的客户地点,可获得最大的长距离的从制造点开始的集运,而向客户的第二次运输相对较短。由市场定位仓库服务的市场区域的地理面积取决于被要求的送货的速度、平均订货量及每单位当地发运的成本。以市场定位的仓库是由零售商、制造商与批发商运作的。

② 以制造定位的仓库。以制造定位的仓库通常邻近生产工厂,以作为装配与集运被

生产的物件的地点，便于向客户运输各类产品。物品从他们所生产的专业工厂被转移到仓库，再从仓库里将全部种类的货物运往客户。以制造定位的仓库的优点在于它能跨越一个类别的全部产品而提供卓越的服务。如果一个制造商能以单一的订货单集运的费率将所有交售的商品结合在一起，就能产生竞争优势。

③ 中间定位仓库。坐落在客户与制造厂之间的仓库是中间定位仓库。这些仓库与以制造定位的仓库相似，为广泛的库存品种提供集运，从而减少物流成本。当两个或多个工厂的产品被卖给一个客户时，最小总成本的物流解决办法可能是在一个中间的集运及分类仓库。

(3) 平均存货水平

平均存货通常由物流设施中储备的材料、零部件、在制品和制成品构成。每个物流设施都必须确定其适当的存货水平。平均存货水平包括周期存货、安全储备以及中转存货等。汽车平均存货量与顾客的需求量密切相关。库存量太小，可能造成脱销，不能及时满足顾客的需求而贻误商机；库存量太大，又会增加成本，降低经济效益。因此必须按照满足顾客需求的变化情况，及时确定当前某个时期内的汽车需求量，采取有效的调控方式，使汽车平均存货保持在最适中水平，在及时满足顾客需求的同时，使其总成本最低。

若减少一辆库存的缺货机会成本大于增加一辆库存车的存货机会成本，则应增加库存；若减少一辆库存车的缺货成本小于增加一辆库存车的存货机会成本，则不应该增加库存。其中，减少一辆库存的缺货机会成本由城市年销量、该品种已有库存、缺货概率及缺货引起销量损失概率组成，而增加一辆库存车的存货机会成本由资金占用成本和仓储费用组成。

(4) 确定订货时间

为了及时满足顾客的需求，经销商要时时检查库存，掌握库存汽车的款式、型号、颜色及数量等信息，科学、合理地确定订货时间。一般情况下采取定量订货方式，并设定最低库存数量，当市场需求发生变化使库存量下降到预定的最低库存数量时，应及时进行订货补充。

3. 运输管理

与以往相比，如今原材料和产品转移有很多运输方案可供选择。例如，厂商可以考虑租赁运输、私营运输或者与不同的运输专业人员签订各种运输合同。指导运输管理和营运的两条基本原理分别是规模经济和距离经济。规模经济的特点是随装运规模的增长，每单位质量的运输成本下降。之所以存在运输规模经济，是因为与转移货物有关的固定费用可以按货物的质量分摊。因而货物越重，就越能摊薄成本，而使每单位质量的成本越低。与货物转移有关的固定费用中包括接受运输订单的行政管理费用、定位运输工具装卸的时间费用、开票费用以及设备费用等。距离经济的特点是每单位距离的运输成本随距离的增加而减少。距离经济的合理性类似于规模经济，尤其是运输工具装卸所发生的相对固定的费用必须分摊每单位距离的变动费用。

在评估各种运输战略方案或营运业务时，这些原理就是重点考虑因素。其目的是要使装运的规模和距离最大化，同时仍要满足顾客的服务期望。汽车的运输是指借助各种运输工具实现汽车产品由生产地运送到消费地的空间位置上的转移。

① 汽车的运输方式。汽车运输方式（工具）是实现汽车产品地区之间移动的物资条

件，常用的运输方式有铁路运输、水运和公路运输。这主要取决于运输成本和顾客需要服务的内容。

② 汽车运输需考虑的因素。在进行汽车运输时，汽车企业必须考虑选择何种运输方式和运输路线，将汽车产品运送到销售地点。在选择汽车运输策略时，要对各种汽车运输方式之间复杂的利害关系加以平衡，同时还需考虑其他销售要素，诸如仓储和存货水平的潜在影响。另外，因为不同运输方式的相对成本会随着时间的推移而发生变化，所以还必须结合实际情况做出恰当的选择。

10.2.2 物流信息管理

信息流是物流作业的关键要素。普通的物流信息形式包括顾客和补给部门的订货、各种存货要求、仓库作业命令、货运单证、各种发票等。过去，信息流主要是建立在书面基础上的，导致了缓慢的、不可靠的以及有误导倾向的信息传输。建立在书面基础上的信息流既增加了作业成本，又降低了顾客的满意程度。20世纪20年代以后，通信卫星和计算机系统率先在美国的汽车公司中得以应用，克莱斯勒汽车公司通过通信卫星系统整合供应物流和销售物流。由此，用信息系统整合供应链上资源的管理序幕拉开了，使得物的流动更具目的性和经济性。以信息化为标志的现代物流不仅提高了企业竞争力，而且使社会资源的利用效率有了显著提高。由于技术成本正在下降，使用更加容易，各种应用软件使物流经理能够更有效、更迅速地用电子手段交流和管理信息。电子信息的传输和管理通过增加协调减少物流费用并向顾客提供更好的信息来强化服务。

现代物流理论认为，物流服务的核心目标是在物流全过程中以最少的综合成本来满足顾客的需求。它具有及时化、信息化、自动化、智能化、服务化和网络化等特征。与传统的储运业务相比，其最主要的优势体现在依靠物流信息的科学运筹管理，通过系列化的先进物流技术支撑，实现及时化、信息化与智能化的物流服务操作与管理，集储存保管、集散转运、流通加工、商品配送、信息传递、代购代销、连带服务等多功能于一体。因此，包括汽车企业在内的企业物流信息流程及信息系统必须与现代物流服务工作的要求相匹配。

物流信息系统将硬件和软件结合在一起，对物流活动进行管理、控制和衡量。硬件包括计算机、输入/输出设备和储存设备等；软件包括用于处理交易、管理控制、决策分析和制订战略计划的系统和应用程序。典型的物流信息系统结构包括维持数据库的信息基础和执行组件两部分。信息基础包括采购订货、存货状态和顾客订货；数据库包含描述过去活动水平和当前状态的信息。物流信息系统是现代物流作业的支柱。过去，这种基础结构把精力集中在启动和控制用于接纳、处理和装运顾客订货的各种活动上，而对今天的企业来说，要保持竞争能力，必须把信息基础结构的作用延伸到包括需求计划、管理控制、决策分析等方面，并与配送渠道的其他成员连成一体。

为了满足对信息管理的要求，实现对于物流业务的及时化、信息化、智能化、网络化操作，汽车企业的物流信息系统必须对以下几个信息管理子系统进行有效的整合与集成，建立相互之间的信息交换与传递，建立相应的功能连接，从而实现对物流业务的统筹运作与科学管理。

1. 需求管理系统

需求管理系统又称客户管理系统，其职能是收集客户需求信息、记录客户购买信息、进行销售分析和预测、管理销售价格、处理应收货款及退款等。通过对客户资料的全方位、多层次的管理，使汽车企业与经销商以及客户之间实现流通机能的整合、信息分享、收益及风险共享，从而在供应链管理模式发展下实现跨企业界限的整合。

2. 采购管理系统

采购管理系统主要是面对供货商的作业，包括向汽车零配件厂商发出订购信息和进货验收、供货商管理、采购决策、存货控制、采购价格管理、应付账款管理等信息管理系统，同时将之与客户管理系统建立功能链接。

3. 仓库管理系统

仓库管理系统包括储存管理、进出货管理、机械设备管理、分拣处理、流通加工、出货配送管理、货物追踪管理、运输调度计划、分配计划等内容信息的处理，同时与客户管理系统建立链接。该系统可以对所有的包括不同地域、不同属性、不同规格、不同成本的仓库资源实现集中管理。采用条码、射频等先进的物流技术，对出入仓库货物实现连机登录、存量检索、容积计算、仓位分配、损毁登记、状态报告等进行自动处理，并向系统提交图形化的仓储状态。

4. 财务管理和结算系统

财务管理系统主要对销售管理系统和采购系统所传送来的应付账款、应收账款进行会计操作，同时对配送中心的整个业务与资金进行平衡、测算和分析，编制各业务经营财务报表，并与银行金融系统联网进行转账。同时，结合成熟的财务管理理论，针对物流企业财务管理的特点，根据财务活动的历史资料进行财务决策，然后运用科学的技术手段、有关信息、特定手段和方法进行财务预算、财务控制，并进行财务分析，最终实现企业价值最大化。结算系统主要是充分利用现有的业务信息管理系统和计算机处理能力，以达到自动为客户提供各类业务费用信息、大幅度降低结算业务工作量、提高结算业务的准确性和及时性为目的，从而为汽车企业的自动结算提供一套完整的解决方案。

5. 配送管理系统

配送管理系统以最大限度地降低物流成本、提高运作效率为目的，按照实时配送（JIT）原则，在多购买商并存的环境中，通过在购买商和各自的供应商之间建立实时的双向链接，构筑一条顺畅、高效的物流通道，为购买、供应双方提供高度集中的、功能完善的和不同模式的配送信息服务。

6. 物流分析系统

物流分析系统通过应用GIS技术与运筹决策模型，完善物流分析技术，通过建立各类物流运筹分析模型来实现对物流业务的互动分析，提供物流一体化运作的合理解决方案，以实现与网络伙伴的协同资源规划（CRP）。

7. 决策支持系统

除了获取内部各系统业务信息外，关键在于取得外部信息，并结合内部信息编制各种分析报告和建议报告，提供分析图表与仿真结果报表，供配送中心的高层管理人员作为决策的依据。通过建立决策支持系统，及时掌握商流、物流、资金流和信息流所产生的信息并加以科学地利用,在数据仓库技术、运筹学模型的基础上,通过数据挖掘工具对历史数据进行多角度的、立体的分析,实现对企业中的人力、物力、财力、客户、市场、信息等各种资源的综合管理,为企业管理、客户管理、市场管理、资金管理等提供科学决策的依据,从而提高管理层决策的准确性和合理性。物流中心的信息系统必须是一个对各类管理系统的有机整合与集成,在相互之间建立相应功能的连接,从而实现各类信息的交换与传递。

10.3 汽车企业销售物流

10.3.1 汽车销售物流概述

1. 销售物流的定义

销售物流是企业在销售过程中,将产品的实体转移给用户的物流活动;是产品从生产地到用户的时间和空间的转移,是以实现企业销售利润为目的。销售物流是储存、运输、配送等诸环节的统一。

2. 销售物流的功能

销售物流是企业物流的一个重要环节,它与企业的销售系统相结合,共同完成产品的销售任务。销售物流的流程如图10-2所示。销售物流是由客户订单驱动的,而物流的终点又是客户。因此,在销售物流之前,企业要进行售前的各种市场活动,包括确定客户(潜在客户、目标客户),与客户的联系,产品展示,客户询价,报价,报价跟踪等。

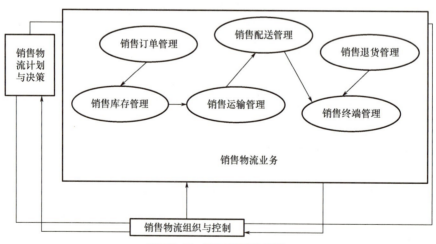

图 10-2 销售物流的流程

10.3.2 汽车销售渠道的物流管理

汽车销售渠道是汽车产品实现其价值过程中的一个重要环节,它包括科学地确定汽车销售路线,合理地规划汽车销售网络,认真地选择汽车经销商,高效地组织汽车储运,及时地将品质完好的汽车提供给消费者,以满足消费者的需要。

汽车产品由汽车生产企业最终到达消费者手中,不但要通过汽车所有权的转移,而且要经过订货、运输、仓储、存货等管理活动,才能实现汽车产品实体的空间转移。其中,运输和仓储最重要,它们和企业的销售渠道相辅相成、关系紧密。汽车企业制定正确的物流策略,可以降低成本,增强竞争能力,提供优质服务,提高企业效益。

汽车销售渠道的物流管理主要针对以下几个方面。

1. 物流成本

每个特定的汽车物流系统都由仓库数目、库址、规模、运输策略及存货策略等构成。在设计和选择汽车物流系统时,要考虑各种系统的总成本,然后从中选择总成本最低的物流系统。

2. 汽车的储存

汽车的储存是指汽车产品离开生产领域而尚未进入消费领域之前,在汽车销售渠道流通过程中的合理停留。为了保证汽车企业再生产的顺利进行和满足消费者的消费要求,必须保持一定数量的汽车储存。

3. 汽车的运输

汽车的运输是指借助各种运输工具实现汽车产品由生产地运送到消费地的空间位置上的转移。

汽车运输方式是实现汽车产品地区之间移动的物质条件。运输方式选择主要取决于运输成本、地理因素和消费者需要服务的内容。

汽车运输路线选择时要力求做到把货物交给消费者的时间最短,以确保及时交货,提高服务质量,减少总的运输里程,降低企业的运输费用。

10.3.3 汽车销售物流的运输管理

随着物流管理观念在各经济领域的普遍渗透,运输部门在企业中的作用逐步提升,运输管理的基本责任和内容也随之发生了变化。运输管理是一项复杂、细致、富有挑战性的工作,是成功物流系统的重要保障。运输管理的内容包括以下几个方面。

1. 确定运输管理部门职责和使命

运输部门的职责和使命是确保以最低的成本为企业提供所需的运输服务以及为企业提供有关原材料、供应品和成品移动方面的技术支持。物流系统中的运输部门除了要做好各项与运输相关的本部门内的工作,还要协助企业内其他部门进行运营和作出决策,包括协助市场营销部门向销售人员报出准确的运费,就可能的运输费用节约为销售折扣的数量提供依据,选择合适的线路确保产品的配送;帮助生产制造部门对包装和原料搬运提供建议,同时确保随时提供充足的运输;为外向运输提供运输方式和线路选择方面的指导,填发运输单据,促进集运的使用;就如何控制内向配送的成本、质量向采购部门提出建议,并协助追踪和催促重要投入品的运输。

2. 选择承运人

不同的运输方式和运作类型会有各自的特点和优劣。运输管理者必须对这些运输方式和运作类型进行分析之后，选择恰当的方式和运作类型，然后在初步圈定的运输方式和运作类型范围内选出合适的承运人。确定初步范围后，要在运输能力指标相近的承运人中作出选择，就需要对可能影响承运人服务质量的多项指标进行比较，其中比较重要的指标依次为货运过程中处理破损的经验、处理索赔的程序、运输时间的可靠度、有无货物跟踪服务、门到门运输时间、上门取货和配送服务的质量、是否只提供单向运输服务、运输设备状况等。

3. 选择运输方式

在汽车整车的物流中，有三种运输方式比较可行，即铁路运输、公路运输、水路运输。采用铁路运输往往是出于对运费的考虑。在长途货运中，火车的价格优势很容易体现出来。但除了少数具有服务网络的物流公司或货物代理（如中铁快运等），能提供"门到门"全程服务外，目前铁路部门是无法提供这种服务的。而公路能够提供"门到门"的服务，公路运输可以作为首选运输工具。当顾客急需某种整车车型订货时，采用这种"高速运输"的措施将极大缩短紧急订货配送时间。并且需要正确权衡库存费用和运输费用，正确确定运输价格，以降低总成本。

4. 确定运费

随着各国运输业自由化和市场化的进程加速，运输费率体系越来越复杂，要达到运输的低成本化，企业的运输管理人员必须对各种运输费率体系十分了解，并据此确定企业可利用的最低费率。

整车运输在计算运输费用时，要考虑运输方式（可分为零公里运输、背驮运输和非零公里运输、商品车直接开到目的地）和运输路线长度费用。另外，按公里数的不同要执行分段计费标准。系统能够快速打印与承运商结算费用的单据，准确地记录承运商运输车辆的数量、目的地、运输方式，对运输结果的有效性进行确认，根据不同的运输费率计算费用，定期打印账单与承运商进行运输费用的对账。

5. 准备表单

填写运输单据也是企业运输管理部门的职责。现在，有许多承运人向货主提供相应的软件，以便通过计算机输出通用的运输单据。有些货主运用其订单处理软件输出运输单据，如公路运输托运表、公路运输货运单、水路运输货运单、水路运输托运计划、航空货运单、货物交运单、货物清单。

6. 监管承运人

在企业销售运行管理中，要使企业的商品在合适的时间运到合适的地方，很重要的一环就是对承运人的监管与控制。运输部门将企业的产品交给承运人之后，还需要负责监督和跟踪货物在运输中的情况，以确保货物安全、及时、准确、完好无损地送到客户或指定的地点。

10.4　第三方物流

由于供应链全球化，物流活动变得越来越复杂、物流成本越来越高、资金密集程度也越来越高。利用外协物流活动，公司可以节省物流成本、提高服务水平。这种趋势首先出现在制造业，公司将资源集中用于最主要的业务，而将其他活动交给第三方物流公司，这样就促进了第三方物流的发展。汽车行业物流外包的现象也逐渐普及，汽车行业第三方物流企业迎来了发展机遇。

10.4.1　第三方物流的概念

"第三方"是相对于"第一方"发货方和"第二方"收货方而言。自 20 世纪 90 年代以来，第三方物流（Third Party Logistics　TPL）作为一种新的物流形态，受到广泛关注。

《物流术语》（GB/T 18354—2021）中将第三方物流定义如下：由独立于物流服务供需双方之外且以物流服务为主营业务的组织提供物流服务的模式。这一定义明确了"第三方"的内涵，即物流服务提供者作为发货人（甲方）和收货人（乙方）之间的第三方，代表甲方或者乙方来执行物流功能。但这一定义的外延过于宽泛，对"物流企业"和"物流服务"所涵盖的范围界定不明。

10.4.2　国内外第三方物流的发展历程

1. 国外第三方物流的发展历程

国际上，现代意义上的第三方物流业是一个只有 30 多年历史的相对年轻的行业，20 世纪 90 年代是国外第三方物流发展的黄金时期，在有些国家已经形成一个比较完整的产业。

美国把在第二次世界大战中的"后勤供应"手段用于物流业管理，并在公路、铁路、水运、管道、航空 5 种运输业中广泛使用信息技术手段，早在 20 世纪 20 年代，仅汽车货运及相关行业的产值就达国民经济总产值的 7% 以上，第三方物流业以两位数的速度持续发展。90 年代中后期第三方物流服务的使用比率约为 50%，市场规模为 200 亿美元，像苹果电脑、通用汽车等企业就是依托第三方物流而达到近乎"零库存"管理。

日本的物流网络遍布全国各地，20 世纪 80 年代中期就有 5 万多家物流企业，货物量超过 34 亿吨。日本由通商产业省和运输省主管物流，私营企业有许多都从事物流业，如流通中心、运输社等。

在欧洲，使用第三方物流服务业的比率平均达 76%；2020 年全年第三方物流的市场规模为 1736 亿美元。其中，德国 99% 的运输业务和 50% 以上的仓储业务交给了第三方物流；英国的第三方物流在商业领域已从货物配送发展到店内物流，即零售店从开门到关门、从清扫店堂到补货上架等。原先由商店营业员负责的一系列服务工作，现在全部交给第三方物流商完成。

2. 国内第三方物流的发展历程

进入 21 世纪，随着全球经济的不断发展，跨国公司、外资企业在我国的数量不断增加，外国第三方物流企业开始进入我国。与此同时，我国商业、粮食、外贸等储运企业，以及一些交通运输、货运代理企业也在积极扩展经营范围，延伸服务项目，改进服务方式，逐步实现由传统物流企业向第三方物流企业的转化。但总的来说，我国第三方物流的发展仍然与国外先进物流模式存在差距。目前，我国使用第三方物流服务的主要以跨国公司、外资企业为主，国内只有少数大型企业使用第三方物流服务，大多数企业由于种种原因还未涉足这一领域。

10.4.3　我国汽车行业第三方物流发展的现状

汽车行业的第三方物流即以汽车整车或零部件作为运输对象的第三方物流方式。我国汽车物流市场上具有较强竞争力的第三方汽车物流企业有十多家，如中原物流、中外运、嘉里物流、华贸物流、安达物流、安吉物流、长久物流和一汽物流等，它们占据了80%左右的市场份额，余下的市场份额则分散在众多中小型汽车物流企业中。近年来，汽车整车物流趋于成熟，零部件物流取得长足发展。然而，由于我国汽车物流发展时间较短，专业化程度不高，因此很多地方还有待完善。

（1）零部件产业的集群发展促进汽车物流行业迅速发展

经过30多年的发展，我国形成了以吉林长春、湖北十堰等为代表的汽车零部件产业基地，初步形成了华北、京津、华中、西南、长三角、珠三角六大汽车零部件集中区域。零部件产业呈现集群化发展趋势，我国汽车物流产业国际竞争力有了明显提高。

（2）物流基础设施建设逐渐完善

我国一些大型的汽车物流企业或其附属单位经过多年的发展，已建立了一定的运输和仓储设备设施与服务网络。此外，公路等基础设施的扩大也极大地促进了汽车物流的发展。同时，我国几大主要港口纷纷投入巨资建设专业化汽车滚装码头，以满足急剧增长的汽车物流业带来的市场需求。目前，大连新港、天津新港、上海港、广州黄埔港等29个口岸被国家指定为整车进口口岸。

（3）中国汽车物流市场增长迅猛

中国潜力巨大的汽车消费市场刺激了汽车工业的发展，吸引了世界各大跨国汽车企业在中国进行本地化生产，这带来了汽车零部件进出口贸易的增长及跨国汽车企业对零部件物流和整车物流服务的大量需求。

（4）物流成本过高，空载严重

目前欧美汽车制造企业的物流成本占销售额的比率为8%左右，日本汽车制造商甚至可以达到5%，而我国汽车生产企业普遍在15%以上，甚至更高；我国汽车物流企业汽车空驶率高达38%，整车物流车辆空驶率高达39%，运输成本是欧美国家的3倍。

（5）汽车物流服务功能单一，信息化水平低

从总体上看，国内第三方汽车物流企业提供的服务多限于简单的仓储、运输等传统业务，物流服务收益的85%来自这些基础性服务。而在零部件配送、物流服务等更深层次的汽车物流服务，仅有几家超大型的物流服务商涉足，从业务流程上看，绝大多数TPL都擅长整车物流领域，而鲜有第三方汽车物流企业可以涉足汽车物流的全流程，而全流程的运作、个性化的增值服务正是现代汽车物流发展的方向。

（6）外包物流比例较低，市场过度分散

自营物流占到我国汽车物流市场的80%左右，随着汽车消费的个性化、采购供应全球

化以及汽车微利时代来临，自营物流必然会加重制造商负担，降低企业竞争力。汽车物流市场呈现出明显的区域性、分散性特点，只有极少数企业能够掌握跨区域的运输配送网络，提供全国范围内的物流服务。市场公开透明度不高，竞争水平有待提升，资源配置效率低。

10.4.4 汽车行业第三方物流的特点

1. 第三方物流建立在现代电子信息技术基础上

信息技术的发展是第三方物流出现的必要条件。信息技术实现了数据的快速、准确传递，提高了仓库管理、装卸运输、采购、订货、配送发运、订单处理的自动化水平，使订货、包装、保管、运输、流通、加工实现一体化；汽车制造原材料供应、汽车生产商、销售企业之间可以更方便地使用信息技术与物流企业进行交流和协作，企业间的协调和合作有可能在短时间内迅速完成；同时，计算机软件的飞速发展，使混杂在其他业务中的物流活动的成本能被精确计算出来，还能有效管理物流渠道中的商流，这就使企业有可能把原来在内部完成的作业交由物流公司运作。

2. 第三方物流是个性化物流服务

汽车制造行业第三方物流服务的对象较少，只有一家或几家，服务时间却较长，往往长达数年，与公共物流服务不同。这是因为需求方的业务流程各不相同，而物流、信息流是随价值流流动的，要求第三方物流服务按照客户的业务流程来定制，因而汽车制造行业个性化色彩十足。

3. 第三方向物流企业与其客户是联盟关系

（1）第三方物流与汽车生产经营企业是战略合作伙伴关系，而非一般意义上的买卖关系

第三方物流企业不是简单的货代公司，也不是单纯的速递公司，而是汽车生产企业物流领域的战略同盟。在服务内容上，它为汽车生产企业提供的不仅仅是一次性的运输或配送服务，而且是一种长期契约性质的综合物流服务，最终目的是保证汽车生产企业物流体系的高效运转和不断优化供应链管理。严格意义上的第三方物流更加注重物流体系的整体运作效率与效益，供应链的管理与不断优化是它的核心服务内容，它的业务触及汽车生产企业销售计划、库存管理、订货计划、生产计划等生产经营过程，远远超越了一般意义上的买卖关系，而是紧密地结合成一体，形成了一种战略合作伙伴关系。

（2）利益一体化是第三方物流的利润基础

第三方物流的利润从本质上讲来源于现代物流管理科学的推广所产生的新价值，也就是我们通常所说的第三利润源泉。库存成本的节约就是物流科学创造的新价值，这种新价值是由第三方物流企业和汽车生产企业共同分享的，这就是利益一体化。因此，第三方物流与汽车生产企业的利益是一致的，这与传统经营方式有着本质不同。

（3）第三方物流企业是风险承担者

第三方物流企业追求的不是短期的经济效益，更确切地说它是以一种投资人的身份为汽车生产企业服务的。第三方物流长期投资的收益很大程度上取决于汽车生产企业业务的增长，这种依存关系决定了其在经营过程中获取利润的同时也承担了相应的风险。

（4）第三方物流具有技术复杂性

保证汽车生产所需零部件按时按量到达指定工位是一项十分复杂的系统工程，汽车的

高度集中生产带来成品的远距离运输以及大量的售后配件物流，这些都使汽车物流的技术复杂性高居各行业物流之首。第三方物流管理运作难度大特别体现在将汽车零部件向汽车制造商的生产线（工位）的配送上。

（5）第三方物流具有服务专业性

汽车生产的技术复杂性决定了为其提供保障的物流服务必须具有高度专业性；采购物流需要专用的运输工具和工位器具，生产物流需要专业的零部件分类方法，销售物流和售后物流也需要服务人员具备相应的汽车保管、维修专业知识。

（6）第三方物流具有资本、技术密集性

汽车物流需要大量专用的运输和装卸设备，需要实现"准时生产"和"零库存"，需要实现整车的"零公里销售"，这些特殊性需求决定了汽车物流是一种高度资本密集、技术密集和知识密集型行业。

（7）第三方物流具有环节多样性

汽车行业属于典型的离散制造业，第三方物流是与汽车原料供应商、零部件商、整车生产厂商、批发商、物流公司及最终用户进行沟通的桥梁，更是实现汽车从生产到消费各个流通环节的有机结合，同时为汽车制造商、备件供应商、生产部件供应商、4S店与分销商等提供服务。

（8）第三方物流的服务柔性要求高

整车物流具有物流风险较大、整车库存管理难度较大、个性化服务要求高和运输具有单向性四大特点；零部件物流具有多批次、少批量、数目大和外形差异大等特点。仅一种车型零部件就超过千种，且零部件采购全球化，有国产件和进口件之分，不同零部件的物流活动流程与要求有差异，可见对服务柔性的要求极高。

10.4.5　第三方物流相对于自营物流的优点

第三方物流相对于自营物流具有以下几个方面的优点。

（1）企业可以集中精力于核心业务

由于任何企业的资源都是有限的，很难成为业务上面面俱到的专家。因此，企业应把自己的主要资源集中于自己擅长的主业，而把物流等辅助功能留给物流公司。

（2）灵活运用新技术，实现以信息换库存，降低成本

当科学技术日益进步时，专业的第三方物流供应商能不断地更新信息技术和设备，而普通的单个制造公司通常一时难以更新自己的资源或技能；不同的零售商可能有不同的、不断变化的配送和信息技术需求，此时，第三方物流公司能以一种快速、更具成本优势的方式满足这些需求，而这些服务通常都是制造商一家难以做到的。同样，第三方物流供应商还可以满足一家企业的潜在顾客需求的能力，从而使企业能够接洽到零售商。

（3）减少固定资产投资，加速资本周转

企业自建物流需要投入大量的资金购买物流设备，建设仓库和信息网络等专业物流设备。这些资源对于缺乏资金的企业特别是中小企业来说是个沉重的负担。而如果使用第三方物流，公司不仅可减少设施的投资，还解放了仓库和车队方面的资金占用，加速了资金周转。

（4）提供灵活多样的顾客服务，为顾客创造更多的价值

对于汽车零部件生产企业，如果客户需要迅速地补充产品货源，汽车零部件生产企业

就要有自己的地区仓库。通过第三方物流的仓储服务，可以满足客户需求，而不必因为建造新设施或长期租赁而调拨资金并在经营灵活性上受到限制。

10.4.6 第三方物流的配送管理

1. 配送管理的概念

汽车行业第三方物流配送管理是指为了以最低的配送成本达到客户所满意的服务水平，对配送活动进行的计划、组织、管理、协调与控制。

2. 配送管理的发展阶段

按照管理进行的顺序，可将配送管理划分为3个阶段：计划阶段、实施阶段和评估阶段。

（1）计划阶段。计划是作为行动基础的某些事先的考虑。配送计划是为了实现配送预期所要达到的目标而做的准备性工作。

首先，配送计划要确定配送所要达到的目标，以及为实现这个目标所进行的各项工作的先后顺序；其次，要分析研究在配送目标实现的过程中可能发生的任何不确定性，尤其是不利因素，并作出应对这些不利因素的对策；最后，制定贯彻和指导实现配送目标的人力、物力和财力的具体措施。

（2）实施阶段。确定配送计划以后，为实现配送目标，就必须实施配送计划。配送的实施管理就是对正在进行的各项配送活动进行管理。它在配送各阶段的管理中具有最突出的地位，因为在这个阶段，各项计划将通过具体的执行而得到检验。同时，实施阶段把配送管理工作与配送各项具体活动紧密地结合在一起。

（3）评估阶段。在一定时期内，人们对配送实施后的结果与原计划的配送目标进行对照、分析，这就是对配送的评价。通过对配送活动的评价，可以确定配送计划的科学性、合理性，确认配送实施阶段的成果与不足，从而为今后制订新的计划、组织新的配送提供宝贵的经验和资料。

3. 配送管理的内容

从不同的角度来看，配送管理包含以下内容。

（1）配送模式管理

配送模式是指企业对配送所采取的基本战略和方法，具体包括5W1H（What，Why，Who，Where，When，How）的内容。企业选择何种配送模式主要取决于以下几方面的因素：配送对企业的重要性、企业的配送能力、市场规模与地理范围、保证的服务及配送成本等。

（2）配送作业管理

不同产品的配送可能有其独特之处，但配送的一般流程大体相同。配送作业流程的管理就是对这个流程的各项活动进行计划和组织。

（3）对配送系统各要素的管理

从系统的角度看，对配送系统各要素的管理主要包含以下内容。

① 人的管理。人是配送系统和配送活动中最活跃的因素。对人的管理包括配送从业人员的选拔和录用；配送专业人才的培训与提高；配送教育和配送人才培养规划与措施的制定等。

② 物的管理。"物"是指配送活动的客体，即物质资料实体。物质材料的种类繁多，物质资料的物理、化学性能更是千差万别。对物的管理贯穿于配送活动的始终，进入了配

送活动的流程之中不可忽视。

③ 财的管理。财的管理主要是指配送管理中有关降低配送成本、提高经济效益等方面的内容，财的管理是配送管理的出发点，也是配送管理的最终归宿。其主要内容有包括配送成本的计算与控制、配送经济效益指标体系的建立、资金的筹措与运营及提高经济效益的方法等。

④ 设备管理。设备管理的主要内容为各种配送设备的选型与优化配置，各种设备的合理使用和更新改造，各种设备的研制、开发与引进等。

⑤ 方法管理。方法管理的主要内容为各种配送技术的研究和推广普及，配送科学研究工作的组织与开展，现代管理方法的应用等。

⑥ 信息管理。信息是配送系统的神经中枢，只有做到有效的处理并及时传输物流信息，才能对系统内部的人力、财力、物力、设备和方法等要素进行有效的管理。

（4）对配送活动中具体职能的管理

从职能上划分，配送活动主要包括配送计划管理、配送质量管理、配送技术管理及配送经济管理等。

① 配送计划管理。配送计划管理是指在系统目标的约束下，对配送过程中的每个环节都进行科学的计划管理，具体体现在配送系统内各种计划的编制、执行、修正及监督的全过程。配送计划管理是物流管理工作的最重要的职能。

② 配送质量管理。配送质量管理包括对配送服务质量管理、配送工作质量管理、配送工程质量管理等。配送质量的提高意味着配送管理水平的提高，意味着企业竞争能力的提高。因此，配送质量管理是配送管理工作的中心环节。

③ 配送技术管理。配送技术管理包括对配送硬技术和配送软技术的管理。对配送硬技术的管理，是对配送基础设施和配送设备的管理，如配送设施的规划、建设、维修与运用，配送设备的购置、安装、使用、维修和更新，提高设备的利用效率，对日常工具的管理等；对配送软技术的管理，主要是指配送各种专业技术的开发、引进和推广，配送作业流程的制定，技术情报和技术文件的管理，配送技术人员的培训等。配送技术管理是配送管理工作的依托。

④ 配送经济管理。配送经济管理包括配送费用的计算和控制，配送劳务价格的确定和管理，配送活动的经济核算、分析等。成本费用的管理是配送经济管理的核心。

1. 物流及汽车物流的定义分别是什么？汽车物流具有何特点？
2. 汽车企业常见的物流过程是什么？
3. 汽车产品的逆向物流包括哪些方面？
4. 汽车物流的基本环节包括哪些方面？
5. 汽车销售物流系统的总成本如何计算？
6. 汽车企业的物流信息系统包括哪些系统？
7. 什么是汽车销售物流？汽车销售物流的运输管理主要针对哪些方面？
8. 第三方物流的定义是什么？汽车行业的第三方物流的特点有哪些？
9. 汽车行业的第三方物流配送管理的内容包括哪些方面？

第 11 章

汽车延伸服务

知识要点	掌握程度	相关知识
汽车租赁	了解汽车租赁的定义与分类； 掌握汽车租赁的经营模式； 了解汽车租赁业的运营管理内容； 了解汽车租赁业的风险管理	汽车租赁的定义与分类；汽车租赁的经营模式；汽车租赁业的运营管理内容；汽车租赁业的风险管理
汽车文化	了解汽车文化的定义； 掌握汽车文化的分类	汽车文化的定义；汽车文化的分类
汽车模型	了解汽车模型的特点； 了解汽车模型的分类； 了解汽车模型的价值	汽车模型的特点；汽车模型的分类；汽车模型的价值
汽车运动	了解汽车运动发展历程； 了解汽车运动存在的问题； 了解发展我国汽车运动的对策	汽车运动发展历程；汽车运动存在的问题；发展我国汽车运动的对策
汽车俱乐部	了解汽车俱乐部的概念； 了解汽车俱乐部发展现状分析与趋势； 掌握汽车俱乐部的服务内容	汽车俱乐部的概念；汽车俱乐部发展现状分析与趋势；汽车俱乐部的服务内容
汽车展览	了解车展的概念及类型； 了解车展的意义； 了解国外车展的特点； 了解国内车展的特点； 了解车展的发展趋势	车展的概念及类型；车展的意义；国外车展的特点；国内车展的特点；车展的发展趋势
汽车救援	了解汽车救援的概念； 了解汽车救援的发展历程； 了解汽车救援的意义； 掌握汽车救援提供的主要服务及服务对象； 了解规范汽车救援服务的措施	汽车救援的概念；汽车救援的发展历程；汽车救援的意义；汽车救援提供的主要服务及服务对象；规范汽车救援服务的措施

汽车延伸服务是指导一些相关产业围绕汽车间接提供的各种服务，其主要包括汽车租赁、汽车文化、汽车模型、汽车运动、汽车俱乐部、汽车展览、汽车救援等。这些服务的共同特点是并非直接对汽车本体进行服务，而是提供与汽车相关的间接服务，为车主提供一些交流活动，增进车主之间的联系，拓宽车主的知识面，解决车主的后顾之忧。

11.1 汽车租赁

11.1.1 汽车租赁的定义与分类

汽车租赁于1918年诞生在美国，经过百余年的发展，在发达国家已经成长为一项规模巨大、管理成熟、深受汽车制造厂商和政府关注的服务产业。在我国，汽车租赁虽然起步较晚，但随着经济的持续发展和人民生活水平的不断提高，人们对方便快捷的出行方式的需求越来越强烈，这昭示着我国汽车租赁产业巨大的市场潜力和美好前景。

1. 汽车租赁的定义

汽车租赁是指汽车消费者通过与业务经营者之间签订各种形式的付费合同，以在约定时间内获得汽车的使用权为目的，经营者通过提供汽车功能、税费、保险、维修、配件等服务实现投资增值的一种实物租赁形式。

2. 汽车租赁的分类

（1）按租赁方式分类

① 汽车融资租赁。

汽车融资租赁是一种买卖与租赁相结合的汽车融资方式。一般而言，汽车融资租赁需具备以下条件。

一是消费者需向销售商支付相应的租金（汽车使用补偿费）。

二是如果消费者支付的费用（包括租金及相应赋税）已经相当于或者超过汽车本身的价值，依照汽车租赁合同，消费者有权获得该汽车的所有权。

三是如果消费者（承租人）在租期届满时所付租金总额尚未超过汽车价值，消费者（承租人）此时享有选择权，对租期届满后的汽车可以下列任何一种方式处理。

a. 在补足租赁合同中事先约定的相应余额后成为汽车的所有权人。

b. 如果汽车现值高于a项约定的余额，消费者可以出卖所租汽车，向零售商偿还该余额，保留差价从中获利。

c. 将该汽车返还给出租人。

四是在租赁期间届满时，消费者欲购买所租汽车，不必以一次性付款的方式付清尾款。消费者（承租人）最终是否成为所租汽车的所有权人，选择权在消费者（承租人）。

② 汽车经营租赁。

汽车经营租赁是指承租人以取得汽车产品的使用权为目的，经营者以通过提供汽车功能、保险及维修等服务来实现投资的增值。

汽车融资租赁与经营租赁主要有以下区别。

a. 经营租赁的承租人利用汽车租赁的主要目的在于取得汽车的暂时使用权；而融资租赁的承租人主要通过融资达得融物的目的，即最后取得汽车的所有权。

　　b. 在经营租赁形式下，仅涉及出租人和承租人的行为；而融资租赁形式下，至少涉及出租人、承租人、供货人三方的责任。

　　c. 融资租赁的出租人和承租人的权利和义务有别于经营租赁，这些变化包括汽车租赁的选择方式、维修保养、合同的不可延续性等。

　　d. 在经营租赁形式下，租赁期满后对租赁物只有退租和续租两种选择，不存在租赁物所有权转移问题；而在融资租赁条件下，承租人还可以通过支付象征性的费用来获得租赁物的所有权。这种租赁物所有权由出租人向承租人的转移是融资租赁与经营租赁的显著区别。

　　e. 在经营租赁条件下，承租人支付的租金通常小于租赁物的购买成本，称为租金的不完全支付性；而融资租赁条件下，承租人所付出的租金总额大于租赁物的购买成本，称为租金的完全支付性，显然两者存在差别。因此，传统的经营租赁是基于所有而进行租赁，而融资租赁是基于租赁而取其所有。融资租赁的金融功能更加突出。

　　（2）按租赁时间长短分类

　　按租赁时间长短，汽车租赁还可分为短期租赁、中期租赁和长期租赁。

　　短期租赁主要是指租赁期在 15 天以下的汽车租赁业务，以满足客户商务活动和周末出行、旅游等个人消费的需求为主；中期租赁是指租赁周期在 15～90 天的租赁业务，以满足客户公务、商务活动用车需要为主；长期租赁主要指租赁周期在 90 天以上的租赁业务，以满足企业日常经营活动用车需要为主。

　　目前汽车租赁公司的业务重点仍为中长期租赁，主要原因是中长期租车客户多为机构（三资企业、中小企业）用车，其风险小、汽车损耗小、收入稳定；而短期租赁客户多为家庭和个人客户，相对风险大（骗租可能性大）、汽车损耗大（多为新驾驶人），而且租车时间相对集中（节假日），易导致作业流不均衡，汽车空置率高（周一至周五），吸引力远不如中长期客户。

11.1.2　汽车租赁的经营模式

　　目前，我国汽车租赁企业由于经营时间短，规模和实力有限，多采取分散独立经营的模式，但随着我国经济的发展和租赁市场的成长，这种模式由于难以为顾客提供方便快捷的服务，限制了企业的市场开拓和经营规模的扩大，难以为企业提供持续健康发展的空间。通过分析发达国家汽车租赁业的发展不难发现，汽车租赁企业在经历了最初的市场培育之后，在经营模式必将走上连锁经营和与生产厂商合作的道路。

　　1. 特许经营连锁

　　连锁经营是指经营同类商品和服务的若干企业，在核心企业或总部的领导下，通过规范化经营，实现规模效益的经营形式和组织形态。连锁系统的分店像锁链似的分布在各地，形成强有力的销售网络。

　　特许经营是汽车租赁公司授予候选人特许经营权，使其加入租赁公司的服务网络，使用租赁公司的品牌和标识，按照租赁公司的统一规范进行业务运作。租赁公司对特许经营店的经营进行监督和指导，并收取特许经营权使用费。

世界知名的汽车租赁企业无一不采用连锁经营的方式，其连锁经营网点遍布各地，大型租赁公司的连锁租赁站点都在1000个以上，其中赫兹（Hertz）公司在140个国家设有5000余个站点。连锁经营的汽车租赁企业通过统一的管理标准和运营体系还在其车辆型号、车辆技术管理、服务质量管理等方面不断优化提高，从而赢得大量稳定的客户。

汽车租赁企业实行连锁经营，通过建立广泛的网络，统一管理，统一调配资源，能带来经营上的很多优势。

① 在构建连锁网络的同时，由于经营规模的扩大，因此企业统一采购的车辆和服务数量大大增加，提高了连锁企业与汽车企业和相关服务企业的议价能力，从而易于获得优惠价格。

② 连锁经营的汽车租赁企业通过统一管理标准和统一调配资源，大大提高了客户在租车的时间、地点上的方便性和使用中出现故障时进行施救的及时性，简化顾客租赁的手续，完善了顾客的信用管理体制，进而提高了企业整体的服务水准和顾客满意程度，同时能够在更高的层次上实现企业各项资源的优化配置，提高各种设备、设施的利用效率。

2. 与制造厂商的合作经营

越来越多的汽车租赁公司与汽车生产企业密切合作。通过合作，厂商一方面为汽车租赁公司提供了融资上的支持，这样有利于汽车租赁公司扩大规模获取规模经济效应；另一方面，租赁公司还可获得来自厂商直接的技术支持，为出租车辆提供专业维护和维修质量担保，提高了车辆整体技术状况，降低了出租车辆在整个使用寿命中的使用成本，从而在一定程度上保证汽车租赁企业资产投资的有效性和收益能力。使用一段时间租赁公司的车辆后，便由专门部门按标准进行检查，然后由厂家收回、翻新、检验后投入租赁市场。这在经济上对汽车租赁公司更为有利，在汽车技术运用上也更为合理。而汽车生产厂与汽车租赁行业密切合作，可通过汽车租赁经营来提高企业的知名度，提高自己的市场占有率。因此，汽车生产厂和汽车租赁公司相互协作，可实现双方的共同发展。

11.1.3　汽车租赁业的运营管理

汽车租赁业在运营过程中，涉及很多业务流程、法规及成本等内容，需要在运营之前对这些方面的内容进行统筹、安排，以便使运营过程更顺利。其主要包括以下几个方面。

1. 汽车租赁企业的投资与成本测算

（1）汽车租赁企业运营成本构成

汽车租赁企业的运营成本主要包括以下几个方面。

① 车辆折旧：折旧期一般以5年计算。

② 车辆维修、检测费用。

③ 职工工资福利。

④ 财务成本。

⑤ 各种税费：包括一次性税费和每年固定税费。一次性税费是指车辆购置附加费、牌照费；每年固定税费包括保险费、营业税、养路费、车船使用税、交通规费等。

⑥ 经营场所场租费用。

⑦ 不可预计风险准备费用。

⑧ 其他经营管理费用：办公费、广告宣传费、救援费用等。

（2）汽车租赁企业的投资要求

交通运输部、国家计委1998年颁布实施的《汽车租赁业管理暂行规定》对汽车租赁企业的投资规模进行了一些规范，主要体现在汽车租赁企业的技术经济条件必须达到以下要求。

① 汽车租赁企业配备车辆数不少于20辆，且汽车车辆总价值不少于200万元。租赁汽车应是新车或达到一级技术等级的车辆，并具有齐全有效的车辆行驶证件。

② 汽车租赁企业须有不少于汽车车辆价值5％的流动资金。

③ 汽车租赁企业有固定的经营和办公场所，停车场面积不小于正常保有租赁汽车投影面积的1.5倍。

④ 汽车租赁企业有必要的经营机构和相应的管理人员，在经营管理、车辆技术、财务会计等岗位分别有一名具有初级及以上职称的专业技术人员。

2. 租赁企业的机构设置与业务流程

（1）汽车租赁企业的岗位设置与职责

要保证汽车租赁企业的正常运作，汽车租赁企业必须合理设计其组织结构，明确各部门职责，并至少需要三个部门的协作－业务部门、财政部门和车管部门。汽车租赁企业组织结构如图11－1所示。

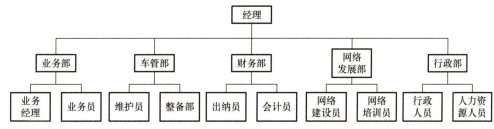

图11－1　汽车租赁企业组织结构

在实际运作中，工作人员数量和岗位的具体设置可根据站点规模、租赁车辆数目、经营状况而定。具体岗位的工作职责大致如下。

① 经理：统筹规划租赁企业各项事宜，制定企业发展战略，带领企业开拓市场，提高服务质量，规避经营风险，赢得竞争优势和利润。

② 行政部：处理日常行政事务，协调各部门运作，制定和实施企业人力资源规划。

③ 业务部：解答咨询，接待客户，洽谈业务，审核客户租车担保手续、承租者资信状况，进行租赁业务的风险控制，进行资信审查、签订汽车租赁合同；制定汽车租赁的价格政策；与财务、车管部门配合，收发租赁车辆，跟踪租赁营运车辆车况及隐患排除，包括与车管部门配合，协助救援、安排替换并完成有关交接手续等；为租赁车辆办理保险及事故处理、保险索赔；并对租赁市场状况进行分析和中短期预测，提出业务发展意见。

④ 车管部：租赁车辆的整备、维护，易损件更换；租赁车辆收发时的查验；租赁车辆车况跟踪，安排救援及替换车辆；事故车辆维修、送修，配合定损、索赔等；租赁车辆档案建立、健全与管理。

⑤ 财务部：租赁业务涉及款项收支、结算及出具票据；租赁业务流程中相关单据、票据、存单的保管、整理与归纳；本站点租赁状况分析及财务报表提交；协助业务部门对风险规避的措施提出意见。

⑥ 网络发展部：制定网络发展规划、网络运营的商务政策，组织和实施对新加盟的网络成员进行技术、管理和市场开拓方面的培训。

(2) 汽车租赁业务流程

汽车租赁作为一种服务产品，为了提高服务质量、控制运营风险，业务运行中的过程管理十分重要，因此汽车租赁企业应制定和实施合理、严格的业务流程，具体涉及租车、还车和实施救援三个方面。

① 租车流程。

客户到达汽车租赁站点后，应由业务人员负责接洽，简要介绍租赁业务情况，解答客户提出的有关价格、车辆使用限制、信用担保、交还车程序等方面的疑问；根据客户的租车日期、用途、所需车型、所用时间等具体情况为客户指定租赁方案，尽可能满足客户需求（对有预约的客户可简化接洽程序）。租车流程如图 11 - 2 所示。

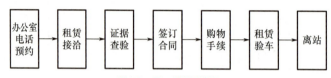

图 11 - 2　租车流程

经过洽谈达成意向后，业务员应按照公司有关制度仔细查验客户所提供的证件、证明，经严格确认、留存复印件和必要的抵押后，与客户签订正式汽车租赁合同。之后，业务人员应陪同客户到财务部缴纳押金、预付租金；到车管部门交接所需车辆并会同客户一起试车、验车，客户试车满意后，双方共同在租赁车辆交接单上登记验车情况，并签字确认，直至客户驾车离站。在此过程中，业务人员应始终具备较强的风险防范意识，一旦出现难以确认的情况或用户提出超出公司控制条件的要求时，应及时上报主管领导，进行慎重的个案处理。另外，对于长期租赁的客户，业务人员应定期与客户保持联系，了解车辆使用状况，提醒客户定期回公司对租赁车辆进行维护和保养，确保车辆的安全、车况良好，以延长车辆使用寿命。

② 还车流程。

当客户到租赁公司交还承租车辆时，业务员应给予客户主动热情的接待，和顾客一起迅速查验汽车租赁合同、车辆交接单等及其租车时所用的证件、有关单据，会同车管部门对照车辆交接单对车主交还的车辆进行现场勘验；验车结果经车管部门和承租方共同确认后，双方签字验收。然后，由业务人员引导顾客至财务部门进行账务结算（若有车损情况，双方应相互协商，由技术部门出具合理赔偿单据，承租方依单据交纳赔偿金后，方可进行财务结算），财务部门出具结算证明，换车手续结束，汽车租赁合同终止。还车流程如图 11 - 3 所示。

图 11 - 3　还车流程

③ 实施救援。

租赁汽车的行驶线路不固定，而且受各地的经济、文化、风土人情、环境和天气影响，道路情况各不相同，路面情况千差万别，容易发生道路交通事故。同时，租赁汽车的状况也存在差异，存在因车辆本身故障引起事故的可能性。如果出现上述各类事故，租赁公司一般都会安排人员与客户进行协商，根据协商结果实施以下两种救援方案。

a. 如果事故由车辆本身故障导致，救援费用一般由租赁公司承担，租赁公司将委托第三方救援人员提供现场紧急修理服务；若车辆故障严重而无法现场修复，客户将车辆交给租赁公司指定的第三方救援人员。若事故现场周边有租赁公司门店，客户可就近到租赁公司门店更换车辆，租赁公司提供的备用车为同级别或更高级别车辆时，租金仍按原车型计费；备用车为更低级别车时，租金按该级别车辆价格计费。若事故现场周边无租赁公司门店，租赁公司将委托第三方救援人员拖走车辆、接送客户，不再提供备用车，后续由租赁公司位于客户所在地的分公司为客户办理结算手续。

b. 如果事故由非车辆本身故障导致，与救援相关的所有费用由客户自行承担，客户可自行选择救援服务或选择由租赁公司提供的第三方救援服务。

11.1.4 汽车租赁业的风险管理

1. 汽车租赁业的风险

由于车辆交于承租人驾驶和使用，租赁企业在租赁期中难以对车辆的使用状况和使用方法进行现场监督，其经营具有一定的风险。一般来说，汽车租赁企业经营中的风险主要存在于以下几个方面。

① 车辆技术状况的非正常损耗。承租人对所租赁车辆的驾驶特点、性能、构造等方面不熟悉，造成操作不当；或者为了减少租车的使用成本，在使用过程中不注重对租用车辆的维修保养，带来车辆技术性能的非正常损耗；或者企业自身对租赁运营车辆的技术管理出现漏洞，没有及时地检查和维修，致使租车人在使用过程中造成车辆损坏。这些都将导致车辆的使用寿命缩短，企业的经营成本提高，妨碍企业投资按时收回，从而给企业的经营带来风险。

② 承租人的道德风险。这是指承租人违反双方议定的租赁合同，在租赁过程中侵占租赁企业的合法利益的行为。常见的有以下两种情况：一是承租人不按合同规定交付租金。有些用户延长用车时间而不补交租金或延期支付租金，超时使用短则十几天，长则几个月，造成企业的租金不能按时收回，车辆周转受到影响；另外，租赁合同在规定每日基本租赁价格外，一般还对每日行驶里程、行驶范围有一些限定，对超出使用里程和范围的部分加收部分租金。部分顾客为了多行驶一些里程而少付费，拆卸租赁车辆的里程表，使企业经营蒙受损失。二是承租人非法侵占租赁车辆的所有权。承租人在租赁期内采取不法手段将租赁的汽车进行抵押、偿债或擅自改变汽车的结构，更换零部件，甚至以租车为名，行盗车之实，将租赁的车辆变卖，直接侵占汽车租赁企业的营运资产。

③ 租赁车辆交通肇事。承租人驾驶租赁车辆发生交通事故，致使车辆必须进行维修，影响车辆的正常运营，或者承租人驾驶租赁车辆发生交通肇事，在案件处理过程中，也可能造成车辆停驶，影响企业的正常运营。

2. 汽车租赁业的风险控制措施

正是由于汽车租赁经营具有上述风险，因此企业必须建立健全相应的风险管理、控制机制，以保证企业的健康发展，具体可以采取以下措施。

① 提高全体员工特别是企业管理层的风险防范意识，建立相应的规章、措施，杜绝不规范操作，对风险管理给予制度上的保证，做到防微杜渐，把风险发生的可能性降到最低。

② 在企业内部设立风险防范机构，负责对所租赁运营的汽车和租车的客户进行风险评估、监测和控制，与银行、保险、公安交管部门建立稳定的合作关系和信息交换体制，控制风险的发生和提高发生后的处理效率，将企业的风险和风险可能带来的损失控制在最低水平。

③ 建立车辆详细的技术档案和租赁车辆的保养、检查、维修标准和制度：一是通过日常的检查和维护制度，及时发现故障隐患并及时解决，保证车辆的正常运行；二是建立车辆定期检查和大修规范，定期评估车辆的技术状况，确保需要保养或修理的车辆获得及时的维修服务，以及车辆在使用过程中的安全性。

④ 建立承租人的资信调查制度和信誉评估体系，通过使用前的资信调查，认真审核承租人提供的有关信息，并运用同业信息交换和公开合法渠道查询承租人的既往信用记录，在此基础上对确定承租人的信用风险登记，并以此制定不同的租赁政策，在市场拓展和风险控制中取得平衡。具备条件的企业还可以应用信息技术建立客户关系管理平台，在开发市场的同时，应用管理信息系统广泛搜集、积累和在合作伙伴间交换用户和潜在用户的有关资料，为业务部门进行风险评估提供技术和数据保险。

⑤ 建立跟踪服务制度。在租赁期中通过电话回访或其他形式，经常与用户保持联系，掌握租赁车辆的使用情况，避免欠租现象的发生；同时要了解承租人的驾驶习惯和消费偏好，对于不熟悉租赁车辆使用条件的客户给予适当指导，对于大客户或经常租用车辆的顾客，则尽可能在识别顾客偏好的基础上为他们提供经济实惠的服务，以保证顾客满意，提高顾客信任程度。

⑥ 完善租车手续和租赁合同，依法约束租车人的行为，保障企业合法权益。汽车租赁企业应与用户签订周密的租车合同，详细规定双方的权利义务和纠纷解决方式，向双方明确汽车租赁过程中各个环节的操作标准。严格按照业务流程办理有关手续，必要时要求用户留下住址、联系电话、身份证复印件等，核对无误后存档。

⑦ 为营运车辆进行保险以分担经营风险。一旦被租车辆发生交通肇事或被盗，企业应及时派人至现场并及时向保险公司、公安交管部门报案，协助有关部门勘查现场，认定责任，依照保险条款向保险公司提出索赔，为提高定损、理赔效率打下良好的基础。涉及刑事案件的还应及时向公安部门报案，提供有用线索协助破案。

11.2　汽车文化

11.2.1　汽车文化的定义

汽车文化是在汽车设计、汽车制造、汽车消费和汽车使用过程中，依附在汽车产品上的全部物质财富和精神财富。比如汽车发明人和车标的故事，汽车使用过程中人们的态度，设计理念和制造理念等都属于汽车文化的范畴。不同的汽车品牌承载不同的汽车文化内涵，而不同的汽车文化又会影响汽车品牌的塑造过程。两者相辅相成，是一个不可分割的整体。

11.2.2　汽车文化的分类

汽车文化娱乐产业逐步发展过程中，逐渐演变分化成 9 个细分门类。

1. 汽车造型与内饰设计

汽车造型与内饰设计主要包括概念与造型设计、车身结构工程设计开发、汽车内外饰件及零部件设计开发等。从全球现状看，该项业务主要集中在意大利。近年来，中国的汽车设计进步明显，由中国企业家们掀起的一场席卷全球的"新造车运动"，正在成为全球先锋汽车设计的试验田。在"体验设计"和"出行工具设计"领域，中国的汽车设计已经走在了世界的前沿。从跟随到引领，"原创国货"正成为大势所趋。如几何汽车作为吉利旗下新能源品牌，在设计方面持续创新，其发布的首款纯电动轿车"几何 A"，已经收获不少好评，具有自家特色的设计语言。

2. 汽车广告与会展

汽车广告是汽车企业向广大消费者宣传其产品用途、产品质量，展示企业形象的商业手段。会展是指会议、展览、大型活动等集体性活动。

3. 汽车运动

汽车运动主要是指赛车运动，包括场地赛和非场地赛两大类。赛车运动与汽车产业密切相关，从汽车诞生以来，赛车运动就伴随着汽车产业的发展而发展。参照国外的成熟经验，赛车运动对汽车产业拉动作用明显，而我国这方面飞速发展，未来增长潜力巨大，汽车运动产业将在一个较长时间段内是我国的朝阳产业。

国内已形成国际级赛事（如 F1、A1 等），国家级赛事（CTCC、CRC、COC、CFGP、China GT 等）、其他赛事三个级别的汽车专业赛事，但已形成一个从赛车研发制造、赛事组织、交通、餐饮、住宿到赛车运动衍生产品的完整产业链。

4. 汽车文化设施服务

汽车文化设施主要包括为汽车文化服务的一些基础性设施，包括汽车博物馆、汽车主题公园、汽车银行等。

国内汽车文化设施建设方兴未艾，全国已公布的已建、在建和规划的汽车为主题的公园多达 200 余处，投资金额从数千万元到数亿不等，占地面积从几百亩到十几平方公里。随着汽车文化娱乐产业的不断发展，人们对这些设施的需求也将走向层次化和多样化，这将使得汽车文化设施服务商的供应服务趋于规模化、个性化和差异化。

5. 汽车文化人才培养

汽车文化人才包括汽车展示和博览人才、汽车竞技运动与组织管理人才、汽车媒体策划和经营管理人才、汽车旅游及旅游产品开发人才、汽车评估与鉴定人才、汽车企业品牌文化推广人才、汽车历史文化的研究人才等多种应用型、复合型人才。

随着我国汽车工业的发展，汽车专业技术人才的培养已经在国内形成了完整的高等教

育和职业教育体系。相关研究人员和教育力量分布于车辆工程、汽车服务工程、工业设计、动漫、影视、传媒等诸多专业,通过资源优化组合已形成集聚效应。

6. 汽车传媒与信息服务

汽车传媒主要包括汽车网站、汽车自媒体、汽车出版物、汽车电台等,提供的信息服务包括系统集成信息传播、增值网络服务、数据库服务、咨询服务等。我国汽车传媒与信息服务业已进入成熟发展阶段,形成了以"汽车之家""爱卡汽车""太平洋汽车"等一批为代表的网络服务主体,及以"抖音""哔哩哔哩""懂车帝"等一批为代表的自媒体平台。

7. 汽车文化创作服务

汽车文化创作主要包括汽车电影、汽车音乐、汽车动漫、汽车游戏等的制作,我国的汽车文化创作近年来飞速发展。

在汽车动漫、电影方面,国内已经制作出一批有影响力的作品,如《汽车动画城》《工程车四兄弟》《咖宝车神》等。

在汽车游戏方面,国内已开发多款汽车游戏,部分游戏由汽车公司配合汽车营销和厂家品牌建设支持开发,如《QQ飞车》和《汽车帝国》。

汽车音乐开始流行,一些音乐版权提供商与汽车生产企业、音响设备企业通力合作,利用车机、车内音响为消费者提供优秀的音频体验。

8. 汽车文化休闲娱乐服务

汽车文化休闲娱乐服务主要包括汽车工业旅游、汽车人文生态旅游、汽车露营、汽车餐饮住宿、汽车电影院等。

随着人们生活水平的日益提高,汽车文化休闲娱乐服务市场潜力巨大,围绕国内大型汽车生产基地开展的汽车工业旅游成为一种新的旅游业态;汽车自驾游也迅速发展,汽车露营作为一种新兴的生态休闲旅游方式已然成为时尚。

依托汽车营地和主题公园开发的汽车电影院、汽车餐馆、汽车旅馆项目日渐增多。目前汽车文化休闲娱乐项目正处在飞速发展期,随着我国不断壮大的客户消费群体,现有汽车文化休闲娱乐服务已出现供不应求的局面。

9. 汽车文化娱乐产品的生产与经营

汽车文化娱乐产品主要包括车载娱乐产品和汽车相关文化娱乐产品。车载娱乐产品主要包括车载 GPS、CD 和 DVD 播放器、汽车音响系统、手机互联功能等;汽车相关文化娱乐产品主要包括汽车游戏机、汽车玩具等。

近几年,汽车文化娱乐产品市场增长迅速,车载影音娱乐产品已在国内普及,将结合云计算和 5G 向数字化和智能化方向发展。

随着汽车智能化程度的不断提升,汽车中控屏幕面积持续扩大,双联屏、三联屏屡见不鲜。厂商会为车机搭载最新的智能芯片,让车机实现很多手机或平板拥有的功能,比如玩大型游戏。广汽埃安就为 AION S Plus 这款车型推出过"跨次元梦想电竞舱游戏套装",同时会赠送游戏手柄。理想汽车的理想 L9 配备三块 15.7 英寸的大屏,而且还可以通过 Type-C 接口实现和 Switch 游戏机的一根线直连投屏,把车变成了移动的游戏厅。

11.3 汽车模型

世界上第一辆车模诞生于 1914 年，是美国福特汽车公司首次推出的一款卡丁系列车模，初衷是增强销售宣传作为礼品赠送他人。此后，全世界的汽车生产商共推出数万个款式的汽车模型。作为汽车的缩影，汽车模型在问世之初便立即成为全世界玩具厂商的宠儿。汽车模型越来越精致，吸引了越来越多的车迷为这些微型的汽车倾注越来越多的热情。在中国，随着汽车工业的飞速发展，汽车成为几乎所有汽车爱好者为之魂牵梦萦的一种商品。汽车模型爱好者渐渐在中国民间收藏大军中占有了一席之地。收藏车模，不但可以陶冶性情、增长知识，而且是一项投资；不但能保值，而且能升值。

11.3.1 汽车模型的特点

车模并非玩具汽车，因为车模真实地再现了原车主要特征，做工精良，其本身蕴含着汽车文化，具有很高的收藏价值。一套车模可以完整、真实地再现一家汽车公司、一个汽车品牌的历史。

汽车模型有如下特点。

1. 按比例缩小

仿真车模是原车型按照一定的标准比例缩小，常见的比例有 1∶12、1∶18、1∶24、1∶43 和 1∶87 等。与原车比例的精度是衡量一款车模制造水平的重要标准之一。

2. 反映真实的原型车

为了真实再现，汽车模型制造者不会对原型车的外观进行丝毫的修改和夸张，更不会凭空想象出一款汽车来。

除了整体外观，汽车模型在细节上也应该是高度仿真的，往往整个车模会由几百个甚至更多的部件构成，各个部件都是对原车型相应部件的缩小，车模部件越多、部件分得越细、说明这款车模的制作工艺越高。

3. 选用特定材料

车模选用高档的金属材料和塑料制成，加工工艺要求较高。喷漆的要求几乎达到与真车相同水平。

4. 需要原型车生产企业授权

车模制造厂商要制作某款车型的模型，必须得到原厂的授权，否则就是侵犯了知识产权，为此车模厂商可能需支付一定的费用。为了制造高精度的模型，制造者还需得到原厂的技术支持，提供准确的数据资料。

11.3.2 汽车模型的分类

按照制作材料的不同，对汽车模型进行如下分类。

1. 黏土模型

黏土材料来源广泛，取材方便，价格低，经过"洗泥"工序和"炼熟"过程，其质地更加细腻。黏土具有一定的粘合性，可塑性极强，在塑造过程中可以反复修改、任意调整，不但修、刮、填、补极其方便，还可以重复使用，是一种比较理想的造型材料。但是如果黏土中的水分失去过多，则容易使黏土模型出现收缩龟裂甚至产生断裂现象，不利于长期保存。用黏土制作模型时一定要选用含沙量少的黏土，在使用前要反复加工，把泥和熟，使用起来才方便，一般作为雕塑、翻模用泥使用。

2. 油泥模型

油泥是一种人造材料，凝固后会逐渐由极软变为坚硬。油泥可塑性强，黏性、韧性比黏土的强。它在塑造时使用方便，成型过程中可随意雕塑、修整，成型后不易干裂，可反复使用。油泥价格较高，易于携带，更适合制作一些小巧、异型和曲面较多的造型。一般像车类、船类造型用油泥极为方便。油泥的材料主要成分有滑石粉（62%）、凡士林（30%）、工业用蜡（8%）。

3. 石膏模型

石膏价格低、方便使用加工，常用于陶瓷、塑料、模型制作等。石膏质地细腻，成型后易于表面装饰加工的修补和长期保存，适用于制作各种要求的模型，便于陈列展示。

4. 塑料模型

塑料是一种常用的制作模型的材料，塑料品种很多，主要品种有50多种。制作模型应用最多的是热塑性塑料，主要有聚氯乙烯（PVC）、聚苯乙烯、ABS工程塑料、有机玻璃板材、泡沫塑料板材等。聚氯乙烯耐热性差，可用压塑成型、吹塑成型、压铸成型等多种成型方法。ABS工程塑料熔点低，用电烤箱、电炉等加热时，很容易使其软化，可热压、连接多种复杂的形体。有机玻璃具有适光性好、质量轻、强度高、色彩鲜艳、加工方便等特点，成型后易于保存。

5. 木制模型

制作模型使用的木材一般都是经过二次加工后的原木材和人造板材。常用人造板材有胶合板、刨花板、细木工板、中密度纤维板等。

6. 金属模型

金融模型以钢铁材料应用最多，如各种规格的钢铁、管材、板材，有时用一些铝合金等其他金属材料。金属模型材料的制作主要考虑力学性能和成本等因素。力学性能主要从金属材料的强度、弹性、硬度、刚度以及抗冲击拉伸的能力等方面来考虑。金属模型加工工艺主要有切削、焊接、铸造、锻造等。

11.3.3　汽车模型的价值

汽车模型是汽车历史和文化的一个缩影，每款车模的设计、每个零件都可能影射出当时的时代背景、科技发展水平以及品牌的风格魅力。因此，车模自然而然地成为汽车历史和文化的见证者，可以说，它再现了汽车工业发展与人类智慧的光辉岁月。

1. 车模的收藏价值

车模是汽车文化的载体，是汽车工业发展的缩影，从车模中可以欣赏艺术美感，可以学习科学知识、学习历史,车模可以作为友谊的桥梁。当然特定的车模还有特殊的收藏价值,特别是车模中的一些限量发行的极品,其不仅造工细腻,而且有绝版编号及具有单体绝版公证书,是世界上独一无二的佳品,它们是车模界的璀璨明珠。

2. 车模的历史价值

车模的历史价值主要体现在通过研究车模和相关真车的背景,可以了解到该车型的历史地位、影响力、当时的社会背景等资料,使车模收藏者增长知识、扩大知识面。另外,由于车模也是通过一定工艺制作并面向市场发布的,因此反映了其制造年代的社会文化特征、生产工艺的技术等。

3. 车模的观赏价值

车模本身是一种艺术品,用作家居装饰时,有独特的魅力和观赏价值。车模的每个零部件都十分精致,集成了当今先进的设计和制造技术。仿真车是严格按比例把各种世界名车缩小制造成模型,车灯、底盘、发动机、转向盘及制造商的标志等部件仿造得惟妙惟肖。有些上等的作品甚至连车的质量和发动机、传动机构的运作也按比例缩小表达出来。

4. 车模的工艺价值

工艺品的价值往往反映了当时的制作工艺、技术特征和文化特征。车模是制造科技和文化的缩影,特别是车模生产中融入了当时先进的生产技术和投入了大量的手工劳动,具有很高的工艺价值。另外,车模按照真车的比例缩小而成,仿真程度高,材料考究,可保存时间长,质感强烈,零件复杂精细,工序较多。一些精致的模型的零配件多达 300 件,工序有 500 多道,这就是车模价格较高的最重要原因之一。

5. 车模的投资价值

车模制造过程复杂、产量比较小,一些限量发行的车模上市销售后会散布到民间,寻觅收集也比较困难。随着人们收入的不断提高,他们对车模的认识水平不断提升,加入收藏行列的人越来越多,使得车模的需求量不断增长,其价格也水涨船高。

一些限量发行的车模,由于其品牌认同度高,追求的人也很多,经过时间的洗礼,存世量较小。世界汽车工业史也不过一百多年,数十年历史的车模在交易市场的价格更是上涨近百倍。小小的车模浓缩了汽车本身的丰富内涵,成为体现汽车文化的一种载体。

11.4 汽车运动

19 世纪 80 年代,汽车最早在欧洲诞生,汽车运动也随着汽车而兴起,公认最早举办的汽车比赛于 1894 年举办。如今,一级方程式世界锦标赛已经成为与男子足球世界杯、奥运会齐名的三大运动之一。世界汽车运动最高管理者——国际汽车运动联合会(以下简称国际汽联)在全世界有 117 个协会会员,传统强国(如英国、德国和美国等)已经形成了发达的汽车运动产业。汽车运动在我国开展时间较晚,与发达国家有一定差距。

11.4.1 汽车运动发展历程

1. 早期的汽车运动

汽车运动和汽车虽在欧洲诞生，但我国是世界汽车运动发展的见证者之一，这段历史可追溯到 1907 年的"路易威登北京—巴黎拉力赛"。1907 年 6 月 10 日，5 辆汽车从北京法国公使馆出发，穿越蒙古、横跨波兰、德国抵达巴黎，用时 60 余天，成为世界首个穿越欧亚大陆的汽车比赛，也成为现代长距离越野拉力赛的鼻祖。1932 年，法国雪铁龙公司资助了名为"黄色之旅"的活动，两支车队分别从黎巴嫩贝鲁特和天津出发，在新疆会合后再次向北京进发。

2. 中华人民共和国成立后的汽车运动

我国汽车运动在 20 世纪 80 年代以前几乎为空白，当时的摩托运动为军体项目，拥有成熟的训练比赛系统，全国各省市以及行业体协大多设有摩托代表队。成立于 1945 年的中国摩托运动协会在国内举办了大量的摩托车比赛，为汽车运动开展创造了条件。在我国汽车运动起步和发展中，大量的车手、裁判、教练以及竞赛管理人才都来源于摩托运动项目。

3. 我国汽车运动的起步阶段

① 20 世纪 80 年代，改革开放为汽车运动发展带来良好发展机遇，我国也从汽车运动见证者变为参与者。1985 年，首届港京拉力赛正式举行，路线总长 3400 多千米，纵跨 7 省市，连续举办 3 届。1988 年，中日合作举办"丝绸之路"汽车集结赛。中法在 1992 年举办"巴黎—莫斯科—北京马拉松汽车越野赛"。1993 年港京拉力赛恢复，再次连续举办 3 届，逐渐成为国际汽联亚太拉力锦标赛分站赛。1995 年，中法再次举办了"巴黎—莫斯科—乌兰巴托—北京汽车越野拉力赛"。

② 地方性比赛的出现使汽车运动走向民间。1992 年，北京、郑州等地的协会和俱乐部开始举办汽车比赛。1993 年和 1995 年，珠海市政府支持举办了国际汽车街道赛及中国车手挑战赛，并在 1996 年建成国内第一个符合国际汽联标准的赛车场，场地赛正式开展，毗邻港澳的珠海成为汽车运动文化交流的前沿。

全国汽车运动管理规定

③ 成立汽车运动专门协会，加强项目管理。1994 年，中国汽车运动联合会（以下简称"中国汽联"）成立并加入国际汽联，参照国际汽联做法，对全国汽车运动进行管理。

④ 组建国家队，开展汽车运动培训。围绕京港拉力赛等国际比赛，着手举办汽车运动培训，包括组建中国拉力车队赴英国学习，建立赛车运动培训学校，培训车手及各类技术人才。

⑤ 利用国际大赛，创立全国锦标赛。中国汽联于 1996 年首次独立举办汽车拉力赛，并将港京拉力赛更改为中国拉力赛。1997 年，第一个全国锦标赛——全国汽车拉力锦标赛在北京举办。同年 10 月，中国拉力赛举办，并成为世界拉力锦标赛候选站。1999 年，世界拉力锦标赛中国拉力赛成功举办。

⑥ 注册赛车，参与国际车辆技术交流。1999 年，一汽大众生产的捷达 GTX 通过国际汽联认证，成为我国第一个可以参加国际汽车比赛的车型。

⑦ 汽车运动俱乐部组织诞生。伴随着全国锦标赛，一大批本土汽车运动俱乐部诞生，如方程式赛车运动俱乐部、上海大众333等，在汽车工业和汽车运动之间搭建了桥梁。

⑧ 卡丁车项目发展迅速。20世纪90年代末，卡丁车成为百姓喜闻乐见的娱乐项目，1997年开始的全国卡丁车锦标赛每年举办5站或8站，每站参赛200多人以上。全国各地兴建了160多个室外卡丁车场，达到国家标准的有20多个。

4. 我国汽车运动的快速发展阶段

进入21世纪，我国经济飞速发展，汽车工业和汽车市场发展迅速，汽车运动项目进入全面快速发展的时期。其主要包括以下几个阶段。

① 成立项目运动管理中心，颁布发展纲要。

2001年，中国汽联颁布实施《全国汽车运动管理规定》（体汽联字〔2001〕122号），并制定了《2001—2010年体育改革与发展纲要》。2002年，国家体育总局汽车摩托车运动管理中心成立。

② 逐步形成以锦标赛为核心的竞赛平台体系。

2003年，全国汽车场地锦标赛正式推出，之后逐渐形成了包括拉力、短道拉力、场地越野、长距离越野、卡丁车、漂移等在内的七大锦标赛，各大汽车企业纷纷参与，涵盖了大部分合资汽车品牌。地方群众性汽车运动也蓬勃开展，泛珠三角超级赛车节、广东耐力赛、上海天马论驾会、四川房车精英赛等的举办吸引了大量的汽车运动爱好者参与。

③ 积极举办各类赛事，促进国际汽车运动交流。

自2004年起，连续16年成功举办一级方程式世界锦标赛，国际汽联的所有大型锦标赛（包括汽车耐力、超级跑车、房车、亚太拉力赛等）均在国内举办，培养了大量汽车运动从业人才，促进了中外汽车运动文化交流。

中国汽车摩托车运动联合会10年发展规划（2020-2029年）

随着我国不断深化对外开放，举办的汽车赛事数量不断增长。2017年，中国汽车摩托车运动联合会全年共计完成119场赛事，其中全国性赛事99场，国际赛事20场。2018年，中国汽车摩托车运动联合会举办国际赛事11场，全国性赛事27项、103场。2019年共完成赛事122场，全国性赛事112场，国际赛事10场。国际赛事包括3项世界顶级锦标赛（一级方程式世界锦标赛、世界房车锦标赛、世界汽车耐力锦标赛）以及4项重大国际赛事（丝绸之路拉力赛、亚太汽车拉力锦标赛、中国东盟国际汽车拉力赛、国际摩联花式极限世锦赛）。除了以上来自中国汽车摩托车运动联合会官方完成的赛事，还有来自全国各大赛车场、车友群等组织的各项赛事活动（如赛道节、04竞速赛等）。

④ 兴建赛车场，加强场地等基础设施建设。

继珠海国际赛车场之后，北京、上海、四川成都、广东肇庆、内蒙古鄂尔多斯等7个赛车场通过国际汽联认证，其他各类临时汽车比赛场地达到数十个。

中国汽车摩托车运动联合会专项委员会管理办法(暂行)

⑤ 参照国际汽车运动管理方式，建立起汽车运动管理框架。

截至2019年，注册团体会员达到343家，车手5508人，成立中汽摩联汽车会员俱乐部，举办汽车培训班238期，学员2673人，初步参照国际汽车运动管理方式成立了包括场地、拉力、医疗、裁判等在内的专业委员会，建立了对汽车运动各要素的管理。

2019年，中汽摩联制定了《中国汽车摩托车运动联合会10年发展规划（2020—2029年）》提出了阶段定位、基本要求、目标任务和方法措施。

2015年7月22日，由中国汽车工程学会牵头发起的"中国汽车产业文化与运动协同组织"（以下简称"协同组织"）成立大会在北京亮马河饭店紫金厅隆重举办。

2018年12月19日，中国汽车摩托车运动联合会设立下属的专项委员会，并发布了《中国汽车摩托车运动联合会专项委员会管理办法（暂行）》，该办法已于2019年3月1日施行。

11.4.2　汽车运动存在的问题

1. 汽车文化薄弱，汽车运动项目认知度低

汽车运动发展与汽车工业和汽车文化密切相关，作为一种文化现象，它深深根植于发达的汽车工业以及民众对汽车的理解。自19世纪80年代汽车诞生开始，发达国家普通民众即开始接触汽车运动，在时间上几乎同步。反观国内，汽车走入寻常百姓家不过一两代人的体验，对汽车的认知不够完善，汽车文化欠缺，这也影响了我国民众对汽车运动的理解。

2. 总体车手少，汽车运动从业人少，项目基础薄弱

由于汽车运动自身项目特点，一名车手需要特定的车辆、场地接受培训和训练，与其他体育项目相比运动员需要更多的物质技术条件，这决定了车手的培养和成长只能循序渐进。截至2019年在中国汽联注册赛车执照的车手仅5508人，还要排除部分仅为满足好奇心理而考取赛车驾照的车手。总体车手少，严重影响了项目的开展，很多国际知名比赛看重中国市场却苦于找不到合适的中国车手而放弃。此外，汽车运动的绝对从业人也相对较少，项目影响力有限，参与渠道少，潜在的汽车运动爱好者被排除在门槛之外。

3. 青少年车手数量少，后备力量不足

青少年卡丁车手是汽车运动发展的基础。截至2018年年底，中国拥有卡丁车比赛执照的车手人数不足700人，其主要原因：一是长期以来受到经济因素以及家长观念影响，青少年参与卡丁车运动的数量始终无法突破。二是没有出路，8～16岁的车手在经过卡丁车训练后，缺少更高级别的方程式平台，有条件的家长选择送子女出国寻找训练和比赛机会，但毕竟成本太高，成行者少。如此恶性循环，欲让孩子进入卡丁车运动的家长担心没有好的发展空间，选择放弃，而有些成绩的车手又没有平台可选，前功尽弃。

4. 汽车运动发展不均衡，尚未形成较好的阶梯

一是区域发展不均衡，汽车运动主要集中在经济较为发达的东部和南部地区，比如长三角和珠三角等地区；二是全国与地方发展不均衡，国际性或全国性比赛多，地方性比赛少。由于地方经济条件、项目基础薄弱等，地方比赛偏少，尤其是拉力赛和越野赛等在公开道路上举办的比赛，涉及面广、限制条件多，地方无力举办。与国外每个周末大量的俱乐部比赛相比，国内基础性比赛或活动太少，导致全国锦标赛缺乏基础支持，形成倒金字塔结构。全国锦标赛与地方比赛在车辆改装上有差距、组别设置有区别，地方比赛车手和车辆没有晋升路径。

5. 汽车运动从业专业人才缺乏，流动性高，稳定性差

汽车比赛的组织筹备工作涉及范围广，参与人员多，很多岗位人才需要多年的经验累积。以一级方程式世界锦标赛上海站为例，参与的各类专业工作人员（包括赛道裁判、消防、清障、医务等）接近1000人。此外，还需要大量的竞赛指挥人员，即使是全国性锦标赛，每站比赛也需要超过200人。国内目前除北京、上海和珠海等较早开展汽车运动的城市拥有部分汽车比赛的专业性裁判外，其他地区的专业性人才较少，大部分来自社会兼职人员和学生，稳定性差，严重制约了竞赛的运行质量和水平。

6. 汽车比赛影响力小，缺少明星项目和车手，产业总体规模小

真正具有较大影响力的比赛仍然偏少，除中国拉力锦标赛和中国房车锦标赛举办超过10年外，其他锦标赛的历史都较短，但两个比赛在发车数量、现场和电视观众数量以及总体影响力上仍有较大提升空间。我国本土制造的车手由于不能晋身国际主流的汽车比赛，尚不能发挥类似其他体育项目的个人影响力，带动更多的爱好者参与。在有限的运动参与群体下，汽车运动产业规模弱小，尚不能形成西方发达国家庞大的竞赛表演、车辆改装、车手培训、汽车运动专用装备制造、场地建设等汽车运动产业链。

7. 汽车运动项目管理体制不顺，基层汽车运动组织不健全

一方面，汽车运动既有项目中心也有协会，中心与协会的职能划分存在重合和不清晰现象，两者的作用都不能够有效、充分发挥，一定程度上制约了项目的发展，这也是大多数体育项目面临的普遍问题。另一方面，作为非奥运项目，汽车运动在省市和地方大多处于边缘和不被重视的角落，没有专门的体育政府部门管理，而源于市场需要自发形成的协会组织因各种条件限制，也不能有效发挥作用。在上述情况下，汽车运动的重要参与者——裁判员、教练员以及汽车运动专业技术人才培养等都只能依靠中国汽联。

8. 本土自主汽车品牌汽车运动认知度低，未与国内汽车运动形成互动

百年汽车运动发展历史表明，汽车运动与汽车工业关系密切，汽车运动离不开汽车工业的参与，而汽车工业也需要通过汽车运动来展示其成就。目前国内的大多汽车运动参与者以合资品牌为主，比如中国房车锦标赛的厂商车队中仅有10余支国内专业车队，主要原因在于国内自主汽车品牌缺少外资品牌参与汽车运动的历史和传统，尚未认识到汽车运动平台的重要性，且目前具有较大影响力的国内汽车比赛太少并不足以吸引其参与。

11.4.3　发展我国汽车运动的对策

1. 大力培育汽车文化，提高汽车运动项目认知度

汽车文化已经开始在我国渐渐形成，此时更需借力推广汽车运动。一是广泛利用已有的商业资源平台，比如电视直播、汽车运动专栏、网站、视频等对汽车运动的历史文化进行介绍；二是大力推广和扶持亲民、易开展的趣味性汽车活动，如绕桩、竞速、集结性活动或者各类安全驾驶培训活动，打破汽车运动高投入的误区，降低汽车运动进入门槛，吸引更多的爱好者投身其中。

2. 完善汽车运动管理体制及汽车运动发展相关配套机制

推进协会实体化改革是进一步理顺项目管理中心与协会关系、发挥协会职能的主要方

式。中国汽联已经建立了基本的协会管理架构，进行了诸多有意义的尝试，未来还需要顺应体育项目管理改革的发展趋势，进一步推进实体化进程。此外，还须在现有管理框架的基础上，继续完善对汽车运动配套性建设，如建立对包括车手、裁判员、教练员、场地、车辆等的注册和管理系统等。

3. 吸引青少年投身卡丁车运动，培养汽车运动后备力量

2012年我国本土卡丁车锦标赛培养出来的车手马青骅亮相一级方程式世界锦标赛练习赛，距离成为中国第一位F1车手仅一步之遥。但国内类似马青骅这样的年轻车手太少，根源在于卡丁车青少年群体太小。近些年，中国汽联通过举办青少年车手夏令营、利用国际汽联基金邀请高水平教练来华培训等措施加大青少年培养力度，但绝对数量少仍然制约着卡丁车这一基础项目的发展。未来还需要通过各种途径和方式吸引更多的青少年进入卡丁车运动。

4. 积极利用各种有利条件培育高水平比赛，打造汽车运动明星

一是要巩固中国拉力锦标赛和中国房车锦标赛等，继续吸引更多的俱乐部和厂商参与；二是坚持办好中国大越野比赛，汲取长距离拉力文化精髓，办出特色；三是打造汽车运动明星，通过符号式人物来提高汽车运动的影响力。

5. 提高本土自主品牌的参与度，形成本土汽车工业与汽车运动的良性互动

汽车和汽车运动同样是舶来品，国内对汽车和汽车运动的接受、理解和消化吸收仍需较长的时间。本土汽车品牌要想真正提升为全球品牌，需要参与汽车运动。近些年，达喀尔拉力赛中涌现了越来越多的本土品牌。汽车运动管理机构以及相关政府部门更须提供更多的平台吸引本土自主汽车品牌加入，实现本土汽车工业与汽车运动的良性互动。

6. 大力培养汽车运动专业技术人才，提高对汽车运动的理解

一是利用举办国际锦标赛和国内锦标赛的机会，锻炼汽车运动专业技术人才；二是积极鼓励和吸引具有汽车运动专业背景的技术人才参与汽车运动；三是积极学习和研讨国际汽车运动的组织经验和发展历程，提高对汽车运动与汽车工业发展关系的理解，提高制定各类别比赛规则和车辆技术规则的能力，既要把握和尊重世界汽车运动发展规律，又要切实符合中国汽车运动发展实际。

11.5　汽车俱乐部

11.5.1　汽车俱乐部的概念

1. 汽车俱乐部的定义

汽车俱乐部是以会员制形式，将高度分散的有车族组织到一起，通过发挥规模效应和服务网络的优势，提供单车和小单位很难办到的一些服务，而俱乐部本身也从会费中取得一定收益。汽车俱乐部将对会员资料数据进行统计分析，根据不同会员的特点，定期或不定期为会员度身订制各类活动。

2. 汽车俱乐部的类型

国内汽车俱乐部具有多样性的特点，但对汽车俱乐部的划分没有统一的标准。从汽车俱乐部的组建形式、服务内容及运行特点等几个方面划分，目前大致有以下几类。

（1）专业汽车俱乐部

专业汽车俱乐部按照国外汽车俱乐部的运营模式组建，为驾车人提供救援、保险、维修等专业汽车服务的汽车俱乐部组织，一般都有外部资金注入。

（2）品牌汽车俱乐部

汽车经销商组织的品牌汽车俱乐部，由经销商出资，组织各类活动，开展特惠服务，以维护客户关系。

（3）网站汽车俱乐部

网站汽车俱乐部主要依托网站，既以网络为媒介发布各类信息，又以网络为手段组织各类活动。

（4）听众汽车俱乐部

听众汽车俱乐部是以广播电台车友听众为对象组织起来的汽车俱乐部，尤其以各地的交通台为主。因各地的交通台拥有大量的在线听众，靠广播运营着汽车俱乐部。

（5）兴趣汽车俱乐部

兴趣汽车俱乐部是由具有共同兴趣爱好的驾驶人组成的汽车俱乐部，不以车型为主，以兴趣爱好而聚合。

（6）另类汽车俱乐部

另类汽车俱乐部一般规模较小，以简单的服务项目为主，以老会员为核心，是各类汽车俱乐部中难以扩大会员规模的汽车俱乐部。

11.5.2 汽车俱乐部发展现状分析与趋势

1. 汽车俱乐部发展现状分析

国外汽车俱乐部已经有百年历史。如今欧美几乎所有车主都是某个汽车俱乐部的会员。而汽车俱乐部在国内的兴起是近20年的事情。但经过20年的发展，汽车俱乐部的行业形式已得到了广大有车族的认可，各种品牌汽车俱乐部通过车辆服务完成延伸售后服务的同时，又通过会员活动完成了稳固消费群体的任务，成为联系制造商与车主的纽带与桥梁。汽车俱乐部作为直接与消费者交流并提供服务的平台，其在汽车后市场的作用显得日益重要。

据国家统计公报数据，截至2021年年底，国内汽车保有量已达3.02亿辆。如此庞大的汽车市场规模，如此迅猛的增长速度，国内目前却没有一家可以与世界知名汽车俱乐部相匹敌的汽车俱乐部。

国内最早的专业汽车俱乐部——北京大陆汽车俱乐部（CAA）诞生于1995年，是由高洋先生仿照美国的AAA俱乐部模式，建立的第一支专业汽车救援队伍。随着私家车的广泛普及和市场规模的不断扩大，为私家车提供服务的汽车俱乐部如雨后春笋一般成长起来。

2. 汽车俱乐部的发展趋势

汽车俱乐部在我国发展潜力是很大的。伴随着我国汽车消费的升温，以提供汽车服务为主业的汽车俱乐部正迅速崛起,成为一个新兴的投资热点。在密切关注汽车企业争着大降价之余,消费者也在理性地考虑和比较汽车服务。一项调查结果显示,虽然认识汽车俱乐部的不多,但被调查人当中,有意加入汽车俱乐部的人近四成,超过六成的人希望汽车俱乐部能提供完备的车务服务,解决汽车消费的后顾之忧。

近几年,汽车俱乐部在全国各地蓬勃发展,并且品种繁多,如品牌俱乐部、车迷俱乐部、越野俱乐部、维修俱乐部、救援俱乐部等。每个分类针对的客户需求各有不同,特色也各异。就像每家企业都有自己的文化,每辆车、每家俱乐部也都有自己的风格。

11.5.3 汽车俱乐部的服务内容

汽车俱乐部的业务是吸引会员的筹码之一,也是汽车俱乐部赖以生存的生命线。俱乐部的主要服务内容如下。

① 车务代办业务,主要是帮助客户办理与汽车相关的手续,如代缴车船税、代缴违章罚款等。

② 保险及维修救援服务,是指车险的销售及车辆出险后的救援、定损、核赔、维修等服务。

③ 汽车装饰美容服务,主要包括洗车、打蜡、汽车美容、装饰等服务。

④ 汽车休闲服务,包括的服务内容较为全面,主要是为车主提供与其生活方式相关的服务,如机票酒店等预订业务、会员活动业务、自驾游业务、购物打折等业务。

11.6 汽车展览

11.6.1 车展的概念

1. 车展的定义

汽车展览(Auto Show)是由政府机构、专业协会或主流媒体等组织,在专业展馆或会场中心进行的汽车产品展示展销会或汽车行业经贸交易会、博览会等。

对于汽车工艺的呈现与汽车产品的广告,如同汽车制造业者与当地经销商的公共关系。消费者可经由汽车展览会场所展示的汽车或汽车相关产品,端详汽车制造工业的发展动向与时代脉动。汽车企业则可以通过车站对外宣传产品的设计理念,发布产品信息,了解世界汽车发展方向。

2. 车展的类型

按照不同的分类标准,可以把汽车展览分为以下几类。

(1) 按展览的性质来分

车展分为贸易性质的车展和消费性质的车展两种。

① 贸易性质的车展是为汽车产业即制造业、商业等行业举办的展览。展览的主要目的是交流信息、洽谈贸易。

② 消费性质的展览是为公众举办的展览,其基本上都展出消费品,目的是直接销售。

展览的性质由展览组织者决定，可以通过参观者的成分反映出来：对工商界开放的展览是贸易性质的展览，对公众开放的展览是消费性质的展览。

(2) 按展览的内容来分

车展分为综合性车展和专业性车展两种。

① 综合性车展是指包括全行业或数个细分行业的展览会，也称横向型展览会。

② 专业性车展是指展示某个细分行业甚至某项产品的展览会。专业性车展的突出特征之一是常常同时举办讨论会、报告会，以介绍新产品、新技术。

(3) 按展览规模来分

车展分为国际、国家、地区、地方展，以及单个公司的独家车展。规模是指展出者和参观者所代表的区域规模而不是展览场地规模。不同规模的展览有不同的特色和优势，应根据企业自身条件和需要来选择。

(4) 按展览时间来分

车展分为定期车展和不定期车展两种。

① 定期车展有一年四次、一年两次、一年一次、两年一次等。

② 不定期车展视需要和条件举办，分长期和短期。长期展可以是三个月、半年甚至常设，短期展一般不超过一个月。在发达国家，专业贸易展览会一般是三天。

(5) 按展览场地来分

大部分车展是在专用展览场馆举办的。展览场馆是按室内场馆和室外场馆划分。室内场馆多用于展示小型整车的展览会，比如各个品牌的首发轿车、改款轿车。室外场馆多用于展示超大、超重展品，比如重型卡车、客车以及各种形状的零部件。

3. 车展对我国的意义

(1) 为汽车企业和零部件厂家搭建起直接交流的平台

汽车的很多上装装置及配套件都是外购件，这关系到产品的整体质量和设计成本。通过展会这个平台，汽车企业可对众多零部件企业的产品有更多的了解和比较，为今后采购相关零部件搜集信息，优选和整合产品，从而提高汽车产品的整体水平。

(2) 促进国内企业设计和制造水平的提高

随着汽车展的影响越来越大，会聚集更多的来自欧美、东南亚、非洲等国家和地区的企业参展，并会带来国际顶尖的新品。国内汽车企业和专业观众可以通过汽车展会开阔视野，从而提高设计和制造水平，极大地促进国内汽车产业的整体发展和进步。

(3) 转变客户消费理念

汽车作为生产资料，购买者中个体经营者占据很大的比率。银行贷款和合伙集资是购车的主要途径，因此他们把采购成本作为购车的决定因素。尽管国内少数汽车生产企业采用了轻质铝合金和高强度低合金钢等新材料，但由于车价高，目前国内仅有少数几家大型物流公司才敢问津，这严重制约了轻量化汽车在我国的推广应用。而国外消费者往往会结合车辆采购成本、运营成本、车辆残值等多种因素进行综合考虑，然后作出购买的抉择。因此，参展商不仅要展示出顶级的产品，还要激起消费者积极参与的激情，努力引导国内消费者消费理念的转变。

11.6.2　国外车展的特点

众所周知，驰名全球的五大车展分别是日内瓦车展、巴黎车展、法兰克福车展、北美车展和东京车展。这五大车展均是以新车、概念车、新能源车的发布,以及汽车文化的传播等具有鲜明个性的特征享誉汽车界,具有很高的声誉以及影响。

海外车展并非以规模取胜,观展者多为媒体与专业观众,偶尔会在新车旁边站着一两位车模。但只要有观展者想要打开车门或者后备厢,车模就会礼貌地让开。在这些车展上,车是绝对的主角。

在海外车展上,跨国汽车巨头的高管们频频坐进其他展台上的新车中一探究竟,甚至有很多专业人士手拿纸笔,认真记录展车的各项数据。从容的观展环境以及浓郁的学术氛围值得学习。

11.6.3 国内车展的特点

在我国这样一个全球最大的汽车大卖场中,企业似乎更看重如何抓住机遇宣传自己,提升品牌知名度。虽然每届北京车展都以技术趋势、绿色能源等主题开场,但实际上这种定位相当含糊,反而模糊了自身特色。

中国车展不但在数量上大大增长,且规模越来越大。上至北京、上海、广州这种一线城市,下至盐城、沧州、宜宾这种三四线城市都有各种各样、规模不一的车展。

中国一线城市的几大车展有北京车展、上海车展、广州车展,虽然经过这些年的发展,水平已经有了很大的提高。但是与国外的日内瓦车展、巴黎车展、法兰克福车展、北美车展、东京车展有着很大的差距。其他城市尤其是三四线城市举办的各种小型车展水平更是需要提高。

数量众多的车展,对消费者和汽车经销商造成一定的影响。接连不断的车展,层出不穷展出的新车,让消费者眼花缭乱。在选购新车时更加迷茫,增大了选择难度。为了选购一辆新车,消费者需不停地参观车展,不仅费时费力,还会产生一种"车展后遗症",消费者因为格外注意车型不断推陈出新的速度,从而产生了持币待购的心态,不再爽快地购买汽车。

经销商认为,如果主办方不及时调整车展太多的现状,车展的水准和权威性就势必大打折扣。车展过剩的直接后果便是重复办展,过于频繁密集的车展给经销商带来了很大的负担。

11.6.4 车展的发展趋势

随着我国汽车市场的逐年增大,如今在汽车企业的眼中全球最重要的车展不再是一直闻名世界的五大车展,很多车企认为每年的北京车展或上海车展,北美的底特律车展,以及欧洲历史最悠久的巴黎车展或法兰克福车展才是最重要的车展。百年历史的纽约车展人气寥寥,曾在亚洲鼎盛一时的东京车展从2012年开始走向衰落。

随着我国取代美国成为世界第一大汽车市场,各大汽车生产商首席执行官都悉数参加中国车展。随着中国市场的日渐成熟,汽车生产商所面临的销售环境无疑将变得更为困难。车展也会逐渐发展为与国际水平持平的专业车展,这样我国的车展才能摆脱"中国特色",成为真正的国际车展。

11.7 汽车救援

11.7.1 汽车救援的概念

汽车救援大约是从汽车 4S 店开始，沃尔沃、大众等品牌汽车首先将道路救援作为卖点之一提供给车主。随着国内汽车市场的不断发展，如今较大、中型汽车维修公司和服务公司都已经推出自己的汽车救援服务，如果车主遇到故障，如突然不能启动、熄火后无法启动、没油、没电甚至路途中爆胎等，就可以联系 4S 店或者最近的汽车救援服务公司，向专业的汽车救援技术人员求助，他们会询问并判断汽车大概问题，再赶往现场进行救援。

11.7.2 汽车救援的发展历程

从汽车用户发展的角度来分析，我国道路交通汽车救援行业经历了以下三个阶段。

1. 起步阶段

2008 年以前，私人汽车在经济发达地区开始普及，相应的紧急道路汽车救援服务行业开始起步。紧急汽车救援服务的主体以 4S 店为主。

2. 成长阶段

2009—2015 年，家用汽车在一线城市开始普及。汽车保有量急剧增长。随着保有量的增长，二手车市场快速成长，远距离驾车出游的人增加，紧急汽车救援行业得到快速的成长，专业化分工也越来越细化。区域性汽车俱乐部得到较大的发展，部分有实力的 4S 店的俱乐部会发展成为具有一定规模的区域汽车俱乐部，并进而成为越来越重要的紧急汽车救援组织者，全国性的紧急汽车救援服务网络开始走上轨道。

3. 成熟阶段

2015 年以后，汽车在中国的城镇家庭基本得到普及，成为人们生活必不可少的工具。紧急汽车救援行业高度专业化，类似美国汽车用户协会（AAA），全国性的以紧急汽车救援为主的综合性汽车用户服务网络成为道路交通紧急汽车救援的最主要的组织主体。

11.7.3 汽车救援的意义

随着市场经济的发展，汽车运输行业发生了很大变化，公路通车里程增加，汽车增加，长途运输量增大，集团组织形式的汽车运输单位减少，个体、零散的汽车运输业户越来越多。作为汽车运输技术保障系统的汽车维修服务方式也由过去的单位、系统内部封闭型向社会化契约型方式转变。

车辆在运营中难免发生故障或遇到一些意想不到的困难，在车主无法完成自救的情况下，若寻求救援的时间太长，则很可能会出现令人不堪设想的后果，因此建立汽车维修救援组织，帮助车主解决车辆运输途中遇到的困难已成为汽车维修市场的一种新的服务形式。

单一汽车维修救援组织不足以形成规模化救援能力，只有建立汽车维修救援网络，才能实现强大的社会化、规模化救援服务功能。一个开放型的汽车维修救援网络，网络覆盖区域越大，其网络的服务功能就越强，运作成本越低，吸引力越大。因此，应尽快形成全国性网络，以更好地发挥汽车维修救援网络的服务功能。

11.7.4 汽车救援提供的主要服务及服务对象

1. 汽车救援提供的主要服务内容

汽车救援提供的主要服务包括送油服务、充电服务、送换轮胎服务（汽车在路中爆胎，需要换后备轮胎或使用新的轮胎）、现场故障排除服务（快速排查汽车故障问题，30分钟内的故障进行现场小修解决问题）、故障拖车服务（将故障车辆拖到维修点）、现场救援指导服务（不使用救援工具，指导被困车辆脱离困境）。此外，还有一些服务比较全面的道路救援服务，如酒后代驾、派送锁匠服务等。

2. 汽车救援提供的主要服务对象

（1）新手车主

新手车主可能对汽车还不够熟悉，如果遇到什么突发情况汽车跑不动了，必定容易慌乱，此时道路救援服务显得非常重要。

（2）热爱自驾游的车主

最怕自驾游的途中汽车抛锚，由于远离居住区，因此寻求帮助会比较困难，并且直接叫拖车服务会非常昂贵。

（3）不在保修期内的所有汽车

对于不在保修期内的汽车，4S店是没有义务免费提供救援服务的，因此需要找一家专业的救援公司为自己的汽车生活提供一份保障。

（4）汽车品牌没有提供救援服务的汽车

一些中低档的汽车品牌往往不提供任何的救援服务，这些车主需要汽车救援服务机构来提供一些行车保障。

11.7.5 规范汽车救援服务的措施

建立汽车维修救援网络是市场经济发展的必然产物，为了保证这个新生事物的建设，应积极采取以下保障措施。

① 要建立专项法规，对汽车维修救援市场的管理实行依法管理，避免出现重复管理和交叉管理。道路运政管理部门应加强宏观调控，并制定汽车维修救援组织开业条件和经营规则，切实对其经营资质、经营行为进行监督检查，规范汽车维修救援市场，维护市场秩序，使之有序、健康地发展。汽车维修救援网络应制定如网员章程等办法来实现自我约束和自我管理。

② 要在地方救援中心内部实现计算机管理（如网员管理、财务管理、数据统计等）的基础上，省级乃至全国汽车维修救援系统应实现联网，不断提高救援信息处理水平。

③ 在促进汽车维修救援网络建网资金筹措、区域网之间的链接、从业人员培训、救援装备专业化和现代化配置、对入网人员的宣传服务上有许多新的课题需要研究，既需要付出巨大的努力，也需要各级政府大力支持。

 习 题

1. 什么是汽车租赁？与其他汽车交易方式相比，汽车租赁有哪些特点？
2. 汽车租赁行业存在哪些风险？应该采用哪些风险控制措施？
3. 汽车文化的定义是什么？汽车文化分为哪几类？
4. 汽车模型有哪些特点？根据材料的不同，汽车模型分为哪几类？
5. 简述我国汽车延伸服务运行的发展过程及发展对策。
6. 汽车俱乐部的定义是什么？汽车俱乐部分为哪几类？汽车俱乐部的服务内容有哪些？
7. 车展的定义是什么？如何对车展进行分类？国内外车展分别有哪些特点？
8. 汽车救援的定义是什么？其主要服务内容有哪些？如何在现阶段规范汽车救援？

第 12 章 新兴汽车服务

知识要点	掌握程度	相关知识
消费者相关的汽车法律服务	了解汽车法律服务的定义、特点和表现形式； 掌握消费者相关的汽车法律法规	法律服务的定义、特点和表现形式
汽车资讯广告与汽车城市展厅服务	了解汽车资讯广告与汽车城市展厅服务	汽车资讯广告与汽车城市展厅服务
汽车智能交通信息服务	掌握智能交通系统（ITS）的定义和组成，了解其发展趋势	智能交通系统（ITS）的定义、组成和发展趋势
电动汽车充电服务	了解电动汽车充电站相关术语； 了解电动汽车充电模式； 掌握电动汽车充电站选址原则	电动汽车充电站相关术语；电动汽车充电模式；电动汽车充电站选址原则
"互联网＋"汽车服务	了解"互联网＋汽车金融"服务、"互联网＋车险"服务、"互联网＋汽车维修保养"服务、"互联网＋停车"服务的概念和特点	"互联网＋汽车金融"服务、"互联网＋车险"服务、"互联网＋汽车维修保养"服务、"互联网＋停车"服务

新兴汽车服务领域是有别于传统汽车服务行业而形成的新行业。随着社会的进步、消费者的消费需求产生，从传统的汽车维修中衍生出来新的汽车服务领域，如消费者相关的汽车法律服务、汽车资讯广告与汽车城市展厅服务、汽车智能交通信息服务、电动汽车充电服务及"互联网＋"汽车服务等。创新是各行各业持续发展的不竭动力，服务创新也不例外，新兴汽车服务业正是体现了创新在汽车服务领域的无限潜力。我国各类汽车特别是小汽车的新兴服务发展还不完善，潜力空间十分广阔。

12.1 消费者相关的汽车法律服务

12.1.1 汽车法律服务的定义

汽车法律服务是法律服务的从业人员（一般指律师）根据委托人的要求所进行的与汽车生产、投资、贸易、消费等相关的各种法律服务活动，目的是解决汽车产品责任纠纷、交通事故纠纷、汽车信贷保险纠纷等。

汽车法律服务作为汽车服务的一种表现形式，随着我国汽车工业的发展和汽车保有量的不断增加，其贸易额也在逐年攀升。一方面，我国作为世界第一大引进外资国，巨大的市场和商机吸引国际汽车集团纷纷加大对中国的投资；另一方面，加入世界贸易组织（WTO）后面临的经济全球化和游戏规则化，以及我国对基础薄弱的汽车工业实施保护的需要，这些都需要提供复杂交易和高科技含量的专业化法律服务。另外，日益庞大的私人用车市场也对汽车法律服务提出了个性化和差异化服务的要求，同时汽车法律服务本身面临全球化竞争。因此，研究我国汽车法律服务的内涵和市场需求，对壮大和完善我国汽车法律服务、促进汽车法律服务全球化是十分必要的。

12.1.2 汽车法律服务的特点和表现形式

1. 汽车法律服务的特点

① 专业性。汽车，作为一技术密集性产品，其本身具有高度专业性，并已发展成为一门学科。因此汽车法律服务提供者必须具备一定的汽车专门知识，且必须熟悉汽车相关法律法规的知识。

② 地域性。所提供的法律服务往往与服务提供者或接受者所在地的政治、经济、文化、法律制度及语言习惯密切相关。

③ 信任性。汽车法律服务的对象既有汽车生产制造企业，也有汽车维修和贸易业，还有汽车消费者，涉及社会各个领域，服务提供者需与委托人之间建立高度的信任关系。

④ 差异性。汽车法律服务的内涵的多样性决定了汽车法律服务的差异性，另外，国际汽车法律服务的增加，各国之间的汽车法律服务市场的需求差异也很大。

机动车维修管理规定

2. 汽车法律服务的表现形式

我国汽车法律服务主要在以下领域开展业务。

① 反倾销领域。由于我国劳动力成本的优势，因此我国的许多行业曾经遭受国外的

倾销指控，虽然我国的汽车竞争力量还不强，但个别领域也曾被提出倾销指控。另外，我国加入WTO以后，面临国外汽车的低价竞争，我国可以利用反倾销手段对其加以限制，保护我国的汽车工业。

② 解决贸易争端领域。加入WTO以后，我国的许多政策、法律、法规都与WTO的要求存在很大差距。尽管有一段过渡期，但要在短时间内完成法律、法规的协调工作还是有困难的。因此，在加入世界贸易组织后，在诸多方面与其他成员国发生争端，尤其在汽车工业，我国与其他国家发生贸易争端的可能性更大，一旦发生，我们可以利用WTO贸易争端解决机制加以解决。世界贸易组织的贸易争端解决机制是一套很独特的争端解决机制，我国法律服务工作者可以研究其他国家之间运用该机制解决争端的实例，来保护我国的利益。

③ 汽车消费领域。我国汽车消费领域普遍存在"维权难"这种说法，我国以前没有专门针对汽车这一特殊消费品的消费法律，消费者只能根据《中华人民共和国消费者权益保护法》等维护自己的权益，往往针对性不强，合法权益难以得到保护，但随着《缺陷汽车产品召回管理条例》《家用汽车产品修理、更换、退货责任规定》等法律、法规的出台，可以大大缓减这一问题。另外，由于汽车消费者的差异性，汽车法律服务者有时会发现没有相应的国家法律作为支撑，汽车法律服务还在汽车金融保险领域、国内贸易争端、汽车人力资源的争夺等领域开展了大量的业务活动。随着汽车服务贸易的发展，汽车法律服务还将进一步发挥作用。

12.1.3 消费者相关的汽车法律法规

1. 汽车技术服务管理方面的法律规定

汽车技术服务管理是指交通运输部、国家工商行政管理局等主管部门根据国家有关法律、法规对汽车技术服务行业进行行业准入、质量控制、市场监督的外部行为。汽车技术服务是汽车处于完好技术状况和工作能力的保障，具有技术性强、工艺复杂与安全密切相关等特点，目前已经制定了《机动车维修管理规定》《汽车运输业车辆技术管理规定》等政策法规，其中《机动车维修管理规定》做了多次修订。汽车技术服务管理政策法规见表12-1。

表12-1 汽车技术服务管理政策法规

法律法规	发布部门	实施时间	适用场合范围	主要目的
机动车维修管理规定	交通运输部	2005年8月1日（最新修订时间2021年8月11日）	机动车维护、修理以及维修救援等相关经营活动	规范机动车维修经营活动，维护机动车维修市场秩序，保护机动车维修各方当事人的合法权益，保障机动车运行安全，保护环境，节约能源，促进机动车维修业的健康发展

续表

法律法规	发布部门	实施时间	适用场合范围	主要目的
道路运输车辆技术管理规定	交通运输部	2016年3月1日	道路运输车辆：①道路旅客运输车辆；②道路普通货物运输车辆；③道路危险货物运输车辆	对道路运输车辆在保证符合规定的技术条件和按要求进行维护、修理、综合性能检测方面所做的技术性管理

2. 汽车金融管理方面的法律法规

随着我国加入WTO，已陆续出台有关汽车金融信贷领域的相关政策法规，极大地促进了汽车消费信贷和汽车保险业的发展。

(1)《汽车金融公司管理办法》

新版《汽车金融公司管理办法》是经国务院批准，由中国银保监会颁布，于2008年1月24日起正式实施。

《汽车金融公司管理办法》对汽车金融公司的功能定位、出资人资格要求、机构的设立、变更与终止及业务规范等方面提出了监督管理要求，并对违规经营的行为做出了具体处罚规定。其主要内容如下：①汽车金融公司的设立、变更与终止；②汽车金融公司的业务范围和监督管理。

(2)《汽车贷款管理办法》

新版《汽车贷款管理办法》于2018年1月1日起实施。其目的是促进汽车贷款业务健康发展，规范汽车贷款业务管理，防范汽车贷款风险，维护借贷双方的合法权益。

《汽车贷款管理办法》主要包括三个方面的内容：①个人汽车贷款；②经销商汽车贷款；③机构汽车贷款。

(3)《中华人民共和国保险法》

《中华人民共和国保险法》自1995年10月1日开始施行，并在2015年4月24日进行修订。其中与汽车相关的内容如下。

① 保险责任开始前，投保人要求解除合同的，应当向保险公司支付手续费，保险人应当退还保险费。保险责任开始后，投保人要求解除合同的，保险人可以收取自保险责任开始之日起至合同解除期间的保险费，剩余部分退还投保人。

② 保险标的的保险价值，可以由投保人和保险人约定并在合同中说明，也可以由发生事故时保险标的的实际价值确定。

③ 重复保险的投保人应当将相关情况通知各保险人。

④ 保险事故发生时，被保险人有责任尽力采取必要的措施，减少损失。

⑤ 因第三者对保险标的的损害而造成保险事故的，保险人自向被保险人赔偿保险金之日起，在赔偿金额范围内代位行使被保险人对第三者请求赔偿的权利。

(4)《机动车辆保险条款》

《机动车辆保险条款》中对什么原因造成的保险车辆损失，保险人负责赔偿或不负责

关于规范汽车消费贷款保证保险业务有关问题的通知

汽车产业投资管理规定

政府核准的投资项目目录(2016年本)

赔偿都有严格的界定。附加险是两种主险的附加险,投保了主险的车辆方可投保相应的附加险。由中国保险行业协会制定的《机动车交通事故责任强制保险条款》已经实行。

《机动车交通事故责任强制保险条款》包括总则、定义、保险责任、垫付与追偿、责任免除、保险期间、投保人与被保险人义务、赔偿处理、合同变更与终止、附则十项内容共二十七条。交强险按机动车种类、使用性质分为家庭自用汽车、非营业客车、营业客车、非营业货车、营业货车、特种车、摩托车和拖拉机8种类型,不同的类型采用不同的费率。对于被保险机动车被依法注销登记、被保险机动车办理停驶的和被保险机动车经公安机关证实丢失的三种情况,投保人可以要求解除交强险合同。

除上述政策外,各大保险公司的《机动车辆第三者责任保险条款》《家庭自用汽车损失保险条款》《分期付款购车合同履约保险条款》《机动车辆保险(修订版)费率规章》都为保障汽车保险行业规范、稳健的发展奠定了基础。

3. 汽车消费信贷保证保险

银保监会在2004年1月发布《关于规范汽车消费贷款保险业务有关问题的通知》,规定贷款购车首付款不得低于净车价的30%;各保险公司可根据投保人的风险状况确定承保期限,原则上不得超过3年;车贷险应仅限于承保消费性车辆;保险责任生效必须以投保人向被保险人提供有效担保为前提。

4. 汽车流通方面的法律法规

(1)《汽车产业投资管理规定》

我国先后实施了三个汽车产业政策,即1994年的《汽车工业产业政策》、2004年的《汽车产业发展政策》和2019年的《汽车产业投资管理规定》(以下简称《规定》)。《规定》旨在适应汽车产业改革开放新形势,完善汽车产业投资管理和推动汽车产业高质量发展。《规定》共九章四十八条,自2019年1月10日起施行。经国务院同意,《规定》施行后,《政府核准的投资项目目录》(2016年)中新建中外合资轿车生产企业项目、新建纯电动乘用车生产企业(含现有汽车企业跨类生产纯电动乘用车)项目及其余由省级政府核准的汽车投资项目均不再实行核准管理,调整为备案管理。

(2)《缺陷汽车产品召回管理条例》

2004年3月,国家市场监督管理总局等四部门发布了《缺陷汽车产品召回管理规定》,这是我国以缺陷汽车产品为试点首次实施召回制度。

(3)《家用汽车产品修理、更换、退货责任规定》

国家质量监督检验检疫总局公布《家用汽车产品修理、更换、退货责任规定》,并于2013年10月1日起施行。该《规定》为了保护家用汽车产品消费者的合法公益,明确家用汽车产品在修理、更换、退货三方面的责任,简称为汽车"三包"。

(4)《机动车排放召回管理规定》

《机动车排放召回管理规定》是为规范机动车排放召回工作,保护和改善环境,保障人体健康,根据《中华人民共和国大气污染防治法》等法律、行政法律制定的规定。由国家市场监督管理总局、中华人民共和国生态环境部于2021年4月27日发布,自2021年7月1日起施行。

2012年10月22日国务院发布了《缺陷汽车产品召回管理条例》,于2013年1月1日起正式实施,并在2019年3月2日进行了修订,对规范缺陷汽车产品召回,加强监督管理，保障人身、财产安全起到了重要作用。针对该条例，2016 年 1 月 1 日起，施行了《缺陷汽车产品召回管理条例实施办法》，它是汽车召回制度的规范。

12.2 汽车资讯广告与汽车城市展厅服务

12.2.1 汽车资讯

汽车资讯业是指专门为汽车企业和汽车领域投资者提供信息咨询的行业，它涉及汽车制造、服务、投资三大领域。

汽车企业在推出新产品之前，首先要研究市场，根据市场需求决定生产什么样的车型；产品下线后，还要了解产品的市场定位，决定这款新车卖给谁；产品进入流通领域后，还要了解价格是否合理，消费者对该价格的承受能力以及对产品改型的需求反馈。

与此同时，投资公司对汽车资讯也有很大需求。中国汽车业近几年发展速度比较快，但与成熟的汽车市场相比还有距离，因此一些民间资本或国际资本都相当看好这个行业，并非常关注包括零部件供应、汽车销售渠道甚至整车制造业以及售后服务业在内的一系列与汽车相关的领域，这些投资公司在决策之前都需要对当地的汽车保有量和市场需求取得翔实、深透的了解。投资公司通常都通过专门的"资讯公司"来获得这些信息。

此外，有些咨询机构还专门为汽车企业提供各式各样富于个性化的研究报告。资讯公司从搜集整理各种车型的技术参数、配置表和图片，到监测企业竞争对手的促销活动、价格变动、产销数据、人事变动，以及行业政策的背景、出台情况、影响程度等，都要做研究，以帮助企业提高决策水平。

汽车行业对资讯的需求将伴随中国汽车产业的发展而不断上升，一个成熟有序的中国汽车资讯市场正在加速形成。

12.2.2 汽车广告

汽车文化对广告的发展起着不可估量的作用。日本丰田汽车的经典广告语"车到山前必有路，有路必有丰田车"影响了中国人许多年。现在，汽车广告在城市里已经非常普遍。各式各样的广告充斥着公共汽车内外，特别是当举办体育比赛、商贸洽谈会、文化节、艺术节、博览会时，汽车广告更是无所不在。一些商家还将专用运输车和售后服务车作为流动的广告牌走街串巷。投资大、冲击力强、视觉效果显著的汽车广告已成为各种形式广告中不可或缺的一部分。进入 21 世纪，各大汽车公司兼并联合，实施全球营销战略，使得众多知名品牌涌入世界各地，给综合了视觉、听觉、平面、立体等各类效果的广告及整个广告业创造出更多的契机，掀起新一轮广告投放热潮。

汽车广告种类繁多，主要有报纸广告、杂志广告、广播广告、电视广告、路牌广告、电影广告、电话广告、邮递广告、霓虹灯广告、网络广告、"汽车上之广告"等。

近期汽车互联网广告及数字营销发展的趋势如下。

1. *汽车云营销正流行*

因为疫情原因，到店客流大幅减少，但这也催生了汽车营销新模式——云营销。

很多4S店都在积极开拓线上看车渠道,除了最后的提车环节,其他的所有环节都可以借助互联网开展。奥迪、奔驰、东风本田、东风日产、沃尔沃、比亚迪、吉利汽车、长城汽车等多个品牌都已经开通了线上智能展厅,为有意向的用户提供足不出户就能线上看车的服务。还有一些4S店,更是推出了在线直播看车的营销模式。就目前的市场状况而言,在线上开展汽车"云营销"的新模式发展势头很迅速,走在趋势前端的"优等生"们早已通过"云发布""云看车"和"云卖车"等方式将需求化为实效。

2. 更多元的传播平台,短视频营销正当时

在众多社会化营销渠道中,短视频正在迎来风口期。身处移动互联时代,视频正超越文字和图片,成为吸引用户注意力的头号工具。短视频营销不仅是品牌的单向传播,还通过能引起消费者共鸣的创意,来提高受众的参与度。短视频已经成为了一种新的社交语言,为品牌形象的建立和内容传递提供了新的介质。短视频营销容易激发社交分享,将品牌效应在更多的媒体平台上进行放大,从而实现内容和平台的联动,创造更大的裂变效应。

3. 消费主流群体更迭促进营销的年轻化潮流

90后已经成为中国汽车市场的重要消费群体,"Z世代"年轻人正在成为下一个潜力消费市场,各大车企,甚至是曾经"高冷范儿"的豪华车品牌,都纷纷走向年轻化。年轻人掌握的信息更多,对汽车品牌的"心理归属"的追求大于社会符号价值,品牌要想打动年轻人,就必须以年轻人的营销模式与之对话。需要明确的是,重新思考目标消费者意味着要深刻理解消费者在不同生命阶段的变化和需求,更重要的是要关注习惯和兴趣这些更具"永久性"特质的标签,而非仅仅是年龄等统计学意义上的标签。

4. 跨界营销场景的构建与拓展

流量越来越贵,获客成本增加。这时候很多汽车企业就需要跨界创意,打造新的用户体验与交互界面,将品牌辐射到更多不同的圈层。汽车的跨界营销,最重要的是跨出汽车圈寻找新的合作对象,将目光品牌辐射到此前很难触及的领域。通过潮牌联名,将汽车推广到时尚潮流圈层,他们和潮流化、年轻化的车型的用户重合度也较高;通过跨界游戏合作,可以撬动资深游戏迷的汽车购买欲望;另外,综艺植入、泛文化创新、节日特供等形式,则通过潜移默化的方式,影响和促进购车决策。

5. 汽车营销新技术驱动力量增强

线索重复、有效率低、邀约困难和维护成本高是汽车营销的四大顽疾。而今,依托大数据和智能分发技术,汽车营销的内容和形式,都更具有针对性。运用AI技术+大数据应用能力,汽车营销平台开发出精准化、高互动、效率高的智能营销,极大帮助汽车品牌精准触及目标用户,并且,在营销过程中厂商还可实时查看营销效果,即刻改进营销策略,缩短营销周期和试错时间。

6. 非传统垂直渠道正在成为汽车营销的新红利平台

除了传统的大型垂直媒体,一些中头部的流量平台也开始布局汽车营销服务,发挥影响力。例如,专注于职场的社交平台脉脉,在2018年上线了汽车行业的广告业务,发挥自身独特优势,在汽车营销业务中赢得了一席之地。脉脉的营销价值主要体现在两点:首

先，脉脉主打实名社交，用户中80%以上拥有真实完整的简历，且这些用户在平台上的行为轨迹真实可循，这就有助于解决汽车营销中面临的线索重复和质量下降等问题；其次，脉脉的用户主要集中在20～50岁的职场人群，覆盖从职场小白到高管级别，有助于根据职位帮助汽车品牌找到既有消费意愿又有消费能力的目标人群。

随着新一代汽车消费人群的喜好变得复杂而多变，且碎片化地分散在各个社交领域，社会化营销仍然有效，但是在渠道选择和内容制作上可以更有突破性，"非传统"的线上获客渠道正在发挥影响力，这是个抢占先机的趋势。

7. 从"泛娱乐"到"泛文化"，内容与广告融合更紧密

泛文化以经典文化为依托，同时也带有娱乐的属性，是用娱乐的手段传递有文化价值的内容，让受众更容易接受。汽车品牌和泛文化节目的合作已有经典案例，例如，2017年北汽新能源独家冠名《朗读者》，推动新时代文化发展；比亚迪赞助《经典咏流传》第二季，向世界展示国风魅力。挖掘传统文化的价值，植入汽车品牌或者产品的形象，有助于人们将对文化的认同转化为对品牌的信赖。此外，文化IP搭乘、社会热点的正向表达等方式，也是泛文化的延伸。泛文化营销的流行，与中国的国际地位提升和中国的文化自信增强不无关系，所以，未来持续看好泛文化营销。

8. 场景营销将成为汽车厂商下一个阶段的营销角力点

在消费升级时代，科技不断刷新着人们对理想汽车生活的想象，智能化场景的氛围营造，沉浸化的科技体验的创造，激发出感性的消费体验，促成购买意愿，场景营销将成为汽车厂商下一个阶段的营销角力点。汽车消费的特点是重体验、长决策周期的消费，过程中少不了理性思维与感性冲动的角力，线上流量的火爆以及理性的数据分析，还需要线下的真实感官体验助力，从线上线下联动合围，方能打破传播"不落地"的瓶颈。以场景为依托，如亲子场景、语音场景、无人驾驶场景的体验，汽车品牌将场景与情感、场景与内容、场景与技术有机地融合在一起，通过接地气的场景打造用户体验流程闭环。

12.2.3 汽车城市展厅

最近几年，汽车市场上出现了不同于传统汽车4S店的汽车展厅，这些被叫作汽车城市展厅的店面通常建在城市中心，交通相对便利，大小不一，除了展示车型、集客外，一部分店面还有销售的功能。汽车城市展厅是不需要专门的土地资源新建网点，可以选择在城市的已有建筑物内通过改建、扩充建构服务网点。它承担的功能比4S店简单。4S展厅具有整车销售、零配件销售、售后服务、客户服务及公司日常行政办公等用途，而汽车城市展厅除了具有整车销售的功能外，还发挥了形象展示的窗口作用。

其实，汽车城市展厅并不是新鲜事物，它曾经是4S店的原始存在方式之一，其后又伴随着4S店的不断扩张而慢慢衍生。几年前，城市展厅模式被一些实力不济的经销商利用，但是因为4S店很多，它们并没有多少生存空间。此后随着终端市场越来越呈现复杂性，各品牌之间的竞争越来越激烈，4S店也需要把触角伸展到各个角落，尤其是直接把产品送到顾客眼前或者手中，许多城市展厅就作为4S店的二级店出现了。当厂家意识到这是一种便捷有效的方式时，4S店的弊端突显时，才把城市展厅模式"扶正"，不仅对4S店私自建设二级店的做法视而不见，还允许新加盟的经销商采用城市展厅的营销形式。

城市展厅具有以下特点。

1. 便利性

城市展厅大多要求建造在城市中心地带，人流量大，与建在城市郊区的4S店相比，可以更快地聚集人气，同时更能让汽车与消费者亲密接触。"从此看车买车不用再去开发区了""下班周末没事儿逛街顺便就能看车，很方便"，消费者这样说。

2. 个性化

限于城市用地紧张以及既定建筑格局，城市展厅建设标准、布局没有严格规范，而是采取更加个性化的展示方式，达到与周围商业环境的和谐配套。

3. 窗口化

位于城市中心的城市展厅承担的功能除了常规的销售外，展示、宣传及品牌体验也是其重要功能。由于城市展厅的地理位置决定了品牌的高曝光率，因此品牌渗透成为城市展厅理所应当的功能之一。

综合来看，因为城市展厅对当下汽车销售的好处不言而喻，特别在品牌渗透上可以起到直接作用，所以注重品牌的厂商正大力支持经销商建设城市展厅，给予高额补助。

如今城市展厅的处境和起点都与当年截然不同。随着4S店城市布局的完善，城市展厅更多地被作为4S店的宣传和销售触角，有研究认为4S店、城市展厅、汽车卖场等多种营销形式的穿插渗透将是汽车营销的未来趋势。城市展厅主要起销售和展示的作用，而4S店作为汽车售后维修等基地，与城市展厅相呼应、相补充。就像电器一样，消费者可以在城市中心的多个店面购买，但是售后集中到几家店里进行，这就提高了整体运作效率。

12.3　汽车智能交通信息服务

12.3.1　智能交通系统的定义

智能交通系统（Intelligent Transportation System，ITS）是在传统的交通工程基础上发展起来的新型交通系统。由于各国、各地区具体情况不同，因此智能交通的发展重点和研究内容也存在差异，目前国际上对智能交通系统还没有一个完整统一的定义。综合各个观点，其含义可归纳如下：智能交通系统是人们将先进的计算机处理技术、信息技术、数据通信技术、传感器技术及电子自动控制技术等有效地综合起来，运用于整个交通运输系统中，以车辆、道路、使用者、环境四者有机结合，达到和谐统一的最佳效果为目的，从而建立起的一种作用范围大、作用发挥全面的实时、精确、高效的交通运输综合管理体系。它是充分开发现有交通道路设施的潜能，提高交通效率，降低环境污染，保证交通安全，减少交通拥挤的有力措施，同时推动了高新技术应用及产业发展。

智能交通系统已成为当前国际公认解决交通问题的最佳途径。智能交通系统涵盖了所有运输方式，并考虑运输系统动态的、相互作用的所有要素，包括运输工具、基础设施和驾驶人等。它将为人们出行提供更好的服务，为提高交通运输系统的运行效率和安全提供强有力的支持，成为中国高新技术产业的重要组成部分。

12.3.2 智能交通系统的组成部分

智能交通系统有较为广泛的研究内容，通常归类为以下 7 个部分：先进的出行者信息系统、先进的交通管理系统、先进的公共运输系统、商用车辆运营系统、先进的车辆控制和安全系统、不停车收费系统和应急管理系统。

1. 先进的出行者信息系统

先进的出行者信息系统（Advanced Traveler Information System，ATIS）用于改善交通需求管理，为用户提供所需的出行信息。该系统通过移动终端可以为驾驶人提供道路拥堵状况、服务设施位置等各种交通信息。驾驶人可以根据这些信息合理选择出行方式、时间和路线。用户通过该系统提供的实时最佳出行路线，可以避开交通拥挤、阻塞路段和时间，提高交通运行效率。该系统包含 3 个子系统：启程之前的出行信息系统、合成配载和预约系统及需求管理与运营系统。

2. 先进的交通管理系统

先进的交通管理系统（Advanced Traffic Management System，ATMS）用于对公路交通系统进行管理及检测控制，具有城市道路信号控制、高速公路交通监控、交通事故处理、交通仿真等功能。该系统可以根据交通流的实时变化对车辆进行有效的实时疏导，对交通实施有效的控制和提高事故处理效率，减少交通阻塞和延误，从而最大限度地发挥路网的通行能力，减少环境污染，节省旅途时间和交通费用，提高交通运输系统的效率和效益。该系统包含 6 个子系统：交通控制系统、突发事件管理系统、在途驾驶人信息系统、线路引导系统、出行人员服务系统、排放测试和污染防护系统。

3. 先进的公共运输系统

先进的公共运输系统（Advanced Public Transport System，APTS）通过应用电子通信设备，可以改善城市交通拥堵情况，减小城市交通量，以适应出行者的交通需求。通过电子通信系统，出行者可以根据自身的需要随时随地与出租车、公共汽车等进行联系，及时调整交通路线，有助于交通运输部门增大客运量，提高交通运输效率和效益。通过在使用率较高的家用汽车、公共汽车、有轨电车、地铁等交通运输设施中运用先进的电子技术，公共运输系统的可靠性、安全性和使用率都得到了提高，公共交通系统得到更好的发展。该系统包含 4 个子系统：公共交通管理系统、换乘交通信息系统、针对出行者的非定线公共交通运输系统及出行安全系统。

4. 商用车辆运营系统

商用车辆运营系统（Commercial Vehicle Operation，CVO）利用自动询问和接收各类交通信息，可以对商用车辆进行合理调度，提高其运营效率，增强其安全性。该系统可以向驾驶人提供较为专业的道路信息，如桥梁高度、路段限速等。此外，该系统还可以对运送危险物品的车辆进行跟踪监视，检测到危险时自动报警，以确保车辆和驾驶人的安全，是专门为提高运输企业效益而研发的智能型运营管理技术。该系统包含 6 个子系统：商用车辆电子通关系统、自动化路边安检系统、商用车辆管理系统、车载安全监控系统、商用

车辆交通信息系统及危险品应急系统。

5. 先进的车辆控制和安全系统

先进的车辆控制和安全系统（Advanced Vehicle Control and Safety System，AVCSS）的作用如下：自动识别路网中的障碍、自动发出警报、自动改变方向、自动制动、自动保持车距在安全范围内、控制车辆速度和巡航。该系统在可能发生危险的情况下，可以实时地以声音或者光的形式为驾驶人提供车辆四周的必要信息，同时可以针对危险情况自动采用相应的措施，从而有效地避免危险的发生。该系统主要有事故规避系统和监测调控系统。

6. 不停车收费系统

不停车收费系统（Electronic Toll Collection System，ETC）是当前国际上最为先进的路桥收费系统。其先进性主要表现在无需停车、自动收费。该系统首先通过车辆自动识别技术在车辆与收费点之间进行无线数据通信，自动识别车辆并交换收费方面的数据，之后通过联网技术将银行与计算机相互关联，完成后台结算处理，这样车辆经过路桥收费站时无需再像传统收费站那样停车缴费，而且无需停车自动交纳过路桥费。同时，该系统利用网络技术进后台处理，将收取的费用清楚分到收益业主，这样就节省了大量的时间及人力资源等。该系统采用先进的车辆自动识别技术、网络技术以及电子扫描技术，实现收费车道上无人管理、无需停车的自动收费。

7. 应急管理系统

应急管理系统（Emergency Management System，EMS）是一个特别的系统，通过先进的交通管理系统、先进的公共运输系统将交通道路监控中心和专业救援机构组成一个有机的整体，为出行人员提供现场抢救、排除发生事故的车辆、紧急处理车辆故障现场以拖车等服务。该系统的作用在于提高突发交通事件反应能力，提高交通事件应急的资源调度能力并优化资源配置。该系统包含两个子系统：应急车辆管理系统和紧急通告与人员安全系统。

12.3.3 我国智能交通系统的发展现状和发展趋势

1. 我国智能交通系统的发展现状

自20世纪90年代以来，智能交通技术开始受到国内学者的关注和重视，并逐步开展该方面的理论技术研究与工程试验。我国政府十分重视和支持智能交通技术的发展和应用。为加快高新技术在传统行业的应用，科技部自1996年开始组织了一系列智能交通技术国际交流和合作，支持和推进国内智能交通技术的研究和开发，政府的高度重视是我国顺利推进智能交通系统建设的重要前提。智能交通是一个复杂的系统工程，它不仅涉及新技术推广应用，还涉及体制管理理念等多方面的创新和改革，因此，政府的引导是必要的保证。为了便于协调，科技部于2001年联合交通运输部、铁道部、公安部、住房和城乡建设部、国家市场监督管理总局等部门，成立了全国智能交通系统协调领导小组及办公室，总体规划道路、铁路、水运、民航等行业智能交通发展战略，标准制定和共性技术的研究和示范应用，同时相继批复成立了国家智能交通系统工程研究中心、国家铁路智能运输系统工程中心、国家道路交通管理工程技术研究中心。许多大学和研究机构先后组建了智能交通系统研究中心，如东南大学、武汉理工大学、吉林大学、同济大学、北京交通大学、华南理工大学等，纷纷投入智能交通的基础理论研究及核心技术研发领域，并取得了一系列科研成果。

智能交通系统是一个基于现代电子信息技术面向交通运输的服务系统，将信息技术、通信技术、计算机技术、传感器技术、电子控制技术、自动控制理论、运筹学、人工智能等有效综合运用于整个交通服务、管理与控制的，将人、车、路三者紧密协调、和谐统一而建立起的在城市以及周边大范围内、全方位发挥作用的实时、准确、高效的运输管理系统。智能交通系统使车辆和道路智能化，以形成道路安全快速的交通环境，从而达到缓解道路交通拥堵，减少交通事故，改善道路交通环境，节约交通能源，减轻驾驶人疲劳强度的目的。智能交通系统能够提高道路使用效率，使交通堵塞减少约60%，使短途运输效率提高近70%，使现有道路的通行能力提高2~3倍。车辆在智能交通体系内行驶，停车次数可减少30%，行车时间减少15%~45%，车辆的使用效率能够提高50%以上。通过智能交通控制，由于平均车速的提高带来了燃料消耗量的减少和排除废弃量的降低，汽车油耗可因此降低15%。智能交通技术能够有效减少交通事故的发生，使每年因交通事故造成的死亡人数下降30%~70%。由此，发展智能交通系统在我国低碳背景下是非常必要且需要长期坚持的。

从1994年我国开始关注国际上智能交通系统的发展，特别在1995年之后，我国对智能交通系统的研究、试验、国际交流活动日益频繁，且在智能交通系统上的开发和应用取得了相当大的进展。1996年以来，国家科技部、交通运输部、原铁道部先后成立了智能交通系统工程研究中心，组建了中国智能交通系统政府协调小组，随后又成立了"智能交通协会"，制订的总体规划包括道路、铁路、水运和民航的中国智能交通系统发展规划。同时，北京、西安、上海、武汉、杭州等城市也先后提出本城市发展智能交通的规划和实施方案，其中杭州已在应用阶段，深圳在调试阶段。中国铁道科学研究院也在设计铁路部门火车监控的监控解决方案，而城市公交系统智能化的建设作为智能交通体系建设的子系统，是中国目前交通建设重点，其中包含信息传送发布、调度管理和安全管理等。目前，我国的社会发展正处于城市化进程加快、机动化程度迅速提高的阶段，交通运输效率、交通服务水平、交通安全、交通环境、交通拥堵等诸多问题集中出现，成为制约社会发展的重要问题。智能交通系统对缓解上述问题具有直接的作用和意义。根据不完全统计，2021年城市智能交通市场中过亿项目共计20个，已发布中标公告信息的共17项，合计中标市场规模合计约为55亿元。

2. 我国智能交通系统的发展趋势

近年来，随着城市化建设和基础投资的升温，我国城市智能交通市场规模增长率保持了较高的水平，各地建设的智能交通项目也逐年增加，智能交通信息服务、云计算、大数据在智能交通领域的应用等新兴市场不断涌现，智能交通行业已经形成了产业化、规范化的布局。我国城市智能交通系统在城市交通管理、信息服务及发展决策等方面开始发挥越来越重要的作用，对缓解日益严峻的道路交通拥堵状况起到了良好的支撑作用。例如，通过智能信号控制系统的建设，提高路口通行能力和路口间协调水平，提高了车辆的运行速度；通过信息服务系统的建设，调整了出行者的出行需求，促进了交通供给与需求间的平衡；通过违法监测系统等的建设，规范了出行者的出行行为，改善了交通秩序和安全水平，也相应地减少了交通拥堵；通过智能公共交通系统的建设，提高了公交服务水平，引导出行者选择公交出行，逐步改变城市的出行结构。因此，城市智能交通系统的发展也得到了各类城市的重视，进入了一个快速发展的时期。

为适应我国社会经济发展的要求，顺应国际高新技术发展趋势，智能交通科技创新发展面临新的挑战和要求，也呈现出新的发展趋势。

（1）自动驾驶系统

电动汽车充电站通用要求

目前自动驾驶在技术发展、资本活跃度和市场接受度上，以中美两国的自动驾驶企业表现最为突出，中美也成了引领自动驾驶发展的主要阵地。2012年2月，加州成为全球首个可以自主为无人驾驶汽车制定法则的州郡。同年5月，加州将全球首张无人驾驶车测试牌照授予给Google，之后包括大众、奔驰、Tesla、Faraday等企业在内的传统车厂和互联网汽车公司都纷纷获得了加州颁发的无人驾驶车测试牌照。在无人驾驶核心路线方面，美国主要采用单车智能，依靠车辆自身实现无人驾驶；中国主要采用车路协同方案，道路上安装传感器，全程给车辆反馈路况信息，道路协同车辆共同完成无人驾驶。2019年9月，由百度和一汽联手打造的中国首批量产L4级自动驾驶乘用车——红旗EV，获得5张北京市自动驾驶道路测试牌照。据《北京市自动驾驶车辆道路测试报告》显示，截至2021年年底，北京市自动驾驶开放测试道路累计里程75933公里，安全测试里程突破391万公里。

（2）大数据与智能交通

大数据是继云计算、物联网之后IT产业的又一次颠覆性革命。ITS的交通数据来源广泛、形式多样，包括动态的交通流数据、静态的道路基础数据、交通气象信息等。如何从海量交通数据挖掘潜在有价值的信息，成为ITS充分发挥作用的关键。因此，借助大数据技术解决交通问题是ITS的内在需求和新技术发展的必然趋势。

（3）生态智能交通系统

车辆的尾气排放已成为大气污染的一个主要原因。发达国家已相继提出基于ITS的交通节能减排体系及实施项目，如美国的IntelliDrive、日本的Smartway、欧盟的EcoMove等，其目标在于减少环境污染和国家能源消耗，实现交通的可持续发展。由此可见，应用ITS的先进技术实现交通系统的节能减排是未来交通污染控制的发展方向。

（4）移动互联网与智能交通

近些年，移动互联网技术已渗透到ITS领域，一些基于移动互联网技术的ITS应用服务相继出现。随着智能手机等移动终端的不断普及，网络通信数据已成为道路交通状态信息采集的一种重要来源，可用于分析公众的出行规律，获取完整出行链信息，对交通检测技术及方法的发展起到了推动作用。另外，ITS可利用移动互联网向公众提供可视化地图服务、导航信息、实时路况信息及基于位置的服务，满足公众的多样化、个性化需求。近些年，基于移动互联网智能终端的与交通相关的App得到快速发展，移动互联网技术将在公众出行中发挥越来越大的作用。

智能交通系统是适应时代发展的产物，其发展代表着当前时代的科技水平。智能交通系统相关技术的成功应用，能够在一定程度上解决世界各国遇到的交通问题，缓解人、车、路系统间的矛盾，从而推动经济的发展。虽然我国智能交通系统在技术水平上与发达国家还存在一定差距，但令人振奋的是，城市交通问题在我国受到了高度重视，经过30余年的交通实践，我国智能交通系统的研究与应用已取得巨大的成就，并积累了丰富的经验。目前，交通拥堵、环境污染等交通问题仍然严重，并且我国城市道路交通环境复杂，对智能交通系统技术研究及建设水平的要求更高，需要找到更为有效的解决办法。因此，应从我国的实际情况与国情出发，不断完善与深化智能交通相关技术研究与系统建设，进一步为我国社会经济发展作贡献。

12.4　电动汽车充电服务

随着政府政策的大力支持和环境意识的不断提升，电动汽车产业及其相关服务产业得到了快速发展的契机，并在全球范围内受到越来越多的关注。电动汽车在日常出行与专业化服务领域的应用与实践顺应了时代潮流，为政策制定者与企业运营者可持续发展战略的提出与实施提供了新的选择。然而，消费者对于购买和使用电动汽车仍然存在诸多担忧。《中国新时代》开展的"电动汽车的公众接受度"调查结果显示：93%的被调查者对电动汽车实现市场普及充满信心，其中认为需要时间的占58%；电池问题与充电问题是电动汽车普及过程中最为突出的问题；充电、续航以及充电站是影响用户购买电动汽车最为突出的因素。

影响电动汽车推广使用的因素可归纳为两个方面：一是电池及其充电技术，二是充电服务问题。在目前电池及其充电技术并不成熟的条件下，如果提供充电服务的基础设施配套完善，而且消费者可根据出行需要灵活、方便、及时地获得充电服务，充电服务市场运行通畅，消费者对购买和使用电动汽车所存在的"里程焦虑"等诸多顾虑就会得到有效的缓解。

在电动汽车电池及其充电技术进步相对缓慢且已经能够满足日常基本需求的情况下，充电服务发展的不足呈现了更为突出的制约作用。一方面，作为充电服务的直接供给者，充电基础设施配套不足直接使得充电服务资源的市场供给不足。而作为电动汽车产品的互补品，充电基础设施配套不足间接抑制了电动汽车的市场推广。另一方面，作为充电服务需求者的电动汽车与作为充电服务供给者的充电设施，双方之间以何种模式参与电力市场交易，也缺乏有效的市场运行机制。市场运行机制的缺失，不仅造成了当前电动汽车充电服务获取困难与充电站闲置并存的"充电怪圈"现象，还不利于未来电动汽车大规模推广后充电服务市场的正常运行。因此，加快完善充电基础设施配套，建立充电服务匹配机制，不仅关系着电动汽车能否实现大规模市场推广，还关系着大规模电动汽车的正常使用。

综合来看，电动汽车充电服务发展问题是影响当前电动汽车市场推广的关键因素，也是未来电动汽车充电服务市场正常运行必须重视的问题。在电池及其充电技术相对不成熟的情况下，电动汽车充电服务的发展和完善是推动电动汽车成功实现推广的重要途径。当前，电动汽车呈现出大规模推广应用的趋势。因此，研究加快充电服务市场供给机制和保障充电服务市场运行的匹配机制，对电动汽车的市场推广和应用至关重要。

12.4.1　电动汽车充电站相关术语

2014年2月，国家标准《电动汽车充电站通用要求》（GB/T 29781—2013）实施，对电动汽车充电站（以下简称充电站）的选址原则、供电系统、充电系统、监控系统、电能计量、行车道、停车位、安全要求、标志和标识等进行了规定，部分内容如下。

1. 充电站（EV charging station）

由三台及以上电动汽车充电设备（至少有一台非车载充电机）组成，为电动汽车进行充电，并能够在充电过程中对充电设备进行状态监控的场所。

2. 交流充电桩（AC charging spot）

采用传导方式为具有车载充电机的电动汽车提供交流电能的专用装置。

3. 充电系统（EV charging system）

由充电站内的所有充电设备、充电电缆及相关辅助设备组成，实现安全充电的系统。

4. 供电系统（EV power－supply system）

为充电站的运行提供电源的电力设备和配电线路总称。

5. 监控系统（EV supervisor system）

对充电站的供电状况、充电设备运行状态、环境监视及报警等信息进行采集，应用计算机及网络通信技术，实现站内设备的监视、控制和管理的系统。

12.4.2　电动汽车充电模式和充电基础设施

当前，根据电动汽车动力电池组技术与使用特性，电动汽车电能补给方式主要分为地面充电和整车充电两种模式。其中，地面充电模式又称更换电模式，整车充电模式又分为交流慢充和直流快充两个子模式，交流慢充模式又称常规充电模式，直流快充模式又称快速充电模式。由于常规充电、快速充电和更换电三种充电模式各自具有优劣特性，因此在未来充电技术发展中，可能是三种模式并行发展的局面。三种模式具有各自的特点与适用范围，分别形成了交流充电桩、充电站和换电站三大类充电基础设施。具体地，常规充电模式下的充电设施相对简单，以在公共停车场、家用停车场和社区等布局的充电桩为主。快速充电模式下的充电设施由于充电电流与电压的较高要求，以充电站进行集中充电为主。更换电模式主要是通过单独对电池进行充电及对电动汽车进行电池更换的方式完成，该模式下的换电站则以蓄电池集中存放、更换、充电的站点形式存在。无论是何种方式，电动汽车充电技术均力求达到快速化、通用化、智能化、集成化和电能转换高效化等目标。

三类充电基础设施之间也有较大的差异。换电站在电能补给效率、削峰填谷、电池规模化等方面具有较为突出的优势，但面临着电池标准统一化、整车设计、电池新旧计量计费等问题。充电站在服务对象多样化、可提供及时充电服务、设备利用效率高等方面具有优势，但建设投资成本高、对电池寿命和电网运行均有较大的影响。充电桩具有安装简便、充电灵活、操作简单等优点，但在满足应急需求、形成充电网络以及利用效率上均有一定的不足。

充电基础设施与电动汽车作为充电服务的供需双方，二者关于充电服务交易形成的市场，称为充电服务市场。根据充电模式、充电基础设施类型和所提供的具体充电服务特性的不同，充电服务市场又可划分为三个细分市场，即常规充电服务市场、快速充电服务市场和换电服务市场。

12.4.3 电动汽车充电站选址原则

电动汽车充电需求、相关技术发展、充电模式、充电站运营模式、充电站建设目标、充电站服务半径、城市电网规划、城市路网规划、发展政策与技术规程文件及城市用地规划在影响电动汽车布局方面发挥着重要作用。本书依据克里斯塔勒中心地理论中的三大原则（市场原则、交通原则、行政原则）将这些因素进行归类与阐述，如图 12-1 所示。

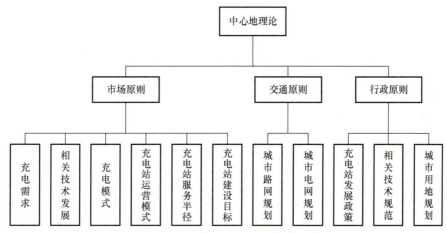

图 12-1 电动汽车充电站选址原则

1. 市场原则

克里斯塔勒最初关注农村市场中心对聚落体系形成的影响。依据市场原则，较低级的中心地分布在较高级的三个中心地所形成的等边三角形的中央，该种分布最有利于较低级的中心地与较高级的中心地展开竞争，由此形成了 $K=3$ 的中心地系统（低一级市场区的数量是高一级市场区的 3 倍）。

在市场原则支配下形成的交通体系，以高等级的中心地为核心，高一级中心地通过 6 条放射状的主干道连接较低级的中心地，较低级的中心地又通过 6 条放射状的次干道连接低级中心地。由于连接两个高等级中心地的道路不通过较低级中心地，因此该系统效率并不高。

（1）电动汽车充电需求

充电需求对充电站建设数量以及建设速度有重要影响。电动汽车充电需求可以从充电总需求量、充电需求增长率、充电需求类型等方面进行考量。某地区的充电总需求量与该地区的电动汽车保有量、行驶里程以及单位里程耗电量有正相关关系。充电需求量越大，越容易满足充电站的服务下限，利于维持充电站的正常运营。随着充电需求的增加，充电站的数量也随之增大。与此同时，该地区人口越多、经济越发达，电动汽车推广力度越大，电动汽车充电需求增长越快，充电站的建设速度也越快。另外，不同类型的电动汽车出行特征与充电时间特征不同,导致了其充电需求的差异性。例如,环卫车、公交车既需要专属充电站,又需要公共充电站,而私家车只需公共充电站即可。

(2) 相关技术发展

本书探讨的相关技术主要是指包括电池充电速度、电池续航里程在内的电池技术,以及大数据、云平台等互联网技术。随着充电技术的提高与网络技术的发展,电动汽车充电速度加快、续航里程延长,电动汽车用户充电选择的灵活性也不断提高。

相同条件下,电池充电速度越快,充电站服务电动汽车数量越多,充电站中心性越高。例如,40分钟可为特斯拉 Model S90 充电 80%,行驶 270 千米。2020 年 8 月,美国造车新势力 Lucid Motors 宣布,其即将推出的全电动轿车 Lucid Air,将成为"有史以来充电速度最快的电动汽车"。在其进行的实车测试中,Lucid Air 能够在 20 分钟充电时间内,最多可为车辆增加 300 英里(约合 480 公里)的续航里程。而 2021 年 10 月,总部位于中国香港的电池公司 DESTEN 推出全球首个超快充电解决方案,可以在 4 分 40 秒内从 0 充电到 80%,实现续航 500 公里。这就意味着,在充电技术提高的条件下,充电站在单位时间内将满足更多充电需求。

续航里程与充电站建设密度成负相关关系。在其他条件不变下,电动汽车续航里程越长,所需要的充电站数量越少,充电站建设密度越小。目前我国电动汽车续航里程已经达到 300 公里,这项突破降低了电动汽车用户的里程焦虑,刺激了充电设施市场的发展。

大数据与云平台技术的应用既提升了电动汽车充电设施产业链的价值,又提高了电动汽车充电资源的整合力度,为充电站的统筹规划提供了良好的技术支持。

(3) 电动汽车充电模式

如今电动汽车充电模式普遍存在整车充电系统(包括常规充电、快速充电两种方式)和地面充电系统两种模式。不同的充电模式,对充电时间、充电设备、电网压力、充电安全性要求不同。

常规充电方式充电电流较低,该方式比较适合电力低谷时段充电。大概需要 5~8 小时的充电时间。例如,私家车利用夜间充电既降低了充电成本,又减少了对电网的干扰。

快速充电方式对充电技术及充电的安全要求较高,充电时间在 20 分钟到 2 小时之间。快速充电方式在满足用户及时获取充电服务方面具有较大优势。

地面充电模式通过更换电池的方式满足客户续航需求。由于更换电池时间短,因此提高了便捷性。其缺点是初期投资大,电池更换与维护需要专业的人员对管理问题要求较高。在电池续航里程无法保证公交车正常运营的情况下,该方式发挥了较大优势。随着电池与充电技术的提高,与整车充电相比,换电模式优势逐渐弱化。因此,某些专家认为换电方式并不可取。

(4) 充电站运营模式

根据充电设施建设主体的差异性,运营模式主要分为政府主导模式、企业主导模式和用户主导模式。

政府主导模式有助于电动汽车的推广和普及。在协调各方资源,引导充电站统一规划、集约发股方面有较大优势。在充电站建设初期,对避免投资过热、重复建设等问题,推动充电站有序建设有重要作用。但是,政府主导模式也将导致财政压力、管理效率较低的问题。

企业主导模式在减轻财政压力、保证充电站的建设资金方面优势较为明显。企业在提高充电站的管理水平与运营效率方面发挥着较大优势。但企业主导模式也有其弊端，在充电站建设初期，企业的观望态度会带来投资不足问题。由于充电站投资成本较大，因此企业考虑到成本与利润因素，这将导致顾客充电成本较高的问题；易造成重复建设问题，导致充电站的无序发展。另外，企业在与城市电网规划、路网规划等相关领域协调方面，显得能力不足。

用户主导模式的优势在于，用户可根据自身需求建设充电设施以更加方便地接受服务，避免公共充电站造成的限制与不便。其劣势在于，需要面临复杂的审批流程、支付较高的安装与施工费用、小区电力增容改造难、与物业沟通困难及配套政策不完善等，有可能造成充电设施建设不足。由于用户专属的充电设施具有排他性，因此会降低充电设施利用率，并导致重复建设问题。

我国正处于充电站建设的初级阶段，需要政府的支持与引导。同时，电动汽车充电站作为一种准公共物品，单纯依靠企业主导模式易造成市场失灵问题。我国宜将三种方式相结合，在建设初期突出政府作用，随着电动汽车不断推广、充电站建设成熟后，突出企业与个人作用。

（5）充电站建设目标

不同投资主体不仅影响充电站的运营模式，也影响着电动汽车建设目标。建设目标主要有投资与运营成本最小化、用户充电成本最小化、经济效益最大化、服务数量最大化等内容。建设目标不同，充电站的建设数量与布局也不同。不同建设目标反映了充电站建设过程中，各主体之间的博弈。政府可能更看重服务水平与投资成本，企业更看重经济效益，充电用户更看重充电成本与便利性。不同目标之间的冲突性，要求在充电设施建设的不同时期，建设目标有所侧重、相互协调。

（6）充电站服务半径

充电站服务半径是指充电站的最大服务范围，服务半径的确立与电动汽车保有量、道路交通流量、电动汽车续航里程、充电用户最大绕行距离等指标相关。充电站服务半径直接影响着充电站的建设密度和建设数量。一般来说，服务半径越大，电动汽车充电站建设数量越少、密度越低，用户充电越便捷。充电站服务半径太小又会增加投资成本。因此，应当根据以上指标合理确定充电站服务半径。

2. 交通原则

通过进一步研究，克里斯塔勒意识到交通系统对聚落体系的形成具有重要影响，从而导致了次一级中心地沿着交通线分布。在此情况下，较低级中心地居于连接两个较高级中心地的道路干线上的中点。在该情形下，高级市场区包涵 4 个次级市场区，从而形成 $K=4$ 的体系。由于次级中心地位于连接高级中心地的干道上，因此被视为高效率交通网。

（1）城市电网规划

城市电网规划与建设是制约充电站建设的重要条件。首先，充电站应选择在靠近供电设施，以此保证充足的供电能力。其次，充电站引起的充电需求有可能造成电网局部地区、局部时间段负荷紧张问题。最后，充电设备可能对电网造成谐波污染。因此，充电站建设要与城市电网规划相结合，并与城市电网负荷能力相适应，也应加装无功补偿设置、滤谐波装置减少充电造成的谐波污染问题。

(2) 城市路网规划

电动汽车充电站与加氢站、停车场一样，是重要的交通配套设施，其服务对象就是交通系统中的电动汽车。因此，充电站建设既要依托于道路交通系统，脱离了路网规划，建成的充电站将不能有效满足用户需求，会降低充电站利用率，造成投资浪费，又要考虑对交通系统造成的影响，充电站建设太靠近交叉路口，可能会造成交通拥堵问题。充电站的布局引导着电动汽车的行车路线，从而影响路网的交通流量变化。

3. 行政原则

在前两种原则主导下可知，高级中心地辖区由一个完整的次级中心地和多个被割裂的次级中心地组成，为行政管理带来了不便。因此，克里斯塔勒提出了按行政原则支配的 $K=7$ 中心地体系。在该体系中，较高等级的中心地覆盖了 6 个次级中心地。在该情况下，中心地体系的行政从属关系的界线和服务的供应关系界线相契合，进而方便了行政管理。在该系统内，顾客的交通距离较大，因此该系统的交通效率最低。

(1) 充电站发展相关政策

电动汽车充电站相关政策对充电站的建设和发展具有重要的指导意义。政策支持程度直接影响了充电站建设的力度与速度。如上文所述，国家和地方相继出台了许多推动电动汽车充电站发展的相关政策性文件。这些文件涉及目标、原则、规划、价格和补贴等方面，为我国充电站建设指明了发展方向。

(2) 充电站建设技术规范文件

2014 年，我国发布了《电动汽车充电站设计规范》（GB 50966—2014），规范了充电站的技术标准。该规范对充电站的规模、站址选择、平面布置、充电与配电系统、电能设计、计量、监控及通信系统、土建、消防给水和灭火设施、节能与环保等方面作出了详细规定。例如，充电站建设时期应考虑其造成的水土流失、生态破坏、建筑垃圾等问题，运营时期应注意噪声污染、电池维护造成的废水和有毒气体等问题。从消防安全来看，充电站站址应远离潜在的火灾或爆炸危险的地方，以及多尘或有腐蚀性气体的场所。避免潜在的安全隐患，确保充电站周边环境的安全性。

(3) 城市土地利用规划

城市土地利用规划对充电站建设具有制约作用。土地利用类型、土地价格、位置、地质条件等条件，限制了充电站的站址、占地规模、建设等级等。另外，充电站附近的城市功能也影响着充电站的布局，例如，就近于消防、排水等公用设施利于保证充电站的安全性。

如上文所述，电动汽车充电站建设受到多种因素影响，因此充电站选址过程中应注意以下问题。

① 充电设施建设应与电动汽车充电需求相适应，与电动汽车发展阶段相协调。

② 应不断引进新技术，实现有序充电和绿色可再生能源充电。引进现代通信技术，形成互联网＋充电站的模式。

③ 充电站应与城市规划、电网规划、土地利用规划相协调。

④ 电动汽车充电站与路网规划相适应，电动汽车充电站分布应与电动汽车泊车分布相吻合。

⑤ 充电建设应兼顾投资有效性、布局合理性和顾客便捷性要求。

⑥ 充电站建设应与其他城市环境相适应。

⑦ 充电站建设应与政策、法规相适应，符合建设安全、环境保护、消防等方面的规范要求。

12.5 "互联网+"汽车服务

2015 年政府工作报告首次提出"互联网+"行动计划。伴随着知识社会的来临，"互联网+"结合了互联网、大数据、云计算、人工智能等内容。互联网给人们的消费习惯带来了改变，促使移动互联网融入汽车生态圈。"互联网+"时代为各行业带来了新的发展机遇，未来电子商务或将成为经济增长的新动力。

未来将有更多的人通过互联网选择汽车服务，在摆脱传统营销模式束缚的同时，汽车后市场服务商们也会直接针对用户展开主动营销。"互联网+"对汽车服务领域的新需求，迫使成长中的汽车服务商业模式不断进行创新。

12.5.1 "互联网+汽车金融"服务

2019 年，在新车市场销量下滑的背景下，汽车金融在稳定汽车市场发展的同时逆势增长，成为汽车产业发展的核心驱动力之一。2020 年，中国汽车销量 2531.1 万辆，其中通过汽车金融购车超过 1100 万辆，汽车金融公司零售贷款车辆 678.1 万辆，占 2020 年我国汽车销量的 26.8%，占金融车辆一半以上；经销商批发贷款车辆 428.39 万辆，占 2020 年汽车销量的 16.93%。截至 2020 年年底，汽车金融公司（已获批 25 家）总资产为人民币 9774.84 亿元，同比增长 7.85%；汽车金融市场总体规模达到约 2.0 万亿元，其中持牌汽车金融公司约占一半份额。

根据《中国汽车工业年鉴》，我国的汽车金融发展萌芽于 1995 年，为刺激汽车消费需求的有效增长，国内汽车生产厂商联合部分国有商业银行尝试性地开展汽车"消费信贷业务"。自 2004 年 8 月《汽车金融公司管理办法》正式实施，首家汽车金融公司——上汽通用汽车金融公司正式成立，伴随着汽车销量的稳步增长，汽车金融的信贷总量稳步上升。据统计，2018—2021 年中国汽车消费金融渗透率分别为 43%、45%、50%、53%。

中国汽车流通协会有形市场分会常务副理事长苏晖表示，互联网金融具有方便、快捷、专业等优势，可以搭建信息平台，汽车金融借助互联网平台，将获得更大的发展优势。

正是看到了汽车金融在互联网背景下的无限可能，互联网也越来越多地"牵手"汽车金融。腾讯理财通和一汽大众奥迪展开品牌跨界合作，推出"奥迪A3，购车即理财"的合作；阿里巴巴推出汽车品牌和移动互联网跨界共玩的方式，如与多家经销商合作以余额宝冻结款做预付，期间能享受购车款 3 个月的收益。

深圳市腾讯计算机系统有限公司与京东集团共同投资的汽车金融公司易鑫资本则更为直接。据介绍，易车网的车贷频道 chedai.yiche.com 已经上线，主要业务模式为将贷款购车意向的客户与金融机构连接起来，一方面通过贷款信息的披露，有效减少客户信息不对称现象；另一方面增强金融机构获得客户的能力以及服务自身品牌的能力，减少 4S 店销售顾问或者信贷专员与客户沟通贷款的成本。目前汽车金融平台包括新车贷款和汽车抵押贷款,未来还将开通更多汽车金融相关子频道。

12.5.2 "互联网＋车险"服务

"我开车不闯红灯,驾驶习惯很好,没出过任何事故,为什么我的车险就不能比别人便宜点?"这是很多车主常存在的困惑。2015年6月,商业车险费改试点在黑龙江、山东、广西、重庆、陕西、青岛这6个试点地区全面落地。对于私家车主来说,新版车险条款中的最大变化就是费率与风险匹配度更高,低风险者保费低、高风险者保费高,并且与过往理赔记录挂钩。区域、家庭、信用、驾驶习惯、行车历史……当互联网遇上车险,车险也是根据多维度因子实现差异化定价。那么,保险公司如何获得这些数据呢?

中国制造2025

2015年11月,中国平安旗下的平安产险与众安保险推出了互联网保险品牌——保骉车险。据悉,作为国内车险费改后首个"互联网＋"样本,保骉车险将率先在首批进行费率改革的6个省市中开展,并随着车险费改进度推广至全国。中国平安是一家传统保险行业巨头,众安保险则是互联网保险行业的翘楚,二者合作的产品具有典型的O2O特征。据合作双方透露的信息,二者合作的保骉车险具有合作共保、多维度定价与引入大数据技术三大亮点,这有助于在"互联网＋时代"探索车险广阔的发展未来,因而值得关注。

与此同时,中国平安与众安保险合作,再次折射出当前互联网保险行业强劲的发展势头。互联网保险指的是保险机构采用互联网技术,在网络平台上从事保险业务。近年,财富管理等新兴金融服务冲击下,传统保险"人海战术"与"高退保费"等优势不再,市场日渐萎靡,这给了互联网保险快速发展的机会。

国务院关于积极推进"互联网+"行动的指导意见

截至2022年上半年,共计73家保险公司开展互联网财产保险业务,相比2014年的33家,增长了40家公司。从保费构成来看,平安产险、众安保险等保费收入前十的公司市场份额合计86.4%,同比提升3.2%。互联网财产保险累计保费收入530.4亿元。

但"瘦死的骆驼",传统保险的市场规模仍旧大过互联网保险,互联网保险在保险行业的市场占有率为4%,远远落后发达国家。在政策力挺"互联网+",保险行业调整结构的背景下,互联网与传统保险行业将进行深度融合,以平安产险与众安保险合作为例,O2O模式既有利于传统保险行业互联网化,也有利于互联网渗透保险,发挥线上线下资源优势,因而成为发展趋势之一。

汽车产业中长期发展规划

车险在互联网保险中的占有率超过了50%,且车险需求大、保费空间大,因此是传统保险转型互联网的进程中不能错过的一类险种。而寿险一般难以被理解,且需要大量服务跟进,因此互联网渗透率低,这需要保险机构创新地将寿险与互联网结合,个性化与定制化将成为互联网寿险趋势。在此趋势下,每个人都将拥有根据其驾驶习惯定制的保费,甚至都能享受到不同于他人的保险服务。目前,商业车险条款费率管理制度改革在部分城市试点,国内首个互联网车险品牌也在不久前诞生,众安保险、平安保险联合推出保骉车险。作为国内"互联网＋车险"的首个样本,保骉车险有以下特点。

1. 首个O2O共保模式车险

除了众安、平安已掌握的大数据之外,所有保骉车险的用户都将获赠一个黑色的小匣子，也就是车载诊断系统（OBD），在获得车主授权后，通过监测汽车的多个系统和部件，记录汽车故障信息并送至后台进行诊断，从而记录车主的驾驶行为数据。车主的驾驶行为习惯将成为大数据分析的一部分，供车险的多维度定价作参考。

O2O共保模式车险"完全能够做到按照客户的风险给出一个非常透明公正的定价，有什么样的风险就有什么样的价格"。

目前，国内车险的保费金额主要根据车的购置价、座位数、排量、购车年限等定价，即"从车主义"。而车险费改的大方向是"从人主义"，根据驾驶人居住地、教育和职业、对车辆使用情况等定价保费。

保骉车险是由众安保险、平安保险联合推出的国内首个互联网车险品牌。这是国内首个以O2O合作共保模式推出的互联网车险，也是国内车险费改后首个"互联网+"样本。保骉车险率先在首批商车费率改革6个地区中开展，目前覆盖到18个地区，并随着费改节奏推广到全国。

2018年1月31日，保骉车险宣布以车险为连接点，将新场景下的汽车用户、车险企业、汽车金融、车后等诸多产业链环节紧密联系起来，以轻模式切入新汽车生态，从车险到众安汽车生态布局，为车主提供一站式智慧用车服务和全场景式保障体系。共保模式是保骉车险的最大亮点之一。保骉车险将依托众安、平安两家公司各自领域的大数据资源，根据用户的驾驶习惯等多维度因子实现差异化定价。在核保方面，保骉车险将充分参考平安多年积累的赔付数据，并应用风险识别模型对车主的历史赔付情况进行全面分析；在服务方面，则充分依托平安的线下理赔服务体系。依靠双方大数据资源，以OBD（车载诊断系统）、ADAS（高级驾驶辅助系统）、多通道场景式理赔服务体系等创新技术为驱动，力图将差异化定价和精准服务等未来车险概念变为现实。即在自主核保因子中，尝试引入更多的维度，比如驾驶区域、家庭、信用、驾驶习惯、行车历史、社交活动等对车险进行定价。

国务院关于印发新一代人工智能发展规划的通知

2. 车联网改变驾驶习惯

随着车联网的发展，以OBD、ADAS等为代表的车载硬件技术能够更好地获取驾驶人驾驶行为数据，为车险改进提供技术基础。国务院以及国家发改委、工业和信息化部等部委发布的《中国制造2025》《关于积极推动"互联网"行动的指导意见》《汽车产业中长期发展规划》《新一代人工智能发展规划》《关于进一步扩大和升级信息消费持续释放内需潜力的指导意见》等文件中多次重点提及车联网。

国务院关于进一步扩大和升级信息消费持续释放内需潜力的指导意见

保骉车险表示，不仅要实现车险定价差异化，后续的车险服务还将做到差异化。比如在极端天气时提前给车主提供安全建议，并最终带来赔付率的降低；为筛选出来的好用户推送洗车、养车、用车等增值服务。

互联网车险线下理赔方面也有相应保障措施。在核保方面，保骉车险将充分参考平安多年积累的赔付数据，并应用风险识别模型对车主的历史赔付情况进行全面分析；在服务方面，保骉车险则充分依托平安的线下理赔服务体系。

"可以预见，在一系列与赠送服务直接挂钩的奖励机制施行后，车主将更加注意自身的驾驶行为习惯，在事前主动预防风险，降低全社会的事故发生率。"众安保险相关负责人表示，这种改变不仅是通过大数据的方式激励用户改善驾驶行为习惯，还会通过整合互联网资源，使车主的驾驶习惯受到监督。

此外，保骉车险还将扩展车险相关业务的外延，衍生出新形态的保险服务。"保骉车险在未来将成为开放式的全方位车险服务平台，对接不同的互联网场景，并根据不同的场景需求开发出更多的保险产品，构造整合线上线下服务的车险产业链。"众安保险COO许炜认为，未来可以根据OBD的行车信息撰写用户使用报告，为二手车质量认证提供新的标准。

随着智能交通的发展，我国车联网市场规模持续扩大。2020年中国智能化和网联化功能在汽车产品中的普及率分别为22%和50%，市场规模达到2556亿元；2021年车联网的装机率大概300多万台，同比增长107%，并在我国已建立10个国家级智能网联汽车试点示范区；预计到2025年，全球车联网将覆盖60%的汽车。

3. 车险综合改革2020年实施

自2020年9月19日车险综合改革正式实施，截至2021年9月月底，车均保费较改革前降低21%、费用率下降13.5%、赔付率提高16.3%。具体变化如下：

① 保费支出明显降低，截至2021年9月月底，车辆平均所缴保费2763元，较去年改革前降低21%，87%的消费者保费支出下降，消费者获得感显著提高。

② 车险市场秩序好转。此次车险综合改革采取了扩大保险责任，调低附加费用率水平的政策举措，从根本上压了费用空间。截至2021年9月月底，全国车险综合费用率为27.8%，同比下降13.5%；其中车险手续费率8.4%，同比下降7.2%；车险业务及管理费用率19.8%，同比下降7.1%。

③ 风险保障程序提高，有效发挥社会治理功能。截至2021年9月月底，在交强险保额大幅度上调的基础上，商业第三者责任险平均保额提升61万元，达到150万元。其中保额100万元及以上的保单占比达93%。

④ 赔付水平大幅提升，行业整体业务结构显著优化。截至2021年9月月底，车险综合赔付率由改革前的56.9%上升至73.2%，大幅提高了16.3个百分点。改革以后，在压降保险公司费用成本的同时，行业总体陪付水平不断提升，车险的保障更多惠及广大的消费者。

12.5.3 "互联网＋汽车维修保养" 服务

汽车服务市场中，汽车的保养与维修占很大比例。但传统4S店的服务半径与服务容量有限，收费高，车主要付出的时间与金钱成本都很高；而服务和收费不透明等问题，更为广大车主所诟病。一些汽修厂和路边摊虽然收费低，但配件和服务品质难以保障。车主因此陷入两难的境地。为解决车主养车的这些痛点，一些企业开始将"互联网＋汽车维修保养"引入汽车服务领域，以求解决养车痛点，改变现状，上门保养由此兴起。

上门维修保养是运用移动互联网技术，线上预约，然后由服务机构提供专人专车到车主指定地点对车辆进行维修保养的方式。它使汽车服务由以店为中心转向以人为中心，是对传统服务模式的一次真正的颠覆。与线上平台导流至线下店面的平台模式相比，上门维修保养显然更符合互联网的特点：去店铺化，去组织化，直接连接服务的供需双方，去掉中间所有不必要环节和由此产生的成本，既解放了技师，也解放了车主。它使汽车维修保养服务不再受时间、服务半径与店面容量的限制，让车主真正享受方便、快捷、高性能价格比的养车服务。"互联网+汽车维修保养"服务模式主要有以下特点。

1. 打造核心竞争力，决胜在服务体验

由于市场需求的巨大，上门维修保养模式一经出现，很快就获得了认可。大量资本和创业企业争相涌入，形成一股热潮。然而，这股热潮能持续多久？是否会像之前许多互联网创业潮一样，许多人跟风进入，然而只是昙花一现？对此，弼马温创始人、曾任奔驰厂商售后服务高管的杨俊认为："任何企业都需要打造自己的核心竞争力，而上门维修保养需要的核心竞争力包括配件供应链管理、线上线下的互动能力、推广营销能力，还有一项最重要的——人员的培训和管理能力。而所有这一切，最终将体现在服务上。"

上门维修保养的本质是服务，一切最终将归结到服务上来。服务的差异，造成了客户体验的差异，比如服务车的形象、工具的专业性、员工的形象素养和专业技能、现场的管理、流程的规范等。无数服务细节上的差异，就形成了差异化的客户体验。而优质的客户体验才是上门维修保养企业最核心的竞争力。说到底，"互联网+"是为了提升传统行业，让人们享受更便利、更人性化的服务。若背离了这一点，就是本末倒置了。

2. 服务标准化，管理和培训是关键

上门维修保养属服务行业，而服务行业是人员密集型行业，也是管理密集型行业，因此，精细化管理能力和培训能力十分重要。市场对上门维修保养有一个误解，就是认为上门维修保养的门槛很低，甚至有些上门维修保养企业创始人也持此观点，理由是，在国外，70%左右的维修保养都不是在店里完成的。

综上可知，上门维修保养要想走得更远，互联网技术的运用只是一方面，夯实服务基础，提升服务能力和客户体验才是最重要的。因此上门维修保养企业应练好"功夫"，为消费者提供真正专业和优质的服务。

12.5.4 "互联网+停车"服务

汽车可以灵活移动，但停车位却不能随身携带，出门停车难一直都是国内大部分车主无法言语的痛。截至2021年年底，汽车保有量达3.02亿辆，按照停车位与汽车保有量的比例1.1∶1计算，我国停车位需要达到3.32亿个。而截至2021年年末，我国停车位只有1.3亿个左右，还存在巨大缺口。根据高德地图联合清华大学交通研究所发布的2022全国停车场分析报告，最难的城市为深圳，停车难指数为11.6，表示平均每100次驾车导航，约有11.6次到达目的地后未能停车，需再次查找停车场，比全国主要城市停车难指数高14.1%。兜兜转转找停车位不但大大提高了车主的时间成本，而且在不同程度上妨碍了路面的交通情况，从而频频引发社会矛盾，而"互联网+"技术则可以解决这一矛盾。

1. "互联网+停车"刮起新风潮

有刚性需求的地方就会有市场，从交通消费来看，停车消费的支付频率远远高于打车。因此，随着智能停车的推进，"互联网+停车"也成了当下最热门的新风口。2014年以来，国内"互联网+停车"公司如雨后春笋，推出了各种智能停车App，群雄逐鹿的氛围让整个停车市场迅速升温。

但尽管如此，停车难的问题依然在困扰着车主们。因为市场痛点的源头捉得不准，就无法创造消费者满意的服务体验。现在大部分的停车App只是帮用户寻找有空位的停车

场，但这样是不够的，由于停车场的线下资源信息缺乏透明度与线上信息更新不及时、不对应，因此用户体验差，难以形成消费黏度。

假如停车App也能像在线购买电影一样可以提前预订位置，当车辆到达预定停车场之后，能轻松、准确、快速地停车，那么一定会带给用户耳目一新的满意体验。

2. 共享停车，突破常规

"共享停车（Air Parking）"是由广州悦停网络科技有限公司研发推行的停车位共享、出行导航类手机App，它以共享经济为基础，致力于盘活停车场效率，整合车位资源，为车主、业主、物业创造共赢，打造国内最大的移动互联网停车服务平台。

为了更精准地抓住市场消费痛点的根源，共享停车通过前期的调研发现，在一二线城市都存在一个共同的问题——"停车难"与"车位闲置"是并存的。例如住宅区白天有大量的车位闲置，写字楼夜晚也有大量的车位闲置，但是由于大部分的车场物管的信息相对独立，因此资源得不到高度的整合与循环利用。而共享停车针对这一个市场漏洞，借助车场设备的更新，通过互联网手段连接车位业主与车主的需求，打造智能停车共享平台。

相对于其他的停车App，共享停车的优势体验在于准确性与灵活性，用户可以直接通过App或微信服务与车位业主进行一对一的车位共享，保证了车位信息的准确性，节省了时间与人力的成本，真正做到了像在线购电影票一样，不但保证有位置，还可以选择自己喜欢的位置。而车位业主也因此提升了自身资源的利用率，获取相应收益，同时吸引了更多地车位业主加入，使资源高度集成。

此外，共享停车与车场物业公司合作，以便利的在线支付方式大大节省了车场的人力成本，也解决了车场收益单一的问题，促使车场不断提高管理与服务的积极性。

在如今移动化的大环境下，共享停车通过创新的商业模式将车场的数据与车主端进行无缝衔接，从覆盖面、精确度、硬件匹配等方面为用户提供了极致的服务体验。同时，共享停车服务平台还推出了"扫二维码送停车费"的优惠活动，帮助车主以更低的出行成本来接入共享停车的服务平台，从而逐步地让广大车主真正实现"想停就停，快乐出行"的美好体验。

习 题

1. 目前有哪些新兴汽车服务？
2. 什么是汽车法律服务？列举与汽车相关的主要法律法规。
3. 什么是汽车资讯业？汽车资讯业为哪些公司提供服务？
4. 汽车广告有哪些类型？
5. 什么是汽车城市展厅？汽车城市展厅有哪些特点？
6. 什么是智能交通系统？智能交通系统的主要组成部分有哪些？
7. 简述我国智能交通系统的发展现状及发展趋势。
8. 电动汽车充电系统相关术语有哪些？分别给出定义。
9. 电动汽车充电模式有哪些？
10. 简述电动汽车充电站选址原则。
11. 常见"互联网+"汽车服务有哪些？

参 考 文 献

鲁植雄，2021. 汽车服务工程［M］. 4 版. 北京：北京大学出版社.
高俊杰，姚宝珍，2018. 汽车服务工程［M］. 北京：机械工业出版社.
杨立君，苑玉凤，2019. 汽车营销［M］. 3 版. 北京：机械工业出版社.
徐进，2019. 汽车营销学［M］. 北京：机械工业出版社.
叶志斌，2021. 汽车营销［M］. 3 版. 北京：人民交通出版社.
孙杰，2020. 汽车销售实务［M］. 2 版. 北京：机械工业出版社.
陈永革，陈诚，2017. 二手车贸易［M］. 2 版. 北京：机械工业出版社.
宋微，2021. 大数据背景下汽车市场服务营销的特点及营销策略［J］. 内燃机与配件（23）：201－202.
郑雨潇，陈晓阁，2021. 关于我国汽车营销模式发展的探讨［J］. 汽车时代（23）：177－178.
贾纯洁，周娟娟，尚猛，2021. O2O 模式下考虑双边销售努力的汽车供应链决策与协调［J］. 物流技术 40（10）：76－83.